Aljean Harmetz

Verhaften Sie die üblichen Verdächtigen

Wie *Casablanca* gemacht wurde

Aus dem Amerikanischen
von Matthias Müller

Mit einem Nachwort von Gero Gandert

Berlin Verlag

Die Originalausgabe erschien 1992 unter dem Titel
Round up the Usual Suspevts – The Making of Casablanca
bei Hyperion, New York; © 1992 Aljean Harmetz
Für die deutsche Ausgabe: © 2001 Berlin Verlag, Berlin
Alle Rechte vorbehalten

Umschlaggestaltung Nina Rothfos und Patrick Gabler, Hamburg
Typografie Iris Farnschläder, Hamburg
Gesetzt aus der Foundry Old Style
Lithografie bildpunkt, Berlin
Druck und Bindung Franz Spiegel Buch GmbH, Ulm
Printed in Germany 2001
ISBN 3-8270-0329-6

Die vorliegende Ausgabe wurde gegenüber dem Original
mit Einverständnis der Autorin leicht gekürzt.

* * *

Auf die Freundschaft, unvollkommen, doch von Dauer:

Norma Chaplain, Robin Frasier, Shirley Kiley,
Rebecca Schwaner, Anne Thompson

Inhalt ✳ ✳ ✳

Vorwort

Zynismus ist ein notwendiger Schutzmantel für jeden, der sich dem verführerisch heißen Zentrum der Filmindustrie nähert, und ich bedurfte eines Mantels, der doppelt so dick war. Ich wuchs in der Nachbarschaft der MGM auf, wo meine Mutter in der Kostümabteilung arbeitete, und später schrieb ich für die *New York Times* über Hollywood. Mein Zynismus verflüchtigt sich allerdings, wenn Humphrey Bogart und Ingrid Bergman auf dem Flugplatz einander Lebewohl sagen. In diesem Moment bin ich, zumindest im Dunkel des Kinosaals, davon überzeugt, dass auch ich zu einem solchen Opfer fähig wäre.

Als Kind des Zweiten Weltkriegs finde ich die Mischung aus Romantik und Opferbereitschaft in *Casablanca* unwiderstehlich. Als heutige Beobachterin der Filmindustrie bin ich erstaunt, dass *Casablanca* überlebt hat. Wie die meisten unter dem Studiosystem entstandenen Filme war *Casablanca* das Ergebnis einer Vielzahl von Zufällen. Sieben Autoren arbeiteten an dem Drehbuch, Kameramann und Cutter waren in der Woche, als der Film in Produktion ging, zufällig verfügbar. Und der berühmte letzte Satz des Films wurde Wochen nach Ende der Dreharbeiten geschrieben.

Hunderte längst vergessener Filme waren auf ähnliche Weise konstruiert, und ein halbes Dutzend anderer Bogart-Figuren wiederholten Rick Blaines Wandlung vom Einzelgänger zum engagierten Zeitgenossen. Zwischen 1942 und 1945, als ein patriotisches Fieber die Studios ergriff, wiesen Dutzende von Filmen ähnliche Sujets auf oder wurden unter vergleichbaren kriegsbedingten Einschränkungen produziert. Vielfältige Kräfte formten sie: die Stars, der Regisseur, die Zensoren, eine Regierung, die Krieg führte, die Studios und die Zeiten selbst. Die wenigsten waren wohl überhaupt daran interessiert, ein Werk von bleibendem Wert zu schaffen. Doch obwohl *Casablanca* nur ein Film unter vielen war, wie sie das Studiosystem am laufenden Band produzierte, entpuppte er sich als ein einzigartiges Juwel. Das Wie und Warum – das Zusammenspiel zwischen dem Film und den Zwängen, die ihn formten – ist Thema dieses Buches.

1.

Ein Film unter vielen

*D*amals, als sich die Studiofabriken noch unter einem grenzenlosen blauen Himmel über ganz Los Angeles erstreckten, unterschied sich das Produktionsende eines Films kaum von dem eines anderen, der eine Woche vorher oder zwei Wochen später fertig wurde.

Die Dreharbeiten zu *Casablanca* endeten am 3. August 1942 mit elftägiger Verspätung. Wie schon bei Dutzenden von anderen Filmen tippte Al Alleborn, der Produktionsleiter, ein kurzes Memo in seine Schreibmaschine:

> Bericht für MONTAG, 3. 8. 42. 59. Drehtag. Arbeitsbeginn auf der French Street, AUSSEN, BLUE PARROT & SCHWARZMARKT, Set beendet. 1'25", 15 Motive und 1 1/4 Seiten Dialog. INGRID BERGMAN, abgedreht. PAUL HENREID, abgedreht. Diese Produktion ging am gestrigen Montag zu Ende.

Niemand war traurig darüber, dass der Film vorbei war. Die meisten Schauspieler hatten sich nicht besonders gemocht, und der Regisseur, Michael Curtiz, hatte sein Filmteam und die Chargen wie immer ziemlich übel behandelt. Wegen des Krieges konnte man nicht mit echten Flugzeugen drehen, und so hatte sich Humphrey Bogart im Studio 1 von Warner Bros. vor einem Sperrholzflugzeug von Ingrid Bergman verabschiedet, indes der ganze stimmungsvolle Nebel hineingepumpt wurde, um das Provisorium zu kaschieren. Die Dreharbeiten hatten im Mai begonnen, und Mitte Juli waren die Autoren noch immer damit beschäftigt, neue Dialoge zu schreiben – was die Schauspieler nervös machte. Während die Bergman ihre Unruhe stets verbergen konnte, bekundete Bogart offen seinen Unmut. *Casablanca* war nur einer von vier Filmen, die er 1942 drehte, und *Across the Pacific* hatte ihm mehr Spaß gemacht.

Bergman hatte den Part der Ilsa Lund in *Casablanca* nur deshalb angenommen, weil sie für die Rolle, die sie eigentlich wollte, abgelehnt worden war – die der Maria in *For Whom the Bell Tolls*, Paramounts Verfilmung von Hemingways Roman über den Spanischen Bürgerkrieg. Für sie, die ganz für ihre Arbeit lebte, war jede Rolle besser als keine, aber sie spielte nun schon jahrelang fügsame Frauen wie Ilsa, die sich für ihre Liebe verzehrten. Außerdem wollte sie unbedingt einen Oscar, und der Produzent David O. Selznick, bei dem sie unter Vertrag stand, hatte ihr versichert, mit der Rolle des spanischen Mädchens, das von Falangisten vergewaltigt wird und sich daraufhin einer Partisanengruppe in den Bergen anschließt, werde sie einen gewinnen. Als Bergman am Mittag des 3. August die Arbeit in der French Street beendete, war die Rolle der Maria noch mit der Tänzerin Vera Zorina besetzt, doch bei Paramount hatte man inzwischen Bedenken. Seit Tagen hatte die *Los Angeles Times* das Gerücht verbreitet, Zorina sei der Rolle nicht gewachsen. Der Film sei seit zehn Tagen in Produktion, und Zorina wirke zu sehr wie eine Ballerina, um glaubhaft ein Bauernmädchen zu verkörpern, das wie eine Gämse in den Bergen herumklettert. »Vielleicht bietet sich hier noch einmal eine Chance für Ingrid Bergman, die Ernest Hemingways Wunschbesetzung war«, schrieb der Filmkritiker der *Times*, Edwin Schallert, am 28. Juli.

Am Vormittag des 4. August – es war drückend heiß – wartete Bergman auf dem Außengelände von Warner Bros. auf die Nachricht, ob sie nun die Zorina ersetzen sollte oder nicht. Der Anruf kam, als Bergman und Paul Henreid gerade für Werbefotos posierten. Wie Bergman Jahre später in einem Tagebuch notierte, war David Selznick am Apparat und sagte: »Du bist die Maria.« – »Seit dem Tag, an dem ich in die Schauspielschule des Königlich-Dramatischen Theaters in Stockholm aufgenommen wurde, hatte ich nicht mehr eine so himmlische Freude empfunden.« Auf Henreid wirkte ihr Triumphschrei wie »der einer Tigerin, die eine Beute geschlagen hat«. Henreid hatte seit fast zwei Monaten mit Bergman gearbeitet, aber erst jetzt, ganz zum Schluss, wurde ihm bewusst, dass ihre Sanftmut nur eine Maske war, und er begriff, »wie sie es geschafft hatte, in Schweden und im Dschungel von Hollywood voranzukommen«. In ihrem Gefühl des Sieges verschwendete die Bergman kaum noch einen Gedanken an *Casablanca*.

In der Woche, da *Casablanca* zum Abschluss kam, wurden noch sechs weitere Filme bei Warner Bros. gedreht. *Casablanca* war weder der wichtigste

*Während diese Aufnahme gemacht wurde, wartete Ingrid Bergman
auf die Nachricht, dass sie die Hauptrolle in dem Film* For Whom
the Bell Tolls *bekäme.*

noch der teuerste. Die Endkosten von 1 039 000 Dollar lagen erheblich über
dem, was Warner Bros. noch vier Jahre zuvor ausgegeben hätte, waren für ein
A-Picture des Jahres 1942 aber dennoch relativ bescheiden. Unter den sieben
Filmen, die Anfang August die Ateliers von Warner Bros. belegten, war nur
noch *Princess O'Rourke* billiger. Die Produktion von *Air Force* dauerte 99 Tage
und verschlang 2 646 000 Dollar. *Edge of Darkness*, mit dem Topstar des Studios, Errol Flynn, und *The Adventures of Mark Twain* kosteten jeweils über
1,5 Millionen Dollar. *Watch on the Rhine*, nach dem Bühnenstück von Lillian

Hellman, sollte der Vorzeigefilm des Studios für 1943 werden, mit dem sich Warners Hoffnungen auf Oscars verbanden. Selbst für *The Desert Song*, Sigmund Rombergs Operette von 1926, die man aus der Mottenkiste geholt und mit Nazi-Bösewichtern aufgemotzt hatte, wurden noch 1 148 000 Dollar aufgewandt.

Casablanca wurde also am 3. August beendet, und am 4. August übernahm *Edge of Darkness* die Ateliers. »Einer rein, der andere raus«, wie Rick Blaine sagt, als Ilsa Lund wieder in seinem Leben auftaucht. Von Rick Blaine stammt so manche Sentenz, und College-Studenten, die noch nicht geboren waren, als er sie äußerte, riefen seine Worte zwanzig Jahre später wie ein Echo wieder zur Leinwand zurück. »Die Deutschen trugen grau, und du trugst blau.« – »Uns bleibt immer Paris.« – »Ich passe nicht in eine noble Rolle. Aber zu der Erkenntnis, dass die Probleme dreier Menschen in dieser verrückten Welt völlig ohne Belang sind, gehört nicht viel.«

Als John F. Kennedy sich um die Präsidentschaft bewarb und Harvard-Studenten im Brattle Theatre in Cambridge, Massachusetts, saßen und Ricks Worte skandierten, war der Krieg, einst Kontext für *Casablanca*, nur noch eines unter vielen Kapiteln in den amerikanischen Geschichtsbüchern. Der Film hätte eigentlich tot sein müssen wie all die anderen Melodramen, die Hollywood während des Zweiten Weltkriegs zu Hunderten auf den Markt geworfen hatte. Bestenfalls hätte Rick Blaine in Vorlesungen über Filmgeschichte Erwähnung finden dürfen, als ein interessantes Beispiel für den »zynischen Idealisten« – eine geläufige Filmfigur in den späten dreißiger und frühen vierziger Jahren. »Aber im Brattle zu sein, wenn *Casablanca* lief, war gewissermaßen so, als würde man sich in einem Theater des alten Griechenland *Ödipus* ansehen«, sagte Cyrus Harvey jr., einer der Besitzer des Kinos. »Manche Leute kamen fünfundzwanzig, dreißig Mal. Der Film hatte fast etwas Mythisches, und das Publikum sprach die Dialoge nach wie früher in den griechischen Amphitheatern.«

Es gibt bessere Filme als *Casablanca*, aber kein anderer Film demonstriert besser Amerikas mythisches Selbstbild – außen eine harte Schale, innen moralisch integer, fähig zu Selbstaufopferung und romantischer Schwärmerei, ohne dabei den Individualismus aufzugeben, mit dem man einen Kontinent erobert hatte, und bereit, für jeden den Kopf hinzuhalten, wenn Heldentum gefragt war. Kein anderer Film spiegelte in gleichem Maße sowohl den Augenblick seiner Entstehung – die Zeit kurz nach dem Kriegseintritt Amerikas – wie auch die psychischen Bedürfnisse späterer Publikumsgenerationen. Natürlich war es ein Zufall, dass bei *Casablanca* aus einem Thema und einem halben Dutzend Schauspieler, aus einem alten Song und einem Drehbuch voll zynischer Dialoge und moralischer Gewissheit 102 Minuten Film entstanden sind, die sich tief in die amerikanische Seele gegraben haben. Andererseits ist jeder Film eine Schöpfung aus Zufällen und spontanen Entscheidungen – ein mechanisches Monster aus Einstellungen, der Chemie zwischen Schauspielern, zu wenig oder zu viel Geld und aus zahllosen ungeplanten Momenten.

So wurde das Bild von dem Brautschleier Maureen O'Haras in *How Green Was My Valley*, der sich ganz zufällig im Wind bewegte, zur eindringlichen visuellen Coda einer traurigen Hochzeit und zu einem subtilen Hinweis auf eine unglückliche Ehe. »Das war grandios erzählt«, begeisterte sich der Drehbuchautor Philip Dunne.* »Und für uns war es einfach ein Glücksfall. Bei *10 North Frederick* habe ich versucht, es zu wiederholen, aber das war ein Fehler. Solche Zufälle lassen sich nicht wiederholen.«

Casablanca war ein ganzes Mosaik aus Zufällen – glücklichen wie unglücklichen. Der Produzent Hal Wallis war empört darüber, dass Michèle Morgan 55 000 Dollar für die weibliche Hauptrolle haben wollte. »Es gibt absolut keinen Grund, warum jemand, der so unbekannt ist wie Michèle Morgan, so viel Geld verlangen sollte«, schrieb er seinem Regisseur, Michael Curtiz. Wallis konnte sich für 25 000 Dollar Ingrid Bergman von David O. Selznick ausleihen – und tat dies auch. Freilich war diese Entscheidung, die uns im Nachhinein als die naheliegende und einzig richtige erscheint, damals alles andere als selbstverständlich. Die junge Schwedin und die junge Französin hatten beide mit ihren ersten amerikanischen Filmen Erfolg gehabt. Nach *Joan of Paris* wäre *Casablanca* Michèle Morgans zweiter Hollywood-Film gewesen. Bergman hatte nach *Intermezzo* drei mittelmäßige Filme gedreht. Erst durch *Casablanca* wurde Ingrid Bergman zum Star. Wäre Michèle Morgan, deren Hollywood-Karriere nach drei Filmen beendet war, das Gleiche passiert?

Der Komponist Max Steiner konnte »As Time Goes By« nicht ausstehen und überredete Wallis, ihm zu erlauben, den Song durch eine eigene Komposition zu ersetzen. Doch eine glückliche Fügung wollte es, dass Ingrid Bergman

---

* In einem Interview ein Jahr vor seinem Tod im Jahr 1992.

sich für ihre nächste Rolle in *For Whom the Bell Tolls* bereits die Haare hatte schneiden lassen und so die erforderlichen Szenen nicht nachdrehen konnte. Und es war ein weiteres Glück für *Casablanca*, dass der Film schon so bald nach dem Kriegseintritt Amerikas gedreht wurde, noch ehe amerikanische Filme mit Patriotismus überfrachtet wurden. Im Übrigen hatte der Film mit den Epstein-Zwillingen ein Autorenduo, das die Sentimentalität mit einer gewissen ironischen Schärfe versah. War *Casablanca* so erfolgreich, weil oder obwohl Julius und Philip Epstein sowie Howard Koch Tag für Tag umgeschriebene Szenen zum Set brachten, weil oder obwohl Ingrid Bergman verunsichert war, was sie für Paul Henreid und Humphrey Bogart empfinden sollte?

In späteren Jahren reagierte die Bergman ungehalten, wenn man ihr sagte, wie wunderbar sie in *Casablanca* gewesen sei. »Sie war überrascht und etwas verärgert über die ganze Aufmerksamkeit, die dem Film zuteil wurde«, berichtete Bergmans älteste Tochter, Pia Lindstrom. »Dann guckte sie immer so verzweifelt. Das lag teilweise daran, dass sie den Aufbau einer Figur schrecklich ernst nahm. Sie kam nicht aus der Improvisationsschule und spielte auch nicht einfach aus dem Bauch heraus. Deswegen war sie so pikiert, dass etwas, was ihr so willkürlich vorkam, zu jedermanns Lieblingsfilm wurde.«

Bogart wiederum kommentierte den Erfolg von *Casablanca* auf seine typisch sarkastische Art. Seiner vierten Frau, Lauren Bacall, erzählte er gern die Geschichte, wie der Pressechef Charles Einfeld die erstaunliche Eingebung hatte, er, Bogart, habe Sex-Appeal. »Bogey sagte immer: ›Natürlich habe ich in *Casablanca* nichts anderes getan als in den zwanzig Filmen davor, und plötzlich entdecken sie, dass ich sexy bin. Kaum sieht Ingrid Bergman einen Mann an, hat er auf einmal Sex-Appeal.‹«

* * *

Es war ein heißer Sommer, auch wenn die Hitzewelle, unter der das San Fernando Valley im Juli gelitten hatte, im August etwas nachließ. Bei Warner Bros., das weiter von der Küste entfernt lag, herrschte immer eine Gluthitze. Die Hauptrivalen des Studios – Paramount, Twentieth Century-Fox und Metro-Goldwyn-Mayer – befanden sich auf der anderen, kühleren Seite der Berge. Vom MGM-Gelände aus konnte man sogar den sechs Meilen entfernten Ozean sehen. Bei Warners dagegen war Hitze angesagt, ganz konkret, aber auch im übertragenen Sinne. Es war beinahe so, als stünde das Studio unter

Strom: Alles war nervös, intensiv, fiebrig, pulsierend und hektisch. Der Song-schreiber Harry Warren beschrieb das MGM-Studio jener Zeit als einen Gar-ten und verglich Warners mit einem Gefängnis, erfüllt vom Rhythmus eines Maschinengewehrs.

Genau das war der Rhythmus des Studios und seiner Filme. Dutzende von Warner-Filmen holten sich ihre Sujets aus den morgendlichen Schlagzeilen. Wenn ein Gangster erschossen wurde, Bergarbeiter streikten, Lkw- oder Taxi-fahrer gegen die Stadt oder korrupte Gewerkschaftsfunktionäre Krieg führten – schon war Warner Bros. dabei, aus den Nachrichten eine Story zu machen, noch ehe die Tinte trocken war. Selbst 1942 noch kämpften in dem Warner-Film *Juke Girl* Erntearbeiter mit den gedungenen Schlägern einer Verpa-ckungsfirma.

Es ist durchaus denkbar, dass auch eines der sieben anderen großen Studios *Everybody Comes to Rick's*, ein bis dahin ungespieltes Bühnenstück über einen zynischen Amerikaner, der eine Bar in Casablanca besitzt, gekauft und einen Film daraus gemacht hätte. (Ein Produzent bei MGM, Sam Marx, wollte das Stück tatsächlich für 5000 Dollar kaufen, aber sein Chef fand, es sei das Geld nicht wert.) Freilich wäre daraus ein ganz anderer Film geworden – nicht nur weil man die Hauptrolle bei Paramount mit Gary Cooper, bei MGM mit Clark Gable oder bei Fox mit Tyrone Power besetzt hätte. In einem anderen Studio hätte der Film auch ein trägeres Tempo bekommen, wäre weniger sarkastisch gewesen oder in opulentem Technicolor gedreht worden.

Wie die anderen Studios auch produzierte Warners Melodramen, Musicals, Schmonzetten und Kostümepen, doch jedes Studio hatte seine eigenen The-men und seinen jeweiligen Stil. Der Krieg bewirkte unter anderem, dass The-men und Stile zu einem stereotypen Kriegsfilm-Genre vermengt wurden. Da-vor besaßen selbst Warner-Filme mit Reifröcken oder Mantel und Degen eine gewisse Rauheit sowie eine soziale und politische Schärfe, die die anderen Stu-dios nicht kopieren mochten. Zur gleichen Zeit, nämlich 1940, als sich Warners in *Dr. Ehrlich's Magic Bullett* mit dem Thema Syphilis auseinander setzte, pro-duzierte MGM zwei biografische Filme über Thomas Edison und einen über Johann Strauß.

Warner Bros. war von allen Studios das sparsamste, und 1942 wurde dort wenig verschwendet. Der Zweite Weltkrieg lieferte dem Präsidenten des Stu-dios, Harry Warner, einen Vorwand, Nägel aufzuheben, die unachtsame Handwerker hatten fallen lassen. Doch auch schon bevor Eisen kriegsbedingt knapp wurde, hatte er wie ein Besessener Nägel aufgesammelt. Einen Tag nachdem das Filmteam von *Desert Song*, für den die French Street gebaut worden war, das Atelier verlassen hatte, zog die Crew von *Casablanca* dort ein. Ein paar Schilder und zwei echte Papageien verwandelten das französische Marokko des heldenhaften Freiheitskämpfers El Khobar in das französische Marokko des heldenhaften Freiheitskämpfers Victor Laszlo. Und ein halbes Dutzend Chargenspieler mit ausländischem Akzent hatten für eine ganze Woche Arbeit, indem sie in beiden Filmen beschäftigt wurden. Über die Hälfte der Warner-Filme des Jahres 1942 handelte auf die eine oder andere Weise vom Krieg – ein Eldorado für Schauspieler, die aus Berlin oder Wien geflohen waren. Bei *Casablanca* wirkten etliche dieser jüdischen Flüchtlinge mit, und viele von ihnen spielten Nazis.

Von den sieben Filmen, die während der ersten Augustwoche gedreht wurden, befassten sich vier mit dem Widerstand im Untergrund – symbolisiert durch einen tschechischen Patrioten in *Casablanca*, den amerikanischen Anführer des Rif-Stammes in *The Desert Song*, ein norwegisches Dorf in *Edge of Darkness* und einen deutschen Nazi-Gegner in *Watch on the Rhine*. Die richtigen Kriegsfilme sollten später kommen, als es Siege zu feiern gab. Im Sommer 1942 verzeichnete man hauptsächlich Niederlagen. Bis zum 22. Juli waren bereits 44 143 Amerikaner entweder gefallen, verwundet oder vermisst, und zehntausend japanische Soldaten waren auf den Aleuten gelandet, der Inselgruppe vor der Küste Alaskas.

Wie ganz Amerika sollte sich auch Hollywood durch den Zweiten Weltkrieg zwangsläufig verändern. Warner Bros. hatte bereits seinen ersten Toten zu beklagen: Lieutenant Henry David Mark, der Bruder zweier Angestellter des Studios, war im März auf der philippinischen Halbinsel Bataan gefallen. Und mehr als jedes andere Studio hatte Warners den Schulterschluss mit der Regierung vollzogen und jene Form von Zensur akzeptiert, gegen die die Industrie seit der Zeit der ersten Nickelodeons Sturm gelaufen war. Am Ende musste Warners widerstrebend weibliche Boten einstellen. (»Weil es, als die Lage aussichtslos wurde, keine andere Möglichkeit gab«, wie die *Warner Club News* berichteten.) 1942 weigerten sich die Gewerkschaften freilich noch, Frauen als Elektriker und Zimmerleute auszubilden, obwohl während dieses ersten Kriegssommers Woche für Woche immer mehr Männer – Schauspieler, Regisseure, Autoren und Handwerker – eingezogen wurden. Auf subtile Weise trug der Krieg dazu bei, das Studiosystem zu zerstören. Als Kameramänner und Schauspieler im Range eines Captain oder Major aus dem Krieg zurückkehrten, zeigten sie wenig Bereitschaft, sich erneut dem Diktat der Siebenjahresverträge zu unterwerfen.

* * *

Wie die meisten Filme ging auch die Produktion von *Casablanca* sang- und klanglos zu Ende. Der Höhepunkt des Films, der so viele Probleme bereitet und den man immer wieder umgeschrieben hatte, war Mitte Juli gedreht worden. An jenem letzten Tag Anfang August verbrachten Bergman und Henreid vierzig Minuten in der French Street und absolvierten die stummen Passagen und Anschlüsse, eine filmische Art von Kehraus. Curtiz drehte sie aus dem Blickwinkel Humphrey Bogarts, der sich bereits in Newport auf seiner Jacht befand. Den restlichen Tag bevölkerte Curtiz die Straße mit 79 von Central Casting zugeteilten Komparsen und drehte die Anfangsszenen des Films, in denen Flüchtlinge vor der Polizei fliehen.

Die übrigen Akteure des Films waren ihrer Wege gegangen. Bogart hatte sich in ein zerrüttetes Eheleben zurückgezogen. Während der Dreharbeiten von *Casablanca* hatte ihm Mayo Methot, seine alkoholkranke Frau, vorgeworfen, eine Affäre mit Ingrid Bergman zu haben. Mayo schlich immer durch die Dekorationen von Bogarts Filmen und erfand Affären, die es nicht gab. Ihre Eifersucht verstärkte Bogarts Missmut, und auf dem Set von *Casablanca* verbrachte er die meiste Zeit allein in seiner Garderobe oder spielte eine einsame Partie Schach. Schauspieler hatten wenig Macht über ihr eigenes Schicksal. Bogart liebte Schach, weil es darin keine Zufälle gibt.

Claude Rains war auf seine Farm in Pennsylvania zurückgekehrt, Conrad Veidt zum nächsten Golfplatz und Dooley Wilson zu einem kleinen weißen Stuckhaus in Hollywood. Peter Lorre und Sydney Greenstreet hatten einen einmonatigen Urlaub angetreten, bevor sie bei Warners mit den Dreharbeiten zu *Background to Danger* begannen, einem weiteren Melodram im Spionagemilieu. Drei Wochen später drehte Curtiz noch eine neue Szene, in der ein Polizeibeamter den Mord an zwei deutschen Kurieren bekannt gibt, um so die Spannung in den ersten Momenten des Films zu erhöhen. Außerdem sollte Bogart einen neuen Schlusssatz aufnehmen. Hal Wallis schrieb den Text selbst.

FORM 10

WARNER BROS. PICTURES, INC.
FOREIGN DEPT.

Camera reports
USC/WB Archives

KEY LETTER _____ A

TITLE Casablanca   PRODUCTION NO. 410   DATE 8-3-42

FILM NO.	SCRIPT SCENE	Choice	SET: Ext Blue Parrot								
731	137A	1st	1	2	3	4	5	6	7	8	9
		2nd	X	OX	OX	X	O				
			10	11	12	13	14	15	16	17	18

1 CAMERAS Dolly LS Street to CU
REMARKS Parrot to Susie Sign

FILM NO.	SCRIPT SCENE	Choice	SET: Ext Street								
732	5	1st	1	2	3	4	5	6	7	8	9
		2nd	O								
(1st Seq.)			10	11	12	13	14	15	16	17	18

1 CAMERAS Man grabbed by
REMARKS: Police

FILM NO.	SCRIPT SCENE	Choice	SET: "								
733	5	1st	1	2	3	4	5	6	7	8	9
		2nd	X	X	X	X	O	X	O		
(1st Seq.)			10	11	12	13	14	15	16	17	18

1 CAMERAS (note 2 cameras for
REMARKS: takes #1+2) Refugees
grabbed by police

FILM NO.	SCRIPT SCENE	Choice	SET: "								
734	5	1st	1	2	3	4	5	6	7	8	9
		2nd	OX	O							
(1st Seq.)			10	11	12	13	14	15	16	17	18

1 CAMERAS Refugees grabbed by
REMARKS: police

FILM NO.	SCRIPT SCENE	Choice	SET: "								
735	5	1st	1	2	3	4	5	6	7	8	9
		2nd	X	X	OX	X	O				
(1st Seq.)			10	11	12	13	14	15	16	17	18

1 CAMERAS Refugees being taken
REMARKS: towards patrol wagon

FILM NO.	SCRIPT SCENE	Choice	SET: "								
736	144	1st	1	2	3	4	5	6	7	8	9
		2nd	X	O							
			10	11	12	13	14	15	16	17	18

1 CAMERAS Thru window dude
REMARKS: to Rick's Susp & dozzi
go to Queen stand, past to café

FILM NO.	SCRIPT SCENE	Choice	SET: "								
737	5	1st	1	2	3	4	5	6	7	8	9
		2nd	OX	O							
(1st Seq.)			10	11	12	13	14	15	16	17	18

1 CAMERAS CU Refugee hears
REMARKS: police whistle, ex

FILM NO.	SCRIPT SCENE	Choice	SET: "								
738	5	1st	1	2	3	4	5	6	7	8	9
		2nd	X	OX	O						
(1st Seq.)			10	11	12	13	14	15	16	17	18

1 CAMERAS Lg CU Refugee
REMARKS: hears whistle, ducks

FILM NO.	SCRIPT SCENE	Choice	SET: "								
739	135C	1st	1	2	3	4	5	6	7	8	9
8-Best		2nd	X	X	X	X	OX	X	OX	X	O
Hold only			10	11	12	13	14	15	16	17	18
no print											

1 CAMERAS CU Native & Frenchman
REMARKS: talk re Ferrari

FILM NO.	SCRIPT SCENE	Choice	SET: "								
740	135C	1st	1	2	3	4	5	6	7	8	9
		2nd	X	X	O						
			10	11	12	13	14	15	16	17	18
alternate to 739											

CAMERAS
REMARKS:

INSTRUCTIONS: American Print put a circle around the take O
Foreign Print put a square around the take ☐
Hold Print put on OX under the take.
On N. G. Takes put a cross over the take X

Kamerabericht vom letzten Drehtag, dem 3. August 1942

Eigentlich schrieb er zwei alternative Zeilen: »Luis*, ich hätte mir ja denken können, dass Sie Ihren Patriotismus mit ein bisschen Gaunerei verbinden« und »Luis, ich glaube, dies ist der Beginn einer wunderbaren Freundschaft«. Wallis war ein kühler und distanzierter Mensch, aber selbst Autoren bewunderten sein dramaturgisches Talent. Er strich den zynischeren Satz und schickte den anderen an Curtiz. Als Bogart ihn aufnahm, konnte er nicht ahnen, dass dies einer der berühmtesten Schlusssätze der Filmgeschichte werden sollte, noch, dass er mit *Casablanca* Errol Flynn als Warners Top-Star ablösen würde.

Genauso wenig konnte irgendjemand bei Warner Bros. ahnen, dass *Casablanca* – ein so typisches Geschöpf von Zeit und Ort und in seiner Gefühlswelt von dem Krieg geprägt, für den und in dem es produziert wurde – auch noch Jahrzehnte später einem Kinopublikum etwas bedeuten würde. 1942 gab es nur einen einzigen Grund, warum ein Film einen ganzen Monat lang in den Kinos blieb, nämlich, dass es auf Grund des Krieges nicht mehr möglich war, jede Woche einen neuen Film zu starten. 1934 hatte Warner Bros. 69 Spielfilme herausgebracht. Als das Kinopublikum anspruchsvoller und die Filme teurer wurden, reduzierte man das Soll auf einen Film pro Woche, und 1941 schickte Warner Bros. 48 Filme in seine Kinos. 1942 schließlich, als sich der Mangel an Schauspielern, Material und Technikern zusehends bemerkbar machte, war *Casablanca* nur noch einer von 33, die in den Verleih kamen.

Der Film hatte am Thanksgiving Day, dem 26. November 1942, in einem einzigen Kino in New York Premiere, da man den Umstand nutzen wollte, dass amerikanische Truppen in Nordafrika gelandet waren und die Stadt Casablanca in den Schlagzeilen auftauchte. Ansonsten war *Casablanca*, ursprünglich erst für den Start im folgenden Frühjahr vorgesehen, ein Film des Jahres 1943. Bis zum 23. Januar lief er in keiner anderen Stadt. Das *Film Daily Yearbook* führt ihn als einen von 21 Warner Bros.-Filmen auf, die 1943 herauskamen, und er bewarb sich auch in diesem Jahr um die Oscars.

In *Casablanca* war Ingrid Bergman irgendwie hineingeschliddert, aber um die Rolle der Maria hatte sie gekämpft, und ganz gleich, wie das Urteil der Geschichte lautet: Paramounts *For Whom the Bell Tolls* war schlicht *der* Kassenschlager des Jahres 1943, für den Eintrittskarten im Wert von fast 11 Millionen Dollar verkauft wurden. *Song of Bernadette* von Twentieth Century-Fox beleg-

---

* Die Figur hieß ursprünglich Luis Rinaldo.

te mit Einnahmen von 7 Millionen den zweiten Platz. *Casablanca* schnitt finanziell gut ab, ein Kassenerlös von 3,7 Millionen Dollar brachte den Film auf Platz sieben. Auch bei den meisten Filmkritikern kam er gut an. Bosley Crowther von der *New York Times* bezeichnete ihn als »einen Film, bei dem es einem kalt den Rücken herunterläuft und das Herz einen Sprung macht«. Etliche Rezensenten lobten den Film für seine Political Correctness. »Großartige Propaganda gegen die Achsenmächte«, schrieb Hollywoods Fachblatt *Variety.* Das liberale New Yorker Blatt *PM* nannte *Casablanca* »einen aufregenden Film, der um eine aufregende neue Idee herum gebaut ist ... wonach die Führer des europäischen antifaschistischen Widerstands derzeit schrecklich wichtige Leute sind, die mit einer traditionellen Spezialität des alten Casablanca wie gestohlenen Pässen sogar Playboys und Millionären die Schau stehlen«. In einer von *Film Daily* veranstalteten Umfrage unter 439 Kritikern und Kommentatoren wurde *Casablanca* als der fünftbeste Film des Jahres bewertet – hinter *Random Harvest, For Whom the Bell Tolls, Yankee Doodle Dandy* und *This Is the Army.**

Es gab auch kritische Bemerkungen, hauptsächlich in den anspruchsvollen Zeitschriften. »In andere Filme mögen solche Casablanca-Mätzchen in ihrem ursprünglichen Kontext gut hineingepasst haben, aber in *Casablanca* scheinen sie nur wegen ihres Flairs eingebaut worden zu sein. Deshalb wirken sie aufgesetzt und verlieren somit auch ihren Sinn«, schrieb Manny Farber in *The New Republic. The New Yorker* nannte den Film »ganz passabel«, obwohl er nicht so gut sei wie *Across the Pacific*, Humphrey Bogarts voriger Film. In *The Nation* äußerte der Kritiker James Agee widerwilliges Lob: »Es hat den Anschein, als würde sich *Casablanca*, ein Film, der mir, wie ich zugeben muss, ziemlich gut gefallen hat, einen durchaus ernsthaften Ruf als prächtiges Melodram erwerben. Warum? Der Film ist eindeutig eine Verbesserung gegenüber einem der schlechtesten Bühnenstücke der Welt, aber doch nicht so sehr, als dass man Letzteres vergessen könnte.« Und nochmals Agee, ein Jahr später: »Ich glaube

---

* Die restlichen Top Ten waren *The Human Comedy, Watch on the Rhine, In Which We Serve, So Proudly We Hail!* und *Stage Door Canteen.* Was als »Qualität« galt, war eine Frage des Zeitgeschmacks und hing vom Betrachter ab. Alle zehn Filme hatten kriegsbezogene Sujets oder Hintergründe. Zwei Filme passten nicht in den patriotischen Stil der Zeit und wurden von den Kritikern abgelehnt: *The Ox-Bow Incident* und *Shadow of a Doubt.*

nach wie vor, dass es in diesem Jahr der deutlichste Beitrag zu dem Thema ist, wie bereitwillig die Menschen sich etwas vormachen lassen. Selbst *Jeannie*, den man kaum als einen Film bezeichnen kann, war unterhaltsamer.«

Howard Koch, einer der drei Hauptautoren des Films, vertrat einen anderen Standpunkt. In einem Interview vom Sommer 1989 – inzwischen war er 88 Jahre alt – meinte er: »Ich habe ein geradezu mystisches Gefühl bei *Casablanca*. Dass er sich irgendwie selbst gemacht hat. Dass er gemacht werden musste und dass wir allesamt das Fließband waren, auf dem er zu seiner endgültigen Gestalt gelangte. Vor ein paar Wochen hat mich eine Frau angerufen: ›Ich habe Sie ausfindig gemacht, weil Sie unbedingt wissen sollen, dass ich mir *Casablanca* gerade zum 46. Mal angesehen habe und dass mir der Film mehr als sonst irgendwas in meinem Leben bedeutet.‹ Es ist bloß ein Film, aber zugleich mehr als das. Allmählich wird er zu etwas, was die Menschen in den Werten von heute vergeblich suchen. Und so wenden sie sich wieder *Casablanca* zu, genauso wie sie wieder in die Kirche gehen, weil sie hoffen, dort etwas zu finden, das den heutigen Wertmaßstäben fehlt.« Koch hatte seine linken Überzeugungen – er nannte sie »fortschrittlich« – nicht aufgegeben, derentwegen er in den fünfziger Jahren ins Exil gehen musste. »Ich bin bloß ein Glied in der Kette. Ich bin darin nicht wichtig. Das war keiner von uns. Aber als Glieder der Kette waren wir wichtig.«

Diese Kette schlang sich eng um die 54 Hektar des Warner Bros. First National Studio in Burbank. Koch war darin weder das erste noch das letzte Glied. Als Film, der sowohl den Idealismus transportierte, mit dem die Amerikaner in den Zweiten Weltkrieg zogen, wie auch den persönlichen Verzicht, den er ihnen abverlangte, verlief die Produktion von *Casablanca* in bemerkenswerter zeitlicher Entsprechung zum Kriegsgeschehen in Europa: Sein offizielles Entree ins Studiosystem hatte *Casablanca* am 8. Dezember 1941, dem Tag nach dem japanischen Angriff auf Pearl Harbor, um es, dekoriert mit dem Oscar für den besten Film, im Frühjahr 1944 zu verlassen, als sich die Alliierten gerade auf die Invasion Westeuropas vorbereiteten, während die Studios dem Krieg entschlossen den Rücken kehrten und Filme für den bevorstehenden Frieden planten. *Casablanca* hatte mehr erreicht als erwartet. Der Film hatte Geld eingespielt, Karrieren gefördert, Preise gewonnen und Jack Warner etwas gegeben, womit er angeben konnte. Nun wurde er in einem Bunker verstaut und vergessen.

2.

Das Studio:
Jack L. Warner, Executive Producer
… und Hal B. Wallis

U nter den vielen Metaphern für die Stadtstaaten, die zusammen das Studiosystem bildeten, ist *fiefdom* (»Lehen«) diejenige, die im Nachhinein von den Mitarbeitern aus jener Zeit am häufigsten gebraucht wurde. »Lehen – kleine Machtbereiche«, meinte etwa Regisseur Billy Wilder. »Wie im Mittelalter haben sie auf den Hügeln ihre Festungen errichtet, manchmal bekämpften sie sich, aber auf keinen Fall verkehrten sie gesellschaftlich miteinander. Mit Leuten, die für andere Studios arbeiteten, kommunizierte man nicht, man unterhielt sich nicht mit ihnen und machte sie nicht zu Busenfreunden.«

Inzwischen sind die Stadtstaaten zerstört, und die Barone sind tot, aber die Strukturen, die sie erfunden haben, sind größtenteils noch vorhanden. Als das Manuskript von *Everybody Comes to Rick's* am Tag nach Pearl Harbor bei Warner Bros. eintraf, wurde es Teil eines Prozesses, der sich im Verlauf von fast sechzig Jahren nicht wesentlich verändert hat.

Das Bühnenstück wurde von einem 35-jährigen Lektor beurteilt, der 1,12 Dollar pro Stunde verdiente und im Oktober des folgenden Jahres seinen Job bei Warners gegen einen besser bezahlten in einem Rüstungsbetrieb eintauschte. Heute, da bei den Funktionsbezeichnungen der Studios eine regelrechte Titelinflation herrscht, werden Lektoren »story analysts« genannt, und die Arbeit, die darin besteht, eine Synopsis zu schreiben, nennt sich »coverage«. Doch heute wie damals wird das Rohmaterial von den Angestellten beurteilt, die am wenigsten Macht besitzen.

Stephen Karnot lieferte eine scharfsinnige Bewertung des Bühnenstücks, aus dem später *Casablanca* werden sollte:

Vorzügliches Melodram. Farbig, zeitgemäßer Hintergrund, dichte Stimmung, Spannung, psychologische und physische Konflikte, stringente, raffinierte Story. Ein garantierter Kassenhit – für Bogart, Cagney oder Raft, in Rollen, die aus dem üblichen Rahmen fallen, und vielleicht für Mary Astor.

Der Umstand, dass Karnot das Stück gefiel, spielte am Ende keine Rolle. *Everybody Comes to Rick's* hatte einen besseren Anwalt. Irene Lee, die Leiterin des Story Department bei Warners, war während einer Reise nach New York auf das Stück gestoßen und drängte Hal Wallis, der das Studio für Jack Warner leitete, es zu kaufen. Später, als der Film ein Hit wurde, behauptete Wallis, es sei seine Idee gewesen, *Everybody Comes to Rick's* zu kaufen. Jack Warner wiederum nahm Wallis den Oscar für *Casablanca* weg, weil ihm schließlich das Studio gehörte. Damals wie heute beansprucht der Stärkere alle Lorbeeren für sich.

»Aber eigentlich gebührt Irene Lee diese Ehre«, sagte Julius Epstein, einer der im Vorspann genannten drei Autoren, die aus *Everybody Comes to Rick's* ein Drehbuch gemacht hatten. »Sie war viel cleverer als Hal Wallis. Sie gab uns auch den Auftrag, das Drehbuch zu schreiben. Und das wurde nie anerkannt.« Nur Julie Epstein und die unveröffentlichten Memoiren eines damaligen Mitglieds des Story-Departments würdigten ihre Rolle.

Im Frühjahr 1989 erzählte Irene Lee Diamond: »Als *Casablanca* herauskam und dieser riesengroße Erfolg wurde – und ich hatte den Stoff für so wenig Geld gekauft –, redete ich mit Hal und fragte ihn: ›Meinen Sie nicht, ich sollte einen Bonus bekommen?‹ Und er sagte: ›Das ist Ihr Job.‹ Damals war man als Frau nur gerade so akzeptiert. Und man wurde längst nicht so gut bezahlt wie die Männer.«

Zwei Tage nach Weihnachten 1941 erwarb Irene Lee mit Wallis' Zustimmung *Everybody Comes to Rick's* für 20 000 Dollar. Hal Wallis fungierte seit acht Jahren als Jack Warners Stellvertreter und trug die Verantwortung für die Produktion der A-Pictures. Warner war gemein, charmant und misstrauisch. Wallis dagegen war kühl und distanziert, ein vierschrötiger Mann mit durchdringenden schwarzen Augen, denen wenig entging. Er verdiente 5 000 Dollar die Woche, aber trotz dieses Geldes war er es leid, 18 Produktionen im Jahr zu überwachen. Als er *Everybody Comes to Rick's* erwarb, war Wallis bereits auf

Wie Casablanca gemacht wurde

EVERYBODY COMES TO RICK'S
by
Murray Burnett &
Joan Alison

Smart, sophisticated, luxurious Rick's Cafe is the most popular night
spot in Casablanca, French Morrocco. To the flamboyantly decorated
bar, and the gaming rooms in the rear come the wealthy French expatriates,
the richer refugees, the consular officials and the French, German and
Italian military attaches. Under the cynically indifferent and watchful
eye of Rick, an American of indeterminate age, an atmosphere of strict
neutrality, both political and personal, prevails. On this warm summer
evening of 1941, the mood of Rick's cafe epitomizes the mood of Casablanca: tense, hectic, desperately gay. Rick, as usual, sits at an
out-of-the-way table near the bar, admitting or barring people from
the gaming rooms with an imperceptible nod to the major-domo, greeting
a patron here, there refusing to take the check of an imposing four-
flusher. Sam, Negro entertainer at the mobile piano, plays softly.
Ugarte, a distinguished, sleekly tailored man enters, and at a nod
from Rick is seated at an adjoining table. When the waiter brings
a magnum of champagne, Ugarte asks Rick to join him, but Rick refuses.
Poker-faced Rick evidently has little use for Ugarte, and when the
latter announces his coming departure from Casablanca, Rick remains

Steven Karnots Gutachten zum Stück

dem Absprung und suchte ein paar Drehbücher, die er mitnehmen konnte. Mit
einem 30-seitigen Vertrag, der am 12. Januar 1942 unterzeichnet wurde, hörte
Hal Wallis auf, Jack Warners Angestellter zu sein, und gründete die Firma Hal
Wallis Productions. Er verpflichtete sich, für Warner Bros. vier Filme im Jahr

zu machen, und zusätzlich zu seinem Honorar standen ihm 10 Prozent der Gewinne zu.* In der gesamten Werbung und auf der Leinwand sollte »Produced
by Hal Wallis« in Lettern erscheinen, die mindestens halb so groß waren wie
die von »Bette Davis« oder »James Cagney«. Absatz 16 auf Seite 24 sicherte Wallis das »Optionsrecht sowie das Recht, die Dienste sämtlicher Regisseure,
Schauspieler, Schauspielerinnen, Autoren, Produktionsleiter, Kameramänner
und jeder erforderlichen Büro- oder Verwaltungskraft in Anspruch zu nehmen, die im Studio unter Vertrag stehen oder angestellt sind, um für die Firma Dienstleistungen zu erbringen«. Wenn Wallis Autoren, Regisseure, Schauspieler oder Schauspielerinnen engagieren wollte, die nicht bei Warners unter
Vertrag standen, würde das Studio versuchen, sie für ihn zu bekommen. *Casablanca* war der dritte von neun Filmen, die Wallis im Rahmen dieses Vierjah-
resvertrages produzierte – ein juristisches Dokument, das zweieinhalb Jahre
später null und nichtig war. Der Vertrag bezeugt Jack Warners Respekt vor
Wallis, die Annullierung war Ausdruck seiner Eifersucht.

Am Ende nahm die Rivalität zwischen Warner und Wallis erbitterte Züge
an, und dass Warner darauf beharrte, er sei für den Erfolg von *Casablanca* verantwortlich, brachte schließlich das Fass zum Überlaufen. In einer Ära, da Regisseure gewöhnlich erst wenige Tage vor Drehbeginn ein Manuskript in die
Hand gedrückt bekamen, zeichnete Wallis als Produzent des Films für *Casablanca* verantwortlich. Allerdings machte er den Film in einem Studio, in dem
er niemals mehr als Stellvertreter des Chefs war und in dem die Filme, einschließlich *Casablanca*, nach Warners Philosophie entstanden: »Produziere
schnell und billig, sei allzeit wachsam und traue niemandem.«

Warner wie auch Wallis kamen aus jüdischen Familien, die um die Jahrhundertwende eingewandert waren. Warner wuchs in Youngstown, Ohio, auf,
Wallis in Chicago. Und beide Männer hatten es weit gebracht. Warners Vater
reparierte Schuhe. Wallis' Vater war Schneider. Wallis ging mit 14 Jahren
arbeiten, weil sein Vater davongelaufen war und die Familie mittellos hatte
sitzen lassen. Warner wiederum war 15 gewesen, als er von zu Hause auszog,
um sich gemeinsam mit seinen älteren Brüdern im Filmgeschäft zu betätigen.

---

* Wallis wurden 10 Prozent der Bruttoeinnahmen von Warner Bros. zugebilligt, nachdem diese 125 Prozent der Herstellungskosten des Films erreicht hatten (die direkten
  Kosten des Films plus die für den Film veranschlagten Handlungsunkosten).

Ihrem Wesen nach hätten die beiden Männer allerdings unterschiedlicher nicht sein können. Warner war ein Choleriker. Wallis, der stets leise und beherrscht war, machte nie ein Szene oder brüllte herum. Warner war ein Clown, ein Spieler, und süchtig nach Vergnügungen. Nachdem Hal Wallis' Vater die Möbel der Familie beim Glücksspiel verloren hatte, suchte sich der Sohn einen Job als Bürobote und lieferte seine 5 Dollar Wochenlohn pflichtbewusst daheim bei der Mutter ab. 1942 war Wallis, der in der PR-Abteilung des Studios angefangen hatte, schon fast zwanzig Jahre bei Warner Bros. Jack Warner vertraute ihm – so weit er überhaupt in der Lage war, jemandem zu vertrauen. Doch Wallis' Erfolg als unabhängiger Produzent wurde am Ende unerträglich für den Mann, der Diskussionen damit zu beenden pflegte, dass er auf den Wasserturm des Studios wies, auf dem sein Name stand.

* * *

Jeder der einzelnen Stadtstaaten war in seinem Umgangston und Charakter von dem Mogul geprägt, der ihn leitete. Obwohl sie allesamt Tyrannen waren, zeigte sich ihre Tyrannei in unterschiedlicher Gestalt. Das reichte von L. B. Mayer, der sich gern als der gestrenge und liebevolle Patriarch der Metro-Goldwyn-Mayer-Familie sah, bis zu Harry Cohns herrischer Kopie seines Idols Mussolini bei Columbia. Selbst der Maßvollste unter ihnen platzierte seinen Schreibtisch am Ende eines riesigen Büros, so dass Bittsteller zuerst einen riesigen Teppich überqueren mussten. Darryl F. Zanucks Büro bei Fox war zwanzig Meter lang, mit einem Konzertflügel und schweren grünen Jalousien und Vorhängen, die stets geschlossen waren, damit niemand durch einen Blick aus dem Fenster abgelenkt würde. Zu Zanucks Bürokomplex gehörten außerdem ein privater Swimmingpool, ein Vorführraum sowie ein Frisiersalon. Zu Mayer mussten Regisseure und Produzenten aufblicken, denn sein Schreibtisch befand sich auf einem Podest. Und Harry Cohn erzählte einem Freund: »Bis die meinen Schreibtisch erreicht haben, sind sie so klein mit Hut.«

Warner Bros. gehörte Jack und Harry Warner, die einander nicht ausstehen konnten. 1903 hatten die vier Warner-Brüder – Harry, Albert, Sam und der elfjährige Jack – ein Nickelodeon eröffnet, einige Jahre später begannen sie damit, Filme an andere Nickelodeons zu verleihen, und 1917 waren sie bereits ziemlich gerissene Filmproduzenten. Sam war jedoch jung gestorben, und der stille und etwas gehemmte Albert (eigentlich hieß er Abraham, während Harry und Jack ursprünglich Hirsch und Jacob hießen) hatte sich damit begnügt, die Kinos zu leiten, die Warner Bros. besaß. Das Studio war also der Knochen, um den sich Jack und Harry balgten. Als Vizepräsident produzierte der 50-jährige Jack die Filme und leitete das Studio. Als Präsident des Unternehmens kontrollierte der 61-jährige Harry das Geld, das Jack für seine Filme ausgeben wollte.

Harry besaß die Gabe, Geld zu machen. Nach zwanzig Jahren und mäßigem Erfolg war es ihm zwischen 1928 und 1932 gelungen, Warner Bros. zu einem bedeutenden Unternehmen aufzubauen, indem er couragiert Kinos sowie das First National Studio im San Fernando Valley erwarb. 1937 bezeichnete die Zeitschrift *Fortune* Harry als den zweitwichtigsten Mann in der Filmbranche. (Allerdings, so fügte das Blatt hinzu, halte Hollywoods Elite mit Loews MGM und seiner Nummer eins, Nicholas Schenck, nicht allzu viel von den Warners und ihrer Billigproduktion.)

Die Probleme zwischen Jack und Harry nahmen zu, als Harry Ende der dreißiger Jahre vom New Yorker Hauptbüro in einen Bungalow auf dem Studiogelände zog. Harry Warner war streng und moralisch, typisch ältester Sohn, teilte Strafen und Belohnungen aus und richtete auf eine Art und Weise, die seinen jüngeren Bruder erboste. »Mein Onkel war ein sehr sittenstrenger Mensch«, berichtete Jack Warner jr. »In einem anderen Leben wäre er Rabbi oder Prophet geworden. Er war sehr anständig, aber etwas mehr Mitgefühl hätte ihm wohl nicht geschadet. Er missbilligte entschieden den Lebensstil meines Vaters. Außerdem herrschte ein natürlicher Krieg zwischen dem Hauptbüro in New York, das die Finanzen verwaltete, und dem Studio, das die Ausgaben kontrollierte. Als Harry nach Kalifornien zog, begleitete ihn seine grundsätzliche Abneigung gegen das Geldausgeben.«[*]

»Harry war ein solider Bursche«, meinte Lee Katz, der bereits zehn Jahre bei Warner Bros. gearbeitet hatte, als er Regieassistent bei *Casablanca* wurde. »Jack war nicht sonderlich ehrlich, und dementsprechend nicht allzu vertrau-

---

[*] Am Schluss rächte sich Jack doch noch an seinem älteren Bruder. 1956 bootete er Harry aus, indem er das Studio veräußerte und sich dann die Kontrolle zurückkaufte, um sich gleichzeitig Harrys Präsidententitel zu sichern. Als Harry zwei Jahre später starb, blieb Jack an der Côte d'Azur und spielte Baccarat in Monte Carlo, anstatt zur Beerdigung seines Bruders nach Hause zu kommen.

Luftaufnahme des Studiogeländes von Warner Bros. (vormals First National Pictures Studio) aus den dreißiger Jahren

enswürdig. Wenn Harry etwas sagte, konnte man sich drauf verlassen. Er versprach nicht viel, aber man konnte sicher sein, dass er sein Wort halten würde.«

Trotz Jack Warners ausschweifendem Privatleben – er war ein leidenschaftlicher Spieler und Schürzenjäger – blieb Warner Bros. ein Studio ohne Mätzchen. Zumindest in diesem Punkt waren sich Harry und Jack einig. Harry hob Nägel auf und Jack knipste Lichter aus. Harry mochte ihn für einen Verschwender halten, für alle anderen war Jack ein Pfennigfuchser. »Ich habe die Unterlagen über die Eingangskontrolle der Autoren überprüft und festgestellt, dass sie kurz vor zehn eintreffen und bereits um fünf wieder gehen«, schrieb Jack Warner im Jahr 1942 an alle seine Produzenten. »Jeder sollte nicht später als 9.30 Uhr eintreffen und bis 17.30 bleiben ... Kein Wunder, dass sie so lange brauchen, ihre Drehbücher abzuliefern, wenn sie nur für ein paar Stunden im Studio sind.« Bei Dreharbeiten im Griffith Park, ein paar Meilen vom Studio entfernt, fand ein Requisiteur eine leere 5-Gallonen-Flasche, die ein Team der Paramount Pictures weggeworfen hatte. Im Gegensatz zu Paramount versorgte Warner Bros. seine Teams und Schauspieler nicht mit Wasser, und so nahm der Requisiteur die Flasche mit zurück ins Studio und füllte sie mit Leitungswasser. Harry Warner sah, wie der Mann am folgenden Morgen die Flasche mit zum Drehort brachte, und feuerte ihn, weil »Wasser in Flaschen ein lächerlicher Luxus ist«. Nachdem man Harry die Situation erklärt hatte, wurde der Requisiteur, Doc Solomon, am nächsten Tag wieder eingestellt und bekam 2 Dollar mehr in der Woche.

Bei MGM schickte L. B. Mayer einmal Joan Crawford aus der Kantine, weil sie nicht so angezogen war, wie es sich für einen Filmstar geziemte. Dagegen steckte Warner Bros. selbst seine Stars in Sackleinen. Seide war nicht vorgesehen. Errol Flynn, der 1944 vier Monate mit den Außenaufnahmen zu *Operation Burma* beschäftigt war, schrieb deshalb folgenden Beschwerdebrief:

> Meine Garderobe, wie wir das Ding scherzhaft nennen, wies einige bemerkenswerte neue Eigenschaften auf. Ich zählte an die zehn Löcher in den Seitenwänden, durch die mich, wie ich feststellen durfte, einige Kinder beim An- und Auskleiden beobachteten. Bemerkenswert war auch der Boden. In Whittier bestand er beispielsweise aus einem dünnen Streifen von mottenzerfressenen Matten, völlig zerschlissen und verdreckt. Sie bedeckten nur einen winzigen Teil der Garderobe, die übrige Fläche bestand aus kompakten Kuhfladen. Das erklärt zweifellos die Faszination, die der Raum auf zehn Millionen Insekten ausübte ...
>
> Doch das Ärgste kam erst, als ich entdeckte, dass meine Garderobe über Nacht umgezogen war und ich mich jetzt in einem Raum umkleidete, der mir (neben zwei- oder dreihundert anderen Herren) tags zuvor noch als Toilette gedient hatte. Der einzige erkennbare Unterschied zwischen der Toilette und der Garderobe bestand darin, dass der Raum jetzt an Stelle des üblichen Gefäßes einen kaputten Stuhl aufwies ...
>
> Zum Vergleich würde ich Sie gern auf die Wohnwagen verweisen, die von Fox und MGM bei Dreharbeiten benutzt werden.

Jack Warner liebte es, seine Schauspieler zu ärgern. »Bogart wird einfach in seinem eigenen Saft schmoren müssen«, schrieb er schadenfroh in einem Telegramm aus New York. Ein anderes boshaftes Telegramm beendete er mit dem Satz: »Ich bin ein böser Junge.« Selbst scheute er allerdings die Konsequenzen seines Verhaltens, und so wurden seine Gehässigkeiten »durch die Befehlskette nach unten weitergegeben«, wie sich Bill Orr erinnerte, der vor dem Krieg als Vertragsschauspieler bei Warners begann, Jack Warners Stieftochter Joy Page heiratete und schließlich vorübergehend das Studio leitete. Zu Orrs ersten Aufgaben als Chef gehörte der allmorgendliche Rundgang durch die einzelnen Dekorationen. »Du berichtest mir, ob Bogie oder einer von den anderen Schauspielern Ärger macht«, lautete Warners Anweisung. »›Klar, Jack‹, sagte ich, ›als dein Schwiegersohn muss ich wohl den Petzer spielen.‹ Darauf er: ›Na ja, ich dachte, es wäre eine gute Idee.‹ Und ich sagte: ›Ich glaube, es ist für keinen von uns eine gute Idee.‹«

Warner hatte noch andere Augen und Ohren. Die Befehlskette begann mit dem treu ergebenen Steve Trilling, der 1942 aus dem Besetzungsbüro geholt wurde, um Hal Wallis als Leiter der Atelierverwaltung zu ersetzen. »Sein Job bestand unter anderem darin, vor deiner Tür zu lauschen, ob du am Tippen warst, und wenn nicht, dann die Tür aufzumachen«, erzählte Regisseur Richard Brooks*, der nach seiner Rückkehr aus dem Krieg bei Warner Bros. Vertragsautor wurde. Brooks hatte einen Plan des Studios an seiner Bürowand. Da in den Büros und auf den Sets kein Kaffee erlaubt war und kein junger Autor vor 17.30 Uhr das Studio durch das Haupttor verlassen durfte, schlich er sich, wie andere Autoren, durch einen Hinterausgang zu einem Drugstore auf der anderen Straßenseite.

Im Gegensatz dazu »ermunterte MGM einen zwar nicht gerade, zu Hause zu arbeiten, aber das Studio ließ es zu«, sagte Ring Lardner jr., der von 1937 bis 1938 bei Warner Bros. und Anfang der vierziger Jahre bei Metro tätig war. »Und wenn man ins Studio ging, konnte man seine Arbeitszeit weitgehend selbst bestimmen. Mein Mitarbeiter Michael Kanin kam immer gern frühmorgens und erledigte den Großteil der Arbeit vor der Mittagspause. Ich kam lieber am späten Vormittag und blieb dafür abends länger.«

Harry Warners Einfluss auf die Filme, die Warner Bros. machte, war eher indirekter Natur. Zwar sollte Harrys entschlossene antifaschistische Einstellung *Casablanca* zugute kommen, wie auch seine Maxime, dass das Studio gute Filme mit einer guten staatsbürgerlichen Einstellung zu verbinden habe. Doch bei der Besetzung und der Genehmigung der Bauten war Harry nicht be-

---

* In einem Interview ein Jahr vor seinem Tod im März 1992.

teilig. Warners, das provokationsfreudigste aller Studios, war nach Jack Warners Ebenbild gebaut. Den meisten Moguln ging es nur ums Prestige. Jack Warner war wohl der Einzige, der es genoss, ein Außenseiter zu sein. Es ist kein Zufall, dass vier der großen Stars des Studios Juden waren – Al Jolson, Edward G. Robinson, Paul Muni und John Garfield. In den dreißiger Jahren woben die anderen Studios Legenden um Clark Gable, Tyrone Power, Cary Grant und Robert Taylor und sangen mit Jimmy Stewart, Mickey Rooney, Henry Fonda und Gary Cooper ein Loblied auf die Kleinstadt und den Ehrenkodex des Westens. Fast über das ganze Jahrzehnt war James Cagney, ein kleines irisches Raubein aus New Yorks Lower East Side, der Topstar bei Warner Bros., und der archetypische Held eines Warner-Films war ein Gangster. In den vierziger Jahren entsprach dann der typische Warner-Held den von Humphrey Bogart verkörperten Figuren wie Sam Spade oder Rick Blaine, die sich ebenso widerwillig auf Gefühle einließen wie der Mann, der das Studio leitete.

Es heißt, Warner Bros. habe keine wichtigen, eleganten Stars bekommen, weil das Studio zu schäbig gewesen sei, um sie bezahlen zu können. Genauso denkbar ist es, dass Jack Warner absichtlich Schauspieler einkaufte, die sein eigenes Misstrauen widerspiegelten. Mit Sicherheit wählte er Schauspieler aus, die ihm äußerlich ähnelten – klein, kompakt und kämpferisch. Dann steckte er sie in Filme, in denen jedermann korrupt war und die Leute aus der Unterschicht nie eine faire Chance bekamen, angefangen mit *I Am a Fugitive from a Chain Gang*, worin ein unschuldiger Mann bis an sein Lebensende gejagt wird, bis hin zu *They Won't Forget*, in dem ein Unschuldiger gehängt wird. Warner Bros. war ein Underdog, genau wie all die Verkäuferinnen, Bergarbeiter, Boxer und Zuchthäusler, die seine Filme bevölkerten.

1942, als Hal Wallis die Vertragsliste von Warner durchging, um zu sehen, wer die Hauptrolle in *Casablanca* spielen könnte, wurden die gesellschaftskritischen Züge der Warner-Filme allmählich abgemildert. Wie Ethan Mordden in seinem Buch *The Hollywood Studios* betont, hätten Schauplatz und Intrige von *Casablanca* auch bei MGM in einen Clark-Gable-Film hineingepasst, doch hätte man dort nie erlaubt, dass Gable auf die Frau verzichtet. Dennoch konnte kein Zweifel daran bestehen, dass *Casablanca* mit seinen pointierten Dialogen, den exzentrischen Figuren, seinem geistreichen Zynismus, dem misstrauischen Antihelden und der liberalen politischen Botschaft eindeutig ein Warner-Film war. Das Melodram *Casablanca* ist weniger ruppig und böse, als es einige Jahre früher ausgefallen wäre, aber das grundsätzliche Misstrauen gegenüber der Obrigkeit und der Argwohn gegenüber der menschlichen Natur sind nach wie vor unübersehbar. Durch den Kriegseintritt Amerikas begannen die Filme zahmer zu werden, weil von ihnen ein glühender Patriotismus verlangt wurde, doch das Milieu von *Casablanca* ist trotzdem korrupt, und die kleinen Leute bekommen noch immer keine faire Chance.

Jack Warner war einerseits ordinär, grausam und feige – der einzige Mogul, der zum Parlamentsausschuss für unamerikanische Aktivitäten lief und freiwillig seine Angestellten preisgab –, andererseits eine gediegene, makellos gepflegte Erscheinung. (Sein Enkel, Gregory Orr, berichtete, er habe sich seinerzeit gewundert, wie ein Erwachsener so perfekt rasiert sein konnte.) Trotz seines ewigen Lächelns und seiner Vorliebe für unfeine Witze war Warner ein geschickter Unternehmer. Die Handwerker, die er einstellte, konnten es mit den besten in Hollywood aufnehmen, und sie hielten wie eine Familie zusammen, genauso wie die verwöhnteren Angestellten bei MGM.*

Warner konnte durchaus großherzig sein, vor allem gegenüber Menschen, die zu schwach waren, um ihn auszunutzen. Schauspieler aus der Anfangszeit des Studios behielt er über Jahrzehnte in Lohn und Brot, er zahlte ehemaligen Stars 50 Dollar die Woche und bestand darauf, dass seine Regisseure sie so oft wie möglich einsetzten. Ein halbes Dutzend dieser Schauspieler kam auch in *Casablanca* zum Zuge. Creighton Hale, 1929 zusammen mit Thelma Todd der Hauptdarsteller in *Seven Footprints to Satan*, und Monte Blue, der größte Star des Studios Ende der zwanziger Jahre, spielten winzige Rollen in den Schwarzmarktszenen. Von ihren Dialogen sind allerdings nur wenige Schnipsel erhalten geblieben.

---

* Ganze Familien arbeiteten zwanzig oder dreißig Jahre im selben Studio. Owen Marks, der Cutter bei *Casablanca*, hatte vier Brüder, die in derselben Abteilung bei Warner Bros. tätig waren. Studioangestellte, von Requisiteuren bis zu Klempnern, ließen sich in Häusern direkt vor den Studiomauern nieder, die Kulissenbauer von MGM etwa bauten sich Häuschen in Culver City und die Warner-Elektriker in Burbank. Stephen Karnot kehrte im Verlauf des Krieges zu Warner Bros. zurück und blieb dort, bis er am 23. Juni 1967 wegen »Personalabbaus« entlassen wurde. Zu diesem Zeitpunkt war Harry Warner bereits tot, Jack Warner hatte das Studio verkauft, und auch das Studiosystem war tot – ein Opfer des Fernsehens und der Antikartell-Prozesse, die die Studios zwangen, ihre Kinos zu verkaufen, und dabei, ohne es zu wollen, Topstars und Produzenten zu neuer Macht und Unabhängigkeit verhalfen.

Die Versuchung, die Geschichte nachträglich umzuschreiben, ist allzu groß, und folglich sind selbst verfasste Memoiren notorisch ungenau. Jack Warners Autobiografie *My First Hundred Years in Hollywood* bildet da keine Ausnahme. Doch findet sich die Wahrheit oft zwischen den Zeilen. »Ich habe niemals einen Hund oder eine Katze oder sonst irgendein Haustier besessen«, heißt es da etwa. Hunderte von Personen finden Erwähnung, doch nur von zweien sprach er in liebevollem Ton – von seinem Bruder Sam und seinem Masseur Abdul. Immer wieder beschrieb er Sam, der 1927 mit 39 Jahren starb, als sanftmütigen Menschen, scheu und bescheiden. Sam diente gleichsam als Puffer zwischen seinem knallharten ältesten und seinem rebellischen jüngeren Bruder. Sam war es auch gewesen, der Warner Bros. in Richtung Tonfilm drängte, während die größeren Studios hinterherhinkten. Er starb, an einer Gehirnblutung oder an einem galoppierenden Infekt, einen Tag vor der Premiere des Films *The Jazz Singer*, der Warners wirtschaftlichen Erfolg begründete.

Jack Warners Zuneigung für Abdul Maljan – einen ehemaligen Preisboxer, der immer nur Abdul der Türke genannt wurde, obwohl er eigentlich Armenier war – hatte traurigere und komplexere Züge. »Ein Psychiater könnte vermutlich eine bessere Antwort darauf geben«, sagte Jack Warner jr., der vom Leben seines Vaters vollkommen ausgeschlossen war. »Ich glaube aber, er hat meinem Vater sehr viel Trost gespendet. Tief im Innern hatte mein Vater immer das Gefühl: ›Alle wollen mich nur ausnutzen.‹ Am Ende eines harten Tages, an dem er mit Menschen zu tun hatte, die ihm auf die Nerven gingen, war Abdul zur Stelle, mit einer heißen Dusche und den Schwämmen und Badetüchern, und das war, als würde er nach Hause zu Mama gehen.«

Fast jeder machte Jack Warner nervös. »Er hatte Angst vor Schauspielern«, berichtete Geraldine Fitzgerald, die sieben Jahre lang bei Warner unter Vertrag stand. »Und vor Autoren ebenfalls.« Selbst die 19-jährige Lauren Bacall spürte die Angst hinter seiner Großspurigkeit. »Er wirkte immer, als fühle er sich unbehaglich und angespannt«, erinnerte sie sich. »Er hatte das Gefühl, dass die Leute ihn ständig beurteilen.« Und so flüchtete Warner jeden Nachmittag in das Dampfbad neben seinem privaten Speisezimmer. »Abdul war wie ein alter treuer Hund«, erzählte Bill Schaefer, der über vierzig Jahre lang Jack Warners Sekretär war. »Wenn Warner ihm etwas befahl, tat er's. Selbst wenn es ihm körperlich schadete, tat er's. Und als er starb, vermachte er sein gesamtes Vermögen – ein Haus und an die 35 000 Dollar in Wertpapieren – Jack Warner.«

Jack Warner jr. erinnerte sich an das Bild, wie sein Vater allein an Abduls Grab stand. »Er war schrecklich aufgewühlt und sah völlig verzweifelt aus. Es war schön zu wissen, dass er für jemanden eine Schwäche hatte. Aber seine übrigen Beziehungen – na, Sie kennen ja den Spruch: Ihn nicht zu kennen hieß, ihn zu lieben.« Warners Sohn hatte den Fehler begangen, die zweite Ehefrau seines Vaters abzulehnen. Selbst als Jack Warner im Sterben lag, gab es keine Versöhnung. »Das ist ein Skript, das ich gerne umschreiben lassen würde«, sagte der 75-jährige Jack Warner jr. im Frühjahr 1991. »Aber es ist leider schon abgedreht.«

Warner jr. bemühte sich, gleichzeitig höflich und zurückhaltend zu sein. Er hat eine Biografie über seinen Vater geschrieben, aber, sagte er, »das war nicht ›schicklich‹ – ein Wort, das aus der Mode gekommen ist. Und so hüllte ich das Ganze in das seltsame Gewand eines Romans.« Er habe nie genug Durchsetzungsvermögen besessen, um von seinem Vater akzeptiert zu werden, habe jedoch Verständnis für dessen Härte. »In gewisser Weise ist Macht eine ätzende Säure«, sagte er. »Aber es war ja auch ein hartes, raues, dreckiges Geschäft. Und wenn man nicht hart, rau und manchmal auch dreckig war, landete man schnell im Keller. Es gibt Aberhunderte von Filmgesellschaften, von denen man nie etwas gehört hat. Und sie alle wurden von Leuten gegründet, die große Pläne hatten. Die Warner-Brüder haben sich von ganz unten hochgearbeitet. Ihre Spitzenposition haben sie sich durch Schneid und Sachverstand erkämpft. Man macht es sich zu leicht, wenn man viele Jahre später meint, der Erfolg sei vorprogrammiert gewesen.«

* * *

Einige Monate vor Pearl Harbor fragte General Hap Arnold, der Oberbefehlshaber des Army Air Corps, bei Warner Bros. an, ob man kurze Filme drehen könne, um die Öffentlichkeit mit den verschiedenen Abteilungen der Streitkräfte vertraut zu machen. Die Beziehung zwischen dem General und dem Mogul führte dazu, dass der fünfzigjährige Jack Warner im April 1942 als Lieutenant Colonel in die Army Air Force aufgenommen wurde. Der Chef von Twentieth Century-Fox, Darryl Zanuck, der früher für Warner gearbeitet hatte, war bereits Colonel im Signal Corps, und so nahm Warner die Ernennung mit Genugtuung an.

Nach einigen Monaten verzichtete er allerdings wieder auf den Rang, unter anderem deshalb, weil er es nicht ertragen konnte, die Leitung des Studios einem anderen zu überlassen. Alle Moguln identifizierten sich mit ihren Studios, und einige setzten ihren Namen auch auf ihre Filme, doch Jack Warner machte als Einziger seinen Namen zum Bestandteil des Firmenlogos. »Jack L. Warner Executive Producer« stand unübersehbar auf dem Firmenwappen von Warner Bros. Bis auf Edward Muhl, den Produktionschef bei Universal ein Jahrzehnt später, gaben sich die anderen damit zufrieden, ihre Logos für sich sprechen zu lassen. Paramounts Berg deutete auf unüberwindbare Höhen hin, MGMs brüllender Löwe auf den König des Studio-Dschungels. Columbias Dame mit der Fackel imitierte sowohl die klassische Kunst als auch die Freiheitsstatue. RKOs Turm knisterte vor Radiowellen und Elektrizität. Die Erdkugel der Universal drehte sich im Weltraum, während der Name und das futuristische Design von Twentieth Century-Fox die Zeit eroberten. Sie alle blickten nach vorn. Das Firmenwappen der Warner Bros. besagte etwas anderes. Es war Angriff und Verteidigung und gemahnte an FBI-Agenten und Barrikaden.

Jack Warner kam selten vor Mittag ins Studio und verbrachte dann den größten Teil des Nachmittags damit, sich die Muster der gerade in Produktion befindlichen Filme anzusehen, um sicherzugehen, dass nichts aus dem Ruder gelaufen war. »Ich kann nicht verstehen, weshalb ein 54-Sekunden-Take sieben Mal gedreht werden muss«, schrieb er dem Regisseur Michael Curtiz während der Aufnahmen zu *Casablanca*. »Sie müssen den Verbrauch von Negativ- und Positivmaterial reduzieren.« Seine Regisseure im Griff zu haben bedeutete für Warner auch, dass er Anweisung gab, während der Rennsaison die Telefonverbindungen zum Set von Raoul Walsh zu kappen, um zu verhindern, dass der Regisseur wertvolle Zeit durch Telefonate mit seinem Buchmacher verschwendete.

Wenn es darum ging, Requisiten einzukaufen, Autoren zu verpflichten und Schauspieler zu engagieren, bedurfte es stets der Zustimmung Jack Warners. In einer typischen Anfrage teilte Hal Wallis' Sekretär Warner am 4. Februar 1942 mit, die Epstein-Zwillinge, die in New York Urlaub machten, seien sehr daran interessiert, das Drehbuch für *Casablanca* zu schreiben. Ob Warner damit einverstanden sei oder ob er etwas anderes mit ihnen vorhabe?

Am aktivsten schaltete sich Warner ganz am Schluss in den Herstellungsprozess ein, wenn der fertige Film im Rohschnitt vorlag. »Mindestens zwei Mal in der Woche blieben wir bis morgens um halb zwei im Schneideraum«, berichtete Rudi Fehr, der Warners persönlicher Cutter wurde. »Einmal ging es eine Woche lang alle fünf Nächte so, und da hat mich meine Frau ausgesperrt, weil sie dachte, ich würde fremdgehen.« Selbst Jack Warners Gegner und diejenigen, die ihn als Clown abtaten, zollten ihm Respekt, wenn es darum ging, einen Film zu beurteilen. »Einen guten Film konnte er geradezu riechen«, meinte Owen Crump, der Warner Bros. verließ, um 1942 eine Filmgruppe der Army Air Force zu leiten. »Er hatte irgendwie Angst vor Leuten mit großem Talent, zum Beispiel Autoren, die berühmt und belesen waren. In ihrer Gegenwart fühlte er sich unbehaglich. Aber er besaß ein Gespür dafür, wenn ein Film Klasse hatte.« Er hatte auch den Wagemut eines Spielers. »Wenn man ihm eine Idee verkaufen und ihn überzeugen konnte, daraus könne ein großer Film werden«, sei Warner immer bereit gewesen, das Risiko einzugehen, sagte Henry Blanke, in den dreißiger Jahren ein führender Associate Producer bei Warner Bros.

* * *

In der dicken Akte voller Memos, die in Sachen *Casablanca* hin und her gingen, findet sich nur eine einzige kreative Entscheidung von Jack Warner: Er schlug vor, George Raft solle die Hauptrolle spielen. Hal Wallis' Antwort war beinahe unhöflich. Nachdem er konstatiert hatte, dass *Casablanca* für Humphrey Bogart geschrieben werde, fügte Wallis hinzu, Raft habe »hier keinen Film mehr gemacht, seit ich ein kleiner Junge war, und ich finde, man sollte ihm nicht einfach was geben, bloß weil ihm gerade danach zu Mute ist«.

In dem anderen halben Dutzend Memos, die Warner an Wallis und Curtiz schickte, ging es um Zeit und Geld. Weshalb bräuchten die Songwriter so lange? Wann könnten die Epsteins auf ein anderes Skript angesetzt werden? Er verlasse sich auf Wallis, dass dieser den Film zu einem vernünftigen Preis produziere, und darauf, dass der gute alte Curtiz den Film in höchstens sieben Wochen im Kasten habe. Ähnliche Memos gibt es zu jedem Film von Warner Bros. Jack Warner stand gleichsam an der Zugbrücke des Studios, ließ sie herunter, um einen bestimmten Schauspieler unter Vertrag zu nehmen, und zog sie hoch, wenn er die Option auf eine bestimmte Schauspielerin nach sechs Monaten verfallen ließ. Und er rechnete stets damit, von Angestellten belagert zu werden, die die Zeit und das Geld des Studios verschwendeten.

Das Studio gehörte Warner, und er sorgte dafür, dass seine Untergebenen das nie vergaßen – die treibende, kreative Kraft hinter *Casablanca* war indes Hal Wallis. Die französische Theorie des Autorenkinos, der Gedanke also, dass der Regisseur auch Autor seines Films sei, scheitert an der Realität des Studiosystems. Wenn man die unzähligen Memos liest, die Wallis verschickte und empfing, wird deutlich, wie entscheidend er die Gestaltung des Films bestimmte, von der Art der Ausleuchtung bis hin zu den kleinsten Details der Kostüme und zu der Forderung, vor dem Blue Parrot Café müsse ein echter Papagei sitzen.

Da Jack Warner gegenüber allem und jedem misstrauisch war und ständig fürchtete, ausgenutzt zu werden, findet sich heute noch ein wahrer Berg an Dokumenten zu *Casablanca*. MÜNDLICHE MITTEILUNGEN VERURSACHEN MISSVERSTÄNDNISSE UND VERZÖGERUNGEN stand 1942 unten auf jedem Briefbogen des Studios. »Heutzutage hängt die ganze Industrie am Telefon«, sagt David Melnick, ein unabhängiger Produzent, der von 1972 bis 1976 bei MGM und von 1977 bis 1979 bei Columbia die Produktion leitete. »Die erfolgreichsten Leute sind heute wohl diejenigen, die wissen, wie man richtig telefoniert.« Melnick und Laurence Mark, der während der achtziger Jahre bei Paramount wie auch bei Twentieth Century-Fox der für die Produktion zuständige Vizepräsident war, sind in einer Branche tätig, in der die Macht, die einst bei den Studios lag, zwischen Studios, Stars, Regisseuren und Agenten aufgeteilt ist. Während des Interviews stöbern sie mit einer gewissen Verblüffung und nicht ohne Neid in den Produktionsakten von *Casablanca*. Mark hält ein besonders unverblümt formuliertes Memo in der Hand, in dem eine Schauspielerin kritisiert wird. »Heutzutage drücken wir uns etwas unbestimmter aus«, meint er. »Wenn man zu deutlich wird, bringt man sich manchmal selber nur in Schwierigkeiten.«

Ein anderes Memo findet Mark »irgendwie wunderbar«. Am 9. Juli 1942 schrieb Wallis seinem Regisseur: »Ich habe letzte Nacht die Muster gesehen, und da ist etwas, das Du noch mal drehen solltest ... wo Ilsa ins Café kommt und Rick fragt, ob er sich um alles gekümmert habe, und Rick antwortet: ›Um alles‹. Wenn Du Dich erinnerst, wollte ich, dass Rick Ilsa für einen Moment ansieht und sie dann küsst, damit der Zuschauer später begreift, dass dies sein Abschied war.« – »Das ist kein kommerziell gemeinter Hinweis«, bemerkt Mark. »Es geht einzig und allein darum, einer Szene eine weitere Ebene hinzuzufügen, die der Zuschauer bestenfalls im Nachhinein begreift.« (In dem

Chaos, das Mitte Juli herrschte, und wegen Bogarts Einwänden wurde die Szene umgeschrieben, und im fertigen Film ist Ricks Kuss nicht mehr enthalten.)

Umsichtig, wie es seine Art war, gab Wallis am 22. Dezember 1941 Irene Lee die Anweisung, Exemplare von *Everybody Comes to Rick's* an verschiedene Produzenten des Studios zu verschicken. Ehe er das Stück ankaufte, wollte er von seinen Leuten wissen, wie sie es kommerziell bewerteten. Bei Warner Bros. wurde alles schnell erledigt, und schon tags darauf kam ihre Antwort. Robert Lord fand, das Stück sei »eine ganz offensichtliche Imitation von *Grand Hotel*«, mit konventionellen und stereotypen Figuren. Jerry Wald, der nach Wallis' Weggang der Hauptproduzent bei Warner Bros. werden sollte, urteilte scharfsichtiger: »Diese Geschichte wäre das Richtige für Raft oder Bogart. Ich denke, sie ließe sich leicht im Stil von ALGIERS bearbeiten, mit einer Menge Action und Spannung.« (*Algiers*, ein exotisches Melodram aus dem Jahr 1938 mit Charles Boyer und Hedy Lamarr in den Hauptrollen, hatte Wallis offenbar im Sinn, als er drei Tage nach Erwerb der Rechte an *Everybody Comes to Rick's* den Titel in *Casablanca* änderte. Dafür spricht auch, dass er sich im Februar erfolglos bemühte, Hedy Lamarr von MGM auszuleihen.)

Wallis ist immer unterschätzt worden. Die Zeitschrift *Fortune* rätselte über den Erfolg des Studios, dem doch eigentlich eine entscheidende Voraussetzung fehle, nämlich »ein ›genialer‹ Produzent«. In dem Artikel aus dem Jahr 1937 wird Wallis als Jack Warners »fleißiger Assistent« abgetan, im Gegensatz zu seinem genialen Vorgänger Darryl Zanuck. Warum aber, so fragt der Schreiber ironisch, sind nach Zanucks Weggang die Warner-Filme trotzdem besser geworden und nicht schlechter?

Wallis hatte eine bemerkenswerte Erfolgsbilanz mit den sechs Filmen vorzuweisen, die er 1942 unter seinem neuen Vertrag produzierte: *Desperate Journey, Now, Voyager, Casablanca, Watch on the Rhine, Air Force* und *Princess O'Rourke*. Es waren allesamt Kassenerfolge. Zwei davon – *Watch on the Rhine* und *Casablanca* – wurden von der Academy für den besten Film nominiert. Die sechs Filme erhielten zusammen insgesamt zwanzig Oscar-Nominierungen, und *Watch on the Rhine* gewann wichtige Kritikerpreise. *Now, Voyager* rührt seine Fans noch nach Jahrzehnten zu Tränen.

Nachdem Warner Bros. seinen Vertrag 1944 annulliert hatte, verbrachte Wallis die nächsten 25 Jahre bei Paramount. Drei Mal bekam er Oscar-Nominierungen für den besten Film, und zwar für *The Rose Tattoo* (1955), *Becket*

(1964) und, bei Universal, für *Anne of the Thousand Days* (1969). Er machte Kirk Douglas, Burt Lancaster und Shirley MacLaine zu Stars, doch ist er vor allem als jemand in Erinnerung geblieben, der mehr Kassenschlager als Kunst hervorbrachte, wie etwa die Filme mit Dean Martin und Jerry Lewis sowie einige Titel mit Elvis Presley.

»Es gibt keinen einzigen Produzenten, auf dessen Konto so viele wichtige Filme gehen wie Hal Wallis«, erklärte Tom Pryor, der für die *New York Times* über Hollywood berichtete, bevor er ein Vierteljahrhundert Chefredakteur bei *Daily Variety* war. »In den dreißiger Jahren, als Wallis das Sagen hatte, zeichneten sich die Warner-Produkte durch gleichbleibende Qualität aus. Für mich ist das Warner Bros. jener Zeit das Maß der Dinge – und nicht so sehr MGM. Nach Wallis waren die Warner-Filme nicht mehr das, was sie einmal waren. Er war ein kühler Mensch, irgendwie reserviert, aber zugleich der brillanteste Produzent, den es in dieser Stadt gegeben hat. David O. Selznick glich einer Rakete, aber sein Stolz zwang ihn, sich einen großen Vertriebsapparat aufzuhalsen, und daran zerbrach er. Wallis war clever genug, so etwas nicht zu tun.«

Wallis war nicht so unvorsichtig, sein künftiges Geschick von einem einzigen Film oder einem Glücksstreffer abhängig zu machen, wie Selznick oder Jack Warner es getan hätten. Vielleicht war er auch zu geizig. Sein Biograf, Charles Higham, amüsierte sich immer darüber, dass Wallis, der eine erlesene Sammlung französischer Impressionisten besaß, ihn nur dann ins Scandia, ein teures Restaurant in Los Angeles, einlud, wenn der Regisseur Mervyn LeRoy mitkam und die Rechnung bezahlte. War LeRoy verhindert, so Higham, kaufte Wallis ihm einen Hamburger. Und selbst dann noch meckerte er ausgiebig über die Rechnung.

»Hal war extrem diszipliniert und überaus selbstbeherrscht«, sagte Higham, der als Koautor an Wallis' 1980 erschienener Autobiografie *Starmaker* mitwirkte. »Wenn man mit ihm redete, meinte man einen pensionierten General vor sich zu haben. Er wollte nur über seine beruflichen Leistungen sprechen. Der Versuch, General MacArthurs Autobiografie zu schreiben, wäre wohl ähnlich verlaufen.«

Die Botenjungen bei Warner Bros. hielten Wallis für den kältesten und unfreundlichsten aller Studiochefs und rächten sich, indem sie herumerzählten, er habe Affären mit Irene Lee und der Schauspielerin Lola Lane. »Wallis gab es zwei Mal«, sagte Julius Epstein. »Der Hal Wallis im Büro war effizient, unpersönlich, kalt. Wenn man ihm zufällig auf dem Studiogelände begegnete, fragte er immer: ›Wann sind Sie endlich mit dem Drehbuch fertig? Wollen Sie daraus eine Lebensaufgabe machen?‹ Dann unternahmen wir mit ihm zusammen mehrere Reisen nach New York, und da war er reizend, umgänglich, warmherzig. Wir dachten, wir hätten endlich den wahren Hal Wallis kennen gelernt. Als wir dann wieder im Studio waren und ihn aufsuchten, sagte er: ›Wann zum Teufel sind Sie endlich mit dem Drehbuch fertig?‹ Ich entgegnete ihm, er hätte im War Production Board sitzen sollen. Er sei so unglaublich effizient. Der Krieg wäre viel früher zu Ende gewesen.«

Der Warner-Star Dennis Morgan hatte es nie mit dem umgänglichen Hal Wallis zu tun. »Er war ein sehr kühler Mensch, es ging immer nur ums Geschäft«, erinnerte er sich. »Man war nicht gern mit ihm zusammen. Mit Warner konnte es dagegen ganz nett sein. Wenn man allerdings gerade einen Film promotete und zusammen mit Jack Warner am Cheftisch sitzen musste, war es immer sehr peinlich, dabei zu sein, wenn er das Wort ergriff, weil er immer diese schlechten Witze zum Besten gab.«

Als Owen Crump zur Zeit des Koreakrieges die Idee hatte, einen 3-D-Film über eine Armeepatrouille zu drehen, wandte er sich zuerst an Jack Warner. Dank seiner Kontakte aus dem Zweiten Weltkrieg hatte sich Crump die Genehmigung des Pentagon gesichert, *Cease Fire* im Kriegsgebiet drehen zu dürfen. Warner empfahl ihm, ein paar Krankenschwestern einzubauen – wegen der Liebesgeschichte. »Hätten wir da hübsche Miezen rumlaufen lassen«, erzählte Crump, »wäre nur wieder einer der üblichen unrealistischen Filme rausgekommen, und der ganze dokumentarische Touch wäre dahin gewesen. Also ging ich zu Hal bei Paramount. Er fragte: ›Haben Sie wirklich die Erlaubnis?‹ Ich zeigte ihm die Genehmigung. Wir waren gerade auf dem Weg zu seinem Büro. ›Warten Sie hier‹, sagte er.« Wallis habe dann einen Umweg zum Büro von Paramounts Studioleiter Y. Frank Freeman gemacht. »Fünf Minuten später kam er wieder heraus: ›Okay, die Sache läuft.‹ Also hat er dem Film zugestimmt, noch ehe wir sein Büro erreicht hatten. Hal hat weder Zeit noch Worte verschwendet.«

Irene Lee arbeitete, mit Unterbrechungen, 25 Jahre für Wallis. Anfang der dreißiger Jahre war sie als junge Schauspielerin aus Pittsburgh nach Hollywood gekommen, um Probeaufnahmen für den Fox-Film *Cavalcade* zu machen. Die Rolle bekam sie zwar nicht, dafür aber eine Menge Arbeit als Lektorin. Regisseur Mervyn LeRoy holte sie für Probeaufnahmen zu Warner Bros., kam dann allerdings zu dem Schluss, dass sie zwar eine mittelmäßige Schauspielerin sei, aber einen solchen Instinkt für Stoffe habe, dass es schade wäre, auf ihr Talent zu verzichten. LeRoy stellte sie wiederum Wallis vor, der ihr einen Job als Assistentin in der Dramaturgie gab. Nach einem Jahr ging sie zurück nach New York.

»Ich verdiente etwa 250 Dollar die Woche als Leland Haywards Dramaturgin für die Ostküste, und dann bot mir ein anderer Produzent, Pan Berman, 350 Dollar«, erinnerte sich Lee. »Und gleich rief Leland bei Pandro Berman an, um ihm mitzuteilen, er hätte mich auch billiger kriegen können. Darauf sagte Berman zu mir: ›Sie können den Job immer noch haben, aber so viel zahle ich Ihnen doch nicht.‹ Können Sie sich das vorstellen? Für diese Männer bedeutete ein solcher Betrag überhaupt nichts. Ich rief also Hal Wallis an, der sehr freundlich gewesen war, und fragte ihn, was ich tun sollte, und er sagte: ›Sie kommen zu mir, als Dramaturgin.‹«[*]

Das Hollywood von 1942 war eine Männerwelt. Doch Wallis respektierte Talent, auch das einer Frau. »Meiner Meinung nach war Hal ein vorzüglicher Chef«, meinte Lee. »Und er war sehr zugänglich. Autoren konnten ebenso zu ihm kommen wie ich oder die Regisseure. Morgens war er der Erste und abends der Letzte. Ich fand ihn sehr anständig, sehr ausgeglichen. Als er unabhängiger Produzent wurde, war er ganz anders, temperamentvoller. Da war viel mehr Ego im Spiel. Doch bei Warner Bros. war die Zusammenarbeit mit ihm wirklich einfach.«

Dieses Warner Bros. ist vor langer Zeit gestorben. Als Warner und Wallis die Mittel des Studios in die Produktion von *Casablanca* steckten, war das Stu-

---

[*] Während Irene Lee in ihrem riesigen New Yorker Apartment saß, an der doppelt gewickelten Perlenkette um ihren Hals fingerte und diese Geschichte erzählte, lag kein Zorn in ihrer Stimme, nur Belustigung. Vielleicht ist das die Ironie des Schicksals, die darin besteht, einen Teppichverkäufer zu heiraten und am Schluss Ehefrau eines Mannes zu sein, der über 250 Millionen Dollar wert ist. Als Irene Lees späterer Mann, Aaron Diamond, 1984 starb, hinterließ er seiner Witwe 200 Millionen Dollar zum Verschenken. »Gute Projekte zu finden ist fast so ähnlich wie gute Storys zu finden«, sagte Lee, die jährlich mindestens 20 Millionen Dollar aus der Aaron-Diamond-Stiftung verteilte. »Wir unterstützen in erster Linie Bildungsprogramme für Minderheiten, medizinische Forschung und die Künste. Landesweit sind wir von allen privaten Stiftungen die größten Spender für die AIDS-Forschung.«

diosystem bereits in die Jahre gekommen. Man vergisst leicht, wie jung Hal Wallis war, als er Warner Bros. leitete, wie jung sie alle waren, als sie das Studiosystem etablierten. Wallis' Vorgänger, Darryl Zanuck, wurde mit gerade einmal 26 Jahren Produktionschef. Wallis war erst 33, als er an Zanucks Stelle trat. Der legendäre Irving Thalberg starb schon mit 37 Jahren. Die Männer und das System wurden gemeinsam alt. Doch einige ihrer Filme, darunter auch *Casablanca*, sollten auf ewig jung bleiben.

Murray Burnett auf seiner Europareise, 1938. Seine Eindrücke von den Nazis regten ihn zu dem Theaterstück an, das als Vorlage für Casablanca *diente.*

3.

Casablanca wird geschrieben:
Das beste Drehbuch setzt sich durch

I n Rick's Café spielt Sam Klavier. Rick schüttelt kurz den Kopf, und einem Mann wird der Zugang zum Spielsalon verweigert. »Sie können Ihr Geld an der Bar ausgeben«, sagt Rick zu ihm. »Seien Sie froh, dass Sie überhaupt an die Bar dürfen.«

»Wenn man Sie so beobachtet, wie Sie mit der ›Deutschen Bank‹ umspringen, könnte man meinen, Sie hätten Ihr ganzes Leben nichts anderes getan«, meint Ugarte, ein kleiner Gauner. »Wie kommen Sie darauf, dass es nicht so ist?«, erwidert Rick barsch. Worauf ihm Ugarte eilig versichert, dass er tatsächlich kein Recht habe, so zu denken. Er erzählt Rick, er werde an diesem Abend zwei eigentlich unbezahlbare Transitpapiere verkaufen und dann Casablanca für immer verlassen. Weil Rick ihn verachtet, ist er der einzige Mann in Casablanca, dem Ugarte die Papiere anvertrauen will – Ausreisevisa, die nicht in Frage gestellt oder widerrufen werden können. »Über Nacht will ich sie nicht hier haben«, sagt Rick. Und er versteckt die Papiere in Sams Klavier.

Szene, Figuren und Dialoge stammen aus *Casablanca*. Sie stammen darüber hinaus wortwörtlich aus *Everybody Comes to Rick's*.

Dass von dem ursprünglichen Bühnenstück angeblich nur der Schauplatz und die Figur von Rick übrig blieben, ist Kern der Legende, die sich um die Entstehungsgeschichte des Drehbuchs von *Casablanca* rankt. *Casablanca* weist allerdings auch größere Elemente des Plots von *Everybody Comes to Rick's* auf. Ein verbitterter Amerikaner, der ein Café in Marokko besitzt, wächst nach einer Wiederbegegnung mit der Frau, die ihm das Herz gebrochen hat, über sich selbst hinaus, indem er dafür sorgt, dass sie und ihr Begleiter, ein antifaschistischer Journalist, nach Lissabon entkommen können. Murray Burnett, der Rick Blaine im Sommer 1940 erfand, hat später Tausende von Dollar bei dem Versuch ausgegeben, diese Legende zu zerstören. »Aber es ist nicht leicht, sie zu widerlegen«, meinte er. »Sie kennen doch die Geschichte von dem Mann, der angeklagt wurde, ein Huhn gestohlen zu haben, und freigesprochen wird. Für den Rest seines Lebens sagen die Leute: ›Das ist der Kerl, der das Huhn gestohlen hat.‹«

1940 war Burnett 29 und Englischlehrer an einer Berufsschule. Trotz seiner Ehe war er noch immer der pflichtbewusste Sohn einer allzu fürsorglichen Mutter. Wenn er rebellierte, dann nur in seiner Fantasie. *Everybody Comes to Rick's* schrieb er nach der Rückkehr von einem kurzen, aber erschreckenden Aufenthalt im von den Deutschen besetzten Wien. Der harte, mürrische Rick, der auf niemanden angewiesen ist – genau so ein Mann wollte Burnett sein.

Wenn sich im Lauf der Jahrzehnte auch niemand mehr an *Everybody Comes to Rick's* von Murray Burnett und Joan Alison erinnerte, so stellte doch zumindest niemand Burnetts Anteil an *Casablanca* in Frage. Das war Burnetts ganzer Stolz gewesen – bis 1973.

Im April 1973 schrieb der Drehbuchautor Howard Koch in der Zeitschrift *New York*: »Das Bühnenstück lieferte den exotischen Schauplatz und eine Figur namens Rick, der ein Café betreibt, hatte ansonsten aber wenig von einer Geschichte, die sich verfilmen ließ.«

Burnett fand den Artikel unerträglich. »Koch hat alles für sich beansprucht«, so Burnett. »Er behauptet, er habe seinen Zauberstift genommen, Eagle Number One, und alles Zeile für Zeile selbst geschrieben. Dabei findet sich jede Figur des Films in meinem Stück. Jede einzelne. Ohne Ausnahme.«

Burnett verklagte Koch und *New York* um jeweils 6,5 Millionen Dollar. Er verlor. Das Gericht befand, Kochs Artikel habe weder Burnett noch sein Stück verleumdet. Daraufhin verklagte Burnett den Verlag Overlook Press, der Kochs Essay als Vorwort zum Drehbuch von *Casablanca* abdruckte. Er verlor. Dann verklagte er Warner Bros., um die Rechte an seinen Figuren wiederzubekommen. Er verlor.

Noch im Frühjahr 1991 führte Burnett mit 81 Jahren seinen Kreuzzug gegen Koch, der zu dem Zeitpunkt auch schon 89 war und schließlich kapitulierte. »Nachdem ich kürzlich das Bühnenstück gelesen habe, glaube ich, dass die Beschwerde, zumindest zu einem gewissen Grad, berechtigt war«, schrieb Koch in einem Leserbrief an die *Los Angeles Times*. »Nach fünfzig Jahren kann die Erinnerung täuschen.«

Tatsächlich hatte sich Koch schon seit Jahren bedauernd geäußert. Er habe

Howard Koch, 1939, kurz nach seiner Ankunft in Hollywood

Murray Burnett nicht absichtlich beraubt, sagte er. Das Stück habe er jedoch nie gelesen. Man habe ihm ein von Julius und Philip Epstein verfasstes Manuskript ausgehändigt, und er habe angenommen ... Er hielt kurz inne, um dann noch einmal anzusetzen: »Ich habe nur die Arbeit der Epsteins gesehen, die mir gegeben wurde.«

Ganz so einfach war die Sache allerdings nicht. Schriftsteller merken es mitunter gar nicht, wenn sie die Wirklichkeit beschönigen. Dreißig Jahre nach *Casablanca* beschrieb Koch in dem Essay, auf dem der Zeitschriftenartikel basierte, wie er die Figuren und ihre Motivationen entwickelte. »Ich ging die ansehnliche Kollektion von Schauspielern durch, die darauf warteten, ihre Rolle in der Story zu übernehmen, und wählte Ugarte (Peter Lorre) als denjenigen aus, der die Handlung in Gang bringen sollte.« Zweifellos glaubte Koch tatsächlich an die alternative Wirklichkeit, die er da erfand.

Ein Großteil des Rohmaterials von *Casablanca* findet sich in den drei Akten von *Everybody Comes to Rick's* wieder. In einer Stadt, in der alles käuflich ist, wettet ein geheimnisvoller Cafébesitzer mit einem französischen Polizisten und Schürzenjäger darum, dass einem heroischen Antifaschisten die Flucht gelingen werde. Die verbitterte Hauptperson hat einen Freund, einen schwarzen Pianisten, den eine Frau aus der Vergangenheit des Helden, die mit ihrem heroischen Freiheitskämpfer nach Casablanca gekommen ist, darum bittet, »As Time Goes By« zu spielen. Am Schluss überlistet der Held den Polizisten und überredet die Frau, mit dem andern Mann fortzugehen. Zu den Nebenfiguren zählen ein junges Ehepaar aus Bulgarien, dem Ausreisevisa für den Fall angeboten werden, dass die junge Frau bereit ist, mit dem Polizisten zu schlafen, außerdem ein Schwarzmarkthändler, der ein Konkurrenz-Café besitzt und auch Rick's Café kaufen möchte, ein Gestapo-Offizier mit dem Auftrag, den Widerstandskämpfer an der Flucht aus Casablanca zu hindern, sowie eine Ex-geliebte, die der Held grob behandelt.

Der Film ist darüber hinaus voll von Details aus dem Stück. Rick lehnt es ab, mit seinen Gästen zu trinken. Der Anführer der Widerstandsbewegung, Victor Laszlo, übertönt die Deutschen, indem er mit Ricks Gästen die »Marseillaise« anstimmt. Und Dutzende von Dialogen werden fast wörtlich übernommen:

»Zu einem Preis, Ugarte, zu einem Preis.« – »Pfeifen Sie Ihre Wachhunde zurück.« – »Rick, in diesem Café werden viele Ausreisevisa verkauft, aber wir wissen, dass Sie nie eins verkauft haben. Deshalb haben wir Ihnen auch erlaubt, Ihre Bar weiterzuführen.« – »Und wenn er sie schon nicht in Marseille oder Oran verlassen hat, wird er sie bestimmt nicht in Casablanca verlassen.« – »Was bin ich doch für ein Narr! Da schwärme ich von einer schönen Frau und von einem anderen Mann.« – »Ich überlege gerade, das letzte Mal haben wir uns … im La Belle Aurore gesehen … Wie schön, du weißt es noch.« – »Wir nehmen den Wagen und fahren die ganze Nacht herum. Wir betrinken uns. Wir gehen angeln und bleiben so lange weg, bis sie abgereist ist.« – »Wir kommen aus Bulgarien. Es ist furchtbar dort, M'sieur. Der Teufel drückt dem Volk die Kehle zu. Und da haben Jan und ich beschlossen, fortzugehen. Wir wollen nicht, dass unsere Kinder in einem solchen Land aufwachsen.« – »M'sieur, Sie sind ein Mann. Wenn Sie jemand lieben würde, sehr lieben würde, so, dass Ihr Glück das Einzige in der Welt ist, was diese Frau sich wünscht, und wenn nun diese Frau etwas Schlechtes tun müsste, um dieses Glück zu schützen, würden Sie ihr dann verzeihen?« – »Mich hat noch nie jemand so geliebt.«

Und doch, trotz der Ähnlichkeiten zwischen Bühnenstück und Film, ist *Everybody Comes to Rick's* gleichsam nur eine grobe Skizze, aus der ein feines Gemälde wird. Die sieben Autoren von Warner Bros., die auf *Casablanca* angesetzt wurden, änderten Motivationen, Struktur, Handlung sowie die Eigenschaften und Charaktere von drei der vier Hauptpersonen.

* * *

Die Suche nach einem geeigneten Drehbuchautor begann am 30. Dezember 1941, zwei Tage nachdem die Dramaturgin Irene Lee mit Hal Wallis' Zustimmung das Stück erworben hatte. Niemand hätte sich zu diesem Zeitpunkt vorstellen können, dass aus der konzentrierten – wenn auch zeitlich versetzten – Zusammenarbeit von vier Drehbuchautoren (zwei liberalen, einem explizit linken und einem konservativen) ein Skript hervorgehen würde, das mehr unvergessliche Dialoge enthielt als jeder andere Hollywood-Film.

Wie er es bereits mit den Produzenten getan hatte und mit den Vertragsregisseuren des Studios noch tun würde, ließ Wallis das Stück unter einer Reihe von Autoren zirkulieren. Robert Buckner schickte es umgehend wieder zurück. »Ich glaube weder der Geschichte noch den Figuren«, war sein Kommentar. »Die entscheidenden Situationen und die grundlegenden Beziehungen der Hauptfiguren sind sämtlich kritikwürdig und missraten, und der große Augenblick des Stückes ist billigstes Melodram à la E. Phillips Oppenheim*. Und dieser Rick besteht aus zwei Teilen Hemingway, einem Teil Scott Fitzgerald sowie einem Schuss Kaffeehaus-Jesus.«

Alle Autoren hatten Mühe mit der außerehelichen sexuellen Beziehung zwischen Rick und der Frau, die er aus Paris kannte. Der so genannte Production Code, den die Studios aufgestellt hatten, um der staatlichen Zensur zuvorzukommen, verbot Unzucht. In diesem Fall arbeiteten die Autoren mit Andeutungen und Anspielungen, und der Film hatte letztlich weniger Probleme mit dem Code als erwartet, obwohl die Moralapostel ständig mit dem Finger drohten. »Das gegenwärtige Material scheint eine sexuelle Beziehung anzudeuten, die unakzeptabel wäre, wenn sie im fertigen Film zu Tage treten würde«, schrieb Joseph Breen, der Direktor des Zensurbüros, drei Wochen nach Drehbeginn an Jack Warner und reagierte damit auf eine neu verfasste Szene mit Rick und Ilsa in Ricks Wohnung über dem Café.

Am 9. Januar 1942 engagierte Wallis seinen Schwager Wally Kline und des-

---

* Ein britischer Autor (1866–1946), der über 150 Romane, Kurzgeschichten und Bühnenstücke voller Intrigen und internationaler Spionage schrieb.

sen Partner Aeneas MacKenzie als Autoren. MacKenzie hatte Wallis gesagt, er sehe »die Möglichkeit für ein exzellentes Thema – die Idee, dass Menschen, die das Vertrauen in ihre Ideale verlieren, besiegt sind, bevor sie überhaupt begonnen haben zu kämpfen. Genau das ist mit Frankreich und mit Rick Blaine passiert.« MacKenzie und Kline arbeiteten sieben Wochen lang an dem Skript, was bei den Produktionskosten von *Casablanca* mit 4133 Dollar zu Buche schlug, ohne dass ihr Material Verwendung fand.

MacKenzie war 1935 von Dalton Trumbo, der in derselben Pension wohnte, als Lektor ins Studio geholt worden. Seine große Chance kam, als John Huston die Synopsis gefiel, die MacKenzie für den Film *Juarez* geschrieben hatte, und ihn bat, ihm beim Drehbuch zu helfen. Danach zeichnete MacKenzie als Koautor bei mehreren Historienfilmen, darunter *The Private Lives of Elizabeth and Essex*. Er gehörte zur Kategorie der Autoren mit 300 Dollar Wochengage, und kurz nachdem er von *Casablanca* abgezogen worden war, ließ man seinen Vertrag auslaufen. Kline blieb, bekam jeden Monat einen neuen Auftrag, brachte es aber selten zu einer Nennung im Vorspann.

Etliche Wochen bevor Kline und MacKenzie ihr Skript beendeten, redete Wallis mit Julius und Philip Epstein über *Casablanca*. Man sprach von ihnen als »Julie und Phil«. Julius wurde stets zuerst genannt, aber nicht weil er der Ältere war – sie stammten aus der Lower East Side New Yorks, und kein Mensch wusste mehr, welcher von den Zwillingen zuerst das Licht der Welt erblickte –, sondern weil er drei Jahre vor Phil bei Warner Bros. angefangen hatte. Allerdings nannte man sie selten beim Vornamen. Im Studio hießen die eineiigen Zwillinge fast immer nur The Boys oder The Brothers. 1942 waren sie 32 Jahre alt und verdienten jeder 1250 Dollar die Woche.

Neun Jahre zuvor war Julius Epstein als Ghostwriter nach Hollywood gekommen. »Ich bin der Julian Blumberg in *What Makes Sammy Run?*«, erinnerte er sich später mit einer Mischung aus Stolz und Bedauern. Jerry Wald, der stets als das eigentliche Vorbild für den opportunistischen Sammy Glick in Budd Schulbergs Roman galt, hatte mit seiner Überredungskunst einen Autorenjob bei Warner Bros. ergattert. Unmittelbar darauf holte er Julius Epstein. Als Wald wie Sammy Glick als Radiokolumnist für eine New Yorker Zeitung gearbeitet hatte, war Julie einer der Presseagenten gewesen, die ihm seine Kolumne schrieben.

»Jerry und sein Partner, ein alter Verbindungsbruder von mir, holten mich an einem Freitagabend um halb elf am Bahnhof ab«, so Epstein. »Um Mitternacht war ich schon am Schreiben, weil sie am Montagmorgen ein paar Seiten vorlegen mussten. Ich schrieb den ganzen Samstag. Am Sonntag gingen sie mit mir ins Paramount Theatre, wo ein Bing-Crosby-Film lief. Während ich mir den Film ansah, erklärten sie mir: ›Das ist eine Abblende, das ist eine Überblendung, das ist ein Schnitt.‹ An einem Nachmittag bekam ich den College-Kurs eines ganzen Jahres verpasst.«

In *What Makes Sammy Run?* beschreibt Schulberg die Begegnung zwischen Sammy Glick und Julian Blumberg folgendermaßen: »Eines Tages kam ein völlig verschüchterter junger Mann mit einem ebenso bescheidenen wie unschönen Gesicht hinter der Brille und einem Manuskript unter dem Arm herein und fragte mit vor Minderwertigkeitsgefühlen bebender Stimme nach Mr. Glick.« Glick setzt seinen Namen unter das Manuskript und verkauft es an Hollywood. Als Wald *Living on Velvet*, Epsteins erstes selbst geschriebenes Drehbuch, an Warner Bros. verkaufte, wurde daraus ein Drehbuch von Jerry Wald und Julius Epstein. Epstein, der ein intelligentes, aber nicht sonderlich hübsches Gesicht hatte, besaß jedoch noch einiges, was Blumberg fehlte, unter anderem einen kräftigen linken Haken.

Im August 1934, nach dem Verkauf von *Living on Velvet*, wurde Epstein für 100 Dollar die Woche verpflichtet, wöchentlich kündbar. Sechs Wochen später gab ihm Warner Bros. einen Vertrag und verdoppelte seine Gage. Er sollte 17 Jahre beim Studio bleiben. Nach einem Jahr als Walds Koautor bot sich Julie Epstein die Chance, Warner Bros. zu zeigen, was er allein zu Stande brachte. Prompt holte Wald Philip Epstein als seinen neuen Ghostwriter nach Hollywood.

1938 war dann auch Phil bei Warner Bros. gelandet, und die Zwillinge schrieben nun gemeinsam als Team. Sie verfassten Dialoge, die gewöhnlich als spritzig bezeichnet wurden, und zusätzlich zu den Drehbüchern, die sie als hauptverantwortliche Autoren schrieben (*Four Wives, The Bride Came C. O. D., Strawberry Blonde*), erhielten sie ständig Anfragen, die Skripte anderer Autoren aufzupeppen. James Cagney wollte die Hauptrolle in *Yankee Doodle Dandy* nur unter der Bedingung übernehmen, dass man die Epsteins beauftragte, Robert Buckners Drehbuch auf Vordermann zu bringen. »Die Epstein-Boys geben dem Skript noch ein bisschen Pfiff«, lautete ein typischer Kommentar, in diesem Fall von Regisseur Raoul Walsh anlässlich seines Films *Desperate Journey*.

Julius und Philip Epstein an der Penn State University. Julius, der Kapitän der
Boxmannschaft, sitzt in der Mitte, und Philip steht ganz rechts in der hinteren Reihe.

Geistreich und klug, wie sie waren, beeindruckten die Zwillingsbrüder den
jungen Drehbuchautor Alvah Bessie damit, dass sie beim Mittagessen am
Autorentisch von Warner Bros. jeden Wettstreit um die besten Witze für sich
entschieden. Außerdem dachten sie sich raffinierte Streiche aus. So entwende-
ten sie einmal einen Bogen von Jack Warners Briefpapier und schrieben Robert
Hutton, einem jungen Vertragsschauspieler, mit dem sie befreundet waren,
einen Willkommensbrief. Dieser schloss mit den Worten: »Unsere Publicity-
Abteilung hat entschieden, dass sich Ihr Name an der Kinokasse schlecht verkauft. Ab jetzt heißen Sie Robert Rabinowitz.« Von Jack Warner gezwungen,
sich täglich acht Stunden im Studio aufzuhalten, verbrachten die meisten Ver-
tragsautoren ihre Zeit unter anderem damit, Gin Rummy zu spielen oder an
eigenen Romanen oder Bühnenstücken zu arbeiten. Nachdem Robert Rossen
und Leonardo Bercovici ihnen verraten hatten, sie wollten lieber ein Bühnenstück schreiben, als sich mit dem Skript zu beschäftigen, für das man sie verpflichtet hatte, überredeten die Epsteins ihre Sekretärin, sich als Wallis' Sekretärin auszugeben. In dieser Rolle teilte sie Rossen und Bercovici mit, sie sollten sich in einer Viertelstunde in Wallis' Büro mit den Szenen einfinden, die
sie schon geschrieben hätten.

Wie Casablanca gemacht wurde

Die Boys brachen die Streiche immer rechtzeitig ab – also bevor Hutton kleinlaut darum bat, Warner sprechen zu dürfen, und bevor Rossen und Bercovici völlig in Panik gerieten. Die Zwillinge sahen sich zum Verwechseln ähnlich, Kobolde mit schütterem Haar, die sich an Samstagnachmittagen auf dem Tennisplatz des Studios ein leidenschaftliches Match lieferten – die einzige Zeit, in der Warner den Autoren zu spielen erlaubte. Wie bei allem anderen waren sie auch beim Tennis ein Team. 1929, als die Penn State das Boxturnier der Colleges gewann, wurde Julie Epstein Meister im Bantamgewicht, Phil dagegen, immer ein paar Pfund schwerer, Collegemeister im Leichtgewicht. Sie waren in ihrem Leben nur drei Mal für kurze Zeit nicht zusammen – ehe sie im Februar 1952 für immer getrennt wurden.

»Eines Tages«, erinnerte sich Julie Epstein, »als wir um halb zwei eintrafen, gerade rechtzeitig zum Mittagessen, liefen wir Warner über den Weg, der schlecht gelaunt war: ›Eisenbahndirektoren kommen um neun, Bankdirektoren kommen um neun, lest eure Verträge, ihr kommt gefälligst auch um neun.‹ Wir hatten ein Skript halb fertig geschrieben und schickten es mit einer Mitteilung an sein Büro: ›Lieber J. W., lassen Sie den Bankdirektor das Drehbuch zu Ende schreiben.‹ Einige Zeit später las Warner eine Szene, die wir geschrieben hatten, und sagte: ›Das ist die schlechteste Szene, die ich in meinem ganzen Leben gelesen habe.‹ Worauf mein Bruder antwortete: ›Wie ist das möglich? Sie wurde um neun Uhr morgens geschrieben.‹«

Als sich nach dem Krieg das politische Klima verschärfte und das Studio die Zwillinge aufforderte, in einem zweiseitigen Fragebogen ihre Loyalität gegenüber Amerika zu bekunden, beantworteten sie nur die beiden ersten Fragen. (1) »Haben Sie jemals einer subversiven Organisation angehört?« – »Ja.« (2) »Nennen Sie die Organisation.« – »Warner Bros.« Es war diese Verbindung von Witz, Kühnheit und Zynismus, die ihren Beitrag zu *Casablanca* prägte.

Im Gegensatz zu Howard Kochs Verbeugung vor *Casablanca*, beschrieb Julie Epstein das Drehbuch später abschätzig als »*slick shit*«. »Jedes Skript wird irgendwie zusammengebraut«, meinte er. »Das gilt erst recht für *Casablanca*. Wir haben uns hingesetzt und versucht, ein Publikum zu manipulieren.« Er beharrte darauf, dass er auf das Drehbuch für *Reuben, Reuben*, seinen 43. Film, der ihm 1983 eine Oscar-Nominierung eintrug, viel stolzer sei.

Epsteins Verachtung für *Casablanca* war zum Teil nur Pose. Seit jeher kaschierte er seine Gefühle mit beißendem Witz. »Der Film bedeutet Julie schon

Philip und Julius Epstein bei Warner Bros.

etwas«, meinte sein Neffe, der Romancier Leslie Epstein. »Ich glaube, er hat sich eine Woche ins Bett gelegt, als Kochs Buch mit diesem Vorwort erschien.«

Darin schrieb Koch, nachdem er mit den Epsteins etwa zehn Tage lang zusammengearbeitet habe, hätten die Zwillinge darum gebeten, zu einem anderen Film versetzt zu werden. »Wir haben mit ihm niemals zusammen im selben Zimmer gesessen«, reagierte Julie empört. »Wir hatten nie auch nur eine Besprechung mit ihm. Und wir haben nie und nimmer darum gebeten, dass man uns von dem Film abzieht. Aber Howard ist ein netter Mann, und er hat wohl wirklich geglaubt, was er geschrieben hat.« (1985 schickte Koch Epstein einen Brief, in dem er sich für seine fehlerhaften Erinnerungen entschuldigte und versprach, er werde in einer Neuausgabe seines Buches klarstellen, dass das eigentliche Fundament des Drehbuchs von den Epsteins stamme.)

Als Wallis Anfang Februar 1942 mit den Epsteins über *Casablanca* sprach, waren die Zwillinge begeistert. »Wir dachten, das Bühnenstück würde einen wunderbaren Film abgeben«, erinnerte sich Julie. »Da steckte eine Menge drin.

Wie Casablanca gemacht wurde

Und Bogarts Rolle fanden wir toll.« Es gab nur eine Schwierigkeit. Die Boys hatten sich einverstanden erklärt – ja förmlich erboten –, in Washington an einer Reihe patriotischer Ausbildungsfilme für Frank Capra – jetzt Major Frank Capra – mitzuwirken, für den sie kurz zuvor den Broadway-Hit *Arsenic and Old Lace* bearbeitet hatten. (Als Spezialisten für die Aufgabe, Bühnenstücke in Filme zu verwandeln, hatten sie davor auch Filmversionen von *The Male Animal* und *The Man Who Came to Dinner* verfasst.) Ehe sie Los Angeles am 25. Februar verließen, teilten die Zwillinge Wallis mit, sie würden während ihrer Abwesenheit mit der Arbeit an *Casablanca* beginnen. Da Jack Warner seine Angestellten nicht für unproduktive Tage bezahlen wollte, sorgte er stets dafür, dass die Schauspieler, Autoren, Regisseure und Kameramänner, die jeweils für vierzig Wochen im Jahr unter Vertrag waren, vorübergehend als »entlassen« galten, sobald sie ihre Aufträge abgeschlossen hatten. In einem Memo mit der Anweisung, das Wochenhonorar der Epsteins auszusetzen, schlug Warner vor, ihre Verträge um die Zeit zu verlängern, die sie in Washington verbrächten. Auf diese Weise wären sie für ein oder zwei zusätzliche Monate ans Studio gebunden.

Die Epsteins kehrten am 17. März 1942 zurück. Sie hatten Wallis schon eine erste Lieferung geschickt, und als sie wiederkamen, hatten sie bereits etwa vierzig Seiten fertig gestellt. Julie Epstein zufolge hatte Koch während ihrer Abwesenheit ein Treatment des ersten Teils des Films geschrieben, das man ihnen nach ihrer Rückkehr zeigte. So viele Jahre später gibt es nur wenig, was sich mit Sicherheit sagen lässt. Doch nach Kochs Vertragsunterlagen bei Warner Bros. ist es unwahrscheinlich, dass er während der Abwesenheit der Epsteins an *Casablanca* gearbeitet hat. Koch war vom 1. Dezember 1941 bis zum 4. März 1942 dem Projekt *The Adventures of Mark Twain* zugeteilt, und schon am nächsten Tag begann er eine vierwöchige Arbeit an *Catch a Falling Star*. Bei *Casablanca* schrieb Koch zumeist hinter den Epsteins her und überarbeitete ihre Seiten. Womöglich hat man den Epsteins das Treatment von MacKenzie-Klein gezeigt, das anscheinend verloren gegangen ist oder vernichtet wurde.

Als sie wieder in Kalifornien waren, schrieben die Epsteins das Material um, das sie Wallis aus Washington geschickt hatten, und erweiterten es. Weniger als zwei Wochen nach ihrer Rückkehr lieferten sie den Teil ab, der später den ersten Akt des Films bildete. Am 30. März schickte Wallis folgende Notiz an Michael Curtiz, den er für die Regie von *Casablanca* ausgewählt hatte:

Beiliegend meine Kopie des »CASABLANCA«-Drehbuchs mit Anmerkungen. Ich habe es sorgfältig bearbeitet, etwa 10 Seiten gestrichen und auch andere Änderungen vorgenommen. Ich bitte Sie, das hier heute Vormittag mit den Epsteins ausführlich durchzusprechen, so dass Sie drei mir bei unserem Treffen am Nachmittag sagen können, mit welchen meiner Anmerkungen Sie einverstanden sind … Gleichzeitig können Sie mit ihnen den nächsten Teil der Story diskutieren, damit wir weitermachen können, wenn wir uns heute Nachmittag nach dem Mittagessen zusammentun.

Mit Blick auf diese Notiz meint Daniel Melnick, ein heute tätiger Produzent: »Hier geht man von der vollkommenen Verfügbarkeit jedes Einzelnen aus. Heutzutage würde es dreieinhalb Stunden dauern, bis die Notiz die Adressaten erreicht. Sie würden sie frühestens über Nacht lesen. Es würde mindestens vier Tage dauern, das Treffen zu vereinbaren. Das ist der Unterschied zwischen einer Industrie, die Filme als ein Produkt betrachtete, und heute, da selbst die abgebrühtesten Studiobosse begreifen, dass Filme vielleicht nicht immer Kunst sind, wo aber die Jungs, die sie machen, sich für Künstler halten.« Und was die Information angeht, dass die Gage der Epsteins während ihres Washington-Aufenthalts ausgesetzt werden sollte, bemerkte Melnick bissig: »Würden Sie heute einem Autor den Lohn streichen, weil er nicht an seiner Schreibmaschine sitzt, würden überhaupt keine Drehbücher abgeliefert.«

* * *

Das 66 Seiten umfassende Manuskript mit der Bezeichnung PART 1 TEMP. wurde am 2. April vervielfältigt. Die Epsteins hatten damit das erste Drittel des Films geschrieben, den Teil, der der Rückblende auf Ricks und Ilsas Liebesaffäre in Paris vorausgeht. Ilsa und ihr Ehemann, der Widerstandsheld, waren nach Casablanca gekommen, und am Schluss des Epstein-Skripts saß Rick betrunken in seinem leeren Café und wartete auf Ilsas Rückkehr.

»Dieser erste Teil hielt sich sehr eng an das Stück«, meinte Epstein. »Aber mit der zweiten Hälfte hatten wir unsere Probleme.«

Diese 66 Seiten entsprechen der Endfassung des Films. Die Epsteins beginnen sogar mit einem sich drehenden Globus, einer animierten Landkarte und einer Beschreibung der Flüchtlingsroute, die nach Casablanca führt. *Everybody*

Wie Casablanca gemacht wurde

Comes to Rick's spielte im Innern von Rick's Café, und Rick war die erste Figur, die vorgestellt wurde. Die Epsteins beschreiben als Erstes die Atmosphäre in Casablanca: Ein Mann, dessen Papiere abgelaufen sind, wird von der Polizei erschossen; ein Taschendieb warnt seine Opfer davor, dass überall Aasgeier lauern. Flüchtlinge blicken sehnsüchtig nach oben, als ein Flugzeug den Gestapo-Hauptmann Strasser (der ein paar Manuskripte weiter zum Major befördert wird) nach Casablanca bringt und hinter einer Neonreklame landet, auf der das Wort RICK'S zu lesen ist. Im Innern des Cafés versucht ein Dutzend verzweifelter Flüchtlinge, den Weg in die Freiheit zu kaufen oder zu verkaufen. Rick wird erst auf Seite 15 eingeführt, als eine Hand »O. K. – Rick« auf die Rückseite eines Schecks schreibt und die zurückfahrende Kamera Humphrey Bogart halbnah erfasst. Und ein Einfall der Epsteins treibt die Handlung voran: Die Transitpapiere hatten sich im Besitz von zwei deutschen Kurieren befunden, die ermordet wurden.

Von den vier Hauptfiguren in *Everybody Comes to Rick's* ist im Film nur der edle Victor Laszlo weitgehend derselbe geblieben. Rick, im Stück ein verheirateter Anwalt, der sich in Selbstmitleid ergeht und seine Frau betrügt, bekommt bei Bogart eine wachsame, verdeckte Raubeinigkeit. Julius Epstein erläuterte dazu: »Sobald klar war, dass Bogart die Rolle spielen würde, stand für uns fest, dass er die Idealbesetzung war und wir seinem Part nichts hinzuzufügen brauchten. Wir versuchten bloß, ihn so zynisch wie möglich zu zeichnen.«

Bogart wurde Mitte Februar für *Casablanca* bestimmt, noch ehe überhaupt ein Wort des Epstein-Skripts geschrieben war. Ob das Studio Bogart darüber informierte, ist eine andere Frage. Regisseure, Autoren und Schauspieler gehörten dem Studio, das sie ohne jede Vorwarnung in die Besetzungslisten eintragen und wieder daraus streichen konnte. Als Hal Wallis dem Besetzungschef Steve Trilling am 14. Februar mitteilte, dass Bogart die Hauptrolle in *Casablanca* spielen werde, beendete der Schauspieler gerade seine Arbeit für *The Big Shot*, den ersten von vier Filmen, die er 1942 für Warner Bros. drehen sollte. Zwischen *The Big Shot* und *Across the Pacific* bekam er drei Wochen Urlaub, und er bat um eine weitere Pause zwischen *Across the Pacific* und *Casablanca*. Der Produzent Laurence Mark, der mit den Stars von heute zu tun hat, schüttelt den Kopf über »einen Schauspieler wie Bogart, der um einen zweiwöchigen Urlaub bettelt«, und meint: »Heutzutage kann man von Glück reden, wenn man von denen einen Film pro Jahr kriegt.«

In dem Manuskript vom 2. April, Version PART 1 TEMP., hatte die Figur Rick bereits Ehefrau und Beruf eingebüßt. Captain Renault, im Stück ein übler Frauenheld namens Rinaldo, ist zu einem spöttischen Alter Ego der Epsteins geworden. Renaults erster Satz, als er Strasser am Flughafen begrüßt, lautet: »Das unbesetzte Frankreich heißt Sie willkommen in Casablanca.« Die Regieanweisungen der Epsteins präzisieren: »*Es ist sehr schwer zu sagen, ob er unterwürfig ist oder spottet.*« Im gleichen Ton sagt Renault zu Rick: »Major Strasser hat wesentlich dazu beigetragen, dass das Dritte Reich den Ruf genießt, den es heute hat.«

Die Figur, die sich auf dem Weg vom Stück zum Film am meisten verändert hat, ist die Frau in der Dreierbeziehung. In dem Bühnenstück ist sie ein amerikanisches Flittchen namens Lois Meredith, deren Affäre mit Rick zu Ende ging, als sie ihn mit einem anderen Mann betrog, und deren neuerliche Affäre mit Rick in Casablanca ihren derzeitigen Liebhaber, Laszlo, in seiner Männlichkeit kränkt. Im Film wird sie zu Ilsa Lund, die Rick zu einer Zeit kennen lernte, als sie glaubte, ihr Mann, Victor Laszlo, sei tot, und ihn verließ, als Victor aus einem Konzentrationslager geflohen war und schwerkrank irgendwo außerhalb von Paris gepflegt werden musste. Der Vorschlag, die Heldin solle eine Europäerin sein, ging auf das Konto von Casey Robinson, Wallis' bevorzugtem Drehbuchautor. 1974 erzählte Robinson in einem Interview, ihm sei diese Idee gekommen, weil er sich »gerade in eine russische Tänzerin namens Tamara Toumanowa verliebt hatte«. Robinson konnte Wallis sogar dazu überreden, Toumanowa für die Rolle zu testen. Als *Casablanca* dann in Produktion ging, arbeitete Robinson für drei Wochen an dem Skript.

Wallis gab Robinsons Vorschlag, aus der Frau eine Europäerin zu machen, an die Epsteins weiter. In einem ihrer Briefe aus Washington scherzen sie: »Während wir hier versuchen, mit der Lage im Ausland fertig zu werden, versucht Ihr, ein ausländisches Mädchen für die Rolle zu kriegen. Ein amerikanisches Mädchen mit großen Titten tut's auch. Gruß und Kuss, Julie und Phil.« Doch selbst als aus Lois Ilsa wurde, war die Rolle nicht auf Ingrid Bergman zugeschnitten. Sie war als stereotype Europäerin gezeichnet, und die Bergman musste sie sich erst nach ihren eigenen Maßen zurechtschneidern. Als ihr die Rolle schließlich im April angeboten wurde, hätte Bergman auch ein weit schlechteres Drehbuch als *Casablanca* akzeptiert. Sie saß seit August in Rochester, New York, fest, wo ihr Mann die Medical School besuchte, und hatte

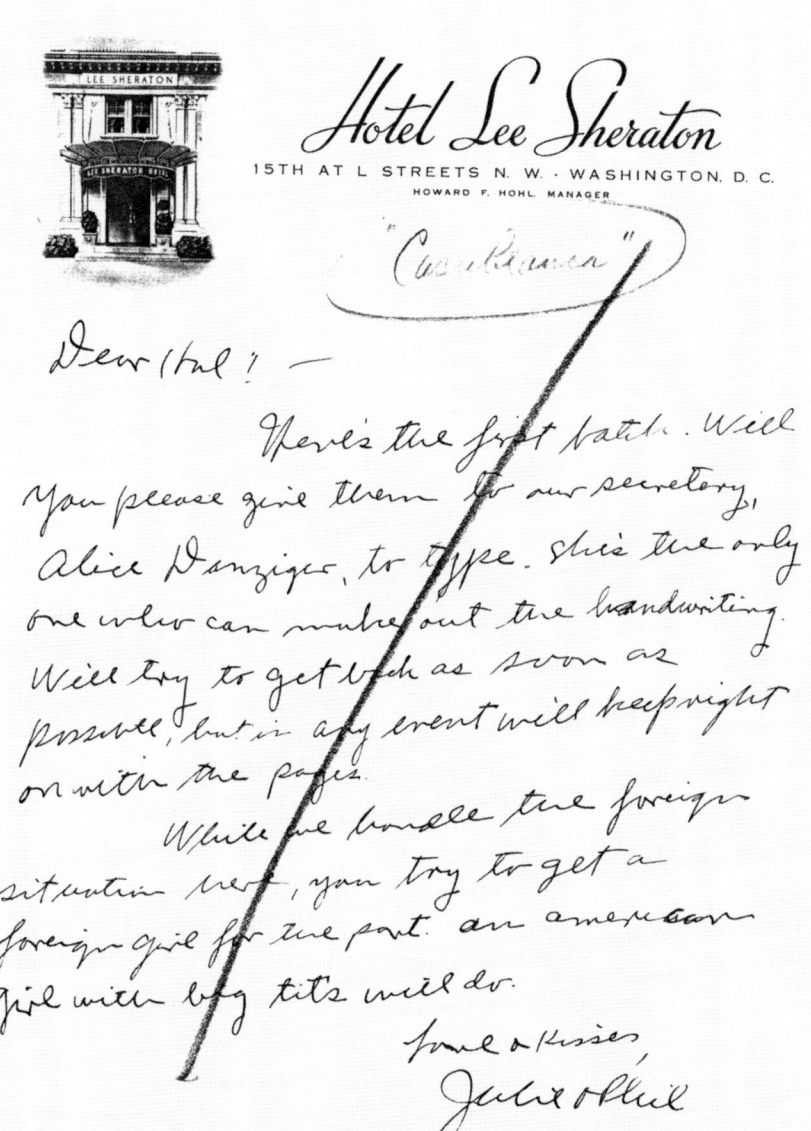

Die Notiz der Epsteins an Hal Wallis

die Hoffnung beinahe aufgegeben, überhaupt noch einmal einen Film zu drehen.

Im ersten Skript der Epsteins ist Lois immer noch Lois, und die Art, wie Renault den Frauen nachsteigt, hat nach wie vor einen unangenehmen Beigeschmack. Gleichwohl ist bereits das Fundament für die Beziehung zwischen Rick und Renault gelegt, die dem emotionalen Zentrum des Films vielleicht ebenso nahe ist wie die Beziehung zwischen Rick und Ilsa. Die Epsteins haben ein spöttisches Geplänkel von Gleich zu Gleich geschaffen, das auch eine gewisse gegenseitige Bewunderung verrät.

> RENAULT Ich frage mich oft, warum Sie nicht nach Amerika zurückgehen ... Sind Sie mit den Kirchengeldern durchgebrannt ... oder mit der Frau eines Senators? Mir gefiele es, wenn Sie einen umgebracht hätten. Das ist der Romantiker in mir.
> RICK Das war eine Kombination von allen dreien.
> RENAULT Was hat Sie in Gottes Namen nach Casablanca gebracht?
> RICK Meine Gesundheit. Ich kam nach Casablanca wegen der Quellen.
> RENAULT Quellen? Was für Quellen? Wir sind in der Wüste.
> RICK Man hat mich falsch informiert.

Später erzählte Julius Epstein: »Mein Bruder und ich haben uns große Mühe gegeben, einen Grund zu finden, warum Rick nicht nach Amerika zurück konnte. Aber nichts schien zu passen. Schließlich verzichteten wir auf eine Begründung.«

Abermals nutzten die Epsteins ihr großes Talent, für das man sie so bewunderte, und gaben dem Dialog – einschließlich der Textstellen, die unverändert aus dem Stück übernommen wurden – einen zusätzlichen Kick, eine neue Wendung. Im Stück leugnet Renault, von der Gestapo beeinflusst zu sein. Im Skript vom 2. April folgt auf ebendiese Aussage die Szene, wie er eilfertig aufspringt, als Strasser ihn rufen lässt. Als Renault zu Rick sagt, das Café dürfe deswegen geöffnet bleiben, weil Rick keine Transitvisa verkaufe, entgegnet dieser: »Ich dachte, es sei, weil ich Sie beim Roulette gewinnen lasse.« – »Da wir wissen, wie wichtig der Fall ist«, so Renault, »verhaften meine Männer doppelt so viele Verdächtige wie üblich.« Vor allem Rick zeigt nun die stichelnde Art und die verbale Aggressivität, für die Bogart berühmt war. So sagt

Wie Casablanca gemacht wurde

er zu dem Dieb Ugarte: »Ich habe nichts gegen Parasiten, sondern gegen die, die die Preise verderben.« Und als Yvonne, seine gelegentliche Mätresse, ihn fragt, wo er am Abend zuvor gewesen sei, antwortet er: »Das ist so lange her, ich erinnere mich nicht mehr.« – »Sehen wir uns heute Nacht?« – »Ich plane nie so weit im Voraus.« Zu Strasser, der sich nach seiner Nationalität erkundigt, sagt er: »Ich bin Trinker.«

Die Epsteins begannen aber auch damit, den politischen Aspekt stärker herauszuarbeiten, ein Prozess, den Howard Koch später zu Ende führte. Im Stück ist Rick nicht vor den Deutschen geflohen und noch einen Monat in der Nähe von Paris geblieben, in der Hoffnung, Lois wieder zu begegnen. Außerdem jagt die Gestapo Victor Laszlo nicht nur, weil er in seiner Prager Zeitung »Lügen« über sie verbreitet hat, sondern auch, weil er 7 Millionen Dollar besitzt. Im ersten Entwurf der Epsteins – wie dann auch im Film – hat Strasser eine Akte über Rick, und die Gestapo will, dass Laszlo die Namen der Untergrundführer preisgibt. »Wenn ich sie Ihnen im Konzentrationslager nicht gegeben habe, wo Ihnen ganz andere Methoden zur Verfügung standen, werde ich sie Ihnen jetzt bestimmt nicht verraten!«, erwidert Laszlo.

* * *

Unmittelbar nach der Lektüre des Epstein-Skripts vom 2. April setzte Wallis Howard Koch auf *Casablanca* an, ohne allerdings die Zwillinge von dem Projekt abzuziehen. Die Epsteins sollten Teil II schreiben, während Koch ihren Teil I umschreiben sollte. Bis zu diesem Punkt ist die Umwandlung vom Bühnenstück zum Film nachvollziehbar und gleicht einer Landkarte, die auch nach fast sechzig Jahren noch leicht zu lesen ist. Auf Grund der studioüblichen Praxis, mehrere Autoren einzusetzen, wird das Bild danach jedoch immer unübersichtlicher. Nicht unterschriebene und undatierte Seiten mit Vorschlägen wurden zu Szenen verarbeitet, die sich in den verschiedenen Drehbuchfassungen zu einem Amalgam vermischten. Im Juli trafen fast täglich die rosafarbenen und blaugetönten Seiten mit den Überarbeitungen ein. Wer was geschrieben hat, kann größtenteils nur noch anhand von Indizien rekonstruiert werden – ob aus Lois bereits Ilsa geworden ist, ob eine Szene oder ein Vorschlag, deren ursprünglicher Autor bekannt ist, auf widersprüchliche Art und Weise verändert wurde.

»Den Hauptteil der Arbeit haben die Epsteins gemacht«, erklärte Koch spä-

*Howard Koch (rechts) machte John Huston mit dessen
zweiter Frau Leslie Bloch bekannt. Huston wiederum
verschaffte Koch einen Job bei Warner Bros.*

ter. »Sie waren am längsten dran.« Koch, der 600 Dollar pro Woche verdiente,
saß etwa sieben Wochen an dem Film, was im Budget mit 4200 Dollar zu Buche
schlug. Auf die Epsteins entfielen zwölf Wochen für insgesamt jeweils 15 208
Dollar.

Koch war Anfang 1939 zu Warner Bros. gekommen, wo John Huston ihm
einen Job für 300 Dollar in der Woche verschaffte. »Ich hatte in New York ge-
ackert«, erzählte er. »Hollywood, das war Utopia. Das Wetter. Die Palmen. Und
alles wartet nur auf mich – ein hübsches Büro, die Möglichkeit, am Strand zu
liegen, schöne Frauen.« Sein Freund John Huston verhalf ihm auch großzügig
zu einer Nennung im Vorspann von *Sergeant York*. Huston hatte in Kochs Bühnenstück *The Lonely Man* als Abraham Lincoln die Hauptrolle gespielt. Außer-

dem waren Huston und Koch Koautoren von *In Time to Come*, das im Dezember 1941 am Broadway lief. Diese Studie über Woodrow Wilson und den Völkerbund erhielt bei der Wahl zum besten Stück der Spielzeit 1941/42 vier Stimmen vom Drama Critics Circle.[*]

Als er mit der Arbeit an *Casablanca* begann, hatte Koch bereits einen gewissen Ruf als Rundfunkautor, der 75 Dollar die Woche verdiente. »John Houseman hatte *The Lonely Man* gelesen«, so Koch. »Und er erzählte mir, er und Orson Welles wollten ein einstündiges Hörspiel produzieren und suchten jemanden, der für wenig Geld schreibt. Sie konnten mich für 75 Dollar die Woche haben, für mich eine schöne Summe. Und die Erfahrung, die ich dabei gesammelt habe, als ich pro Woche fünfzig, sechzig Seiten abliefern musste, die ihren ziemlich hohen Qualitätsansprüchen genügten, hat aus mir einen Profi gemacht.« Kochs drittes Hörspiel war *The War of the Worlds*[**]. Während seiner ersten beiden Jahre bei Warner Bros. hatte Koch mit *The Sea Hawk* und *The Letter* Filme für die zwei größten Stars des Studios geschrieben, Errol Flynn und Bette Davis. Koch behauptete stets, sein größter Beitrag zu *Casablanca* habe darin bestanden, den Film politischer zu machen. Jemand wie er habe keinen Firlefanz geschrieben. Seit 1932, als eine politische Satire aus seiner Feder in einem landesweiten Wettbewerb für Bühnenautoren den ersten Preis im Wert von 500 Dollar gewonnen hatte, beschäftigte sich Koch in seinen Stücken mit politischen Themen. Er ist zweifellos für Ricks biografischen Hintergrund verantwortlich: dafür, dass er im Spanischen Bürgerkrieg auf republikanischer Seite gekämpft und Waffen nach Äthiopien geschmuggelt hat. Im September 1947 gehörte Koch zu der Gruppe der 19 so genannten »unfreundlichen Zeugen«, die vor den Parlamentsausschuss für unamerikanische Aktivitäten zitiert wurden. Von den Übrigen waren 15 ebenfalls – zum Teil nicht mehr aktive – Drehbuchautoren. Zehn, einschließlich Koch, waren Juden. Doch im Unterschied zu fast allen anderen war Koch niemals Mitglied der Kommunistischen Partei gewesen. »Ich wollte meine Unabhängigkeit bewahren«, sagte er. »Aber ansonsten habe ich das Gleiche getan wie sie.« Nur elf der Betroffenen wurden

---

[*] Kein anderes Stück bekam so viele Stimmen, doch, zum Leidwesen von Koch und Huston, waren elf Kritiker der Ansicht, dass kein Stück den Preis verdiene.

[**] 1988, zum 50. Jahrestag der Halloween-Invasion vom Mars, die Amerika in Angst und Schrecken versetzte, versteigerte Koch sein Exemplar des Manuskripts für 135 000 Dollar.

schließlich zur Aussage aufgefordert. Die zehn Amerikaner unter ihnen wurden wegen Missachtung des Kongresses angeklagt und kamen schließlich ins Gefängnis. Man nannte sie die »Hollywood Ten«. Der elfte, der Dramatiker Bertolt Brecht, floh nach Europa. Die schwarze Liste machte keine Unterschiede. Obwohl er nicht hatte aussagen müssen und kein Kommunist war, wurde Koch ins Exil getrieben. »Mein Gehalt wurde gestrichen«, berichtete er. »Von 3000 Dollar in der Woche auf Null.« In seinem Fall verlief die Zeit im Exil immerhin vergleichsweise angenehm. Er und seine Frau verbrachten fünf Jahre in England, wo beide erfolgreich unter Pseudonymen schrieben. »Ich will nicht behaupten, dass die Zeit der schwarzen Listen für jedermann besonders erfreulich war«, so Koch. »Sie war alles andere als das. Zerbrochene Ehen und keine Chance, jemals wieder im alten Beruf zu arbeiten. Wir dagegen hatten einfach Glück.«

In ihrer maßgeblichen Studie über diese Periode, *The Inquisition in Hollywood*, nennen Larry Ceplair und Steven Englund Koch einen der »key radicals« von Hollywood. Mit dem Terminus bezeichnete man Personen, die mit der Linie der Kommunistischen Partei zumindest sympathisierten und zu denen auch Lillian Hellman und Dashiell Hammett zählten. Auf einer parallelen Liste von Liberalen finden sich neben Katharine Hepburn und Bette Davis auch die Namen von Julius und Philip Epstein. Die Zwillinge waren zwar Juden von Geburt, aber im Grunde war der Rooseveltsche Liberalismus ihre Religion. Philips Sohn Leslie sagte dazu: »Meine Vettern und ich wurden als Deisten erzogen, als Kinder der Aufklärung, die das Idol F D R verehrten.« Als der Krieg ausbrach, versuchte Philip, sich freiwillig zu melden, wurde aber als »voreiliger Antifaschist« abgelehnt. Personen, die sich frühzeitig gegen Hitler aussprachen oder Anti-Nazi-Organisationen beitraten, galten als zu weit links, als zu liberal, selbst wenn sie keine Kommunisten waren. Immerhin gelang es Julius, 1944 zur Marine zu gehen.

Von Murray Burnett bis zu den Epsteins und Howard Koch wurde *Casablanca* von Menschen geprägt, die man auf Grund ihrer Religion oder ihrer politischen Ansichten als »voreilige Antifaschisten« abgestempelt hatte. Zu dieser letzten Kategorie zählten im Grunde auch die Männer, denen das Studio gehörte. Unter dem Eindruck von Hitlers Antisemitismus hatte sich Harry Warner bereits 1936 öffentlich gegen den Diktator ausgesprochen. In seiner Autobiografie erfand Jack Warner die zweckmäßige Rechtfertigung, der Mord an einem ihrer jüdischen Angestellten in Deutschland habe seinen Bruder und ihn wachgerüttelt, doch eine Doktorarbeit über die Antinazi-Aktivitäten des Studios behauptet, der Mord habe sich nie ereignet.

Burnett schrieb *Everybody Comes to Rick's* nach einer Europareise, die er im Jahr 1938 unternommen hatte. »Ich hatte von einem Onkel 10 000 Dollar geerbt und immer schon davon geträumt, auf einem großen Ozeandampfer nach Europa zu reisen«, erzählte er. »Die Familie meiner Frau lebte in Belgien. Ich hatte Schlagzeilen über Hitler gelesen, die mir aber nichts sagten – bis wir nach Antwerpen kamen und die Familie meiner Frau uns bat, nach Wien zu fahren – der Anschluss war gerade erfolgt –, um anderen Verwandten dabei zu helfen, Geld aus Österreich herauszubekommen. Damals konnten Juden noch das Land verlassen, wenn sie weder Geld noch sonst irgendwas mitnahmen. Ich wandte mich wegen eines Visums an den amerikanischen Konsul, und er sagte zu mir: ›Mr. Burnett, ich weiß nicht, weshalb Sie nach Wien gehen, und will es auch gar nicht wissen, aber ich möchte Sie warnen. Sollten Sie in Wien Probleme bekommen, kann Ihnen diese Regierung nicht helfen.‹ Er gab mir ein amerikanisches Fähnchen, das ich mir ins Knopfloch stecken sollte, und riet mir: ›Gehen Sie unter keinen Umständen auf die Straße, ohne das hier zu tragen.‹«

Was er in Wien erlebt habe, sei »unbeschreiblich« gewesen, erzählte Burnett über ein halbes Jahrhundert später. Als Amerikaner ging er nach Österreich. Als Jude kehrte er nach Amerika zurück. In Wien war es Juden verboten, Taxis zu benutzen. Als er mit seinen Golf- und Tennisschlägern und seiner amerikanischen Arroganz dem Zug entstieg, bestand Burnett darauf, ein Taxi zu nehmen. Ein Verwandter seiner Frau musste den Taxifahrer anbetteln. »Ich kann kein Deutsch, aber die Sprache der Unterwürfigkeit verstehe ich perfekt«, so Burnett. Sie fuhren an einer Plakatwand vorbei, »größer als irgendeine, die ich je gesehen hatte, und darauf war die Karikatur eines Juden zu sehen und in Riesenlettern die Worte MÖRDER, DIEB. Und während wir in der Wohnung der Verwandten saßen, hörten wir draußen die Soldaten marschieren.«

Ein Teil des Plans bestand darin, das Geld in Sachwerte zu stecken. »Als wir wieder in den Zug stiegen, trug ich an jedem Finger einen Diamantring, und meine Frau einen Pelzmantel – mitten im August«, so Burnett weiter. Er hatte außerdem 39 Grad Fieber, da er auf psychischen Stress wie üblich mit Krank-

Joan Alison, Koautorin von Everybody Comes to Rick's

heit reagierte. Und verbotenerweise hatte er einen Fotoapparat bei sich, den er hinter einem Kopfkissen versteckte. Als die uniformierten Grenzwächter ihnen die Pässe zurückgaben, deutete einer auf das Kissen. Burnett erstarrte vor Schreck. Nachdem der Grenzer gegangen war, lachte seine Frau, die Deutsch verstand, laut los. Er hatte ihnen nur gesagt, sie sollten nicht das Kissen mitnehmen, wenn sie ausstiegen.

In Südfrankreich, ein paar Wochen später, machte Burnett seiner Anspannung Luft. »Ich schrie immer nur: ›Wisst ihr überhaupt, was da los ist?‹ Das ging so weit, dass die Leute einen Bogen um mich machten, wenn sie mich kommen sahen.« Eines Abends besuchte er einen Nachtklub, in dem sich eine polyglotte Klientel traf und ein Schwarzer Klavier spielte. Burnett flüsterte seiner Frau zu: »Was für ein Schauplatz für ein Theaterstück.« Zurück in New York, sagte er zu seiner Mitarbeiterin: »Da kann doch niemand neutral bleiben. Verdammt nochmal, Joan, da kann doch niemand neutral bleiben.«

Wie Casablanca gemacht wurde

Joan Alison war fast zehn Jahre älter als Burnett, eine geschiedene Frau mit drei Kindern. Sie war reicher und weltläufiger als er, und sie verfügte über unzählige »Kontakte« in der Welt des Theaters. Einige Jahre zuvor hatten sie sich im Surfside Beach Club in Atlantic Beach auf Long Island kennen gelernt, wo die New Yorker Mittelschicht die Sommertage damit verbrachte, im Atlantik zu plantschen. Es ist bezeichnend, wie sich Burnett an diese erste Begegnung mit Alison erinnerte. Angeblich machte sie eine kritische Bemerkung über seine Kleidung, die zu förmlich sei für Sun and Fun. Alison bestritt diese Version. »Murray kam herüber und redete mit meinem kleinen Sohn, und ich fand das süß von ihm. Ich kriege immer einen Schreikrampf, wenn er sich mit Rick identifiziert, er, der einfache Bursche vom Land. Meine beiden Ehemänner hatten breite Schultern und waren gute Sportler, und jemand wie Rick konnte mir schon gefallen. Clark Gable. Humphrey Bogart hasste ich. Ich hielt ihn für einen ganz gewöhnlichen Säufer.«

Burnett hatte ein Theaterstück geschrieben, und Alison half ihm, es zu überarbeiten, um es dann an ein paar Produzenten weiterzugeben. Von da an schrieben sie gemeinsam. Im Verlauf der 18 Monate, bevor *Everybody Comes to Rick's* angekauft wurde, reichten sie bei Warner Bros. drei Originalgeschichten ein. »Joan hat mich ernährt«, sagte Burnett. »Ich besuchte sie immer nach der Schule, und sie kochte uns was zu Mittag. Sie war eine fabelhafte Köchin. Und eine bildschöne Frau. Ich brauchte Joan. Glauben Sie ja nicht, dass ich sie nicht brauchte. In gewisser Weise war sie meine Mutter.« Die Transitpapiere waren Alisons Idee. Burnett rechnete damit, dass früher oder später jemand über dieses abwegige Konstrukt stolpern würde: Transitpapiere, die man nicht annullieren kann – aber niemand stieß sich daran.

Bis zu Alisons Tod im März 1992 lebten sowohl Burnett wie auch Alison in Manhattan, hatten sich allerdings schon etliche Jahre nicht mehr gesehen. Irgendetwas war vor langer Zeit schief gelaufen, nach dem Erfolg von *Casablanca* und nachdem Hollywood sie beide umworben hatte und sie dort gescheitert waren. Jedem von ihnen schien es peinlich zu sein, über den anderen zu reden. »Murrays Vorstellung von kultiviert, das war ich«, sagte Alison im Herbst 1989. »Ich war die Vorlage für Lois. Er sollte mich jetzt mal sehen. Ich werde bald sterben. Vielleicht diese Woche, vielleicht nächste. Was mich jetzt bei der Stange hält, ist die *Jeopardy*-Show – da weiß ich mehr Antworten als die Kandidaten.« Bis zu ihrem Tod mehr als zwei Jahre später mit neunzig trat

Alison vor dem häuslichen Fernseher gegen die Kandidaten der Fernsehshow an und gewann.

* * *

Die wesentlichen Arbeiten am Drehbuch von *Casablanca* wurden zwischen dem 6. April, als man Howard Koch hinzuzog, und dem 1. Juni erledigt, als das endgültige Skript (»revised final«) vervielfältigt wurde. (Dieses »endgültige« Skript war keineswegs endgültig. Es sollte noch bis Mitte Juli immer wieder geändert werden, manchmal täglich.) Neben Koch und den Epsteins mischte auch noch Lenore Coffee mit. Sie hatte 1919 als Verfasserin von Zwischentiteln für Stummfilme begonnen und sich zu einer Expertin für die Bearbeitung von populären Frauenromanen entwickelt. Und schließlich war auch Casey Robinson involviert, der teuerste und angesehenste Drehbuchautor bei Warner Bros. Nach einer Woche wurde Coffee wieder abgezogen, während Robinson bei der Gestaltung der Liebesgeschichte eine wichtige Rolle spielte.

»Bei Warner Bros. ging es wie am Fließband in einer Autofabrik zu«, bemerkte Julius Epstein. »Man bekam ein Drehbuch zugeteilt, und wenn man damit durch war, gab das Studio es einem anderen Autor. Und jemand anders feilte dann daran herum, und wenn einer etwas besonders gut konnte, musste er dieselbe Art von Szenen immer wieder schreiben.«

Jede neue Drehbuchfassung von *Casablanca* wurde schlanker, pointierter, ökonomischer, die Szenen wurden umgestellt, um eine größere dramatische Wirkung zu erzielen, und die Dialoge wurden geglättet und verknappt. Innerhalb der Grenzen eines Studios, das sowohl Koch wie auch Epstein als »eine Familie« bezeichneten, schrieb Koch die Epsteins um, um dem Film mehr Gewicht und Substanz zu geben, und dann schrieben die Epsteins Koch um, um dessen allzu gewichtige Symbolik zu entfernen und seinen Ernst etwas aufzuhellen.

Ein solches Drehbuch nach dem Motto »Das Beste setzt sich durch« ist heutzutage schwer vorstellbar, da Autoren, Regisseure und Studiodirektoren unsicher und in gegenseitigem Argwohn zusammenkommen, um einen einzelnen Film zu machen, da der ursprüngliche Autor nur in Ausnahmefällen wieder mit einbezogen wird, nachdem seine Arbeit umgeschrieben wurde, und da eine Nennung im Vorspann bedeutet, dass jemand Extrageld aus der Vermarktung im Fernsehen und auf Video erhält. »Jeder steckt sein Territorium ab«, sagte beispielsweise Jack Brodsky, der auf viele Jahre Erfahrung als Produzent und Marketingchef zurückblickte. »Keine Erstfassung, was immer sie das Studio auch kostet, wird heute auf Anhieb für brauchbar befunden. Das Studio sagt: ›Wir werden sie verbessern.‹ Der Regisseur muss sie verfälschen, um ihr seinen Stempel aufzudrücken. Die Autoren sind gleichsam Kollektive, die gegenüber dem fertigen Film keinerlei Loyalität haben, wenn sie sich die Nennung teilen müssen. Ich bekomme selten ein überarbeitetes Drehbuch zu sehen, das so gut ist wie der erste Entwurf.«

Anfang Mai beendeten die Epsteins den zweiten Teil des *Casablanca*-Drehbuchs, während Howard Koch seine Bearbeitung des ersten Aktes der Epsteins ablieferte. Auf 19 Seiten mit »Vorschlägen für eine überarbeitete Story«, hatte sich Koch zuvor warnend geäußert:

> Es besteht auch die Gefahr, dass Ricks Verzicht am Schluss theatralisch und
> heuchlerisch wirkt, wenn wir nicht schon früher in der Geschichte jene
> Seite seines Wesens andeuten, die uns seine Entscheidung am Ende folge-
> richtig erscheinen lässt. Es wäre interessant, wenn wir Renault erlaubten,
> Rick bereits in der ersten gemeinsamen Szene zu durchschauen, nämlich
> dass der zynische Amerikaner unter der äußeren Schale eigentlich sentimen-
> tal ist. Rick lacht über diese Bemerkung, dann zitiert Renault aus seiner
> Akte – »schmuggelte Waffen nach Äthiopien«, »kämpfte für die Republika-
> ner im Spanischen Bürgerkrieg«. Rick sagt darauf, er sei beide Male gut
> bezahlt worden. Renault entgegnet, die Sieger hätten ihn besser bezahlt.
> Seltsam, dass er sich zufällig immer auf der Seite der Underdogs befindet.
> Rick weist diese Unterstellung zurück, aber den ganzen Film hindurch
> sehen wir Beweise seiner Menschlichkeit, die er so gut wie möglich zu über-
> spielen sucht.

Kochs Drehbuch vom 11. Mai gab der Figur Ricks darüber hinaus mehr Profil und unterstrich auf subtile Weise die politischen Spannungen. Zum Beispiel machte Koch den Mann, dem Rick den Zutritt zum Spielsalon verwehrt – im Stück ein englischer Schurke – zu einem Vertreter der Deutschen Bank. An der Stelle, wo der Besitzer des Blue Parrot Rick anbietet, ihm sein Café abzukaufen, hat Koch etwas Dialogtext hinzugefügt, in dem die von Sydney Green-street gespielte Figur anbietet, dabei auch gleich Sam mitzukaufen, worauf

Rick sagt: »Ich betreibe keinen Menschenhandel.« (In ihrer Bearbeitung von Kochs Skript bauten die Epsteins auf Kochs Text auf und ließen Greenstreet antworten: »Schade. Menschen sind in Casablanca die beste Handelsware.«) Da, wo Koch das politische Element etwas zu sehr in den Vordergrund rückte – in seiner Fassung zwingt Victor Laszlo Renault, einen Toast auf *liberté, égalité, fraternité* auszubringen –, entfernten die Epsteins diese Textzeilen im Skript vom 1. Juni wieder. In einem sensiblen Gleichgewicht gelang es Koch, die Gags zu zügeln, und den Epsteins, das Moralisieren in Grenzen zu halten.

Obwohl die Epsteins und Koch gegenseitig ihre Drehbücher bearbeiteten, taten sie das nie zusammen. Stets war Hal Wallis der Mittelsmann. Auf den erwähnten 19 Seiten mit Vorschlägen regte Koch an, Renault und Rick sollten den ganzen Film hindurch eine Partie Schach spielen – »als nützliches Sinnbild für die schachartige Intrige, die *Casablanca* kennzeichnet«. Julius Epstein bemerkte dazu: »Mein Bruder und ich hassten diese Schachpartie.« Er erinnerte sich, dass beide nach ihrer Rückkehr aus Washington eine von Kochs Schachszenen gelesen hätten, um sie dann durch die Szene zu ersetzen, in der Renault darüber spekuliert, weshalb Rick nicht nach Amerika zurückkehren kann.

Koch wollte im Film auch eine Szene mit einem konspirativen Treffen der Widerstandskämpfer haben, bei dem Laszlo eine feurige Rede halten kann. An deren Ende »erhebt sich ihm zu Ehren diese tapfere Schar von Patrioten … Diese Szene soll Laszlo als demokratischen Führer in Aktion zeigen, damit wir die große Bedeutung seiner Person für die Sache der Alliierten nicht bloß indirekt erfahren. Im Übrigen könnte eine derartige Szene die Bedeutung der Story erhöhen.« Wie etliche andere von Kochs inhaltsschweren Symbolen blieb auch dieser Vorschlag auf der Strecke.

Einige Ideen Kochs finden sich jedoch auf der Leinwand wieder. Jahrelang wurde Howard Kochs Beitrag zu *Casablanca* überbewertet. Jetzt geschieht das Gegenteil. Er ordnete das Epstein-Skript vom 2. April neu, um eine größere dramatische Wirkung zu erzielen. So sind etwa Kochs Fassung und der fertige Film dadurch aufregender und spannender geworden, dass Ugarte (Peter Lorre) festgenommen wird, ehe sich Rick und der Gestapo-Offizier begegnen. Und der norwegische Widerstandskämpfer (gespielt von John Qualen) dient dazu, Laszlo entscheidende Informationen mitzuteilen. Koch löste zudem die ungeeignete Nebenhandlung des Bühnenstücks auf, indem Rick das junge bulgarische Paar beim Roulette gewinnen lässt.

In dieser Szene, die nicht in den fertigen Film gelangte, sucht Laszlo in einem Hotel nach Ugarte. Er findet eine Nachricht, dass er abends um zehn in Rick's Café kommen soll.

In ihr Manuskript vom 2. April hatten die Epsteins eine wahre Begebenheit eingebaut. Phils Frau Lilian hatte in Palm Springs 25-Cent-Roulette gespielt und verloren. »Sie jammerte und beschwerte sich deswegen«, so Julie. »Schließlich hat ihr der Croupier gesagt, sie solle ihre Chips auf die 22 setzen. Sie gewann, und er empfahl ihr, zu verschwinden und nie wiederzukommen.« Die Epsteins erfanden nun einen Flüchtling, der drei Jahre lang gespart hat, um Casablanca verlassen zu können, und jetzt seinen Einsatz verspielt. Rick sagt ihm, er solle sein Geld auf die 22 setzen, und er gewinnt.

In seinen »Vorschlägen für eine überarbeitete Story« ging Koch ausführlich auf diese Szene als eine Möglichkeit ein, Ricks Menschlichkeit zu zeigen.

> Warum sollte man das hier nicht viel mehr ausbauen? Zum Beispiel wäre das ein Weg, wie er Annina und ihren Mann vor Renault rettet. Der Präfekt hat für die Visa einen Preis genannt, der für das Paar zu hoch ist. Überaus charmant deutet er Annina an, sie könne auch auf andere Art bezahlen … Annina bittet Rick um Rat, und der ermöglicht Jan, beim Roulette zu gewinnen, wodurch er die Absicht seines Freundes Renault durchkreuzt. Wenn der Präfekt dies erfährt, sollte er es Rick nicht übel nehmen, sondern als eine sportliche Niederlage auffassen – und auch als Beweis für die Richtigkeit seiner Behauptung, dass Rick eigentlich ein Romantiker ist.

Am 6. Mai informierte Wallis den Regisseur Michael Curtiz, er könne mit dem Epstein-Skript des zweiten Aktes am nächsten Morgen um zehn Uhr rechnen und möge es umgehend lesen, damit sie sich um elf mit den Epsteins treffen könnten, die für den dritten Akt einige Direktiven wünschten. Fünf Tage später schickte Wallis eine Eilnotiz an Howard Koch, der den zweiten Akt der Epsteins – wie schon beim ersten Teil ihres Manuskripts geschehen – überarbeiten sollte. »Meiner Ansicht nach ist diese nächste Lieferung der Epsteins zum größten Teil gut«, heißt es darin. »Ich glaube, fast alles von den Epsteins ist brauchbar.«

Koch sandte umgehend ein empörtes Memo zurück:

> Obwohl das Epstein-Skript in groben Zügen der neuen Storyline folgt, finde ich, dass es in einem völlig anderen Ton geschrieben ist als dem, den ich gerade für die Bearbeitung des ersten Teils gewählt habe. Sie sehen die Situation offenbar mehr unter dem Aspekt des Komikpotenzials, während ich mich bemüht habe, die Figuren zu rechtfertigen und ein ernstes Melodram von aktueller Bedeutung zu entwickeln, wobei ich Humor nur als Ausgleich für die dramatische Spannung benutze. Ich maße mir nicht an zu entscheiden, was für den Film das Bessere ist, doch beide Methoden unterscheiden sich jedenfalls von Grund auf …
> Wenn Sie den Stil der Epsteins bevorzugen, sollten sie am besten selbst

die paar Stellen ausbessern, die Ihnen nicht gefallen. Ehrlich gesagt, habe ich größtenteils ein neues Drehbuch geschrieben, und würde es auch weiter tun, wobei ich gern bereit bin, auf das Material aus ihrem Skript und aus dem Bühnenoriginal zurückzugreifen, das mir brauchbar erscheint. Zu etwas anderem sehe ich mich beim besten Willen nicht in der Lage.

Trotz seiner Bitten wurde Koch weder erlaubt, ein neues Drehbuch für *Casablanca* zu schreiben, noch wurde er von dem Projekt abgezogen. Er schrieb weiterhin den Epsteins hinterher, bis zum 5. Juni, zehn Tage nach Beginn der Aufnahmen, als man ihn zu dem Drehbuch zurückbeorderte, an dem er schon im März gearbeitet hatte. Aus diesem Drehbuch wurde nie ein Film.

Als die Produktion von *Casablanca* am 25. Mai begann, hatten das Melodram, die spritzigen Dialoge und alle Figuren außer Ilsa Lund bereits ihre endgültige Form angenommen. Doch noch immer gab es zwei ungelöste Probleme – die Liebesgeschichte und den Schluss. Im Verlauf der folgenden sieben Wochen wurde darüber gestritten und diskutiert, während für die Schauspieler und das Filmteam von *Casablanca* mit jedem heißen Sommertag, der verging, zugleich der Tag näherrückte, an dem sie einen Schluss drehen mussten, der noch gar nicht geschrieben war.

*Hollywood unterstützte die Truppen: der als Soldat ausstaffierte Warner-Pressemann
Arthur Wilde bei einem Date mit Alexis Smith.*

4.
Fehlstarts

Es ist kein Zufall, dass *Casablanca* und Amerikas Eintritt in den Zweiten Weltkrieg zeitlich zusammenfielen. Damals wie heute kam es in Hollywood darauf an, ein gutes Gespür zu haben, und der Krieg, der am Tag, bevor das Bühnenstück das Studio erreichte, begonnen hatte, machte aus dem durchschnittlichen Melodram *Everybody Comes to Rick's*, das in einem exotischen Land spielte und eine Hand voll interessanter Figuren enthielt, ein bemerkenswertes Beispiel für die amerikanische Fähigkeit, das Richtige zu tun und die richtigen Entscheidungen zu treffen. Wäre das Stück schon im August 1941 auf Hal Wallis' Schreibtisch gelangt anstatt im Dezember, wäre es vielleicht gar nicht gekauft worden. Mit Sicherheit hätte man dem Geplänkel zwischen Rick Blaine und den Vertretern von Nazi-Deutschland und Vichy-Frankreich sehr viel weniger Beachtung geschenkt. Wäre es 1939 im Studio eingetroffen, hätte man die Kritik am Nationalsozialismus als unangemessen und zu aggressiv empfunden. Aber es tauchte genau in dem Moment auf, in dem die Filmindustrie sowohl ihre Gewohnheiten ändern musste, um sich den Realitäten des Krieges anzupassen, wie auch ihre Filme, um sie Amerikas Vorstellung vom Krieg anzupassen. *Everybody Comes to Rick's* wurde überarbeitet, weil das Filmpublikum eines kriegführenden Landes einen Helden brauchte, der sich weniger selbst bemitleidete, und weil Hollywood keinen Zugang mehr zu Balsaholz, Gummikleber und Seide hatte. Zu dem normalen Chaos des Filmemachens kam noch die Verwirrung einer Industrie hinzu, die große Mühe hatte, sich auf einschneidende Veränderungen einzustellen.

Von alldem war freilich am 7. Dezember 1941 noch nichts zu ahnen. Hollywood vergnügte sich sonntags, da man in der Filmindustrie nach wie vor sechs Tage in der Woche arbeitete. Michael Curtiz, der Regisseur, der aus *Everybody Comes to Rick's* den Film *Casablanca* machen sollte, verbrachte den Morgen auf seinem Tontaubenschießplatz. Dieser befand sich gleich hinter seinem kleinen Polofeld, eine Meile vom Hauptgebäude entfernt. Der aus Ungarn eingewanderte Regisseur, der eigentlich Mihály Kertész hieß, liebte das Leben auf dem Land. 1941 hatte er sich bereits ein 67 Hektar großes Grundstück zugelegt. Seine 10 Hektar große Plantage mit Apfelsinen- und Grapefruitbäumen – Grapefruit wuchs schlecht auf der anderen Seite der Berge, gedieh aber in der drückenden Sommerhitze des San Fernando Valley – ließ er von Sunkist abernten.

Während der ersten Runden verlief das Tontaubenschießen wie an jedem anderen Sonntag auf der Ranch. Wenn auf einem der großen Felder auf der anderen Hangseite kein Polospiel stattfand, standen Tontauben auf dem Programm, gefolgt von einem Mittagessen im Orangenhain unterhalb des Hauses. Mike Curtiz – er hatte den Mihály so leicht und schnell abgelegt, wie er Ungarn gegen Österreich und den deutschen Expressionismus gegen einen Eklektizismus à la Hollywood eingetauscht hatte – war das Arbeitspferd im Stall von Warner Bros., das am meisten Geld einbrachte. Zwar wurde hin und wieder auch ein William Wyler eingeladen, um bei einem Film mit Bette Davis Regie zu führen (*Jezebel*, *The Letter*), doch es war Michael Curtiz, den *Variety* Jahr um Jahr als den wichtigsten »Geldmacher« des Studios pries. Als er 1926 aus Österreich zu Warner Bros. kam, hatte Curtiz bereits 62 Stummfilme gedreht. Während der zehn Jahre zwischen 1930 und 1940 inszenierte er 45 Tonfilme. So unterschiedlich sie auch waren – Melodramen, Horrorfilme, Piratenfilme, Western und Gangsterfilme (heute beendete er *The Walking Dead*, und ein, zwei Wochen später arbeitete er schon an *The Charge of the Light Brigade*) –, ihnen war dennoch dreierlei gemeinsam: Sie wurden rechtzeitig abgeliefert, sie überzogen selten das Budget, und sie brachten fast immer Geld ein. Dass *Casablanca* elf Tage überziehen würde, lag nicht allein an Curtiz. Weil *Now, Voyager* zwanzig Tage zu spät fertig wurde, erschien Paul Henreid erst auf dem Set von *Casablanca*, als der Film bereits seit einem Monat in Produktion war.

Bei den Tontaubenschützen, die am Morgen von Pearl Harbor gegen Curtiz antraten, handelte es sich um die Warner-Stars George Brent und Ann Sheridan, Henry Blanke, der jetzt ein selbstständiger Produzent war, und Hal Wallis. Wallis hielt sich fast jeden Sonntag auf der Ranch auf. Obwohl er und Curtiz die anderen sechs Tage der Woche im selben Studio verbrachten, schienen sie sich nie auf die Nerven zu gehen. Vier Tage zuvor hatten sie zusammen ein Musical in Angriff genommen, *Yankee Doodle Dandy*. An Samstagabenden

Wie Casablanca gemacht wurde

sahen sich Wallis und seine Frau, die Schauspielerin Louise Fazenda, Filme in Curtiz' Vorführraum an, oder Curtiz, seine Frau und sein Stiefsohn kamen zum selben Zweck auf die Ranch von Wallis, die eine Viertelstunde entfernt lag. An den meisten anderen Abenden telefonierten die beiden Männer nach dem Essen stundenlang miteinander.

Als Mihály Kertész im Juni 1926 in Los Angeles eintraf, in einer Stadt voller Orangenbäume und dem Duft von Orangenblüten, schickte man den PR-Mann des Studios, Hal Wallis, zum Bahnhof, um ihn abzuholen. Ihre Freundschaft begann an diesem Tag – eine Freundschaft, die aus gemeinsamen Interessen entstand und von dem Umstand begünstigt wurde, dass Louise Fazenda und Curtiz' Frau, Bess Meredyth, schon lange vor Meredyth' Heirat mit Curtiz eng befreundet gewesen waren. Beide Männer teilten außerdem die Liebe zum Film und besaßen das gleiche körperliche Stehvermögen sowie eine Arbeitswut, die an Sucht grenzte. Wenn Wallis – ein vierschrötiger Mann mit einem Stiernacken – als Erster ins Studio kam und als Letzter ging, so hielt Curtiz, als es noch keine Gewerkschaften gab, die dagegen protestieren konnten, seine Schauspieler mit 17-Stunden-Tagen auf Trab und beschimpfte jeden, der eine Mittagspause einlegen wollte. Am Samstag, dem 2. April 1932, arbeitete Curtiz zwanzig Stunden lang und erlaubte der Besetzung und dem Team von *Doctor X*, erst am Sonntagmorgen um 5 Uhr nach Hause zu gehen. An diesem einen Tag drehte er 10 Prozent des gesamten Films.

»Wallis hegte eine tiefe Bewunderung für Curtiz, und es gab nicht viele, die er bewunderte«, weiß der Wallis-Biograf Charles Higham. »Er reagierte wütend auf Kritiker, die behaupteten, Curtiz habe keinen persönlichen Stil. Er sagte, der Aufbau einer Szene von Curtiz sei unverwechselbar und habe eine ebenso eindeutige Handschrift wie ein Matisse.«

Curtiz seinerseits lobte Hal Wallis stets für seine Arbeit bei *Casablanca*. Gegen Ende seines Lebens erzählte er Freunden, Hal Wallis habe als Einziger an den Film geglaubt, Jack Warner dagegen sei überzeugt gewesen, der Film werde ein Desaster.

Dutzende von Memos belegen, dass im Studio Wallis der Boss war. »Ich habe mir die Muster von gestern Abend angesehen, und wieder ist es nur eine Menge von zusammenhanglosen Reaktionen von Café-Gästen auf Sams Lied«, schrieb er Curtiz, als *Casablanca* acht Produktionstage hinter sich hatte. »Ich habe noch nicht das Gefühl, dass wir richtig im Film drin sind.«

Michael Curtiz und Hal Wallis auf Curtiz' Ranch

Sowohl der leidenschaftliche, autokratische Curtiz wie auch der kühle, effiziente Wallis konnten durchaus charmant sein, wenn sie nicht im Studio waren. Wallis stellte gewöhnlich ein oder zwei Pferde auf der Curtiz-Ranch unter, und dann ritten die beiden Männer aus. »Hal wirkte nicht sonderlich elegant auf dem Pferd«, sagte Curtiz' Stiefsohn, John Meredyth Lucas. »Er erinnerte stark an einen Sack Kartoffeln, aber er konnte ganz gut reiten.« Curtiz, der im Ersten Weltkrieg im österreich-ungarischen Heer gedient hatte, war dagegen ein guter und leidenschaftlicher Reiter und hielt sich ein Dutzend Poloponys und Reitpferde. Als Polo *der* Sport von Hollywoods High Society wurde, spielten Wallis und Curtiz unter anderem mit Jack Warner und Henry Blanke bei Los Amigos, dem Poloteam von Warner Bros. Bei Drehbeginn von *Casablanca* trug Curtiz die rechte Hand in einem Verband, weil Snowy Baker, ein Australier, der beim Uplifters Club ritt, ihm die Fingerknöchel mit einem Schläger demoliert hatte.

»Ich glaube, für sie hatte es den Reiz der Gefahr«, meinte Jack Warner jr., der 1936 und 1937 zum Warner-Team zählte, während er gleichzeitig im Polo-

Wie Casablanca gemacht wurde

team der University of Southern California spielte. »Da konnten sie sich wie die Helden in ihren Filmen fühlen.«

* * *

Der zwanzigjährige John Meredyth Lucas überbrachte den Schützen schließlich die Nachricht, die Japaner hätten Pearl Harbor bombardiert. In der darauf folgenden Woche brach das Filmgeschäft nahezu zusammen, doch am 15. Dezember verkündete der *Hollywood Reporter*, die Schlangen vor den Kinos seien so lang wie normal, und zum Teil sogar länger. Was immer der Krieg auch sonst bewirkte, er bescherte der Filmindustrie ein riesiges Publikum. Der Gewinn von Warner Bros. stieg von 5,4 Millionen Dollar nach Steuern im Geschäftsjahr 1941 auf 8,5 Millionen Dollar im Jahre 1942. Und 1943 betrug der Gewinn 8,2 Millionen Dollar, obwohl das Studio nicht nur seine Vorzugsaktien und für 10 Millionen Dollar Schuldscheine zurückkaufte, sondern auch seine gesamten inländischen Bankkredite tilgte. Rüstungsarbeiter, die die Taschen voller Geld hatten, es aber weder für Zucker oder Butter noch für Autos, Staubsauger oder Nähmaschinen ausgeben konnten, sorgten mit dafür, dass die Filmindustrie jährlich 3,5 Milliarden Kinokarten verkaufte.*

In den Filmstudios herrschte während der letzten drei Dezemberwochen einerseits Business as usual, andererseits bereitete man sich auf eine drohende Invasion vor. Während *Everybody Comes to Rick's* gelesen und darum gefeilscht wurde, entwickelten Art Directors von Warner Bros. Pläne, um die 21 Ateliers des Studios zu tarnen, die unglücklicherweise den Flugzeughangars von Lockheed etwas weiter unten an der Straße sehr ähnlich sahen. Angeblich ließ Jack Warner auf eines der Dächer einen Pfeil und die Worte »*Lockheed, that way*« malen. Doch es ist zu bezweifeln, dass er so viel Vertrauen in die Englischkenntnisse japanischer Piloten hatte.

Innerhalb weniger Tage sperrte Warners das Gelände für sämtliche Besucher, »mit Ausnahme der wie stets willkommenen Presse«, während Twentieth Century-Fox verkündete, von jedem Angestellten würden Fingerabdrücke genommen, und es würden Ausweise ausgegeben. Metro-Goldwyn-Mayer, zu dessen imperialer Attitüde unüberwindbare Tore und eine große Wachschutz-

---

* Seit den fünfziger Jahren, als das Fernsehen das Kino als Massenunterhaltung verdrängte, werden jährlich etwa 1 Milliarde Karten verkauft.

truppe gehörten, änderte dagegen nichts an seinen Sicherheitsmaßnahmen. Warner Bros. kaufte drei »für Operationen ausgerüstete« Krankenwagen, ein Löschfahrzeug mit einer riesigen Pumpe und stationierte Luftschutzleute auf den Dächern der Ateliers 7 und 21, der beiden größten auf dem Gelände.

Psychologisch eilte Warner Bros. den anderen Studios immer zwei Schritte voraus, wenn es darum ging, sich auf den Krieg einzustellen. Im Unterschied zu den anderen Moguln war Harry Warner früh ein glühender Anhänger Franklin Roosevelts und umgekehrt ein Gegner Hitlers gewesen. Alle Moguln bis auf Darryl Zanuck waren Juden, doch nur Harry Warner – und später auch Jack Warner – nahm eine antinazistische Haltung ein, noch ehe die Opposition gegen Hitler in Mode kam. Warner Bros. beendete seine Aktivitäten in Deutschland bereits im Juli 1934. Als Hitler sich ein Land nach dem andern einverleibte – Österreich, die Tschechoslowakei, Polen, Dänemark –, zog sich Warner Bros. fast immer als Erstes zurück und stellte damit das Prinzip über den Profit. Im Gegensatz dazu wollten Paramount, MGM und Fox diesen guten Markt nur ungern verlieren und waren daher auch noch bis 1939 in Deutschland vertreten. Man hat immer wieder viel Symbolik in *Casablanca* hineininterpretiert, und so ließe sich Ricks Neutralität – die Scheuklappen, die ihm erlaubten, sein Café offen zu halten – ohne weiteres mit der Bereitschaft der anderen Studios vergleichen, die Augen vor der Realität zu verschließen.

Harry war der cleverste Geschäftsmann unter den Warner-Brüdern und vermutlich rücksichtsloser als Jack, aber seiner Härte entsprach ein rigider Moralkodex. »Als ich 1936 zum Studio kam, veranstalteten sie gerade diese Anti-Nazi-Kampagne«, erinnerte sich der Cutter Rudi Fehr. »Ich kam aus Berlin. Das Thema hat mich sehr aufgewühlt, und so spendete ich einen Wochenlohn, ganze 60 Dollar. Etwa zehn Tage später erhielt ich eine Mitteilung von Harry Warner: ›Rudi, ich habe mir gerade die Lohnliste angesehen. Ich schicke Ihnen hiermit Ihren Scheck zurück. Bitte zerreißen Sie ihn und geben Sie mir einen Scheck über 10 Dollar.‹ Für den Leiter eines Unternehmens war das unerhört.«

Harry Warner, der aus Polen stammte und dessen Familie dort Opfer antijüdischer Pogrome geworden war, bezog bereits gegen Hitler Stellung, als die übrigen Bosse der Branche noch davon sprachen, die Verantwortung gegenüber ihren Aktionären gebiete ihnen, den europäischen Markt weiter zu bedienen. 1939 produzierte Warner Bros. mit *Confessions of a Nazi Spy* den ersten eindeutigen Anti-Nazi-Film Hollywoods. Und im Mai 1940 schickte Harry ein flehentliches Telegramm an Präsident Roosevelt: Amerikas Cash-and-carry-Politik beim Verkauf von Waffen an die Alliierten lege »diesen tapferen unglücklichen Ländern zu große Härten auf, da sie ja in gewisser Weise unseren Kampf kämpfen«. Harry Warner half den Engländern auch als Privatmann nach Kräften. Warner Bros. vertrieb zwei Kurzfilme, die für Englands Informationsministerium produziert worden waren, *London Can Take It* und *Christmas Under Fire*, und überließ den gesamten Erlös von rund 35 000 Dollar einem Fonds zum Bau von Spitfires.

Jack, das achte der zwölf Warner-Kinder, wurde in Kanada geboren und wuchs in Youngstown, Ohio, auf. Noch vor seinem zehnten Lebensjahr kehrte er der Hebräischschule den Rücken und legte auch seinen richtigen Vornamen, Jacob, ab. Der elf Jahre ältere Harry, das dritte Kind und der älteste Sohn, sprach ebenso gut Hebräisch wie Englisch. Wie reich und berühmt er auch sein mochte, Harry Warner blieb sich stets bewusst, dass er ein Jude war. Nach einer Kundgebung des Ku-Klux-Klan im Oktober 1941 in Pittsburgh wurde dort ein Warner-Kino verwüstet und auf die Wände in Rot, Weiß und Blau das Wort »Jude« geschrieben.

Im Juni 1940 versammelte Harry seine 3411 Angestellten samt Ehefrauen in dem riesigen Werkstattgebäude, wo Stars und Putzleute auf den gleichen Klappstühlen Platz nahmen. Er las ihnen aus einem Nazi-Buch über »Rassenschande« vor, in dem der deutsche Plan erläutert wurde, die Welt von Juden und Christen zu befreien. Seine Frau fehle, da sie Angst habe, er werde, weil er seine Meinung offen sage, der Erste sein, den die Nazis umbrächten. »Vereint überleben wir, und getrennt scheitern wir. Wir müssen zusammenstehen und dürfen nicht mehr auf jene hören, die darüber diskutieren, ob Sie oder ich Juden, Katholiken oder Protestanten sind oder sonst einer Religion angehören. Wir dürfen niemandem erlauben, etwas gegen den Glauben eines anderen Menschen zu sagen, sonst werden wir ebenso tief fallen wie die da drüben.«

Drei Monate später ermutigte er den Warner Studio Club, die Gruppe der »Warvets«, der Kriegsveteranen, zu bilden, Angestellte, die ehemals Soldaten waren und gelobten: »Amerikanismus ist meine Parole und meine Überzeugung … für die es sich lohnt zu kämpfen und zu sterben.« Im November gab es bereits 350 Warvets, die das Unternehmen gegen Saboteure schützen sollten, und Warner Bros. drängte andere Angestellte, sich an der Waffe, an den Suchscheinwerfern oder als Sanitäter ausbilden zu lassen. »Dank des Weitblicks von

Harry und Jack Warner«, hieß es in einem Leitartikel der *Warner Club News*, »hat jeder Angestellte dieses Studios die Gelegenheit erhalten, sich auf die Verteidigung seines Heims, seiner Arbeit und seines LANDES vorzubereiten.«

Humphrey Bogart gehörte den Warner Warvets nicht an, obgleich er ein Kriegsveteran war. Als 18-Jähriger hatte er im Ersten Weltkrieg in der Marine gedient. Während des Zweiten Weltkrieges trat er in die Coast Guard Reserve ein und nahm an Patrouillen vor der kalifornischen Küste teil.

Als der Krieg kam, waren die Warvets gerüstet, das Studio gegen Sabotage zu verteidigen, eine Aufgabe, die ihnen Harry Warner am 8. Dezember 1941 übertrug. Wie die meisten anderen Studios postierte Warners Wachen zum Schutz seiner Generatoren und Treibstofflager. Alle Studios bauten Luftschutzbunker. Warners hob vier Bunker aus – der größte befand sich im Kellergeschoss der Werkstätten – und schützte sie mit 15 000 Sandsäcken.

In Kalifornien, das zum Pazifik hin ungeschützt war, herrschte große Angst vor den dunklen Gefahren von See her. Am 11. Dezember löste ein nicht identifiziertes Flugzeug von Bakersfield bis San Diego eine Verdunkelung aus. Eine Industrie, die bis dahin rund um die Uhr gearbeitet hatte, organisierte daraufhin ab dem 15. Dezember alle 30 000 Angestellte ausschließlich in Tagesschichten. Da man mit weiteren Verdunkelungen rechnete, sollten die Kameras fürs Erste von 8 bis 17 Uhr in Betrieb sein. Wie die Klatschkolumnistin Hedda Hopper zu berichten wusste, ging Jack Warner, der sonst gewöhnlich erst zum Mittagessen ins Studio kam, mit gutem Beispiel voran und erschien am ersten Tag schon um 7.45 Uhr.

Die Vorbereitungen waren ernst gemeint, selbst wenn Paramount werbewirksam einen seiner fertigen Filme in *Pacific Blackout* umbenannte. Umgehend zogen die Studios kostspielige Dupnegative von ihren Filmen und verfrachteten sie in geheime Bunker im Mittleren Westen. Südkalifornien, mit seinen Werften, Flugzeugfabriken und seiner ungeschützten Flanke, fühlte sich bedrohter als irgendeine andere Region des Landes. Nach einer im Februar 1942 durchgeführten Umfrage der Regierung glaubten 75 Prozent der interviewten Südkalifornier, »nur einige« oder »praktisch keiner« der japanischen Bewohner des Staates seien loyal gegenüber den Vereinigten Staaten, und ebenso viele befürworteten, die Japaner in Lagern zu internieren. In Nordkalifornien sprach sich dagegen weniger als die Hälfte der Befragten für eine Internierung der Japaner aus. Gelegentliche Festnahmen hatten keine Auswirkungen auf die Studios, die überrascht feststellten, wie wenig Japaner sie beschäftigten, und dass die meisten von ihnen leicht zu ersetzende Portiers, Gärtner oder Fensterputzer waren. Als die Internierungen richtig einsetzten und der Staat die in Amerika geborenen japanischen Schauspieler aus Warners *Across the Pacific* nicht länger dulden wollte, »konnte man sie mit etwas Entrüstung und Strippenziehen wenigstens so lange halten, bis der Film beendet war«, erzählte Mary Astor, der Kostar des Films. »Eine Tragödie, die die Welt erschüttert, bricht über uns herein, und bezeichnenderweise dachte jeder nur: ›Wie wird sich das auf den Film auswirken?‹«

Hollywoods Angst war echt. Sie lässt sich an der Tatsache messen, dass die Oberen, die ansonsten eifersüchtig ihre Burgtore bewachten, vereinbarten, ihre Produktionseinrichtungen gemeinsam zu nutzen, falls ein Studio durch Bomben beschädigt werden sollte. Und die Angst war berechtigt. Über einen Monat lang hielt die Regierung aus Furcht vor einer Panik Informationen über das Ausmaß der Verluste in Pearl Harbor zurück. Obwohl der einzige Angriff auf Kalifornien am 23. Februar 1942 erfolgte, als ein japanisches U-Boot ein Ölfeld nördlich von Santa Barbara beschoss, ohne viel Schaden anzurichten, lagen während der letzten drei Dezemberwochen neun japanische U-Boote vor den Küsten Kaliforniens, Oregons und Washingtons auf der Lauer. Sie versenkten Tanker und warteten auf den Befehl, Rundfunksender und Navigationseinrichtungen zu beschießen. Aber der Befehl kam nie, und sie wurden wieder zurückgezogen. Noch am 23. April 1942 warnte der Stellvertretende Stabschef, Generalmajor Dwight Eisenhower, das Western Defense Command vor japanischen Angriffen von Flugzeugträgern aus auf die Westküste als Vergeltung für Doolittles Bomben auf Tokio.

* * *

Mochte die Angst berechtigt sein oder nicht, die Publicity-Abteilungen der Studios versuchten umgehend, ihren Nutzen daraus zu ziehen. Als das Land im Februar auf Sommerzeit umgestellt wurde, verkündete Fox, Betty Grable sei als erster Star in der neuen »Kriegszeit« nach New York gekommen. Auf die Frage nach dem Verlauf der ersten Luftschutzübung erwiderte ein Warner-Vertreter: »Oh, es war ein großer Erfolg. Die Fotografen von *Life* waren da und haben tolle Bilder geschossen.« Das Pfeifensignal für diese Luftschutzübung bei Warner Bros. ertönte am 2. Januar kurz vor Mittag – damit möglichst wenig

Bei einer Studiobesichtigung zeigt Harry M. Warner Lynn U. Stambaugh,
dem nationalen Kommandeur der American Legion, einen der vier Luft-
schutzbunker des Warner-Studios.

Produktionszeit verloren ging –, und Reporter wurden eingeladen, in den
größten Bunkern des Studios »auf den Holzbänken Platz zu nehmen, die entlang der mit Sandsäcken bewehrten Wände verliefen«, Seite an Seite mit Bette
Davis, John Huston, Michael Curtiz und Dennis Morgan.

Die Studios hatten sich immer schon der Presse bedient, um ihre Filme an
den Mann zu bringen. Innerhalb weniger Monate und nahezu mühelos gingen
die riesigen Publicity-Abteilungen der Studios dazu über, der Regierung der
Vereinigten Staaten dabei zu helfen, den Krieg zu verkaufen. Von den 350 Milliarden Dollar Kriegsanleihen, die man während des Zweiten Weltkrieges ausgab, wurde fast ein Drittel von Filmstars oder in Kinos verkauft. Den Studios

Wie Casablanca gemacht wurde

In einem Keller von Warner Bros. Schick angezogen wartet man auf die Bomben.

war es nie schwer gefallen, Lügen über ihre Filme oder ihre Stars zu verbreiten, und mit der Darstellung des Krieges gingen sie ähnlich sorglos um. Diese Lügen – auf der Leinwand, aber nicht nur dort – prägten auch die Vorstellungen Amerikas von dem, was es in dieser Zeit durchmachte.

Anlässlich der ersten Verdunkelung von Los Angeles brachte Warners einen dreiseitigen Bericht heraus, der beschreibt, wie die Stars des Studios mit der Situation zurechtkamen. Bette Davis und ihr Mann hätten in ihrem Garten gestanden und »beobachtet, wie die riesigen Suchscheinwerfer über den Himmel streiften«. James Cagney beruhigte seinen hysterischen Koch. Olivia de Havilland zündete eine silberne Kerze an und »nahm ein wunderbar heißes Bad mit ganz viel Badesalz«, während der für *Arsenic and Old Lace* an das Studio ausgeliehene Cary Grant am Strand seine Schuhe verlor und Jane Wyman und Ronald Reagan anderthalb Stunden lang in ihrem abgedunkelten Wagen saßen und beobachteten, wie »aufgebrachte Bürger Neonschilder und Schaufensterscheiben« von Geschäften zertrümmerten, die ihre Beleuchtung nicht rechtzeitig ausgeschaltet hatten.

Nazi trifft Krankenschwester. Zigarettenpause auf dem Studiogelände
von Warner Bros.

Obwohl sich die Verdunkelungserlebnisse durchaus authentisch anhören, empfiehlt es sich, bei Pressemitteilungen des Studios misstrauisch zu sein. »Ich war mit 4 F eingestuft und somit untauglich für den Militärdienst«, berichtete Arthur Wilde, der 1936 als 17-jähriger Arbeiter bei Warner Bros. angefangen hatte. »Also haben sie mich in eine Soldaten- oder Matrosenmontur gesteckt und bei einem Date mit Alexis Smith fotografiert, um zu zeigen, was sie für den Krieg tat. Die Publicity-Abteilung – wir hatten sechzig Leute – funktionierte wie eine große Zeitung. Da waren Bildredakteure und Leute, die downtown, am Telefon oder in Kolumnen Nachrichten lancieren mussten. Einer hatte einen besonders guten Draht zu Walter Winchell, und sein Job bestand darin, ihn bei Laune zu halten.« Für gewöhnlich gab es nur zwei Frauen in diesen großen Publicity-Abteilungen, von denen die eine sich um die Fan-Magazine zu kümmern hatte und die andere um Mode. »Vor dem Zweiten Weltkrieg

Wie Casablanca gemacht wurde

war es fast undenkbar, einer Frau die Verantwortung für eine ganze Kampagne zu übertragen«, erzählte C. E. (»Teet«) Carle, der jahrelang die Publicity bei Paramount leitete.

Beim Kriegseintritt Amerikas war Wilde bereits aufgestiegen und versorgte Zeitungen und Zeitschriften mit Bildern von Starlets in Badekostümen oder Shorts. »Wenn beispielsweise die nationale Eisenwaren-Woche bevorsteht, haben wir die armen kleinen Dinger mit lauter Hämmern und Sägen fotografiert«, berichtete Wilde. »An einem heißen Tag schnappte ich mir die 16-jährige Joan Leslie, füllte eine alte Badewanne mit Eiswürfeln und fotografierte das Mädchen, wie es im Badeanzug in den Eiswürfeln liegt. Auf ganz ähnliche Weise unterstützte man die Kriegsanstrengungen. Ich weiß noch, wie ich unsere jungen Vertragsschauspieler zum Bunker brachte und dort für die Presse fotografieren ließ.«

Es ging einzig und allein um Publicity. Und wenn man den Krieg dazu benutzen konnte, ein bisschen Extrareklame für einen Warner-Film zu machen, warb der Film andererseits auch ein bisschen für den Krieg. Warners *Action in the North Atlantic*, 1942 Bogarts vierter Film, wurde zu einer Hommage an die Handelsmarine. »Danach«, so Wilde, »haben wir die Zuschauer dazu ermuntert, alte Pelze zu spenden, um daraus Westen für die Jungs von der Handelsmarine im Nordatlantik herzustellen. Wir baten die Schauspieler, das Zeug vorzuführen. Vom gesamten weiblichen und männlichen Vertragspersonal erwartete man, dass es sich an derartigen Aktionen beteiligte.«

Die erste lancierte Meldung über *Casablanca* erschien am 5. Januar 1942 im *Hollywood Reporter*: »Ann Sheridan und Ronald Reagan spielen – zum dritten Mal gemeinsam – die Hauptrollen in Warners *Casablanca*, worin auch Dennis Morgan einen wichtigen Part übernehmen wird. Die Geschichte über Kriegsflüchtlinge in Französisch-Marokko basiert auf einem nicht produzierten Bühnenstück von Murray Burnett und Joan Alison.« Zwei Tage später wurde die gleiche falsche Meldung als Teil der wöchentlichen »Hollywood News« des Studios an Dutzende von Zeitungen verschickt.

Die Studios fabrizierten ständig Falschmeldungen, und die Nachricht von Ronald Reagans angeblicher Hauptrolle in *Casablanca* unterschied sich dabei kaum von der Story über einen Star, der während der ersten Verdunkelung des Krieges bei Kerzenlicht ein wunderschönes Bad nimmt. »Die heutigen Presseagenten machen genau das Gleiche«, sagte Jack Brodsky, ein Produzent, der als

Filmjournalist begann. Im Jahre 1963, als Presse- und Werbechef bei *Cleopatra*, hatte Brodsky einen höchst erfolgreichen Einfall, um die Namen der Stars mit dem Film in Verbindung zu bringen. »Wir behaupteten, die Reihenfolge, in der Rex Harrison und Richard Burton im Vorspann genannt würden, hänge davon ab, welcher Schauspieler als Erster zum Ritter geschlagen werde. Die Zeitschrift *Time* druckte das als Tatsache.«

Reagan hatte nie die geringste Aussicht auf eine Hauptrolle in *Casablanca*. Er war Second Lieutenant in der US Cavalry Reserve, und das Studio hatte ihn seit September 1941 mehrfach zurückstellen lassen. Im November hatte man seine schlechten Augen vorgeschoben, aber jetzt, da der Krieg im Gange war, war mit einer erneuten Verlängerung nicht mehr zu rechnen, und das Studio wusste das. Warners hatte Reagan schon für den Film *Desperate Journey* besetzt, der am 2. Februar in Produktion gehen sollte, und das Studio würde den Schauspieler kaum bis zum Drehschluss im April halten können. Und trotzdem veröffentlichte der *Hollywood Reporter* am 23. März eine Studio-Mitteilung, wonach Warners ein Drehbuch mit dem Titel *Buffalo Bill* vorbereite, und Ronald Reagan werde die Titelrolle spielen.

Heutzutage hat fast jeder Schauspieler seinen persönlichen Presseagenten, und ein Studio ist ausschließlich daran interessiert, für die eigenen Filme zu werben, da die Stars im nächsten Monat vielleicht schon für ein anderes Studio arbeiten. 1942 musste sich die Publicity-Abteilung von Warner Bros. darum kümmern, dass die Namen der eigenen Vertragsschauspieler – kostbarer Besitz des Studios – ständig im Gespräch blieben. Ann Sheridan und Ronald Reagan wurden in der Pressemitteilung über *Casablanca* vermutlich deshalb als Paar genannt, weil sie gerade zwei Filme zusammen gedreht hatten, nämlich *Kings Row* und *Juke Girl*, und *Kings Row* sollte bald in den Verleih kommen. Ein erfolgreiches Gespann brachte immer ein paar Dollar mehr an der Kasse. Einige Wochen zuvor hatte das Studio die Meldung in der *Los Angeles Times* platziert, Ann Sheridan und Dennis Morgan seien für die Hauptrollen in *Aloha Means Goodbye* vorgesehen, einer Mischung aus Liebesgeschichte und japanischer Spionagestory. Der Film wurde am Ende gar nicht gedreht. Ein paar Tage nach Warners erster Meldung über die Besetzung für *Casablanca* verschickte das Studio eine weitere Mitteilung, in der es jetzt hieß, Reagan, Sheridan, Morgan und George Tobias spielten die Hauptrollen in *Shadow of Their Wings* und nicht in *Casablanca*. Tatsächlich erschienen dann Sheridan und

Morgan in diesem Film, der in *Wings for the Eagle* umbenannt wurde und von Arbeitern in einer Flugzeugfabrik handelte.

* * *

Im Januar war Hal Wallis noch weit entfernt davon, sich Gedanken über die Besetzung für *Casablanca* zu machen. Es würde der dritte seiner unabhängig produzierten Filme sein. Zunächst konzentrierte sich Wallis auf den ersten Film, *Desperate Journey.* Allerdings beschäftigte ihn die Frage nach einem möglichen Regisseur für *Casablanca*, und am 5. Januar ließ er durch seine Sekretärin an Mike Curtiz, Vincent Sherman und William Keighley Kopien des Stückes verschicken und dazu die jeweils gleich lautende Notiz: »Mr. Wallis wäre Ihnen dankbar, wenn Sie beiliegendes Bühnenstück CASABLANCA lesen würden, das wir kürzlich gekauft haben. Bitte lassen Sie ihn so schnell wie möglich wissen, was Sie davon halten. Danke.«

Sowie er das Stück gelesen hatte, teilte Vincent Sherman Wallis mit, er wolle bei *Casablanca* Regie führen. »Ich fand, es war großartiger Filmstoff«, berichtete Sherman später. »Einfach fabelhaft. Ich weiß nicht, wer eigentlich das Manuskript zu verantworten hatte, aber meiner Meinung nach enthielt die Vorlage alle nötigen Zutaten.«

Sherman, der 1937 mit einem Vertrag zu Warner Bros. gekommen war, der es dem Studio erlaubte, ihn als Autor, Regisseur, Schauspieler oder Supervisor einzusetzen, erinnerte sich, wie er nach oben rannte, um die Geschichte den Epsteins zu erzählen, die seinen Film *Saturday's Children* von 1940 geschrieben hatten. Wenn es wirklich so war – Julie Epstein konnte sich nicht entsinnen, durch Sherman von *Casablanca* erfahren zu haben –, wurde jedenfalls für Sherman nichts daraus, da er den nächsten Film mit Ida Lupino, *The Hard Way*, zugeteilt bekam. Als er erfuhr, dass man *Casablanca* Curtiz gegeben hatte, war er enttäuscht, aber, wie er meinte, »so richtig sauer konnte ich nicht sein, denn Mike war ein großartiger Regisseur. Ich habe mir immer seine Filme angesehen, um zu lernen, wie man Regie führt. Immer fand er den Stil, der dem jeweiligen Stoff entsprach. Wenn man sich *Robin Hood* und *Captain Blood* anschaut, erkennt man, dass er ein großer Action-Regisseur war. Gab man ihm ein halbwegs anständiges Drehbuch, konnte er durchaus auch andere Filme machen. Und wenn man ihm ein anständiges Skript gab, lieferte er eine ordentliche Arbeit ab. Er lebte für seine Filme. Ich habe nie davon gehört, dass Mike außerhalb der beruflichen Sphäre irgendwelche persönlichen oder gesellschaftlichen Beziehungen unterhielt, die ihm etwas bedeuteten.«

Trotz ihrer Freundschaft entschied sich Wallis nicht sofort für Curtiz. Sein Wunschregisseur war vielmehr William Wyler, dem er das Stück Anfang Februar schickte. Was Wyler, der nach Abschluss von *Mrs. Miniver* Urlaub machte, darüber dachte, ist nicht überliefert, nur die Tatsache, dass er und Darryl Zanuck jede Nacht bis 2 Uhr morgens Gin Rummy spielten. Womöglich hielt er es nicht einmal für nötig, das Stück zu lesen, denn er hatte sich bereits beim Signal Corps beworben. Als *Casablanca* in Produktion ging, weilte Wyler schon in Washington und recherchierte für Major Frank Capras Film *The Negro Soldier*. Und so wandte sich Wallis schließlich, wie schon so oft, an Curtiz.

Der Filmkritiker Andrew Sarris nannte *Casablanca* einmal »den glücklichsten aller glücklichen Zufälle und die bedeutendste Ausnahme von der Theorie des Autorenfilms«. Doch beinahe jeder Film von Warner Bros. war eine solche Ausnahme. Ein Vertragsregisseur konnte durchaus einen konsequenten Stil haben, oder sogar einen konsequenten Standpunkt. Curtiz drückte in den dreißiger Jahren jedem seiner Filme durch eine stimmige und erregende Dynamik innerhalb der Szene seinen Stempel auf und kaschierte so die Tatsache, dass die schweren Kameras sich nur langsam und mit Mühe bewegen ließen. Und wenn etwas in einem Film funktionierte, tauchte es unter Umständen in anderen Filmen des Regisseurs wieder auf. »Wenn etwas geglückt war, wollte Mike es wiederholen«, sagte Julius Epstein. »Wir hatten eine sehr erfolgreiche Geburtstagsszene in *Four Daughters*, und deswegen wollte Mike in jedem weiteren Film, den wir schrieben, eine Geburtstagsszene haben. Bei einem anderen Film – ich weiß nicht mehr, wie er hieß – haben wir gesagt: ›Vergiss es. Das passt nicht.‹ Dann gingen wir zur Preview, und was bekamen wir zu sehen? Die Geburtstagsszene.«

Im Studiosystem hatte das letzte Wort freilich nicht der Regisseur. Zwar musste Columbia in seinen ärmsten Jahren das Risiko eingehen, die Kontrolle kreativen Regisseuren zu überlassen, doch ansonsten war das Studiosystem in der Hand von Direktoren und Produzenten. Im Verwaltungsgebäude von MGM durften Regisseure nicht einmal den Fahrstuhl der Direktoren benutzen. Wegen seiner guten Beziehung zu Wallis und weil seine Filme viel Geld einspielten, verfügte Curtiz, der im Februar 1942 wöchentlich 3600 Dollar verdiente, über mehr Einfluss als die meisten anderen Studioregisseure, gleichwohl wurden ihm die Stars und viele Nebendarsteller von oben zugewiesen. Einige Mitglieder seines Teams konnte er sich aussuchen, aber nur selten durfte er den Kameramann oder den Cutter bestimmen, und bei *Casablanca* wurde ihm mit Francis Scheid ein Toncutter zugeteilt, den er nicht mochte. Noch ehe der erste Drehtag zu Ende war, hatten sich die beiden Männer in der Wolle.

Curtiz wünschte sich George Amy als Cutter, bekam aber Owen Marks. Wenn jemand einen Film beendet und seine zwölf Wochen Pause hinter sich hatte, rückte er auf der Liste der Vertragsleute, die der Ateliermanager T. C. (»Tenny«) Wright führte, wieder ganz nach oben. Am 4. April 1942 bat Wallis Wright in einem Memo, Curtiz einen ersten oder zweiten Regieassistenten zuzuweisen, da die Vorbereitungen für *Casablanca* bereits begonnen hätten.

»Für eine solche Schlüsselposition würde ich nie jemanden ohne Zustimmung des Regisseurs auswählen«, bemerkt dazu der heutige Produzent Dan Melnick. »Ich würde eine kurze Vorschlagsliste zusammenstellen, die mir annehmbar erscheint, und die Wahl dem Regisseur überlassen.«

Curtiz konnte Wünsche äußern, gut zureden oder sich beschweren, Forderungen stellen konnte er nicht. So ließ Tenny Wright den Art Director von *Casablanca*, Carl Weyl, am 14. Mai wissen: »Sets und alle sonstigen Dinge, die den Film betreffen, klären Sie zuerst mit Mike Curtiz. Dann gehen Sie zu Mr. Wallis und holen sich sein Ja oder Nein.« Ebenso wenig konnte Curtiz die Drehbuchschreiber selbst bestimmen. Die meisten Autoren, die an *Casablanca* arbeiteten, Curtiz' 61. Film bei Warner Bros., wählte Hal Wallis aus, und zwar schon Wochen bevor er Curtiz die Regie übertrug. Nach dem Abschluss von *Yankee Doodle Dandy* arbeitete Curtiz mit den Epsteins, die bereits vier Filme mit ihm gemacht hatten,[*] aber selbst nach 15 Jahren bei Warner Bros. war sein Englisch nur mangelhaft. Beim Drehbuch hatte Wallis das letzte Wort. Doch auch er besaß nicht die vollständige Kontrolle über den Film. Tenny Wright entschied, mit Warners Zustimmung, darüber, welche Techniker genommen wurden. Und Wright weigerte sich, den Kameramann James Wong

---

[*] *Little Big Shot* (1935) entstand nach einem Drehbuch von Jerry Wald und Julius J. Epstein. Bei *Four Daughters* (1938) wurden Julius J. Epstein und Lenore Coffee als Autoren genannt. Die Drehbücher zu *Daughters Courageous* (1939) und *Four Wives* (1939) stammten von Julius J. und Philip G. Epstein.

Howe von *The Hard Way* abzuziehen und für *Casablanca* zur Verfügung zu stellen, obwohl Wallis es von ihm verlangte.

Autoren wie Regisseure mussten sich an die Spielregeln des Studios, an Disziplin und Sparsamkeit halten. Bei Warner Bros. gehörte dazu auch, dass Regisseure Regie führten und Autoren schrieben. Mit *The Maltese Falcon* verstieß John Huston 1941 gegen diese Regel. Wie intensiv auch immer Huston an den Manuskripten seiner nächsten beiden Filme beteiligt war – als Drehbuchautoren wurden jedenfalls Howard Koch (*In This Our Life*) und Richard Macauley (*Across the Pacific*) genannt. Als der Regisseur Delmer Daves 1943 die Autorenschaft für das Drehbuch von *Destination Tokyo* beanspruchte, schickte Jack Warner ein empörtes Telegramm. »Er ist der Regisseur, und eine andere Nennung bekommt er nicht. Eine derartige Praxis werde ich nicht zulassen.« Warner knöpfte sich außerdem immer wieder Regisseure vor, die Drehbücher abänderten. In einem typischen Memo aus dem Jahre 1943 hielt er seinen sämtlichen Regisseuren und Produzenten eine Predigt über das »ständige Umschreiben von Szenen« auf dem Set – für ihn war das Zeit- und Geldverschwendung.

In dieser Hinsicht wurde das Studio ständig überprüft. In einem Brief aus seinem Urlaubsort Hot Springs in Arkansas beschwerte sich Warner bei seinem Assistenten Steve Trilling, er verwende zu viele Worte in seinen Telegrammen: »Ein Drittel der Worte ist entbehrlich, also sorgen Sie bitte in Zukunft dafür, dass unnötige Worte gestrichen und die Kosten der Telegramme entsprechend gesenkt werden.« (Warner war so schlau und knauserig, seine eigenen täglichen Telegramme an das Studio vom Empfänger bezahlen zu lassen, darunter auch Mitteilungen, die abgetippt und an Bekannte außerhalb des Studios verschickt werden mussten, etwa an den Songschreiber Cole Porter.)

Dem Argusauge des Studios entging selten ein Penny. Im Januar 1942 wurde Orry-Kelly, Warners Kostümdesigner, aufgefordert, 1,85 Dollar Telefonschulden zu begleichen. Im selben Monat schrieb R. J. Obringer, der Leiter der Rechtsabteilung, Curtiz in gereiztem Ton, er schulde dem Studio, wie er sehr wohl wisse, 26,95 Dollar für private Telefongespräche. Da man ihn bereits mehrfach gemahnt habe, möge er bitte umgehend zahlen. Bei MGM wäre es undenkbar gewesen, einem Regisseur, der 3600 Dollar die Woche verdiente, wegen eines so geringen Betrags derart zuzusetzen, doch Warner Bros. traktierte Stars und Regisseure gleichermaßen. Helmut Dantine schuldete dem

Studio 27,16 Dollar für ein Sporthemd und ein T-Shirt. Vielleicht habe er die Rechnung »übersehen«. Im Übrigen wies Warner die Kostümabteilung an, keine Kleidungsstücke für den persönlichen Gebrauch von Schauspielern anzufertigen, bevor diese nicht eine schriftliche Vereinbarung unterschrieben hätten, bei Lieferung zu zahlen oder das Studio zu ermächtigen, den Betrag von ihrer Gage abzuziehen.

In der Anfangszeit des New Deal war Jack Warner zum Mitglied der NRA (National Recovery Administration) von Kalifornien ernannt worden. »Ich habe ein Poster von ihm«, so Jack Warner jr., »eine Proklamation, mit dem Blauen Adler. Nach einigen Monaten verhandelte das Oberste Gericht den Fall, über den die NRA stürzte. Und dann saßen wir hier auf dem ganzen Büromaterial, dem Briefpapier und den Memo-Blöcken. Er aber ließ das Zeug zerschneiden, und noch jahrelang benutzten wir diese Memos, mit dem Blauen Adler auf der Rückseite.«

In Anbetracht des Krieges ließ sich mit Beginn des Winters 1941 die Knauserigkeit des Studios patriotisch verbrämen. »Die gedankenlose Verschwendung von hundert Fuß Film kann einem amerikanischen Soldaten das Leben kosten, der vielleicht Ihr Sohn oder Ihr Bruder ist«, hieß es in einer Rede, die Harry Warner vor einer Versammlung von Schauspielern, Autoren, Regisseuren und Kameraleuten hielt. »Der sorglose Umgang mit Material« koste nicht nur Dollar, sondern auch Menschenleben, und sei »schlimmer als die Sabotage feindlicher Agenten«, sagte Warner mit dem gewohnten moralischen Impetus. Wenn ein Take ruiniert wird, »weil ein falsch aufgehängtes Mikrofon einen Schatten auf das Gesicht eines Schauspielers wirft, oder weil ein Akteur in eine Szene hineinplatzt, ohne auf das Stichwort zu achten«, komme dem unnötigerweise ruinierten Filmmaterial, der Vergeudung von Strom, Arbeitskraft und Maschinen eine »ungeheure Bedeutung« zu.

Auch Jack Warner benutzte den Krieg als eine Waffe, um Sparsamkeit durchzusetzen. »Ich habe heute bemerkt, dass es bei einer Szene Ihres Films eine ungeheure Menge von Takes gegeben hat«, schrieb er Peter Lorre, der *A Passage to Marseille* drehte. »Nach Überprüfung der Sachlage stelle ich fest, dass Sie Ihren Text nicht konnten, obwohl Ihnen der Regisseur am Samstag gesagt hatte, sie würden heute eine wichtige Szene haben … Es ist gerade ein Krieg im Gange, und wir versuchen, Rohfilm zu sparen. Für diese eine Szene wurde unnötigerweise eine Menge verbraucht.«

In häufigen Mitteilungen AN UNSERE ANGESTELLTEN war stets das gleiche Lied zu hören. »Ein einzelnes Blatt Papier mag man für unwichtig halten. Wenn aber 130 000 000 andere Amerikaner genauso denken, würde die tagtägliche Vergeudung von Brief-, Kopier- oder Packpapier zusammengenommen die Kriegsproduktion ernsthaft beeinträchtigen«, hieß es in einer dieser Mitteilungen. »Vernichten Sie kein Papier, das man für Notizen benutzen kann. Verwenden Sie große Umschläge mehrmals.«

Selbst eine unnötig brennende Glühbirne oder ein fortgeworfener Nagel könne zum Desaster führen. Wenn man keine Nägel spare, behauptete ein Leitartikel der *Warner Club News* vom März 1942, könnte das die Zerstörung des Studios zur Folge haben. »Ohne Nägel können wir keine Sets bauen, ohne Sets wäre es fast unmöglich, Filme zu machen. Wenn wir keine Filme machen können, gibt es für uns alle keine Arbeit mehr.«

In diesem aufgeheizten Klima von Angst, Euphorie und der branchenüblichen Übertreibung begannen die Vorbereitungen für *Casablanca*.

Wie Casablanca gemacht wurde

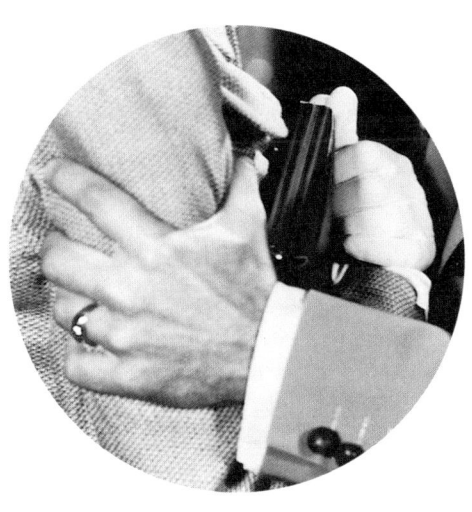

5.

Bogart, Bergman und Henreid:
ein Rendezvous mit dem Schicksal

I m Sommer 1991 konnte Curt Bois sich kaum noch an *Casablanca* erinnern. Joy Page fand die Erinnerung zu schmerzhaft. Paul Henreid hatte
seine Erinnerungen so sortiert, dass sie jetzt positiver wirkten. Leonid
Kinskey dachte gelegentlich noch an den Zufall, der ihn zwei Wochen nach
Drehbeginn zu *Casablanca* geführt hatte. Dan Seymour, der einst die Tür zu
Ricks Spielsalon bewachte, hing seinen Erinnerungen am intensivsten nach
und genoss es, im Restaurant Casablanca Interviews zu geben, einer südkali-
fornischen Imitation von Rick's Café.

Diese fünf – der Taschendieb, die junge Bulgarin, der heldenhafte Victor
Laszlo, Sacha, der Barkeeper, und der Türsteher Abdul – waren 1991 als Einzige
von den Schauspielern übrig geblieben, die 1942 im Warner-Atelier 8 »RICK'S
CAFÉ INNEN, Hauptsaal und Spielsalon« bevölkert hatten. Im Frühjahr 1992
waren auch Curt Bois und Paul Henreid gestorben, und dann waren es nur
noch drei.

Im Januar 1942 standen bei Warner Bros. 87 Schauspieler und Schauspielerinnen unter Vertrag. Das Studio teilte sie in 19 Stars und 68 so genannte *featured players* ein, Darsteller größerer Nebenrollen. Während das Ensemble der
Letzteren durchaus neben ähnlichen bei MGM und Paramount bestehen konnte, war das bei den Stars nicht der Fall.

»Mehr Sterne, als am Himmel stehen«, prahlte MGM damals. 1942 zählten
zu ihnen Clark Gable, Greer Garson, Mickey Rooney, Robert Taylor, Lana Turner, Judy Garland, Spencer Tracy, Joan Crawford, Katharine Hepburn und
Myrna Loy. Das Studio von Paramount, das seine beste Zeit Mitte der dreißiger Jahre gehabt hatte, besaß Claudette Colbert, Veronica Lake, Bing Crosby,
Bob Hope, Ray Milland, Fred MacMurray, Dorothy Lamour, Joel McCrea,
Paulette Goddard und Ginger Rogers.

Die einzigen wirklichen Stars bei Warner Bros. waren Bette Davis, Errol Flynn, James Cagney und Edward G. Robinson, und Cagney schied noch vor dem Sommer aus. Von den anderen 15 wurde Ann Sheridan in den meisten Fällen unter Wert eingesetzt. Ida Lupino bekam die Rollen, die für Davis nicht gut genug waren. Olivia de Havilland war das Mädchen, zu dem Errol Flynn immer zurückgaloppierte, aber sie wurde erst ein großer eigenständiger Star, nachdem sie Warner Bros. verklagt und einen Prozess gewonnen hatte, der durch ein Grundsatzurteil Filmverträge auf sieben Jahre beschränkte, um dann 1945 zu Paramount zu wechseln. Geraldine Fitzgerald, Priscilla Lane, Joan Leslie, Brenda Marshall, George Brent, Jeffrey Lynn, Dennis Morgan, Wayne Morris und Ronald Reagan waren – in der richtigen Story und mit dem richtigen Partner – brauchbare Schauspieler. John Garfield befand sich eindeutig auf dem Weg nach oben, George Raft auf dem Weg nach unten. Und Humphrey Bogart war undefinierbar.

Nach elf Jahren und 42 Filmen hatte der 42-jährige Bogart drei Monate zuvor mit *The Maltese Falcon* den Durchbruch geschafft. Selbst wenn man der Meinung ist, Bogart sei bereits durch seine Darstellung des tragischen Gangsters Roy Earl in *High Sierra* im Januar 1941 zum Star geworden, benötigte er dafür immerhin noch zehn Jahre und vierzig Filme. Wenige große Stars brauchten so lange, um an die Spitze zu kommen. James Cagney wurde sieben Monate und fünf Filme nach seinem Debüt in *Sinner's Holiday* mit *Public Enemy* zum Star. Clark Gable, der seine erste Sprechrolle als Bösewicht in einem Western spielte, gelangte ein knappes Jahr und sechs Filme später durch *A Free Soul* zu Starruhm. Tyrone Power drehte vier Filme vor *Lloyds of London. The Magnificent Obsession* war Robert Taylors neunter Film. Obwohl Spencer Tracy bei Fox fünf Jahre lang immer wieder *tough guys* spielen musste, erlangte er schon wenige Monate nach seinem Wechsel zu Metro Starstatus. Wegen des Krieges hatte es Van Johnson am leichtesten. Zunächst einer jener 68 »featured players« auf der Warner Bros.-Liste von 1942, wurde er dann bei Metro-Goldwyn-Mayer wie ein Schatz behandelt, der Bursche von nebenan, der das Glück hatte, binnen Jahresfrist als 4 F eingestuft zu werden.

»Metro bestreute dich mit Sternenstaub – und das war sehr angenehm«, versicherte Bill Orr, als William T. Orr Nummer 14 in der dritten Spalte der Warner-Liste der »featured players«. »Wenn man Schauspieler war, wollte man nirgendwo anders sein.«

Katharine Hepburn hat MGM als »eine fabelhafte Schule« beschrieben, »in der man keinen Abschluß machte«, ein paternalistisches Königreich, in dem die Publicity-Abteilung Ärger und Probleme aus dem Weg räumte und Schauspieler nicht gezwungen wurden, Filme zu drehen, die sie gar nicht drehen wollten.

Geraldine Fitzgerald, die sich sieben Jahre lang mit Jack Warner über Filme stritt, die sie nicht machen wollte, sagte: »Wenn man bei MGM war, gehörte man zur Crème de la crème. Paramount war auch nicht so schlecht. Und Twentieth Century-Fox auch nicht. Wenn man aber auf einer Party erzählte, man gehöre zu Warner, versuchten die Leute einen immer zu trösten.«

Es gibt Hunderte von Beispielen, aber eines bringt es auf den Punkt. Während in den anderen Studios Friseure und Maskenbildner zu den Stars in die Garderobe kamen, mussten sich bei Warners Nebendarsteller und Stars gleichermaßen in der Maske einfinden. »In organisatorischer Hinsicht war das natürlich viel besser, weil man keine Zeit verschwendete«, so Jean Burt, die 1941 bei Warner Bros. Friseurin wurde und für Ingrid Bergmans Frisur in *Casablanca* zuständig war. »In der Stargarderobe gibt's nur den Star.« An Warners ausgeliehene Stars erklärten sich mit dieser Praxis gewöhnlich einverstanden, selbst Greer Garson, die Königin von MGM. Nur Joan Crawford weigerte sich.

Warners verstreute eher Sand als Sternenstaub. Bogart wand sich, kroch und schwitzte als Winkeladvokat, Exsträfling, Alkoholschmuggler oder Ganove, der gewöhnlich vor der letzten Rolle von Edward G. Robinson, James Cagney oder, einmal, von Errol Flynn zur Strecke gebracht wurde. Wenn ihn nicht der Star erledigte, dann erwischten ihn die Kugeln der Polizei. Gelegentlich spielte er – als Duke Mantee in *The Petrified Forest*, Baby Face Martin in *Dead End* und Mad Dog Earle in *High Sierra* – mit beunruhigender Eindringlichkeit den kaltblütigen Killer, den einsamen Antihelden, ein Jahrzehnt, bevor dieser Typus erfunden wurde. 15 Jahre nach Bogarts Tod las sein Freund Nunnally Johnson noch einmal Robert Sherwoods Bühnenstück *The Petrified Forest* und kam zu dem Schluss, der »Bogie«-Charakter sei eigentlich ein Geschöpf Sherwoods, und Bogart habe, »bewusst oder unbewusst«, den Mantel des Duke Mantee nie wieder abgelegt. Mit Sicherheit wurde Bogarts Auftritt in der Rolle des grübelnden Killers im Jahre 1935 am Broadway zu einem Wendepunkt in seinem Leben. Danach änderte sich, zumindest auf der Bühne, das Erscheinungsbild des jungen Schauspielers, der lauter Playboys und Country-

Club-Jünglinge spielen musste (wenngleich er den ihm zugeschriebenen Satz »Tennis, anyone?« nie gesprochen hat).

* * *

Bogart wurde um die Jahrhundertwende in New York geboren und wuchs in einer bürgerlichen Welt auf, in der es mehr Tennisspieler als Gangster gab. Sein Vater, Belmont DeForest Bogart, war Arzt mit einem reichen Erbe und einer Praxis am Riverside Drive. Seine Mutter, Maud Humphrey, war eine erfolgreiche Illustratorin und Malerin. Das Aquarell *Maud Humphrey Baby* war im ersten Jahrzehnt des 20. Jahrhunderts eine der berühmtesten und meistverwendeten Zeitschriftenillustrationen. 1949 bekannte Maud Humphreys Sohn in einem Zeitschriftenartikel, er habe seine Mutter nie wirklich geliebt, jedoch bewundert. Außerdem war sie »vollkommen unfähig, Zuneigung zu zeigen«, selbst ihren drei Kindern gegenüber.

Bogart, der die Trinity School besuchte, quälte sich ein zusätzliches Jahr auf der Phillips Andover Academy in Massachusetts, die ihn auf die Aufnahme in Yale vorbereiten sollte. Er verließ Andover vorzeitig, trat in die Navy ein und diente für den Rest des Ersten Weltkrieges auf dem Truppentransporter *Leviathan*. Auf dem Canandaigua Lake, wo seine Familie ein Sommerhaus besaß, hatte er Segeln gelernt, und für den Rest seines Lebens verband er mit dem Meer ein Gefühl von Freiheit, das ihm an Land verwehrt blieb. »Für das Meer empfand er das Gleiche wie Hemingway«, erzählte Lauren Bacall. »Wenn wir *Der alte Mann und das Meer* lasen, zeigte mir Bogie diese Passagen und sagte: ›So fühle ich mich.‹ Er fand, das Meer sei etwas Reines. Er hielt es für eine der letzten Freiheiten auf der Welt.«

Als Bogart seinen Abschied von der Navy nahm und Arbeit suchte, kam er zufällig zur Schauspielerei, nachdem er für einen Theaterproduzenten, der Nachbar der Bogarts war, als Inspizient gearbeitet hatte. In zehn Filmen und vier Studios zwischen 1930 und 1934 hinterließ Bogart keinerlei bleibenden Eindruck. Dann kehrte er zur Bühne zurück und bekam eine Rolle in *The Petrified Forest*. Die Legende besagt – und in diesem Fall ist sie wahr –, dass Leslie Howard, der Hauptdarsteller von *The Petrified Forest*, den Film nur machen wollte, wenn Warner Bros. Bogart für die Rolle des Duke Mantee engagierte. Gleich nach Fertigstellung des Films und sieben Wochen vor seinem Start im Februar 1936 schloss das Studio mit ihm einen Siebenjahresvertrag, anfangs mit

einer Wochengage von 550 Dollar. 1936 drehte er fünf Filme, 1937 sieben, 1938 sechs und 1937 wieder sieben. In keinem von ihnen starb er oder ging er ins Gefängnis. Es gab ein paar Komödien und eine Hillbilly-Farce, *Swing Your Lady*. Außerdem war er der fanatische Bezirksstaatsanwalt als Gegenspieler von Bette Davis in *Marked Woman* und ein Vampir in *The Return of Dr. X.*

Man hat dem Umstand zu viel Bedeutung beigemessen, dass Bogart zu seiner Rolle in *High Sierra* gekommen war, weil Paul Muni sie abgelehnt hatte, und zu dem Part in *The Maltese Falcon*, weil George Raft ihn nicht haben wollte. (Raft hielt es für unter seiner Würde, für den Regieanfänger John Huston zu spielen.) Warner-Stars lehnten freilich ständig Rollen ab. Claude Rains bekam die Hauptrolle in *Mr. Skeffington*, weil Paul Henreid absagte. Und in den vierziger Jahren erbte Dennis Morgan auf diese Weise zwei Filme von Bogart, *Bad Men of Missouri* und *God Is My Co-Pilot*.

1942 hatte Bogart bereits mehr als eine von Raft abgelehnte Rolle gespielt, ohne zu protestieren, einschließlich des sympathischen Gangsters in *It All Came True*. Genauso wenig trifft es zu, dass Bogart zufällig für *High Sierra* engagiert wurde. Er bewarb sich um die Rolle. »Sie haben mir einmal gesagt, ich soll Ihnen Bescheid geben, wenn ich eine Rolle gefunden habe, die ich haben möchte«, schrieb er an Hal Wallis.

* * *

Bereits vor dem Film *High Sierra*, den er 1940 drehte, galt Bogart bei Warner Bros. als jemand, in den man große Hoffnungen setzte. Zwei Jahre nach Bogarts Eintritt ins Studio wurde sein Vertrag annulliert und durch einen neuen ersetzt, der seine Gage annähernd verdoppelte. Und was noch wichtiger war: Ab Herbst 1939 baten andere Studios darum, ihn ausleihen zu dürfen. Universal wollte ihn für einen Film mit Mae West und W. C. Fields, Fox als Hauptdarsteller für *The Valiant*. Walter Wanger wünschte sich Bogart für *House Across the Bay*, MGM für »eine sehr wichtige Rolle in dem Film mit Eddie Robinson«. Von 1941 an trafen bei Warner Bros. alle paar Wochen Anfragen ein, die stets abgelehnt wurden.

»Ich erinnere mich noch«, so die Filmkritikerin Pauline Kael, »dass ich mit meinen Kollegen darüber gesprochen habe, wann die Bosse diesen Typ endlich entdecken. Das war schon zu Beginn seiner Karriere, als er in Horrorfilmen und solchem Kram auftrat, den Warners ihm aufhalste. Wir mochten ihn schon Jahre, bevor er die wichtigen Rollen bekam. Er war klein, aber wusste jeden Teil seines Körpers einzusetzen. Ende der dreißiger Jahre hatte er sein Spiel vollkommen unter Kontrolle. Er hatte eine Spannung wie eine Sprungfeder. Man musste ihn immerzu ansehen.«

Als Dashiell Hammetts Detektiv Sam Spade brachte Bogart in den Film *The Maltese Falcon* das wache Misstrauen, den Zynismus und die Doppelbödigkeit seiner tödlichsten Killer auf die richtige Seite des Gesetzes. »Ich finde, das war seine allerbeste Leistung«, sagte Kael, die den Film 1941 mit zwanzig zum ersten Mal sah. »Man spürte die Ambivalenz, die in dem Mann steckte, und er hat alle Spannungen wunderbar körperlich umgesetzt. Ich glaube, er hätte in *Casablanca* nicht so gut sein können, wenn er vorher nicht den *Maltese Falcon* gemacht hätte, weil er erst dort seine Stärken wirklich entdeckt hat. Er entwickelte mehr Spannung in seinen Szenen als jemals zuvor. Und ich glaube, dass er später aus dem Potenzial geschöpft hat, das er dort bei sich entdeckte. Also glaube ich, dass es Huston war, der das alles aus ihm herausgeholt hat. Und Curtiz hat davon profitiert.«

Schon vor *The Maltese Falcon* wusste Bogart, dass sich sein Status verändert hatte. Wenn man seine Vertragsakte durchliest, ist man überrascht, wie zaghaft Bogart vor *High Sierra* versuchte, Rollen abzulehnen, und wie rabiat er danach Rollenofferten zurückwies. Ob Warner Bros. sehr irritiert wäre, wenn Bogart den Part in *Brother Orchid* nicht übernähme?, fragte sein Agent im März 1940 an. Als das Studio damit drohte, die bereits erteilte Genehmigung für zwei Radiosendungen Bogarts zurückzuziehen, erklärte sich dieser kleinlaut bereit, den Gauner zu spielen. Im März 1941 dagegen gab Bogart nicht nach. Er schickte das Drehbuch von *Bad Men of Missouri* mit der Notiz zurück: »Soll das ein Witz sein? – Das ist ganz schön penetrant – wenn Lupino und Raft Filme ablehnen, kann ich das vielleicht auch … Grüße, Bogie.«

Einige Jahre davor hatte Bogart gegenüber Geraldine Fitzgerald seine Philosophie als Vertragsschauspieler bei Warner Bros. erläutert. Die junge irische Schauspielerin, frisch aus dem Gate Theatre in Dublin eingetroffen, fühlte sich durch minderwertige Drehbücher beleidigt und lehnte ständig die Rollen ab, die Warners ihr anbot. »Während er in all diesen B-Pictures spielte, hatte Bogart seine Philosophie formuliert«, erzählte Fitzgerald. »Er sagte zu mir: ›Versuch gar nicht erst, wählerisch zu sein. Das lassen die sowieso nicht zu. Sag zu allem ja. Irgendwann hast du genug vorzuweisen und dann auch eine etwas stärkere Position und bekommst, was du haben willst.‹ Ich habe nicht auf ihn gehört und war deshalb die meisten meiner sieben Jahre bei Warner Bros. suspendiert.«

Lee Katz und Dennis Morgan erlebten Bogarts Philosophie in der Praxis, als er in einem seiner schlechtesten Filme, *The Return of Dr. X* aus dem Jahre 1939, als hingerichteter Mörder von den Toten zurückkehrte. »Es war ein miserables Skript«, sagte Dennis Morgan, der darin Bogarts Partner war, »und sie haben ihm einen weißen Streifen über’n Kopf gemalt, so dass er wie ein Stinktier aussah. Darüber lachte er genauso herzlich wie wir alle. Er war nicht eingeschnappt. Seine Haltung war: ›Los, bringen wir’s hinter uns.‹« Lee Katz, der Ende der dreißiger Jahre bei Warner Bros. *The Return of Dr. X* und fast ein Dutzend weiterer B-Pictures schrieb, hatte bei diesem Film »ein besonders schlechtes Gewissen … Jack Warner war aus irgendeinem Grunde sauer auf Bogie und zwang ihn zu dieser Rolle als verrückter Arzt. Bogart machte die denkbar beste Miene zum bösen Spiel.«

Die Kurve von Bogarts Karriere bei Warner Bros. lässt sich daran ablesen, wie und wann er sich entschied, sich gegen Warner zur Wehr zu setzen – und mit welchem Erfolg. Für seine Weigerung, die Rolle des Outlaws Cole Younger in *Bad Men of Missouri* zu spielen, wurde Bogart suspendiert. (Diese Auseinandersetzung war bloß ein Vorspiel der künftigen Kämpfe – 1943 um *Conflict* und 1944 um *God Is My Co-Pilot.*) Die Suspendierung endete im Juni 1941, als George Raft, der im Hinblick auf seine Karriere bei Warners mit schöner Regelmäßigkeit die falschen Entscheidungen traf, *The Maltese Falcon* ablehnte, weil »es kein wichtiger Film ist«.

Und was wäre passiert, wenn Raft sich bereit erklärt hätte, Sam Spade zu spielen? Mit großer Wahrscheinlichkeit hätte Bogart in einem anderen Film den Durchbruch geschafft. Sein Spiel – illusionslos, stoisch und müde-distanziert – passte so gut zu den Helden einer neuen Form von Kinomelodram, dem *film noir*, dass man früher oder später auf ihn aufmerksam geworden wäre. Hätte er damals nicht gerade *The Maltese Falcon* gedreht, hätte ihn Warner Bros. vielleicht im August 1941 an Paramount ausgeliehen, als Partner von Veronica Lake in *This Gun for Hire*. Mit diesem Film wurde Alan Ladd zum Star.

Warner Bros. konnte seine Schauspieler überstrapazieren und missbrauchen. So verstieß man 1942 Van Johnson und Susan Peters und überließ es MGM, ihre Karrieren aufzubauen. Das Studio wäre freilich nicht im Geschäft

To __MR. HAL WALLIS__   April 2, 1942
   Confidential Correspondence

What do you think of using

Raft in "CASABLANCA"?

He knows we are going to

make this and is starting a campaign

for it.

                                              JACK

geblieben, wenn ihm das Offensichtliche entgangen wäre. *The Maltese Falcon* war ungeheuer profitabel gewesen, und George Raft wurde mit jeder Rolle, die man ihm anbot, schwieriger. Im Januar 1942 verlangte Bogart 3000 Dollar die Woche und das Recht, als Gast bei zehn Radiosendungen pro Jahr aufzutreten. Er erhielt einen neuen Vertrag, der zunächst 2750 Dollar Wochengage vorsah. Nach sechs Jahren bei Warners hatte Bogart endlich einen Star-Vertrag, und das Studio begann eine Rolle zu suchen, die aus ihm einen romantischen Hauptdarsteller machte.

Am 14. Februar schickte Wallis ein Memo an Steve Trilling: »Bitte Sie dringend, Humphrey Bogart und Ann Sheridan für *Casablanca* zu reservieren, der Ende April beginnen soll.« Sechs Wochen später schrieb Jack Warner an Wallis, dass George Raft ihn bearbeite, um die Rolle zu bekommen. Wallis blieb standhaft, und *Casablanca* hatte damit den ersten seiner drei Stars.

* * *

So leicht es war, Rick Blaine zu finden - keinen anderen außer Bogart hatte Wallis für die Rolle ernsthaft in Betracht gezogen -, so schwierig war dies bei der Rolle der Ilsa Lund. Ann Sheridan mag als eine sonderbare Wahl erscheinen, aber im Februar hieß Ilsa noch Lois Meredith, und Sheridan mit ihrem derben Charme schien von allen Warner-Stars am besten für die Rolle geeignet. Bei Warners galt die eiserne Regel, Hauptrollen mit Vertragsschauspielern zu besetzen, selbst wenn sie nicht hundertprozentig passten. »Sie dachten, ein Schauspieler sollte keine Minute lang untätig herumsitzen«, meinte Geraldine Fitzgerald dazu. Als 1943 einer seiner Produzenten Shirley Temple von David O. Selznick ausleihen wollte, erteilte ihm Jack Warner eine Abfuhr: »Wir machen keine Stars für andere Studios.« Er sei nur dann bereit, Temple auszuleihen, wenn Selznick sie ihm für einen Film pro Jahr überließe.

Am Ende lieh Warner Ingrid Bergman von Selznick aus, aber dabei handelte es sich um ein Tauschgeschäft: Bergman gegen Olivia de Havilland. Die Studios handelten ständig mit dem, was ihnen gehörte. Als Teil des Arrangements, das William Wyler als Regisseur von *Jezebel* zu Warner Bros. führte, erklärte sich Warner damit einverstanden, Humphrey Bogart für *Dead End* an Samuel Goldwyn auszuleihen. Die Stellung des Schauspielers zeigt sich in der Sprachregelung. Bergman sagte immer, Selznick habe sie an andere Produzenten verkauft. Warner sprach gegenüber Goldwyn von der »Vermietung Humphrey Bogarts«. Obwohl er es oft tat, hasste es Warner, seine Stars auszuleihen, vor allem an zahlungskräftigere Studios. »Jack sagte, sie würden verdorben wiederkommen«, so Bill Orr. Den Star eines anderen Studios zu mieten war immer eine Option, aber selten die beste. Wie Warner es in einem seiner Telegramme formulierte, die er täglich verschickte, wenn er in New York oder zum Pferderennen in Saratoga war: »Seht zu, ob ihr Dana Andrews kriegt, es sei denn, wir können aus einem unserer eigenen jungen Männer einen Dana Andrews machen. Vielleicht Bill Kennedy. Der ist ein verdammt guter Schauspieler, und wir können unsere eigenen Stars machen. Nur so bleiben wir im Geschäft.«

Eine Woche nach der Entscheidung für Ann Sheridan verhandelte Hal Wallis über Hedy Lamarr, ein Beleg dafür, dass er schon Mitte Februar mit dem Gedanken spielte, Lois in Ilsa zu verwandeln. Louis B. Mayer, der mit seinen Schauspielern ebenso knauserte wie Warner, lehnte ab.[*]

---

[*] Hedy Lamarr bekam im Januar 1944 ihre Chance, Ilsa zu spielen – in einer populären Radiosendung, die auf Drehbüchern basierte, Lux Radio Theater –, als Bogart und Bergman in Europa weilten und die Truppen unterhielten. Alan Ladd spielte Rick.

Wie Casablanca gemacht wurde

Als Wallis sich erst einmal für eine europäische Protagonistin entschieden hatte, war Ingrid Bergman die nahe liegende Wahl. Mit ihren 26 Jahren hatte die Schwedin bisher zwar eine Traumkarriere, aber auch Schicksalsschläge hinter sich. Sie war drei Jahre alt, als ihre Mutter starb, und zwölf beim Tod des Vaters. Und die Tante, die sie danach in ihre Obhut nahm, starb sechs Monate später. In der Schule war sie so schüchtern, dass ihr Augen und Lippen wegen einer nervösen Allergie anschwollen, doch auf der Bühne hatte sie keinerlei Hemmungen. Sie wurde in die Schauspielschule des Königlich-Dramatischen Theaters in Stockholm aufgenommen, die sie nach einem Jahr wieder verließ, als man ihr einen Filmvertrag anbot. 18 Monate später, mit zwanzig, war sie ein Star. Nachdem Selznick sie in dem 1936 gedrehten schwedischen Film *Intermezzo* gesehen hatte, holte er sie für die Hauptrolle in seiner 1939 produzierten englischsprachigen Version nach Amerika. Von da an schien es fast, als hätte sie die Kritiker hypnotisiert. »Strahlend« war ein Wort, das in jeder Besprechung auftauchte. »Natürlich« ein anderes. Der Romanautor Graham Greene, als Kritiker selten zufrieden, schrieb beispielsweise über Bergman in *Intermezzo: A Love Story*: »das wirkt überhaupt nicht wie Schauspielerei, sondern wie pures Leben«. Über die Reaktion auf ihre Leistung in *Casablanca* notierte Bergman in ihrem Tagebuch: »Ich wurde für mein Spiel gelobt (wie üblich, bin ich versucht zu sagen).« Was die Filmkritiker immer wieder so schwärmen ließ, beschreibt am besten die Schauspielerin Fay Wray, die 1941 in *Adam Had Four Sons* mit Bergman vor der Kamera stand: »Ingrid hatte etwas Einmaliges, geistig und körperlich zugleich. Sie wirkte nicht wie eine Schauspielerin. Sie wirkte absolut echt, überhaupt nicht so, als würde sie spielen.«

Paradoxerweise fand Bergman das wirkliche Leben unerträglich. »Ich habe zu tun, kümmere mich um das Haus, meinen Mann und mein Kind, und das sollte für eine Frau ja wohl genügen«, schrieb sie im Januar 1942 an Ruth Roberts, die ihre Freundin und ihr Dialog-Coach war. »Dafür gibt es uns Frauen doch angeblich, das ist unsere Glückseligkeit, heißt es. Aber ich halte jeden Tag für verloren. Als wäre nur eine Hälfte von mir am Leben. Die andere Hälfte aber stirbt ab.« Bergman, die den ersten Mann, mit dem sie ausging, geheiratet hatte, litt schrecklich, wenn sie nicht arbeitete. Als Selznick nach *Intermezzo* keine Rolle für sie hatte, bedrängte sie ihn, ihr zu erlauben, zwischendurch auf der Bühne zu stehen. Selznick hatte eine Heidenangst davor, dass ein Misserfolg am Broadway Bergmans Marktwert als Filmstar beeinträchtigen könnte, aber die Theaterkritiker waren fasziniert, und *Liliom* wurde ebenso ein Triumph für sie wie *Intermezzo*. 1940/41 drehte sie drei Filme hintereinander. Gegen Selznicks Rat spielte sie in Columbias *Adam Had Four Sons* eine Gouvernante, nur um etwas zu tun zu haben. Sie beendete *Adam* um 3 Uhr morgens und begann bereits sieben Stunden später mit MGMs *Rage in Heaven*, als die Ehefrau des selbstmörderischen und paranoiden Robert Montgomery. Dann bestand sie darauf, mit Lana Turner die Rollen zu tauschen und das »bad girl«, das Barmädchen, in MGMs *Dr. Jekyll and Mr. Hyde* zu spielen, als Gegenpart von Spencer Tracy. Wenn es ihren Beruf als Schauspielerin betraf, war sie furchtlos, ging sie Risiken ein, die jene, die sie als eine Ware betrachteten, irritierten und erschreckten. Zu ihren wichtigsten Erinnerungen an *Casablanca* gehörte, dass Michael Curtiz sie davor gewarnt hatte, ihre Karriere zu ruinieren. Sie müsse einfach nur Ingrid Bergman sein und immer dieselbe Rolle spielen. Genau das erwarte Hollywood von ihr.

»Erfolg«, notierte sie in ihr Schauspieltagebuch, nachdem *Dr. Jekyll and Mr. Hyde* im Sommer 1941 in die Kinos gekommen war. New York habe den Film ausgelacht, aber das Publikum sei trotzdem gekommen. Man habe sie gelobt. Aber, so fügte sie hinzu: »Ich wurde nicht einmal für den Oscar nominiert ... Jetzt will ich das Wort Oscar nie wieder hören, bis ich den Preis in Händen halte.«

Für *For Whom the Bell Tolls* bekam Bergman dann ihre erste Nominierung. Im Jahr darauf, 1944, wurde ihr der Oscar für *Gaslight* verliehen, worin sie die Frau spielte, deren Mann sie in den Wahnsinn zu treiben sucht. Einen weiteren Oscar bekam sie 1956 für *Anastasia*, nach dem Motto: »Willkommen daheim, alles vergeben und vergessen« und: »Wir ignorieren einfach das Kind, das du Roberto Rossellini geboren hast, während du noch mit einem anderen Mann verheiratet warst.« Den dritten gewann sie für die beste weibliche Nebenrolle in *Murder on the Orient Express* 1974, aber diesmal war sie nicht zufrieden. Sie wollte ausgezeichnet werden, nicht um sich und anderen zu beweisen, dass sie die Beste war, sondern weil sie wusste, dass sie die Beste war. Ihrer Ansicht nach hätte eigentlich Valentina Cortese für ihre Leistung in *Day for Night* den Preis verdient gehabt, und als sie den Oscar entgegennahm, machte sie daraus auch keinen Hehl.

Im August 1941 war Ingrid Bergman in einer euphorischen Stimmung. In gut sechs Monaten hatte sie in drei Filmen gespielt. Als aber aus dem Sommer

Michael Curtiz, Ingrid Bergman und Hal Wallis (von links).
Curtiz behandelte die Bergman mit europäischer Höflichkeit.

Herbst wurde und aus dem Herbst Winter, und als das alte Jahr zu Ende ging und das neue begann, fragte sie sich, ob sie jemals wieder arbeiten würde. Aus Rochester, New York, wo ihr Mann Petter Lindstrom, der in Schweden Zahnarzt gewesen war, eine Ausbildung zum Neurochirurgen absolvierte, schrieb sie verzweifelte Briefe an Ruth Roberts. »Ich habe genug von Rochester. Ich könnte nur noch heulen.« Sie bringe einfach nicht die Energie auf, sich mit ihrer dreijährigen Tochter Pia zu unterhalten oder mit ihr im Park spazieren zu gehen. Und sie hasse David Selznick.

Während die 26-jährige Bergman darauf wartete, dass Selznick einen Film fand, der sein »kostbares Gut« nicht ruinierte, mühte sich Hal Wallis, Ilsa zu besetzen. Er sah Edwige Feuillere in dem französischen Film *Sarajevo* und hielt sie für »ideal, könnte sie doch nur ein bisschen Englisch sprechen«. Er diskutierte darüber, ob er – angesichts einer Gagenforderung von 55000 Dollar – nicht gleich auf Probeaufnahmen mit Michèle Morgan verzichten sollte, setzte dann aber doch am 9. April einen Test an. Zu diesem Zeitpunkt verhandelte er bereits mit Dan O'Shea, Selznicks Stellvertreter, über Bergman. Wenn es mit der einen nicht klappte, dann vielleicht mit der anderen.

Das Geplänkel, das schließlich mit einem Vertrag für Ingrid Bergman als Darstellerin der weiblichen Hauptrolle in *Casablanca* zu Ende ging, begann am 1. April, als Wallis Selznick in einem Telefonat vorschlug, die Epstein-Zwillinge vorbeizuschicken, damit sie ihm den Plot des Films erzählten. Wallis war stets überzeugt davon, dass er einen widerstrebenden Selznick überredet habe, ihm die Bergman zu überlassen. In seiner 1980 erschienenen Autobiografie, *Starmaker*, erzählt er die Anekdote, er habe Selznick bis nach New York verfolgt, »denn weil er wusste, dass ich die Bergman brauchte und haben wollte, ging er mir aus dem Weg und ließ meine Anrufe unbeantwortet«. Julius Epstein erinnerte sich anders: »Wallis sagte zu uns: ›Geht zu Selznick und erzählt ihm die Story.‹ Wir fragten: ›Welche Story?‹ Darauf er: ›Improvisiert was.‹ Also gingen mein Bruder und ich zu Selznick. Er saß gerade beim Mittagessen am Schreibtisch und schlürfte seine Suppe. Er hat kein einziges Mal aufgeblickt. Ich sagte: ›Es gibt Flüchtlinge und Transitvisa und Intrigen‹, und bemerkte plötzlich, dass ich schon seit zwanzig Minuten rede und die Bergman in der Story noch gar nicht vorgekommen ist. Und so ergänzte ich: ›Ach ja, und dann kommt eine Menge Zeugs im Stil von *Algiers* rein.‹ Da hat Selznick aufgeblickt und mir zugenickt: ›Wir könnten die Bergman haben.‹«

In Wirklichkeit war Selznick auf der verzweifelten Suche nach einem Film für Bergman. Zwei Wochen zuvor hatte er ein vertrauliches Memo an Dan O'Shea geschickt. In Anbetracht des Kriegszustandes in Europa, schrieb Selznick, könnte Schweden durchaus gezwungen werden, den Achsenmächten beizutreten. »Wenn sich das bewahrheiten sollte, könnte Ingrid in eine schwierige Lage geraten … möglicherweise würden einige Produzenten davor zurückschrecken, sie einzusetzen, weshalb es umso wichtiger ist, dass wir alles unternehmen, umgehend einen Film für sie zu finden.«

Da war nicht nur die Tatsache, dass Bergman Schwedin war. Ihre Mutter war Deutsche. Bergman, die Deutsch sprach, hatte den Fehler begangen, 1938 einen Film in Deutschland zu drehen. In ihrer Autobiografie, *Ingrid Bergman: My Story*, erzählt sie, sie sei zu einer nationalsozialistischen Kundgebung gebracht worden und habe sich geweigert, die Hand zum Hitlergruß zu heben. In einer schonungsloseren Biografie, *As Time Goes By* von Laurence Leamer, wird ihr Exmann Petter Lindstrom zitiert, der berichtet, bei einer Nazi-Veranstaltung in Hamburg habe sie eine Rede von Goebbels gehört, die sie »fantastisch« fand. Leamer schreibt: »Sie war jedoch – in Deutschland und auch später – in politischer Hinsicht völlig indifferent.« Selbst nachdem Deutschland Polen überfallen hatte, hatte Bergman einen Film, *So Ends Our Night*, nach einem Roman von Erich Maria Remarque, mit der Begründung abgelehnt, er sei zu anti-deutsch. Jetzt, da Amerika im Krieg war, schien sie verwundbar. Was für ein merkwürdiger Zufall, dass sich auch Paul Henreid seiner österreichischen Staatsbürgerschaft wegen für verwundbar hielt und nur widerstrebend bereit war, in *Casablanca* mitzuwirken.

In seiner Autobiografie *Starmaker* tat Wallis Selznick als jemanden ab, der »im Grunde seines Herzens Agent war, der ständig Leute, die er selten einsetzte, mit langfristigen Verträgen an sich band und dann zu überhöhten Preisen vermietete«. Das war eine unfaire Beurteilung eines bedeutenden Produzenten durch einen seiner Hauptrivalen. Doch Anfang der vierziger Jahre »wurde David praktisch zum Agenten seiner Stars«, wie der Filmhistoriker David Thomson feststellt, Verfasser der 1992 erschienenen Biografie *Showman: The Life of David O. Selznick*. »Sogar Selznicks Frau Irene sagte, David habe sich in einen Fleischhändler verwandelt.« Selznick konnte Geld machen, ohne Filme zu machen. Wenn ein Studio einen vertraglich gebundenen Schauspieler oder eine Schauspielerin auslieh, verlangte es mehr, als es den Künstlern zahlte, und strich den Differenzbetrag ein. Während der sieben Jahre, die Bergman bei Selznick unter Vertrag stand, drehte sie elf Filme, aber nur zwei davon waren von Selznick – *Intermezzo* und *Spellbound*.

Zwischen Januar und April 1942 wurden zwölf mögliche Filme für Bergman von Selznicks Mitarbeitern vorgeschlagen oder von anderen Studios angeboten. Selznick setzte *Gaslight* auf die Liste. Aber seine übrigen Geschäfte hinderten ihn, selber zu produzieren, und darüber hinaus machten ihm zwei psychologische Faktoren zu schaffen. Der unwiederholbare Erfolg von *Gone With the Wind* im Jahre 1939 sowie der Oscar für den besten Film für *Rebecca* im darauf folgenden Jahr hatten ihn förmlich traumatisiert. Zum anderen bemühte er sich trotz Übergewichts, Kurzsichtigkeit und Plattfüßen um irgendeinen wichtigen Posten in den Streitkräften. Zwischen *Rebecca* und *Since You Went Away* im Jahre 1944 machte Selznick keinen Film, und somit stand Bergman für *Casablanca* zur Verfügung, den letzten Titel auf der erwähnten Liste. Doch Selznick übergab die Bergman nicht so ohne weiteres an Warner Bros.

Er mischte sich in die Kameraarbeit und die Kostümgestaltung von *Casablanca* ein, um seinen Star zu schützen.

Obwohl Selznick unbedingt einen Film für Bergman kriegen wollte, verlief der Balztanz mit Warner Bros. nach dem üblichen Ritual. Wallis »wirkt sehr begierig«, berichtete ein Untergebener am 4. April. Am 6. April zeigte Wallis noch immer großes Interesse. »Ich denke, wir sollten das Eisen schmieden, solange es heiß ist«, sagte Selznick daraufhin zu O'Shea. Und er wies ihn an, die Erstnennung im Vorspann vor Bogart zu verlangen.

Vom 9. April bis Ende des Monats weilte Selznick an der Ostküste. Möglicherweise verfolgte ihn Wallis bis ins Hotel Carlyle, obwohl Selznicks Terminkalender dafür keine Belege liefern. Vielleicht genoss es Selznick, Wallis betteln zu lassen. »Damals war Selznick sehr arrogant und hielt sich für den Größten«, meint Thomson. »Er dürfte zu Wallis aggressiv, gleichgültig, hart und überheblich gewesen sein.« Wie dem auch sei, der gleichwertige Tausch von Bergman für Olivia de Havilland vollzog sich in der dritten Aprilwoche. Selznick gestand Warners acht Wochen von Bergmans Zeit zu. Im Gegenzug gewährte Warners David O. Selznick Productions acht Wochen von de Havillands Zeit.* Jedes Studio schützte seinen Besitzstand. Selznick verweigerte einen Vertrag, der es Warners erlaubt hätte, einen zweiten Film mit Bergman zu machen.** Und Warners war nicht so dumm, den Star eines anderen Studios im Vorspann zuerst zu nennen.

Kay Brown, Selznicks New Yorker Dramaturgin, informierte Bergman schließlich am 21. April. Sie berichtete O'Shea, die Schauspielerin habe »Rochester so satt«, dass sie die Stadt umgehend verlassen wolle. Bergmans Brief an Ruth Roberts beschreibt ihre leidenschaftliche Reaktion auf die Nachricht, dass sie wieder arbeiten dürfe. »Mir war warm und kalt zugleich«, schrieb sie. »Ich war so aufgeregt, daß ich dachte, ich werde krank. Ich habe versucht, mich aus Freude zu betrinken, aber ich habe es nicht geschafft. Ich versuchte, vor Freude zu weinen, aber es ging nicht. Ich versuchte dreimal einzuschlafen und

---

* Selznick setzte Olivia de Havilland gar nicht ein, sondern lieh sie stattdessen an RKO für *Government Girl* aus.
** Obwohl Bergman später für Warners *Saratoga Trunk* drehte, geschah das unter einem separaten Vertrag und als ein Zeichen der Dankbarkeit gegenüber Wallis, weil *Casablanca* Bergmans Karriere so sehr gefördert hatte.

WARNER BROS. PICTURES, INC.
BURBANK, CALIFORNIA

INTER-OFFICE COMMUNICATION

TO MR. WALLIS   DATE April 14, 1942

FROM MR. TRILLING   SUBJECT INGRID BERGMAN - CASABLANCA

6:30 P.M. --

DAN O'SHEA called after just speaking to David O. in Pittsburgh -- and
the only deal they can effect on INGRID BERGMAN is an even swap for
OLIVIA DE HAVILLAND.

He refused to give us Bergman for two pictures but promised an
"understanding" that should they make any outside deal -- except for
"FOR WHOM THE BELLS TOLL" which has been pending for some time -- Warner
Bros. would be given first consideration (which really means nothing
but a courtesy).

They will give us 8 weeks time on Bergman and we in turn are to give
them 8 weeks on De Havilland on a 30 days advance notice --, services
to be completed within the year commencing May 15, 1942. I promised
to advise tomorrow around noon, so will you kindly give me your reaction.

c.c. J.L. Warner   STEVE TRILLING
VERBAL MESSAGES CAUSE MISUNDERSTANDING AND DELAYS
(PLEASE PUT THEM IN WRITING)

stand dreimal wieder auf. Aber jetzt ist ein Tag vergangen, und alles ist in Ordnung. Der Film soll *Casablanca* heißen, und ich habe keine Ahnung, worum
es dabei geht.«

* * *

Wallis' Wahl für die dritte Hauptrolle in *Casablanca* war Philip Dorn. Ein Jahr
zuvor hatte der holländische Schauspieler für Warner Bros. den Anführer von
Deutschlands Anti-Nazi-Bewegung in *Underground* gespielt. Dorn war allerdings schon für *Random Harvest* bei MGM verpflichtet, und die Zeitpläne der
beiden Filme waren nicht vereinbar. Mitte April machte Wallis Probeaufnahmen mit Jean-Pierre Aumont, obwohl er das sichere Gefühl hatte, der französische Kriegsheld – Aumont war für seinen Einsatz für das Freie Frankreich
das »Croix de Guerre« verliehen worden – sei zu jung für die Rolle des heroischen Anführers der Widerstandsbewegung. Dass man der Rolle des Victor
Laszlo weniger Gewicht beimaß als den zwei anderen, sieht man an den Schauspielern, die Wallis und Curtiz in Betracht zogen. Aumont war dem amerikanischen Publikum unbekannt. Carl Esmond wurde in *Sergeant York* an

16. Stelle genannt. Joseph Cotton war erst seit kurzem beim Film, trotz seines erstaunlichen Debüts in *Citizen Kane*. Dean Jagger, Ian Hunter und Herbert Marshall verkörperten beinahe idealtypisch die Kategorie *second lead*, die zweite Hauptrolle.

Hunter und Marshall hatten einen englischen Akzent, eine schlechte zweite Wahl gemessen an dem kontinentalen Akzent von Dorn und Henreid. Aber Dorn war nicht zu haben, und Wallis war überzeugt, dass Henreid, seine zweite Wahl, die Rolle nicht spielen würde, wenn er erst einmal das Drehbuch gelesen hätte.

»Ich sah das Drehbuch und lehnte ab«, erzählte Henreid 1991. »In meinen Augen war das ein lächerliches Märchen.«

Henreid war nur ein Jahr älter als Aumont, doch mit seinen 34 Jahren strahlte er eine souveräne Ruhe und Entschlossenheit aus, die dem Franzosen fehlte. Paul von Hernried stammte aus einer österreichischen Adelsfamilie. Sein Vater war von Kaiser Franz Josef I. zum Ritter geschlagen worden. Selbst nachdem RKO 1941 für *Joan of Paris* seinen Namen in Henreid geändert hatte, bewahrte sich von Hernried einen aristokratischen Dünkel, der mit der Ungezwungenheit Hollywoods kollidierte. Ingrid Bergman notierte in ihrem Schauspieltagebuch, dass »Bogart gradlinig war und keine Primadonna, was man von Henreid nicht behaupten kann«. Während der Verhandlungen für *Casablanca* erklärte Trilling, Henreids Anspruch auf bedeutende Rollen habe »etwas Schmierenkomödiantisches«, aber vielleicht könne man ihn dazu bringen, die Rolle anzunehmen, wenn man seinem Ego schmeichelte und ihm eine gleich große Namensnennung wie Bogart und Bergman zugestand.

Fünfzig Jahre später hatte Henreid immer noch seine guten Manieren und einen Hauch von deutscher Syntax, und in seinen Worten über *Casablanca* schwang immer noch Verbitterung mit. »Mr. Bogie war ein Niemand«, sagte er wenige Monate vor seinem Tod. »Vor *Casablanca* war er ein Niemand. Er war der Bursche, von dem Robinson oder Cagney sagten: ›Schnappt ihn euch.‹ Bogart war ein mittelmäßiger Schauspieler. In *Casablanca* tat er sich so leid. Bedauerlicherweise war Michael Curtiz kein Regisseur, der Schauspieler führte, sondern ein Regisseur der Effekte. Darin war er erstklassig, aber er konnte Bogart nicht vermitteln, er solle nicht wie eine Heulsuse spielen. Ich fand es peinlich, als ich mir die Muster ansah.«

Henreid sagte, der Verlag St. Martin's Press habe seine negativen Bemerkungen über Bogart aus seiner 1984 veröffentlichten Autobiografie, *A Ladies Man*, gestrichen. Er verzog das Gesicht, als er den Titel erwähnte. »Wenn Sie über mich ein Buch schreiben und es *A Ladies Man* nennen, ist das in Ordnung. Aber selbst ein Buch über sich zu schreiben und es *A Ladies Man* zu nennen, ist nicht in Ordnung.« Obwohl Henreid einst die Wiener Gesellschaft schockiert hatte, weil er mit einer geschiedenen Frau aus der eigenen Gesellschaftsschicht in Sünde lebte, war er zum Zeitpunkt seines Todes 56 Jahre mit dieser Frau verheiratet. Henreid selbst hatte sich den Titel *Naked in Four Countries* gewünscht, »weil ich, jedes Mal, wenn ich von einem Land zum andern zog, mittellos war«.

Sein Vater starb, als er acht war, und obwohl das Vermögen bald darauf verloren ging, ermöglichte seine Mutter ihm eine hervorragende Ausbildung als Stipendiat in einem Wiener Internat für junge Adlige. Von 1933 bis 1938 absolvierte Henreid eine erfolgreiche Bühnenkarriere in Österreich. 1936 bot ihm die UFA einen Filmvertrag an. Seiner Autobiografie zufolge sollte er bei der Vertragsunterzeichnung in den Berliner UFA-Büros ein Zusatzblatt unterschreiben, mit dem er sich als Mitglied der Reichsfilmkammer dem Regime und dessen Weltanschauung verpflichtet hätte. Er zerriss die Verträge und kehrte nach Wien zurück, eine mutige Geste, die dazu führte, dass er nach dem Anschluss Österreichs 1938 mittellos in England bleiben musste. Zu dem Zeitpunkt spielte Henreid in London den Prinzen Albert in Laurence Housmans Bühnenstück *Victoria Regina*, und er konnte nicht mehr in seine Heimat zurück. 1947 machte er eine ähnliche tapfere Geste, indem er dem Committee for the First Amendment beitrat und nach Washington flog, um gegen das Vorgehen des Ausschusses für unamerikanische Aktivitäten zu protestieren – ein nicht ungefährliches Unterfangen für jemanden, der gerade erst eingebürgert worden war.

Ein kleiner Part als Freund von Robert Donat in dem Film *Goodbye, Mr. Chips* trug ihm in England weitere Rollen als aalglatter Nazi-Schurke in *An Englishman's Home* und *Night Train* ein. Es war eine bittere Ironie des Schicksals, dass etliche deutsche und österreichische Schauspieler, die vor Hitler flohen, nun auf der Leinwand als Gestapo-Agenten Karriere machten. Für den standhaften Nazi-Gegner Henreid setzte sich diese Ironie fort, als er gezwungen wurde, sich als so genannter »feindlicher Ausländer« registrieren zu lassen.

Zwei Jahre später, 1940, befand er sich ohne einen Pfennig in Amerika, da

Paul Henreid, Ingrid Bergman und Humphrey Bogart.
Noch fünfzig Jahre später war Henreid über Casablanca *unglücklich.*

sein aus England stammendes Guthaben eingefroren und das Stück, in dem er in New York hatte auftreten sollen, abgesetzt worden war. Erneut wurde ein Nazi seine Rettung – in diesem Fall Dr. Hermann Walther, der Nazi-Diplomat in dem Bühnenstück von Elmer Rice, *Flight to the West.* »Die Rolle wird mit gnadenloser Klarheit von Paul Henreid verkörpert«, schrieb der Theaterkritiker Brooks Atkinson in der *New York Times.* »Sein Spiel ist brillant, ohne irgendeine schwache Stelle.«

Hollywood klopfte an. Auf eine Hauptrolle als Pilot des Freien Frankreichs an der Seite von Michèle Morgan in RKOs *Joan of Paris* folgte der verheiratete

Mann in Hal Wallis' *Now, Voyager*, der mit seiner Liebe die unattraktive Bette Davis in einen Schmetterling verwandelt. Es war Henreids Idee, sich zwei Zigaretten in den Mund zu stecken und anzuzünden und dann eine der Davis zu reichen. Das Bild wurde zur romantischen Geste des Jahres, von unzähligen High-School-Schülern imitiert und von Bob Hope in *Let's Face It* parodiert. Drei Wochen nach Drehbeginn von *Now, Voyager* bot Wallis Henreid *Casablanca* an.

Henreid hatte immer einen guten Instinkt, und der riet ihm, das Angebot abzulehnen. Er erinnerte sich, dass sein Agent Lew Wasserman zu ihm sagte: »Weißt du, Paul, bei RKO hast du einen Film pro Jahr. Seit die Amerikaner angefangen haben, die in Amerika geborenen Japaner zu internieren, ist deine Situation sehr heikel. Durch den Anschluss Österreichs bist du deutscher Staatsbürger geworden, also bist du ein ›feindlicher Ausländer‹. Je mehr du deine Position stärken kannst, desto besser.«

Henreid wurde *costar billing*, eine gleich große Namensnennung neben Bogart und Bergman angeboten. Er zögerte. Aber es gab noch einen anderen Gesichtspunkt. Er sei in vier Ländern mittellos gewesen und habe das Geld von *Now, Voyager* genossen. »Dafür hatte ich von Warner Bros. 32 000 Dollar bekommen«, sagte er mit einer Stimme brüchig wie altes Leder. »Ein Vermögen, ein verdammtes Vermögen. Das war eine Riesensumme damals. Davon konnte man zehn, zwölf, vierzehn, sechzehn Cadillacs kaufen.« Mit *Casablanca* und einem Siebenjahresvertrag bei Warner Bros. bekam er die Chance, sich für alles, was er verloren hatte, zu entschädigen.

Doch möglicherweise verlor er durch *Casablanca* mehr, als er gewann. »Mit *Casablanca* war Paul Henreid als steifer Typ festgelegt«, sagte Pauline Kael. »Er war dort ein so aufgeblasener, todernster Mann, dass man denkt: ›O mein Gott, das arme Mädchen.‹ Früher, in Europa, war er so eine Art romantischer Star gewesen, er hatte Schurken gespielt, und er war der romantische Hauptdarsteller in *Now, Voyager*. Wenn man einen Biedermann spielt, ist das nicht sehr vorteilhaft. Das Gleiche ist mit Ralph Bellamy passiert, als er angefangen hat, in ähnlichen Rollen aufzutreten. Danach hat er keine Helden mehr gespielt.«

Irving Rapper, der Regisseur von *Now, Voyager*, war später der Ansicht, Henreid sei ein hervorragender kleiner Schurke gewesen und habe sich nur durch seine »Selbstverherrlichung« dazu verleiten lassen, sich als Matinee-Idol zu versuchen.

Selbst wenn im Vorspann Henreids Name in gleich großen Lettern stand, *Casablanca* gehörte Bogart und Bergman. Als der Film 1949 in Los Angeles ein zweites Mal gestartet wurde, unterschlugen die großen Warner-Kinos Henreids Namen in ihrer Reklame. Er beschwerte sich beim Studio, worauf sein Name wieder hinzugefügt wurde. 1972 kämpfte er immer noch dieselbe Schlacht, als United Artists, die den Film gekauft hatte, seinen Namen in der Werbung wegließ.

Irgendwann in den fünfzig Jahren zwischen 1942 und 1992 erfand Henreid die Vergangenheit neu. Er erwähnte eine Sonderklausel in seinem Vertrag mit Warner Bros., die ihm garantiere, dass er in jedem Film die männliche Hauptrolle spielen werde. »Ich werde immer das Mädchen kriegen«, sagte er. »Daher das Ende. Und es ist ein Glück, dass es im Vertrag steht. Das hat den Film hundert Prozent besser gemacht. Es wäre so kitschig gewesen, wenn Ingrid Bergman mit Humphrey Bogart fortgegangen wäre.« Eine derartige Klausel findet sich allerdings weder in dem Vertrag, den Henreid am 2. Februar 1942 für *Now, Voyager* unterzeichnete, noch im Siebenjahresvertrag vom 25. Mai.

Now, Voyager kam im Oktober 1942 in die Kinos. *Casablanca* startete einen Monat später in New York. Bei den »Entdeckungen des Jahres«, einer jährlichen Umfrage von *Film Daily* unter Zeitungs- und Zeitschriftenkritikern, kam Paul Henreid auf den fünften Platz, hinter Teresa Wright, Alan Ladd, Janet Blair und Van Heflin. Louella Parsons, die einflussreichste Klatschkolumnistin der Branche, ging noch weiter. Nachdem sie sich *Now, Voyager* angesehen hatte, schrieb sie: »Im nächsten Jahr wird er zu den Spitzenstars gehören.«

Daraus wurde nie etwas, obwohl er in einem halben Dutzend Warner-Filmen Hauptrollen spielte, bis sein Vertrag 1946 in gegenseitigem Einvernehmen aufgelöst wurde. Schicksal und Ruhm sind trügerisch. Es waren Humphrey Bogart und Ingrid Bergman, deren Leben und Karrieren sich durch *Casablanca* veränderten.

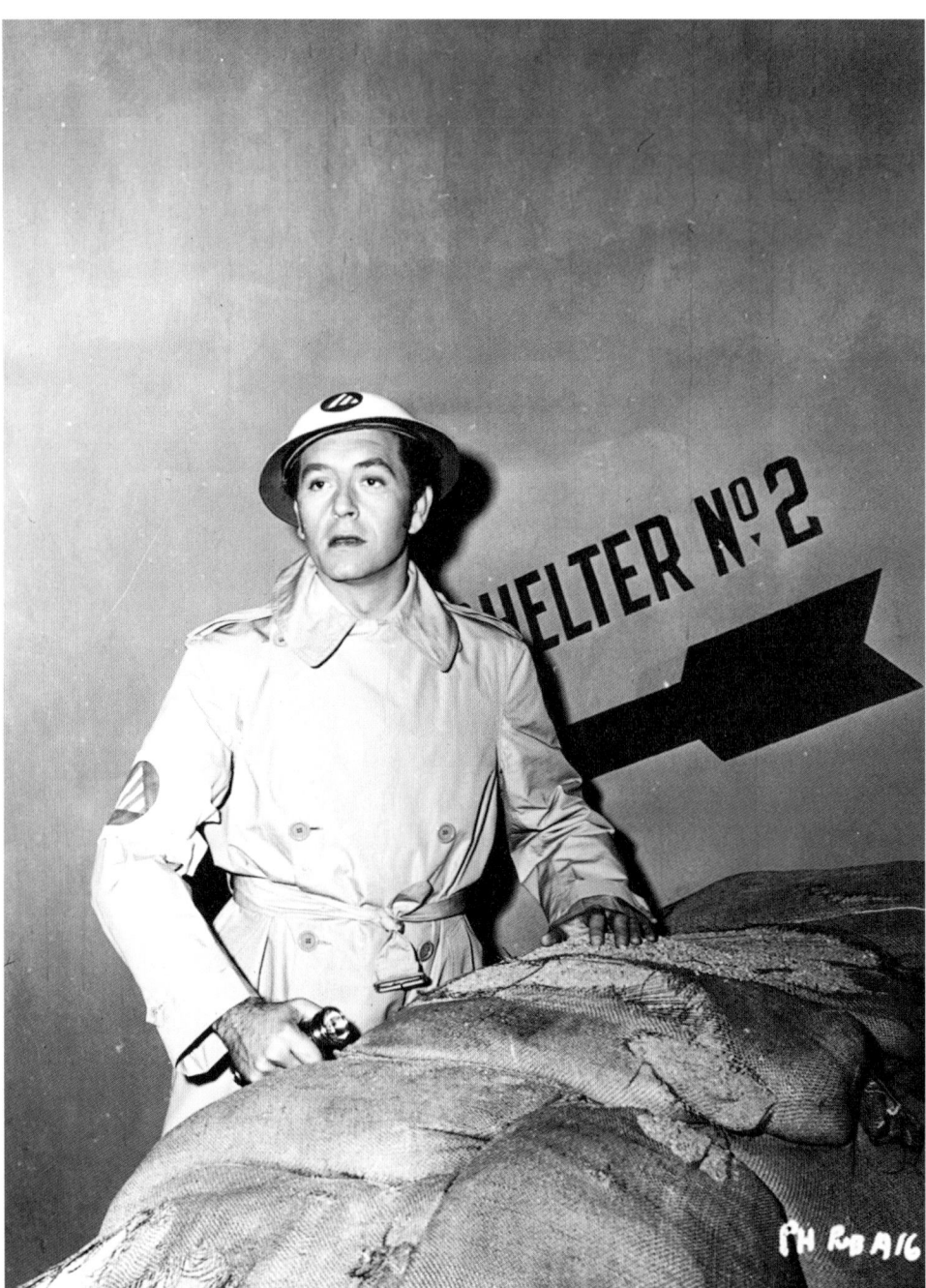

6.

Das Studiosystem zieht in den Krieg

Im Januar 1942 reagierten Julius und Philip Epstein mit Begeisterung auf die Aussicht, das Drehbuch für *Watch on the Rhine* zu schreiben. Bei Warner Bros. kamen neue Filme fast so häufig wie die Straßenbahn, und die 32 Studioautoren sprangen auf, wie es gerade kam. Zwischen Januar und April 1942 teilte Hal Wallis den ersten fünf Filmen, die er unabhängig produzierte, Autoren und Schauspieler zu: *Desperate Journey, Now, Voyager, Casablanca, Watch on the Rhine* und *Air Force*. Wallis arbeitete gern mit den Epsteins zusammen. Sie hatten Erfahrung darin, Bühnenstücke in Filme umzuwandeln, und da Lillian Hellmans *Watch on the Rhine* durchaus einen Drehbuchautor gebrauchen konnte, hatte er den Zwillingen das Projekt vorgeschlagen. Allerdings war Dashiell Hammett, der Autor von *The Maltese Falcon*, seine erste Wahl für diesen Auftrag, doch Hammett, der bei Warners nicht unter Vertrag stand, gab zu verstehen, er könne erst in drei Wochen mit der Arbeit beginnen. Als das Studio beschloss, so lange abzuwarten, sprach Wallis mit den Epsteins stattdessen über *Casablanca*, was sich für den Film als ein weiterer Glücksfall erwies.

Die personellen Entscheidungen, die Wallis für jeden seiner fünf Filme traf, bedeuteten immer auch, dass jemand für die Arbeit an einem der anderen vier zur Verfügung stand oder nicht. So konnte Paul Henreid den tschechoslowakischen Nazi-Gegner in *Casablanca* nur deshalb spielen, weil er nach Ansicht von Wallis nicht die ideale Besetzung für den deutschen Nazi-Gegner in *Watch on the Rhine* war, dessen Besuch in Amerika die Familie seiner Frau aus ihrer Selbstgefälligkeit und Unschuld reißt. Während Henreid in *Now, Voyager* spielte, hatte Wallis mit ihm Probeaufnahmen für die Hauptrolle in *Rhine* gemacht. Bei Henreid und Charles Boyer geschah dies heimlich, damit Paul Lukas nichts davon erfuhr, der in der gleichen Rolle am Broadway triumphiert hatte. Wallis wollte Lukas die Rolle nur anbieten, falls er keinen Besseren fand. Boyer, ein Franzose, lehnte mit der Begründung ab, er könne einen Deutschen nicht überzeugend darstellen. Die Rolle ging schließlich an Lukas, der dann 1943 den Oscar für den besten Schauspieler gewann und Humphrey Bogart aus dem Rennen schlug.

Während sich Stab und Besetzung der fünf Wallis-Filme gegen Ende des Winters und im Frühjahr allmählich herauskristallisierten, begann der Krieg die Art und Weise, wie Filme wahrgenommen und gemacht wurden, grundlegend zu verändern. Ebenso bedeutsam war, dass der Krieg die arrogante Fassade Hollywoods zerstörte und die verunsicherte Branche vorsichtig wurde. Auf der elementarsten psychologischen Ebene stieg nun die Regierung der Vereinigten Staaten ins Zensurgeschäft ein und sah den Studios über die Schulter. Auf der elementarsten materiellen Ebene waren die einfachsten Produktionsmittel nicht mehr verfügbar. Aluminium, Kupfer und Kautschuk kamen auf die Liste verbotener Grundstoffe. Schellack, der aus Indien stammte, wurde zur Beschichtung von Bomben benötigt. Kautschukzement – woraus jährlich in Dutzenden von Horrorfilmen die Spinnweben hergestellt wurden – musste man durch Klebstoff ersetzen, der spröde war und schiefe, klebrige Spinnweben ergab. In diesem ersten Frühjahr war ansonsten bloß Zucker rationiert, während an Fleisch kein Mangel herrschte, doch schließlich saßen Schauspieler bei Leinwandmahlzeiten vor handbemaltem Roastbeef aus Gips.

Der Film war seit jeher ein Hort der Einfallsreichen und Findigen, und folglich kratzten die allgemeine Verunsicherung wie auch die staatlichen Einschränkungen am Selbstbewusstsein der Industrie. Das Land, das auf Individualismus gründete – den unzählige Filme über einzelgängerische, einsilbige Westernhelden verherrlichten –, hatte alle Mühe, die verschiedenen Interessen und Eigenheiten einem gemeinsamen Ziel unterzuordnen.

In der Regel fällten Regierungsbehörden eine Entscheidung, um sie dann entweder zurückzunehmen oder zu modifizieren. Im April verkündete das War Production Board eine Obergrenze von 5000 Dollar für Kulissenbauten, eine unmögliche Beschränkung, da Sets für ein A-Picture durchschnittlich 20 000 Dollar kosteten. Nach einigen Wochen folgte die Erläuterung, man habe eigentlich gemeint, dass pro Film höchstens 5000 Dollar an neuen Materialien für Dekorationen ausgegeben werden dürften, Personalkosten und die großen Holzlager der Studios seien davon ausgenommen. Und etwas später ließ die Behörde wissen, ein Studio könne die 5000 Dollar bei einigen Filmen überschreiten, solange die Durchschnittskosten insgesamt gewahrt blieben.

Der Bau der komplizierten Dekorationen von *Casablanca* kostete 18 000 Dollar. Anfang Mai instruierte Wallis seinen Regisseur, soweit wie möglich auf fertige Sets aus dem Studiofundus zurückzugreifen. Art Director Carl Weyl könne sie dann aufmöbeln. Ein paar tausend Dollar konnte man einsparen, weil Wallis für *Now, Voyager* einen 4000 Dollar teuren Bahnhof hatte bauen lassen, der durch ein Schild und ein Stück Geländer in *Casablanca*s Pariser Bahnhof verwandelt wurde. Außerdem profitierte *Casablanca* davon, dass während der Produktion von *The Desert Song* aus der ständig vorhandenen French Street eine typische maurische Straße geworden war.

Unsicherheit herrschte auch im Hinblick auf den Verbrauch von Rohfilm. Anfangs versicherte man der Industrie, Einsparungen seien freiwillig, dann aber wurden die Kürzungen verbindlich. Zunächst hieß es, die Lieferungen von Rohfilm – der aus Zellulose, einem der Bestandteile von Schießpulver, hergestellt wurde – würden um 25 Prozent gekürzt. Eine Woche später war schon von 50 Prozent die Rede. Als die Studios schließlich 1943 ihren Verbrauch an Filmmaterial um die Hälfte reduzieren mussten, sahen sie sich gezwungen, ihre Abteilungen für B-Pictures aufzulösen. Allerdings wurde Hollywoods Zuteilung von Filmmaterial damals nicht deshalb gekürzt, weil man es für Schießpulver benötigte, sondern weil es für die am laufenden Band entstehenden Ausbildungs- und Dokumentarfilme der untereinander konkurrierenden Abteilungen der Streitkräfte gebraucht wurde.

Im Frühjahr 1942 wurde der sparsame Umgang mit Material noch eher lax gehandhabt. 1941 hatte die Filmindustrie rund 700 Millionen Meter Zelluloid verbraucht. Der Vorschlag des brancheneigenen Film Conservation Committee, jährlich 3 Millionen Filmmeter einzusparen, indem man bis auf den jeweiligen Filmtitel auf sämtliche Vor- und Abspanne verzichtete, ging zwar ins Leere, da sich außer der Screen Actors Guild niemand damit einverstanden erklärte, doch immerhin stellten die Studios den Versand von Starfotos ein. Da sie jede Woche 20 000 Fotos an Fans verschickt hatten, kam durch die Einsparungen bei Filmmaterial, Papier und Chemikalien am Ende eine Menge Kriegsmaterial zusammen.

Einige Wochen nach Pearl Harbor sorgten Vorschriften der US-Armee dafür, dass in Südkalifornien praktisch keine Außenaufnahmen mehr gedreht

Das Budget: Die Inneneinrichtung von Rick's Café kostete 76 565 Dollar.

werden konnten und die Filmproduktion nur noch hinter den Studiomauern möglich war. Es sollte keine Massenszenen auf öffentlichen Straßen geben. Wer wusste schon, ob nicht Saboteure in der Menge lauerten? Verfolgungsszenen mit Autos, damals so beliebt wie heute, wurden ebenfalls verboten. Die Tunnel, die man dafür benötigte, standen unter militärischer Kontrolle, um Sabotage zu verhindern. Die ausgedörrten, tristen Hügel, die in Hunderten von Western den Reitertrupps der Sheriffs für ihre Jagden dienten, wurden nun mit Flakbatterien bestückt. In einer Hinsicht ging es Warner Bros. besser als den meisten seiner Rivalen. Amerika führte einen Krieg auf zwei Meeren, und folglich würden Filme über U-Boote und Schlachtschiffe gefragt sein, doch der nahe gelegene Pazifik – bislang immer frei zugänglich und verfügbar – war den Filmleuten jetzt verwehrt. Einige Jahre zuvor hatte Warners aber für 400 000 Dollar einen See angelegt, ausgestattet mit Windmaschinen und hydraulischen Hebebühnen.

Während Warner Bros. die Außenaufnahmen für *The Desert Song* noch in Arizona drehen durfte und Dennis Morgan seine Schar arabischer Reiter durch eine richtige Wüste führen konnte, war man bei *Casablanca* wegen des Krieges gezwungen, ausschließlich im Studio zu drehen, bis auf einen Tag und eine Nacht auf einem kleinen Flugplatz vor Ort. Major Strassers Ankunft in Casablanca wurde auf dem Metropolitan Airport in Van Nuys gefilmt, und gegen Ende der Produktion verbrachte das zweite Aufnahmeteam auf demselben Flugplatz eine Nacht damit, Flugzeuge beim Rollen und Starten zu filmen. Dagegen wurde der Hangar, in dem Bogart sich von Bergman verabschiedet und die Maschine nach Lissabon im nebligen Hintergrund aufgetankt wird, im Atelier 1 von Warners gebaut.

John Beckman, der die Flughafen-Dekoration entwarf, baute zwei Modelle eines richtigen Flugzeugs. »Wir haben in zwei verschiedenen Maßstäben gebaut«, erzählte er, »damit sie zu einer echten Maschine passten, die wir für eine einzige Einstellung von Lockheed ausgeliehen hatten. Ich habe sie perspektivisch gebaut, aus Sperrholz und vielleicht etwas Balsaholz. Das eine war halb so groß wie das Original, das zweite wiederum halb so groß wie das erste. Zur Verstärkung des perspektivischen Effekts haben wir Scheinwerfer verwendet, die wir in abnehmender Größe hintereinander aufgestellt haben, wodurch der Nebel diese Tiefenwirkung bekam.«

Warner Bros. von 1942 war eine Fabrik, die ihre Produkte en gros verkauf-

Die einzige Szene von Casablanca, *die außerhalb des Studiogeländes gedreht wurde –*
Major Strassers Ankunft in Marokko.

te und ihren Kinos drei Filme mit Flynn und drei mit Bette Davis garantierte,
als handele es sich um Thunfischdosen oder Bohnenkonserven. Das Studio betrachtete sich selbst sogar als »einen Betrieb im Stil von Henry Ford«. Das 1936
entstandene Werkstattgebäude belegte eine Fläche von etwa 16 000 Quadrat-
metern. Nahezu alles, was man auf dem Set eines Warner-Films benötigte,
wurde dort hergestellt – vom Türknauf und vom Poloschläger bis hin zum präparierten Fenster aus kristallisiertem Zucker, durch das man die Bösewichter
hinausbefördern konnte. Holz wurde gesägt, geschmolzenes Metall gegossen,
Möbel wurden geschnitzt und gepolstert, und Papier verwandelte sich in Mar-

Wie Casablanca gemacht wurde

morimitationen, Holztäfelung oder Stein. Aus rohem Holz und einer Blaupause war 130 Meter weiter eine komplette Dekoration geworden – bemalt, mit Scharnieren verbunden, elektrisch verkabelt und mit Wasserhähnen ausgestattet, die nur noch auf die Studioklempner warteten.

Das entsprechende intellektuelle Fließband war die B-Picture-Einheit, die Bryan Foy geschaffen hatte, der immer wieder die gleichen Plots benutzte und nur die Schauplätze austauschte. Ring Lardner jr., der 1937 als Zwanzigjähriger seine Autorenlaufbahn bei Warners begann, erhielt bei seiner Begegnung mit Foy einen ersten Einblick in die Funktionsweise des Studiosystems. »Er hatte neben seinem Schreibtisch mehrere Stapel Drehbücher«, erzählte Lardner. »Wenn er einen Film abgedreht hatte, legte er das Drehbuch dazu oben auf den Stapel. Es gab mehr als einen Stapel, und ich weiß nicht genau, wie er sich da durcharbeitete. Aber als ich ihn aufsuchte, zog er mit bemerkenswertem Geschick das unterste Drehbuch hervor, ohne dass der Stapel einstürzte, sah es sich an und sagte so was wie: ›Mal sehen, in dem hier ging's um Pferderennen. Machen wir jetzt was über Autorennen.‹« Schon 1936 spielte Humphrey Bogart in solchen Foy-Remakes wie *Two Against the World*, wenngleich er in teureren Filmen wie *Bullets or Ballots* und *China Clipper* nie über eine Nennung an vierter Stelle hinter Edward G. Robinson oder Pat O'Brien hinauskam.

* * *

Für Handwerker war die Arbeit in einem Filmstudio immer schon ein erstklassiger Job gewesen. Während der Zeit der Weltwirtschaftskrise in den dreißiger Jahren lag der Wochenlohn für Schreiner, Elektriker und Zeichner im Studio 5 oder 6 Dollar höher als anderswo. Doch von 1940 an wanderten immer mehr Schreiner ab, weil der Staat höhere Löhne anbot, um sie in die neuen Rüstungsbetriebe zu locken. Als der Krieg ausbrach, beschleunigten höhere Löhne und Patriotismus den Exodus der Techniker noch zusätzlich. Ende Januar verließen einige der besten Elektriker von RKO das Studio, von denen vier zu einer Magnesiumfabrik in Arizona wechselten. Selbst Arbeiter bekamen besser bezahlte Jobs in Rüstungsbetrieben angeboten. Angesichts der zahlreichen Abgänge planten die Studios, wie der *Hollywood Reporter* im März 1942 berichtete, Hunderte von Frauen als Kameraassistentinnen und Tontechnikerinnen auszubilden. Die Gewerkschaften sträubten sich allerdings dagegen, und die Frauen blieben weiterhin Sekretärinnen. Ebenso mühsam war es für Frauen, schon zu Anfang des Krieges Jobs in der Rüstung zu bekommen. Frauen, die sich für ein von der University of California in Los Angeles angebotenes Ausbildungsprogramm für die Tätigkeit in Rüstungsbetrieben bewarben und Anzeichen von Selbstständigkeit zeigten, wurden abgewiesen. Laut *Los Angeles Times* hatten Frauen, die unabhängig wirkten, die falsche Einstellung. Auch in den Studios gab es kaum Jobs für selbstbewusste Frauen. Bei Warner Bros. stand auf den vorgedruckten Memo-Blöcken »Von Mr. ---«. Irene Lee, die unter Wallis das Story Department leitete, musste immer das »Mr.« durchstreichen. »Als ich den Job aufgab«, erzählte sie, »rückte Paul Nathan auf, einer von Hals Sekretären. Paul war ein sehr netter Kerl, aber glauben Sie mir, er spielte wirklich nicht in meiner Liga, wenn es darum ging, brauchbare Storys zu finden. Trotzdem bekam er dreimal so viel Geld wie ich.«

Warners war schon immer sehr fix gewesen, besonders wenn es galt, die Strategie zu ändern, um die Schwäche eines Gegners auszunutzen. Dieser Vorteil schwand während des Krieges. Ab Mitte 1943 musste bereits alles weit im Voraus geplant werden. Perücken, zum Beispiel, waren Handarbeit, und es herrschte ein gravierender Mangel an Perückenmachern. Folglich mussten Filme einige Wochen früher als sonst besetzt werden, damit genügend Zeit für die Herstellung von Perücken blieb, denn in nahezu jedem Film benötigte man mindestens ein paar Perücken, Toupets für Schauspieler mit schütterem Haar oder Haarteile, um die Haare von Schauspielerinnen zu verlängern.

Wenige Wochen vor Produktionsbeginn von *Casablanca* legten die Screen Actors Guild und das Southern California Labor Supply Board den Plan vor, über tausend Komparsen mit Fabrikerfahrung der Rüstungsindustrie zuzuführen. Statistenrollen hatte man oft erst an dem Tag besetzt, an dem der betreffende Schauspieler gebraucht wurde. Doch jetzt, da man viele Schauspieler an die Streitkräfte und die Rüstungsbetriebe verloren hatte, benötigte die Besetzungsabteilung mindestens eine Woche Vorlauf. Einige Statisten hatten Nachtschichten in Flugzeugfabriken und arbeiteten tagsüber beim Film. Warner Bros., sparsam wie immer, sorgte dafür, dass diese Statisten, die sich oft verspätet zur Arbeit meldeten, einen vollen Arbeitstag ableisteten. Das Studio installierte eine Stechuhr im Besetzungsbüro, damit niemand Überstunden bezahlt bekam, ehe er acht Stunden im Studio verbracht hatte.

Gleich nach Kriegsbeginn begannen die Studios, die Produktion zu beschleunigen, um sich einen Vorrat an fertigen Filmen anzulegen, bevor der

Krieg ihnen die Schauspieler, Regisseure, Architekten, Maler und Studio-Gärtner wegnahm. Nach fünf Monaten hatten sie insgesamt 136 fertige Filme auf Lager. Paramount verfügte über die erstaunliche Zahl von 29 Filmen, genug für mehr als ein halbes Jahr, und Columbia kam immerhin noch auf 16 Filme. »Sättigungspunkt ist erreicht«, lautete im Juni die Schlagzeile eines Leitartikels im *Hollywood Reporter*. »Die Branche hat selten so viele Filme auf Lager gehabt«, warnte der Chefredakteur.

Jack Warner sah die Sache anders. »Negative sind heute so gut wie bares Geld«, schrieb er dem Leiter seines englischen Studios, »und deswegen beeilen wir uns, so viele zu machen, wie wir nur können, solange es noch gute Leute gibt. Bis jetzt sind wir noch nicht so betroffen, da wir eigentlich nur Ronald Reagan verloren haben, aber bald werden wir in der gleichen Lage wie Metro sein, die Clark Gable, Jimmy Stewart und Spencer Tracy verloren haben und bald auch noch Mickey Rooney und Robert Taylor verlieren werden, wie ich in den Branchenblättern gelesen habe.«

Wegen des Krieges liefen Filme jetzt einen Monat lang in Kinos, die sie normalerweise nur eine Woche gezeigt hätten. Und Filme, die den Nerv des Publikums trafen, liefen sogar noch länger. *Mrs. Miniver*, die Kriegserlebnisse einer englischen Familie der Mittelschicht, brach in der Radio City Music Hall in New York sämtliche Rekorde. Im Sommer 1942 lief der Film zehn Wochen lang und wäre noch länger im Programm geblieben, hätte er nicht *Bambi* Platz machen müssen. Bei einem Kartenpreis um die 75 Cents spielte *Mrs. Miniver* in der Music Hall über 1 Million Dollar ein.

* * *

Im April 1942 zitierte General Hap Arnold, der Leiter des Army Air Corps, Jack Warner nach Washington. »Jack nahm mich mit«, erzählte Owen Crump, der vor dem Krieg eine Reihe von kurzen Historienfilmen für Warners geschrieben und produziert hatte. »Ehrlich gesagt, Jack hatte keine Ahnung von Kurzfilmen. Deswegen hat er mich mitgenommen. General Arnold sagte zu Jack, er wolle sein eigenes Filmteam etablieren und werde Jack zum Lieutenant Colonel machen. Dann wandte sich General Arnold zu mir und sagte: ›Crump, Sie sind jetzt auch in der Armee.‹«

Crump, der als Captain begann und es bis zum Lieutenant Colonel brachte, baute die Filmabteilung der Army Air Force auf, die Ausbildungsfilme herstellte, und leitete sie. »Was meiner Einheit einen derart rasanten Start verschaffte«, so Crump, »war der Umstand, dass die Army Air Force dringend Piloten ausbilden wollte, dabei aber auf ein großes Problem stieß. Da Piloten mindestens ein oder zwei Jahre College vorweisen mussten, konnte die Air Force nicht einfach Leute einziehen und war auf Freiwillige angewiesen. Ob wir einen Film machen und in die Kinos bringen könnten? Jack Warner sagte: ›Ja, verdammt nochmal. Was die wollen.‹ Er war sehr patriotisch.«

Warner Bros. produzierte und finanzierte *Winning Your Wings*, einen Dokumentarfilm, der die Ausbildung eines Armeepiloten glorifizierte. »Während Jack Warner nach Kalifornien zurückkehrte, blieb ich in Washington und besorgte Archivaufnahmen«, fuhr Crump fort. »Ich schrieb das Drehbuch auf dem Rückflug. Drei Tage später konnten wir drehen. Ich rief General Arnold an. ›Können wir Jimmy Stewart als Kommentator bekommen?‹«

Lieutenant James Stewart, der später als Bomberpilot zwanzig Einsätze über Deutschland flog, bekam ohne weitere Erklärungen den Befehl, sich in March Field zu melden. »Stewart«, so Crump, »fliegt ein, steigt aus dem Flugzeug, sieht sich von riesigen Warner-Lastern umgeben und fragt: ›Was zum Teufel ist denn hier los?‹ Der Film beginnt damit, wie Stewart einfliegt. Jack stellte das Studio auf einen 24-Stunden-Tag um, und nach zwei Wochen war der Film fertig. 100 000 Freiwillige sollen sich wegen *Winning Your Wings* gemeldet haben.«

Warner hatte den angebotenen Offiziersrang mit Freuden angenommen. In einer seiner ersten Amtshandlungen als Offizier befahl er John Beckman, sein Büro mit einem Wandgemälde über die Geschichte der Luftfahrt auszuschmücken. Und sehr schnell machte er den Leuten klar, wie sie ihn anzusprechen hatten. »Zu Ihrer Information, die militärisch korrekte Anrede lautet ›Lieber Colonel‹, so wie Sie ›Lieber General‹ sagen würden, unabhängig davon, ob der Mann Brigadier, Major oder Lieutenant General ist«, schrieb er jemandem, der den Fehler begangen hatte, ihn mit »Lieber Lt. Colonel« anzusprechen.

»Jack dachte, das sei ein Ehrenamt«, meinte Crump. »Er leitete nach wie vor das Studio. Wenn irgendwelche Militärs kamen und ihn sprechen wollten, mussten sie erst einen Termin mit seinem Sekretär vereinbaren. Jack merkte gar nicht, worauf er sich da eingelassen hatte und dass er jetzt in der Armee war. Die bei der Air Force sagten, er müsse das Studio verlassen, worauf er seine Entlassung beantragte.«[*]

Wie Casablanca gemacht wurde

Hal Wallis war weniger naiv. Warner verzichtete nach nicht einmal sechs Monaten auf den Offiziersrang, wohingegen Wallis den seinen gar nicht erst angenommen hatte. Warner hatte sich von Wallis begleiten lassen, als er im April Hap Arnold besuchte. »Jack dachte, Hal würde dem Ganzen etwas mehr Stoßkraft verleihen«, erzählte Crump. Im Sommer, als er *Casablanca*, *Watch on the Rhine*, *Princess O'Rourke* und *Air Force* in Produktion hatte, wurde Wallis ein Majorsrang angeboten. »Ich habe mich mit tiefem und aufrichtigem Bedauern außer Stande gesehen, die Berufung in die AAF anzunehmen«, schrieb er Warner am 2. August, einen Tag vor Abschluss des *Casablanca*-Projekts. Er glaube, einen größeren Beitrag leisten zu können, wenn er Filme wie *Yankee Doodle Dandy*, *Air Force*, *This Is the Army* und *Watch on the Rhine* produzierte. Das Melodram, das gerade in der French Street abgedreht wurde, erwähnte er nicht.

Die Filmindustrie, wie das gesamte Land, brauchte fast das ganze erste Jahr, um sich auf den Krieg einzustellen. Jeder Monat brachte neue Einschränkungen. Als *Casablanca* fertig gestellt war und der Pressechef des Studios das New Yorker Hauptbüro drängte, eine größere Werbekampagne für den Film zu entwerfen, warnte er zugleich, eine ähnlich große Ausstattung, eine derartige Opulenz wie in *Casablanca* werde man sich für die Dauer des Krieges nicht mehr leisten können.

Von Anfang an war Gummi ein großes Problem. Und im Juni ersetzte man die Limousinen, mit denen gewöhnlich Stars und Chefs befördert wurden, durch Pritschenbusse – angewandte Demokratie, da Stars nun eingezwängt neben ihren Friseuren sitzen mussten. Wie üblich nutzte Warners Publicity-Abteilung die Einschränkungen für Reklame in eigener Sache und berichtete im Einzelnen, wie dann am ersten Tag der Benzinrationierung George Tobias zu Pferde im Studio eintraf, Irene Manning auf dem Fahrrad und Ann Sheridan, Dennis Morgan, Mike Curtiz und Arthur Kennedy in einem Bus, den sie sich mit Angestellten von Paramount und Universal teilten, die ebenfalls im

---

* Jack Warner jr. hingegen verbrachte den gesamten Krieg in Uniform, den größten Teil davon als Major, und koordinierte die Fotografen des Signal Corps in Europa. Wenn Jackie seinem Vater schrieb, erhielt Bill Schaefer, Jacks Sekretär, die Anweisung, die Briefe zu beantworten. Schaefer zwang Warner aber, die Briefe persönlich zu unterschreiben: »Ich fand, das war das Mindeste, was er seinem Sohn schuldig war.«

Valley lebten. Während der Dreharbeiten zu *Casablanca*, noch vor der Rationierung, behauptete das Studio allen Ernstes, dass Madeleine LeBeau, die junge Vertragsschauspielerin, die den Part von Ricks Geliebter übernommen habe, bereit sei, täglich einen Fußmarsch von mindestens fünf Meilen auf sich zu nehmen. Als die Monate ins Land gingen und keine japanischen Flugzeuge am Himmel über Los Angeles erschienen, wurde das Verbot von Außenaufnahmen gelockert. Falls jedoch zwei Studios in derselben Gegend drehten, teilten sich Bühnenarbeiter und Requisiteure beider Gesellschaften weiterhin denselben Lieferwagen.

Andere für das Studio früher selbstverständliche Dinge waren jetzt schwierig zu beschaffen oder zu erledigen. So war es üblich, von manchen Kleidungsstücken, die von Darstellern getragen wurden, Duplikate anzufertigen. Wenn ein Schauspieler eine Kampfszene hatte oder eine Schauspielerin mit Schlamm bespritzt werden sollte, stellte man früher bis zu drei Kopien einer Garnitur her. Nun aber beschränkte die Regierung, die für zehn Millionen Rekruten Socken, Unterwäsche und Uniformen bereitstellen musste, die Stofflieferungen für Einzelkunden, so dass Kleidungsstücke, die man in doppelter Ausführung brauchte, nur aus den verfügbaren Vorräten der wenigen Stoffe genäht werden konnten, die man nicht für Uniformen, Decken und Fallschirme benötigte.

Gerade als *Casablanca* in Produktion ging, traten für Kostüme neue Restriktionen in Kraft. Den Limitation Orders M73 und L75 zufolge musste sich die Filmindustrie an Regeln halten, wonach Falten, Spitzen, aufgesetzte Taschen, Knöpfe mit Stoffbezug, Hosenaufschläge und Revers für Wollanzüge unzulässig waren. Laut einer Warner-Pressemitteilung war *Casablanca* der »erste wichtige Film dieses Kriegsjahrgangs, bei dem ausschließlich Baumwolle verwendet wurde«. Das galt auch für Ingrid Bergmans Kostüme, die man normalerweise aus Seide oder Wolle angefertigt hätte. Außerdem wies ihre Kleidung, »in strenger Beachtung der diesbezüglichen Vorschriften«, keine überflüssigen Nadeln oder unnötige Reißverschlüsse auf.

Während Stoffe knapp waren, ließen sich Strümpfe kaum noch auftreiben – es sei denn auf dem Schwarzmarkt. Von Schauspielerinnen erwartete man, dass sie sich ihre Strümpfe selbst besorgten. Wer sich auf dem Set eine Laufmasche holte, bekam von Warners leihweise ein neues Paar, musste es aber vor Verlassen des Studios in der Kostümabteilung wieder abliefern. In *Casablanca* betreibt Sidney Greenstreet einen blühenden Schwarzhandel mit amerikanischen Zigaretten. Die Publicity-Leute in den Studios handelten ebenso erfolgreich mit Strümpfen. So erzählte der Warner-Publizist Bob William: »Ich besserte mein Gehalt auf, indem ich Schwarzmarktnylons von einem Kerl verkaufte, der mit einer Sondergenehmigung Strümpfe für die Filmindustrie herstellte, da diese nach Ansicht des Kongresses die Kampfmoral stärkte. Ich traf mich mit ihm um Mitternacht auf dem Parkplatz von Schwabs Drugstore, wo er mir fünfzig Schachteln Nylons übergab, für 2,20 Dollar das Paar. Ich habe sie dann an alle möglichen Produzenten in Beverly Hills weiterverkauft – für 6,60 Dollar.« Warner-Bildredakteur Art Wilde bekam seine Nylonstrümpfe vom selben Mann auf dem Tauschwege: »Wir fotografierten ihn zusammen mit den Stars, die wir gerade unter Vertrag hatten, und er versorgte uns alle mit Strumpfwaren.«

Ein Studio, das Filme so billig, schnell und einfallsreich herstellte wie Warner Bros., ließ sich durch materielle Beschränkungen nicht behindern. Die psychologischen Restriktionen waren eine andere Sache. Der Krieg war noch keine zehn Tage alt, als RKO den Befehl erhielt, mit *Call Out the Marines* einen 425 000 Dollar teuren Film aus dem Verkehr zu ziehen. Die Begründung lautete, der Streifen mache sich über das Marine Corps lustig. Die Marines weigerten sich, die Freigabe des Films zu erlauben, denn dieser sei »dazu angetan, das Vertrauen des Landes in seine Streitkräfte zu erschüttern«.

Für die nächsten dreieinhalb Jahre sollte die Filmindustrie es mit einem halben Dutzend staatlicher Aufseher zu tun bekommen, deren Ziele, Absichten und Vorstellungen sich oft widersprachen. Die Army, die Navy, die Marines und die Air Force bestanden erfolgreich auf der Glorifizierung ihrer jeweiligen Rolle in dem Krieg, den Amerika führte. Das Office of War Information (OWI) wollte den Soldaten und Bürgern ein ideales Amerika präsentieren und zugleich vermeiden, die Verbündeten zu beleidigen. Das Office of Censorship prüfte Filme auf Luftaufnahmen von Rüstungsbetrieben hin, auf übertriebene Betonung von Rationierungsmaßnahmen sowie »Arbeiter-, Klassen- oder sonstige Agitation, die der Feind für seine Propaganda missbrauchen könnte«. Sogar das Finanzministerium mischte sich vorübergehend ein und berief sich auf ein Gesetz von 1917, das jeglichen Handel mit dem Feind verbietet, um jeden Meter Film zu untersuchen, der das Land verließ. Und das Hays Office, das den Production Code der Studios überwachte und das Image der Industrie entschieden verteidigte, forderte die Filmgesellschaften auf, »sämtliche Szenen zu entfernen, in denen Zerstörung dargestellt wird, wie etwa Autokarambo-lagen, das Zertrümmern von Möbeln und sogar die Verschwendung von Lebensmitteln, bis hin zur Tortenschlacht«. Dabei hatten die Studios keine neuen Karambolagen gefilmt, sondern stattdessen alte Archivaufnahmen ver-wendet. Gleichwohl, so das Hays Office, reagiere das Publikum negativ auf quietschende Reifen. »Solche Aufnahmen passen nicht zu der im Lande herr-schenden Stimmung strenger Sparsamkeit und dem allgemeinen Wunsch nach Werterhaltung«, fügte das Office pflichtgemäß hinzu.

Die Zensur begann am 24. Dezember 1941, und zwar in Form eines Plädo-yers gegen Zensur. In einem Brief, in dem er Lowell Mellett, einen ehemaligen Zeitungsredakteur und früheren Präsidentenberater, zum Verbindungsmann der Regierung mit Hollywood ernannte, schrieb Präsident Franklin Delano Roosevelt:

> Der amerikanische Film ist eines der wirksamsten Medien der Information und Unterhaltung unserer Bürger. Der Film muss frei bleiben, soweit es die nationale Sicherheit zulässt. Ich will keine Zensur des Films. Ich will keine Auflagen, welche die Nützlichkeit des Films beeinträchtigen, bis auf jene überaus notwendigen Einschränkungen, die für die Sicherheit uner-lässlich sind.

Mellett, ein leiser, etwas farbloser, schmächtiger Mann, der während der vo-rangegangenen 15 Monate unter anderem die Produktion von Regierungsfil-men koordiniert hatte, war kein Freund von Propaganda. In seinem Buch *The War Lords of Washington* berichtet Bruce Catton, wie Mellett mehrere Monate vor Kriegsausbruch auf Regierungsbeamte reagierte, die einen ähnlichen Propagandaaufwand verlangten, wie ihn Goebbels in Deutschland betrieb. Mellett, der es leid war, immer nur darauf hinzuweisen, dass eine demokrati-sche Regierung ihr eigenes Volk nicht mit Propaganda beeinflussen sollte, ent-gegnete schließlich, dass er dazu zweierlei bräuchte, was Goebbels ihm voraus habe: »Erstens die vollständige Indoktrinierung des amerikanischen Volkes während der vorangegangenen 150 Jahre. Zweitens eine absolut wasserdichte Kontrolle über alles, was irgendwo in Amerika gesagt wird – im Radio, in der Presse, im Kongress, von der Kanzel, in den Filmen oder auf der Seifenkiste an der Ecke.«

Doch nur ein Jahr später war Mellett von der Art der Filme, die Hollywood machte, so frustriert, dass er die Studios zwingen wollte, ihre fertigen Drehbücher dem Office of War Information vorzulegen.

Zwar gab es während des Zweiten Weltkrieges keine wasserdichte Kontrolle, aber sie galt durchaus als ein erstrebenswertes Ziel. Schon sehr bald entschied die Regierung, dass es wichtiger sei, der Bevölkerung den Krieg zu verkaufen, als ihr die Tatsachen zu liefern und darauf zu vertrauen, dass sie sich ihre eigene Meinung bildete. Schlechte Nachrichten unterdrückte man. Die Kriegsbehörden hatten PR-Berater, die verhindern sollten, dass Einzelheiten über Irrtümer, unerreichte Quoten und Pannen nach außen drangen. Das Kriegsministerium hielt mehr Informationen zurück, als aus Gründen der Sicherheit erforderlich war.

Jeder wollte den Krieg gewinnen. Und jeder verfolgte darüber hinaus seine eigenen Pläne – die Senatoren und Kongressabgeordneten, die Roosevelt hassten und fürchteten, die verbliebenen Anhänger des New Deal in der Exekutive, die rasant an Macht verloren, die Leute aus der Industrie, die die neuen Kriegsbehörden leiteten, und Roosevelts in sich gespaltenes Kabinett. Als eine PR-Strategie, um die geteilte Regierung mit einer Stimme sprechen zu lassen, wurde im Juni 1942 das Office of War Information gegründet. Dazu gehörte auch Melletts Büro mit dem nichts sagenden Namen Office of Government Reports, das Regierungsfilme genehmigen ließ und plante, Propagandainformationen zur Verfügung stellte und Hollywood zu überzeugen suchte, Filme nach dem Geschmack der Regierung zu machen. Das Bureau of Motion Pictures begann seine Arbeit just zu einem Zeitpunkt, da sich bei *Casablanca* eine gewisse Produktionsroutine einstellte. Die Macher von *Casablanca* hatten insofern Glück, als das Bureau of Motion Pictures drei Wochen zu spät kam, um sich das Skript anzusehen. Es gibt deutliche Hinweise darauf, dass die Bürokraten sonst über Wallis und Warner versucht hätten, die Darstellung des von Claude Rains gespielten Vichy-Polizeichefs abzumildern. Zwar gefiel dem OWI die Art, wie *Casablanca* den Widerstand gegen die Nazis thematisierte, doch es war beunruhigt über das negative Bild, das der Film von Vichy-Frankreich zeichnete. Und Harry wie auch Jack Warner lag sehr daran, Mellett zufrieden zu stellen.

Als das Bureau of Motion Pictures seine Tätigkeit aufnahm, hatten zwei öffentliche Reden bereits die beiden wichtigsten Grundsatzpositionen in der Frage artikuliert, welche Haltung Amerika nach einem gewonnenen Krieg einnehmen sollte. Henry Luce, der Herausgeber von *Time*, hatte ein »amerikanisches Jahrhundert« gefordert, in dem Amerika weltweit den entscheidenden wirtschaftlichen und politischen Einfluss ausübt. Vizepräsident Henry A. Wallace hatte dagegen ein »Jahrhundert des einfachen Mannes« verlangt. Er hoffte, der Sieg über Hitler werde eine Ära der Sozialreformen, sozialer Gerechtigkeit und Freiheit einläuten.

Das OWI stand eindeutig auf Wallace' Seite – der Verliererseite. Die Anhänger des New Deal, die das Bureau of Motion Pictures leiteten, unterstützten die Vorstellung, dass Filme als ein Instrument sozialer Reformen dienen sollten. In einem Land, in dem Flugzeugfabriken Schwarze allenfalls als Putzleute beschäftigten, in einem Krieg, in dem die Autohersteller Millionen dadurch verdienten, dass sie am Fließband Panzer produzierten, und Autohändler ohne Autos Bankrott machten, und in einer Zeit, da die Löhne eingefroren wurden, während die Gewinne der Unternehmer in die Höhe schossen – just in dieser Situation verlangte das OWI von Hollywood, Schwarze in Rollen zu zeigen, die ihre Menschenwürde nicht in Frage stellen, und in die Filme Szenen einzubauen, in denen Arbeitnehmer und Arbeitgeber die Last gemeinsam tragen. Wenn man von Amerika ein rosiges Bild zeichnete, könnte das die Wirklichkeit verändern. Zumindest aber könnte der Anblick von Amerikanern aller Hautfarben, Konfessionen und Schichten, die auf ein gemeinsames Ziel hinarbeiten, sehr wohl zum Sieg beitragen.

Die erste Frage, die das OWI an einen Film richtete – an *Casablanca* ebenso wie an *The Gorilla Man* –, lautete: »Wird er dazu beitragen, den Krieg zu gewinnen?« Als beide Filme im Januar 1943 in den Verleih kamen, hatte Warner Bros. bereits gelernt, seine Produktionen zu rechtfertigen. *The Gorilla Man* war ein B-Picture über deutsche Agenten, die ein englisches Krankenhaus leiteten. Das Studio sagte, *The Gorilla Man* enthülle die Taktiken der Nazi-Spionage, während *Casablanca* unter anderem einen Beitrag zur Völkerverständigung leiste, indem es die Norweger als ein mutiges Volk darstelle.

Das OWI erkannte bald, dass die meisten Filme keineswegs dazu beitrugen, den Krieg zu gewinnen, sondern schlicht von ihm profitierten. So patriotisch sie auch sein mochten und so sehr sie sich auch bemühten, der Vision des OWI von einem idealen Amerika zu entsprechen – im Grunde machten die Studios wie immer die Filme, die sich ihrer Meinung nach am besten verkauften, einschließlich *Menace of the Rising Sun*, auf dessen Plakaten ein japanisches Ungeheuer mit bluttriefenden Hasenzähnen zu sehen war. Tatsächlich könnte man die Ansicht vertreten, dass *Casablanca* mit dazu beitrug, den Krieg zu gewinnen, und dass das ausdrückliche Opfer am Schluss des Films und der Idealismus, der ihm zu Grunde liegt, den Amerikanern die richtige Richtung wies. Als *Casablanca* im Mai 1942 in Produktion ging, war Hollywood, wie fast ganz Amerika, immer noch auf der Suche nach Wegen, wie es mit dem Krieg umgehen sollte. Eine altbewährte und zuverlässige Lösung bestand darin, ihn mit ein paar Stars romantisch zu verklären.

FORM 96 2500 10-41 SF4276C

DAILY PRODUCTION AND PROGRESS REPORT

Day __Monday__ Date __5/#/42__

Name of Production	"CASABLANCA"		No.	410	Name of Director	M. CURTIZ	
Number of Days Alloted	48	Production Started	5/25/42	Days Elapsed Since Starting	1	Status of Schedule: ON SCHEDULE	
Estimated Finish Date		Revised Finish Date (If Ahead or Behind)			Name of Set	Location	Finished?
7/21/42							

		SCRIPT REPORT		Int. MONTMARTE CAFE - 04		
Company Called	9:00AM			Stage 12-A		
Lng: Up.-Reh. 'til	10:15AM	No. of Scenes Original Script	Incomplete			
Started Shooting	10:15AM	No. of Scenes Previously Taken	-	Standard Recording "As Time Goes By"		
Lunch Called	12:15PM	No. of Scenes Taken Today	5			
Time Started	1:15PM	Total Scenes Taken to Date	5			
Dinner Called		Balance to Be Taken	Incomplete			
Time Started		No. of Added Scenes Taken 0 + 0 = 0				
Time Finished	6:00PM					

CAST / STAFF

CAST 8-Start W-Worked H-Held F-Finish R-Rehearse		Time Started	Time Finished	Slate No.	No. of Takes	Time of Ok Takes	STAFF		Time Started	Time Finished
				A-1	3	1'15"	Supervisor Producer: WALLIS		AM	PM
HUMPHREY BOGART	SW	9:00AM	6:00PM	2	3		Director	Curtiz	8:00	6:00
INGRID BERGMAN	SW	9:00AM	6:00PM	3	3		Dial. Dir.	McMullan	8:15	"
DOOLEY WILSON	SW	9:00AM	3:15PM	4	2		Unit Mgr.	Alleborn		
				5	4		1st Asst.	Katz	8:00	"
				6	2		2nd Asst.	Tobin	7:30	"
				7	4		Extra Asst.			
				8	5		Script Clerk	Dwight	9:00	"
				9	2		Cutter	Marks		
				10	1	1'05"	Art Dir.	Weyl		
				11	1		Tech. Adv'r.	Aisner	8:15	"
				12	2		CAMERAMEN			
							Head	Edeson	8:00	"
							2nd	Joyce	8:30	"
							Asst.	Meinardus	8:00	"
From Music Dept.										
Bill Elfeld	W	9:00AM	3:15PM				Still Man	Woods	9:00	"
Elliot Carpenter	W	8:45AM	3:15PM				PROP MEN			
" "	Rec.	10:15A	10:30AM				Head	Plews	7:30	"
"	1:15P	1:30PM					Asst.	Turner	7:00	"
								Goldman	7:30	"
Standins:				MINUTES			VITAPHONE			
BETTY BROOKS	SW	7:30AM	6:00PM	Total Today	2'20"		Mixer	Scheid	8:45	"
RUSS LEWELLYN	SW	7:30AM	6:00PM	Prev. Total			Boom	Hughes	8:00	"
				Total to Date	2'20"		Recorder	Brown	8:30	"
								Williams	8:00	"
				STILL REPORT			Gaffer	Conget	7:00	"
				Prev. Taken			Best Boy	Studeman	7:00	"
				Taken Today	4		Grip	Dexter	7:30	"
				To Date	4					
Bits on Day Check				ORCHESTRA (W) (R)			Makeup	McCoy	7:00	"
				Total						
JOHN BARTON	SWF	9:00AM	5:00PM	Called			Hair Dr.	Burt	7:15	"
				Dismissed						
				Setups Today	12					
				Pages Today	2½		Wdrbe.	Pickering	7:30	"
				Pages to Date	2½			Robert	7:30	"
								Dunn	8:00	"

EXTRAS	ANIMALS	LUNCHES	Script Scenes Taken	115	116	117	117A	117B
8 C.C.								
STAND-INS	ANIMAL HANDLERS	AUTOS						
Day 1		Stand by— 1	Added Scenes Taken					
		In Scenes—						

Remarks

PRODUCTION STARTED TODAY - 5/25/42

2310
2310

NOTE: Kindly indicate above: If any artist delays director starting work or arriving later than time called, state reason, or any mechanical delay

7.

Der erste Drehtag

Aus dem täglichen Produktionsbericht für Montag, den 25. Mai 1942 – den ersten Drehtag von *Casablanca* –, geht hervor, dass Humphrey Bogart und Ingrid Bergman morgens um 9 Uhr mit der Arbeit begannen. Das Studiosystem bei Warners tolerierte keine Verspätung der Schauspieler, doch selbst wenn man den Stars erlaubt hätte, ihre Sonderstellung durch demonstratives Zuspätkommen zu betonen – weder Humphrey Bogart noch Ingrid Bergman hätten dieses Privileg in Anspruch genommen. Für Bogart war die Schauspielerei ein ernsthafter Beruf. Zumindest nach außen hin verriet er nichts von der Verlegenheit, mit der viele Schauspieler einräumen, dass ihre Tätigkeit für einen erwachsenen Menschen eigentlich eine etwas unseriöse Art sei, seinen Lebensunterhalt zu verdienen.

Die Bergman wäre wohl am liebsten 24 Stunden am Tag im Studio geblieben, anstatt in ihr gemietetes Apartment in Beverly Hills zurückzukehren. Sie fühlte sich äußerst wohl in der künstlichen Welt der Filme, die sie gerade drehte, und in der jeweiligen Figur, die sie darin verkörperte. Und sie war am glücklichsten, wenn die Gefühle, die sie vor der Kamera spielte, ins wirkliche Leben übergriffen. Bergmans erster Mann, Petter Lindstrom, versicherte, seine Frau arbeite am besten, wenn sie in ihren Leinwandpartner oder in ihren Regisseur verliebt sei. Ob die Liebe nun keusch oder sinnlich war, sie währte nie länger als bis zur letzten Szene. So erzählte ein nachdenklicher Gary Cooper einem Journalisten von seiner Affäre mit Bergman während der Aufnahmen zu *Saratoga Trunk*: »In meinem ganzen Leben bin ich keiner Frau begegnet, die derart verliebt war in mich wie Ingrid. Aber einen Tag nach Ende der Dreharbeiten ging sie nicht einmal mehr ans Telefon.«

Bergman strahlte eine Unschuld und Reinheit aus, die die Männer verzauberte. Der Filmkritiker der *New York Times*, Bosley Crowther, war 1940 zugegen, als sie nach einem Aufenthalt in Europa im Hafen von New York von Bord ging. »Stellen Sie sich die Geliebte eines Wikingers vor, die, frisch geschrubbt mit Ivory-Seife, am ersten warmen Frühlingstag auf einem verwitterten Meeresfelsen sitzt und aus einer Schale Meißner Porzellan Pfirsiche mit Sahne nascht, dann haben Sie eine treffende Vorstellung von Ingrid Bergman.« Dank dieser Aura – als wäre ihre unterschwellige Sexualität etwas, von dem sie nichts wusste, bis sie von ihr wie von einer plötzlichen Welle erfasst wurde – brachte Bergman das Publikum dazu, mit den von ihr dargestellten Frauen zu sympathisieren, die ihre Ehemänner betrogen oder verheiratete Männer verführten. Die Reaktion des Publikums wäre völlig anders ausgefallen, hätte man die Rolle der Ilsa Lund mit der durchaus fähigen Hedy Lamarr besetzt. Ewige Jungfräulichkeit hat aber auch ihre Schattenseiten. Ebenjene Reinheit, die dazu führte, dass die Leute scherzhaft von der heiligen Bergman sprachen, als sie die Johanna von Orléans spielte, war zugleich der Grund dafür, dass sich ihr Publikum und auch einige US-Senatoren hintergangen fühlten, als Bergmans Affäre mit Roberto Rossellini bekannt wurde.

»Als sie diesen ganzen Ärger wegen Rossellini hatte, rief ich sie an und sagte zu ihr: ›Ich will gar keine Fragen stellen, aber könnte ich stattdessen Ihre Post lesen?‹«, erzählte der Kolumnist Art Buchwald. »Mann, diese Post war vielleicht übel. Zehn, zwölf, vierzehn riesige Postsäcke. ›Schmutzige Hure.‹ – ›Schlampe.‹ – ›Bastard.‹ Und das waren alles Christen, die das geschrieben haben.«

Die Heilige und die Sünderin. Das Paradoxe ist, dass das persönliche Sexualverhalten Bergmans und Bogarts auf der Leinwand geradezu ins Gegenteil verkehrt war. Der hartgesottene Bursche, der in *The Maltese Falcon* mit einer Frau schlafen und sie dann der Polizei übergeben konnte, der es in *Casablanca* fertig brachte, seine Freundin aus dem Café Americain hinauszuwerfen, als er ihrer überdrüssig war – derselbe Mann verachtete im wirklichen Leben jede Art von Betrug, auch den sexuellen. Als er Lauren Bacall heiratete – sie war zwanzig und er 45 –, warnte er sie vor dem Berufsrisiko eines Schauspielers, Liebesszenen mit attraktiven Menschen zu spielen. Er belehrte sie über Ehebruch und beharrte darauf, dass eine flüchtige Affäre selten das Risiko wert sei. Sicherlich war Bogart nicht nur der edle Ritter, als der er in Lauren Bacalls Autobiografie erscheint, und er könnte durchaus ein paar kurze Affären gehabt haben. Doch in einer Stadt, in der jedermanns Geheimnis gleich in aller Mun-

Bogart und Mayo Methot am Tag ihrer Hochzeit

de war, hatte er nie den Ruf eines Schürzenjägers. »Ich habe nie gesehen, dass Bogart mit jemandem auf dem Set turtelte oder auch nur mit den Frauen flirtete, die zum Set kamen«, erzählte Meta Carpenter, Skriptgirl bei mehreren seiner Filme. Selbst sein Zechkumpan Peter Lorre konstatierte: »Im Umgang mit Frauen legt er großen Wert auf gutes Benehmen und hat feste Moralbegriffe.« Sein Charakter verurteilte ihn zu serieller Monogamie, und so befand sich Bogart, als er *Casablanca* drehte, in einer unglücklichen Ehe mit einer Alkoholikerin – mit Mayo Methot, der dritten von den vier Frauen, die er heiratete.

Im Atelier 12 A wurde als Erstes die Rückblende auf Ricks und Ilsas Affäre in Paris gedreht. Es war Zufall, dass Bogart im Film schon um die Bergman werben musste, noch ehe er sie richtig kannte. Ursprünglich sollte die Produktion in Rick's Café in Atelier 8 beginnen, doch der ausgeklügelte Plan, der Schauspieler, Drehbücher, Ateliers und Sets koordinierte, war hinfällig geworden, weil Irving Rapper mit *Now, Voyager* zwei Wochen in Verzug war. Rains beendete seine Rolle als der weise Psychiater in *Now, Voyager* erst am 3. Juni, und Henreid stand nicht vor dem 25. Juni zur Verfügung. Darum begann der Curtiz-Film mit der Szene in dem Café am Montmartre. Der verliebte Richard Blaine – *»Er gibt sich sarkastisch, aber nicht so verbittert sarkastisch, wie wir ihn von* Casablanca *her kennen«*, heißt es in der Regieanweisung – schenkt an jenem ersten Tag Ilsa, Sam und sich selbst Champagner ein, während die Deutschen auf Paris zu marschieren und Sam »As Time Goes By« spielt.

Wie Geraldine Fitzgerald berichtete, trafen sich Bogart und Bergman eine Woche oder zehn Tage vor Produktionsbeginn zum Mittagessen. »Ich war dabei. Das Gespräch drehte sich einzig und allein um die Frage, wie sie aus dem Film wieder herauskämen. Sie fanden die Dialoge lächerlich und die Situationen unglaubwürdig. Und Ingrid war ganz außer sich, weil sie die schönste Frau Europas darstellen sollte, niemand würde ihr das jemals abnehmen. Es war seltsam, wie sehr sie das beschäftigte. ›Ich sehe wie ein Milchmädchen aus‹, sagte sie. Ich kannte Bogart sehr gut, und ich glaube, er wollte sich mit Bergman zusammentun, um sicher zu gehen, dass sie beide dasselbe sagten. Schon seit Jahren fühlte er sich bei Warner Bros. nicht wohl.«

Aus irgendeinem Grund wurden Bogart und Bergman nicht warm miteinander. Das Essen führte zu keinem Bündnis, und ihre Beziehung ging nie weiter, als es die Höflichkeit erforderte. »Es herrschte Distanz zwischen ihnen«, sagte Dan Seymour, der vier Wochen lang der Türsteher vor Ricks Spielsalon war. Mit Lauren Bacall in *To Have and Have Not* sei es beinahe vom ersten Tag an anders gewesen. »Bogart ließ Bacall nicht in Ruhe. Einmal brachte er den Requisiteur dazu, ihr Handschellen anzulegen. Er fesselte sie an die tragbare Garderobe. Dann kam er zurück, befreite sie und führte sie zum Mittagessen aus. Bogart und Bergman waren dagegen von Anfang an nicht besonders herzlich im Umgang miteinander.«

Zwischen den Szenen spielte Bogart Schach oder verschwand in seine spartanisch eingerichtete Zeltgarderobe – vier Wände, ein Sofa, ein Schminktisch und ein Stuhl. »Sonst ging kaum jemand freiwillig in diese Garderoben«, meinte später Curtiz' erster Regieassistent, Lee Katz. ›Trotz anderslautender Berichte war Bogie nicht ganz einfach im Umgang. Nicht dass er ein schlechter Kerl war. Aber er war ein Einzelgänger.«

In seiner Garderobe stand immer eine Flasche, doch in all den Jahren bei Warner Bros. war Bogart nur ein einziges Mal zu betrunken, um zur Arbeit zu erscheinen. Damals drehte er *The Big Sleep* und ertrug den inneren Zwiespalt zwischen seiner Verpflichtung gegenüber Mayo und seiner Liebe zu Lauren Bacall nur durch die Flucht in den Alkohol. Bei *Casablanca* wusste jeder von seinen nächtlichen Auseinandersetzungen mit Mayo. Acht Monate zuvor, bei *All Through the Night*, hatte sich Bogart beinahe unprofessionell verhalten. »Mehrmals erschien er morgens mit einem schrecklichen Kater«, erzählte der Regisseur Vincent Sherman. Bogart habe sich zusammengerissen und sich entschuldigt. An einem Samstagabend sei plötzlich Mayo aufgetaucht. »Sie hatte einiges intus. Sie weinte und sagte: ›Er liebt mich nicht mehr.‹ Bogart sei wütend gewesen und habe sich geweigert, sie zu trösten.

»Bogie war sehr unglücklich«, bestätigte Francis Scheid, der Tonmeister von *Casablanca*. »Einer meiner Assistenten beobachtete, wie Bogie sich auf dem Set mit einer Frau unterhielt, und sagte: ›Passt mal auf, ich werde ihm einen schönen Schreck einjagen.‹ Er ging rüber und sagte: ›Mayo ist gerade gekommen.‹ Da zuckte Bogie regelrecht zusammen.«

Mayo war so misstrauisch, dass sie ständig auf dem Set von *Casablanca* herumschlich, aber sie hatte keinen Grund, auf Ingrid Bergman eifersüchtig zu sein. Als Bogart sich zwei Jahre später in seine Filmpartnerin verliebte, war dies eine 19-jährige New Yorkerin mit einer scharfen Zunge, die seine Frotzeleien aushalten und mit gleicher Münze zurückzahlen konnte.

»Gewiß, ich habe Humphrey Bogart geküßt, aber ich habe ihn kaum gekannt«, sagte Bergman später oft über Bogart, nachdem *Casablanca* ein Kunstwerk geworden war, das nach Erklärung und Interpretation verlangte.

* * *

In ihrer Autobiografie, *Mein Leben*, räumt Bergman nur eine einzige außereheliche Affäre vor ihrer Liaison mit dem italienischen Filmregisseur Roberto Rossellini ein, und zwar mit dem Kriegsfotografen Bob Capa. Ihr Biograf Laurence Leamer nennt dagegen ein weiteres Dutzend. Bei *Casablanca* gab es jedoch niemanden, in den sie sich hätte verlieben können. Bogart blieb auf Distanz, Paul Henreid war für ihren Geschmack zu langweilig, und sie selbst war zu vorsichtig, um mit Michael Curtiz emotional oder körperlich intim zu werden. Curtiz hatte für Frauen eine ähnliche Leidenschaft wie für Land, Pferde und Filme. Manchmal machte er sich nicht einmal die Mühe, nach einer freien Garderobe zu suchen.

»Er verschwand immer irgendwo hinter einer Kulisse«, erinnerte sich Katz, der bei fast einem Dutzend Curtiz-Filmen Regieassistent war. »Bei *Casablanca* wie bei jedem anderen Film. Bei den Mädchen handelte es sich stets um Statistinnen. Ein paar standen immer auf Abruf bereit, denen ein entsprechender Ruf vorauseilte. Man musste sie auf die Liste mit den Statisten setzen, die immer bestellt wurden, wenn man Leute brauchte. Falls man auf dem eigenen Set keinen Platz hatte, bat man einen Freund, der woanders Regieassistent war: ›Es wäre nett, wenn du Jane Doe anrufen würdest.‹«

Curtiz war bereits ein Mal in Europa verheiratet gewesen, und zwar mit Lucy Doraine, die in vielen seiner österreichischen Filme die Hauptrolle spielte. Aus seiner Vertragsakte geht hervor, dass er, als er nach Amerika ging, einen unehelichen Sohn zurückließ. Als Curtiz keinen Unterhalt mehr zahlte, verklagte ihn die dreißigjährige Mutter 1933 in Kalifornien und schrieb einen herzzerreißenden Brief an Jack Warner mit der Bitte, zu intervenieren. Es ist nicht bekannt, ob er dem Wunsch entsprach.

Curtiz' zweite Frau, Bess Meredyth, verbrachte seit 1942 die meiste Zeit im Bett. Die beiden hatten sich unmittelbar nach seiner Ankunft in Amerika kennen gelernt. Meredyth schrieb damals Stummfilm-Manuskripte für MGM und gehörte wie ihre Kolleginnen Frances Marion, Lenore Coffee und June Mathis zu den besten und bestbezahlten Hollywood-Autorinnen. Sie war eine fröhliche Blondine. Die Drehbücher für *Ben-Hur* und *A Woman of Affairs* stammten von ihr.

»Als sie heirateten, war es eine unausgeglichene Beziehung«, so John Meredyth Lucas, der neun Jahre alt war, als Curtiz sein Stiefvater wurde. »Mike war bloß der neue Regisseur, den Warner Bros. rübergeholt hatte. Dann kehrte sich das Verhältnis natürlich um. Ende der Dreißiger arbeitete meine Mutter schon nicht mehr. Heute denke ich, meine Mutter hatte Depressionen, und die nahmen schließlich hypochondrische Züge an. Da war dieser ständige Stress wegen Mikes außerehelichen Aktivitäten. Sie wusste darüber sehr wohl Bescheid.«

Bess Meredyth verließ Curtiz nur ein Mal, Anfang 1941. Aber zur Zeit des Angriffs auf Pearl Harbor war sie schon wieder zu ihm zurückgekehrt. Und selbst krank im Bett arbeitete sie weiter an seinen Drehbüchern – auch an dem

Bess Meredyth und Michael Curtiz

von *Casablanca*. Wenn ein Film in Produktion war, rief Curtiz sie mindestens ein-, zweimal am Tag an. »Bogart fragte etwa: ›Warum mache ich das jetzt so?‹, woraufhin Mike verschwand und Bess anrief«, erzählte Francis Scheid. Selbst die Stuntmen bei seinen Filmen wussten, dass Curtiz eine kluge Frau hatte. »Wenn er auf dem Set irgendwie nicht weiterkam, sagte Curtiz immer: ›Ich bin gleich wieder da‹, und ging, um mit seiner Frau zu telefonieren«, berichtete Paul Stader, der, als Araber verkleidet, in einer der ersten Szenen von *Casablanca* vor dem französischen Polizeiauto wegspringt.

»Wenn wir eine Story-Konferenz hatten und Mike am nächsten Tag mit Kritik und Vorschlägen kam, wussten wir, dass das Bess Meredyth' Ideen waren und nicht seine«, erinnerte sich Julius Epstein. »Man konnte ihn also ganz leicht in Verlegenheit bringen. Wir änderten irgendwas und fragten ihn: ›Was halten Sie davon, Mike?‹, und dann musste er erst wieder Bess konsultieren.«

Gegen Ende seines Lebens, nach 36 Jahren in Amerika, war Englisch für Curtiz immer noch eine Fremdsprache. »Er sprach fünf Sprachen«, so sein Stiefsohn, »und wie man mir gesagt hat, alle gleich schlecht.«

Curtiz stürzte sich auf die Sprache, rang und kämpfte mit dem Englischen und unterlag jedes Mal. Vincent Price erlebte einmal, wie Curtiz auf dem Set von *The Private Lives of Elizabeth and Essex* vor Wut kochte, weil ein Laufbursche die gewünschte Erfrischung nicht schnell genug brachte. »*Next time I send some dumb son-of-a-bitch for a Coca-Cola, I go myself*«, sagte er. Diese Art von Grammatik benutzte er recht häufig.

Jeder, der mit Curtiz gearbeitet hatte, konnte mit solchen Anekdoten aufwarten. Hal Wallis glaubte, das schiefe Englisch rühre daher, dass Curtiz schneller dachte, als er reden konnte. »In seinem Gehirn schwirren mehr Worte herum, als er normal herausbringen kann.« Louise Randall Pierson, die Autorin von *Roughly Speaking*, das Curtiz 1945 verfilmte, vermutete, Curtiz habe es nicht für nötig gehalten, Worte präzise zu verwenden, sondern nur »annäherungsweise, wie Gertrude Stein«. Kaum jemand glaubte, dass sein holpriges Englisch Absicht war, etwa so, wie manche Samuel Goldwyns Verwechslung von Fremdwörtern für einen PR-Gag hielten.

Casablanca war kein typischer Curtiz-Set. Curtiz war nach wie vor ein Autokrat, der in Stiefeln und Reithose herumstolzierte. Doch die kriegsbedingten Restriktionen hatten ihm gleichsam Fesseln angelegt, und so war es ihm nicht mehr möglich, seine Schauspieler zu längeren Arbeitszeiten anzutreiben. Wegen des Krieges endete der Drehtag im Sommer um 18.30 Uhr, damit jeder vor Einbruch der Dunkelheit nach Hause kam. Am Morgen des ersten Drehtages berichtete die *Los Angeles Times* in ihrem Aufmacher, nicht identifizierte Flugzeuge hätten in Los Angeles in der vorigen Nacht Verdunkelung ausgelöst. Zwar stellte sich heraus, dass es keine feindlichen Flugzeuge gewesen waren, doch zwei Tage später führte man in einigen Teilen der Stadt eine nächtliche Verdunkelung ein, um die Gefahr zu verringern, dass amerikanische Frachter von japanischen U-Booten entdeckt würden. Rains und Henreid, die in Brentwood wohnten, hätten nach Einbruch der Dunkelheit nicht mehr heimfahren dürfen.

Wie Casablanca gemacht wurde

Jack Warner, Michael Curtiz und Hal Wallis lesen das Drehbuch zu Casablanca.
Man beachte das signierte Foto von Roosevelt neben den beiden Oscars hinter
Warners Schreibtisch.

Der Drehbuchautor Philip Dunne, der Curtiz nicht leiden konnte, nannte
ihn einen Tyrannen, eine Beschreibung, der viele seiner Teamkollegen zugestimmt hätten. Francis Scheid jedenfalls hätte die Symbolik verstanden, die
sich in einem Memo ausdrückt, das Hal Wallis während der Produktion von
The Sea Hawk an Curtiz schickte. Darin beschwerte er sich darüber, wie genüsslich Curtiz die Galeerensklaven von den Aufsehern auspeitschen ließ.
»Fast in jeder Szene lässt du diese Männer auf und ab gehen, in Totale, Halb-
totale und Großaufnahme, mit knallenden Peitschen, die die Männer beim Ru-
dern treffen.«

Fay Wray beschrieb, wie boshaft Curtiz einen Statisten feuerte: »Er rief
immerzu: ›Gehen Sie nach rechts. Weiter. Noch weiter. Jetzt sind Sie raus aus
der Szene. Verschwinden Sie.‹« Zu Schauspielerinnen war Curtiz besonders
grausam. Bette Davis hasste ihn so sehr, dass sie lieber eine Rolle in *Mildred*

Pierce ablehnte – die dann Joan Crawford einen Oscar eintrug –, als noch einmal mit ihm zu arbeiten.

Bei den Dreharbeiten zu *The Unsuspected* setzte er Joan Caulfield so lange zu, bis sie hysterisch wurde. »Mike hat sie immer wieder beleidigt, bis sie schließlich die Fassung verlor«, erinnerte sich John Meredyth Lucas, der bei dem Film als Dialogregisseur seines Stiefvaters fungierte. »Er hatte allerdings einen Grund dazu. Sie hat einfach nicht intensiv genug gespielt. Als sie zusammenklappte, war das genau die Szene, die er haben wollte.« Lauren Bacall, inzwischen Bogarts Frau, wusste noch, wie Curtiz sie anschrie, als sie 1950 *Bright Leaf* drehte. Er habe sich über Gary Cooper geärgert, der zu spät zur Arbeit gekommen war. Da der Regisseur es nicht wagte, seine Wut an Cooper auszulassen, suchte er sich ein schwächeres Opfer. »Ich glaube, er hatte was gegen Schauspieler«, vermutete Bacall. »Schauspieler waren ihm irgendwie im Wege.«

Den Stars von *Casablanca* gegenüber benahm sich Curtiz weniger gehässig. Bogart konnte es mit jedem Regisseur aufnehmen. Und wie die meisten Männer behandelte Curtiz die Bergman mit Respekt. »Mike Curtiz, der mir wirklich einiges beigebracht hat, hat mir großen Spaß gemacht«, schrieb Bergman in ihr Schauspieltagebuch.

»Bei Bergman versprühte er europäischen Charme«, so Scheid, der automatisch alles belauschte, was vor sich ging. Als Tonmeister behielt er stets einen Hörer am Ohr, und die meisten Auseinandersetzungen und Flirts fanden in Reichweite irgendeines Mikrofons statt. »Ganz anders als bei Bette Davis, als wir *Cabin in the Cotton* drehten. Mein Gott, Mike konnte sie einfach nicht ausstehen. Er sagte immer: ›Wer zum Teufel ist diese Davis? Aus der wird doch nie was.‹«

»Er war nicht ordinär oder unhöflich«, sagte die Schauspielerin Fay Wray, die in zwei Curtiz-Filmen mitwirkte – 1932 in *Doctor X* und 1933 in *Mystery of the Wax Museum*. »Er kam mir nicht vor wie ein Mensch aus Fleisch und Blut, sondern wie ein Teil der stählernen Kamera. Er schien keine Zärtlichkeit zu besitzen. Merkwürdig für jemanden, der so dickfellig war – tatsächlich hatte er die dünnste Haut, die ich jemals gesehen habe. Auf seinen Wangen und seinen Lippen sah sie so aus, als wäre das Blut direkt an der Oberfläche.«

Dieses heiße Blut kochte über, noch ehe *Casablanca* einen Tag alt war. Und Francis Scheid war das Opfer.

Scheid hatte zusammen mit der Mutter von Lloyd Bacon auf der Bühne ge-

Francis Scheid (rechts) in The Petrified Forest.
Der Tonmeister von Casablanca *begann seine Karriere als Schauspieler.*

standen und den Regisseur gebeten, ihn in das alte Warner-Studio in Hollywood einzuschleusen. Das war 1929 gewesen. Jeden Tag wartete Scheid in dem Raum, wo die Teppiche aufbewahrt wurden, darauf, dass jemand käme, der einen Arbeiter oder einen Mann zum Requisitentragen brauchte. Von dort aus konnte man wunderbar beobachten, was im Studio vorging. »Ich entschied mich gegen die Produktionsabteilung, weil da überall nur Verwandte der Chefs saßen«, erzählte Scheid. »Gegen die Cousins und Onkel wäre ich sowieso nicht angekommen. Ich sah den Tontechnikern zu, wenn ich auf der Brücke stand und die Mikrofone hinunterließ. Und ich dachte, diese Jungs sind nicht so clever. Also geh ich dahin.«

Francis Scheid wollte nicht zu *Casablanca.* Und Curtiz wäre das auch lieber gewesen. »Für Curtiz war ich ein Bauer«, so Scheid. »Aber man hat mich immer mit ihm zusammengesteckt. Ich habe sechs Filme mit dem Dreckskerl gemacht. Bei Warners spielte es keine Rolle, wenn ein Regisseur dich nicht mochte. Die haben dich trotzdem eingeteilt.«

Noch bevor er einen Fuß ins Atelier 12 A setzte, war Scheid entschlossen, sich nicht von Curtiz demütigen zu lassen. Der Krieg hatte schon einiges verändert. Scheid hatte sich sowohl bei der Air Force wie bei der Navy beworben und wartete nun ab, wo er als Erstes genommen würde. Beinahe jede Abteilung der Streitkräfte besaß einen eigenen Filmtrupp, und man riss sich um Leute, die mit Kameras umgehen konnten oder etwas von Tontechnik verstanden. Scheid, der sieben Tage nach der Alliierteninvasion mit seiner Tonausrüstung an der Küste der Normandie an Land ging, war bei Kriegsende Captain in einer Combat Camera Unit der 9. Air Force.

Am 25. Mai ließ Curtiz nach der Mittagspause die vierseitige Liebesszene im Pariser Café La Belle Aurore gleich mehrfach proben.

> »Ausgerechnet wenn die ganze Welt zusammenbricht, müssen wir uns ineinander verlieben«, sagt Ilsa.
> »Ja, der Zeitpunkt ist schlecht gewählt. Wo warst du, sagen wir mal, vor zehn Jahren?«
> »Vor zehn Jahren? … Zu Hause … da bekam ich eine Spange über meine Zähne … Wo warst du?«
> »Auf Arbeitssuche.«

»Die Szene war wirklich schwierig, denn es gab da eine niedrige Decke, und Curtiz ließ die Szene direkt unter den Balken spielen«, erinnerte sich der Chef des Tonteams. »Ich sagte ihm, es gebe keine Möglichkeit, ein Mikrofon zu platzieren. Darauf er: ›Ach halten Sie doch den Mund, Sie dummer Tonheini.‹«

Schon am Vormittag waren die Dreharbeiten dadurch erschwert worden, dass die Musik nicht vom Band kam, sondern live aufgenommen wurde. Dooley Wilson tat so, als spiele er für Bogart und Bergman »As Time Goes By«, während der Song in Wirklichkeit von Elliott Carpenter gespielt wurde, der außerhalb des Bildes an einem Klavier saß, damit Wilson seine Handbewegungen beobachten konnte.

Vermutlich war Curtiz sowieso nicht gerade in bester Stimmung. Seine

Die niedrige Holzdecke dieser Kulisse verursachte am ersten Drehtag Tonprobleme.

rechte Hand steckte in einem Verband, eine Erinnerung an das Polospiel vom Wochenende. Doch nach einem Dutzend Proben war er endlich bereit, die Liebesszene zu drehen. Nach vier Dialogsätzen schaltete Scheid das Band ab. »Der Ton ist lausig«, sagte er zu Curtiz.

»Der lief knallrot an«, erinnerte sich Scheid. »Er rief: ›*To hell with you, to hell with you, to hell with you.*‹ Ich entgegnete: ›*To hell with you.*‹ Man hätte eine Stecknadel fallen hören können. In die Stille hinein wiederholte ich: ›*To hell with you.*‹«

Scheid ging nach Hause und erzählte seiner Frau, er rechne fest mit seiner Entlassung. Er leerte einen Krug Tom Collins und wartete darauf, dass das

Telefon klingelt. Aber bis zum nächsten Morgen hatte noch niemand angerufen. »Herrje, ich werde doch nicht selber anrufen, um herauszufinden, ob man mich gefeuert hat«, sagte sich Scheid und ging zur Arbeit.

An diesem Morgen sandte Wallis ein langes Memo an die Tonabteilung:

> Der Hauptteil unserer Tagesarbeit war eine vier Seiten lange Szene, die sorgfältig eingerichtet, ausgeleuchtet und gestern am späten Nachmittag geprobt wurde. Mike Curtiz sagte mir, er habe zwölfmal probiert, Beleuchtung und alles in Bereitschaft, und bei keiner dieser zwölf Proben irgendeinen Einwand oder eine Bemerkung vom Tonmeister vernommen.
>
> Als dann die Schauspieler in ihrem ersten Take gerade mal vier Dialogsätze gesprochen hatten, rief der Tonmeister »Cut« und erklärte, er habe ein Geräusch von den Jupiterlampen auf seinem Mikro. Es dauerte so lange, die störende Lampe auszuwechseln, dass der Take gestern nicht mehr fertig wurde.
>
> Ich frage Sie: Wieso hat der Tonmeister das Summen der Jupiterlampe nicht während der zwölf Proben gehört? Wieso hat er da nicht schon etwas gesagt, was dem Team reichlich Gelegenheit gegeben hätte, die Lampe zu ersetzen, während die Proben weiterliefen? Wenn ich es richtig verstehe, hat der Tonmeister sich damit gerechtfertigt, während der Proben sei es zu laut gewesen, als dass er die Jupiterlampe hätte hören können, aber das war nicht der Fall, da die Szene sehr intim und verhalten war und Mike absolute Ruhe auf dem Set verlangt hat.

Das Memo entspricht der Version, die Curtiz damals Wallis erzählt hatte und die Scheid später vehement bestritt. »Wieso hat der Tonmann die Jupiterlampe nicht gehört? Weil es nicht still genug war. ›Keine Beschwerde!‹ Das ist eine Lüge! Ich habe gesagt: ›Ich kann das nicht machen.‹ Er hat mich angebrüllt und angeschrien und gesagt: ›Sie werden es machen. Setzen Sie sich.‹«

Als Scheid am Dienstagmorgen ins Atelier 12 A kam, sah Curtiz ihn an und sagte: »Es tut mir Leid, dass Sie wütend auf mich waren.«

»Mike war feige«, bemerkte Scheid dazu. »Wenn ihn jemand herausforderte, gab er klein bei. War jemand gefügig, machte er ihn fertig.«

* * *

Jack Warner war nicht im Studio, als *Casablanca* mit der Produktion begann. In seiner Uniform als Lieutenant Colonel der Army Air Force war er via Chicago nach New York gereist, um der am 27. Mai stattfindenden Premiere von Michael Curtiz' letztem Film *Yankee Doodle Dandy* beizuwohnen. Es war einer der Widersprüche bei Warner Bros., dass der Geiz des Studios durch seine Großzügigkeit ausgeglichen wurde, wenn es um den Krieg ging. Der Eintrittspreis für die Premiere war der Erwerb einer Kriegsanleihe. Es war das erste Mal, dass eine Premiere dazu benutzt wurde, Kriegsanleihen zu verkaufen, und das Finanzministerium bekam 5,5 Millionen Dollar zusammen. Bei der Premiere in Los Angeles wurden weitere Kriegsanleihen im Wert von 5,8 Millionen Dollar verkauft.

Warners war fast immer das erste Studio und bewies einen besonderen Enthusiasmus, wenn es darum ging, für die Regierung Geld zu sammeln, Filme zu drehen und Blut zu spenden. Als das Rote Kreuz eine Blutbank in Hollywood einrichtete, kamen im ersten Monat 504 Warner-Leute zur Blutspende. Ein Blick in die *Warner Club News* macht deutlich, dass dies nicht immer nur freiwillig geschah. »Mit einem Highball am Tag, einem Päckchen Zigaretten am Tag oder zwei oder drei ›Cokes‹ am Tag werden wir den Krieg gewinnen, wenn wir von diesem Geld ANLEIHEN kaufen«, mahnte ein typischer Leitartikel. (Den Autoren gelang es, derartigen Appellen zu widerstehen. Während 100 Prozent der Schauspieler und Reinigungsleute des Studios Spendenmarken und -anleihen durch wöchentlichen Gehaltsabzug erwarben, und immerhin noch 52 Prozent der Arbeiter spendeten, beteiligten sich nur 50 Prozent der Autoren.) Im April 1942, fünf Wochen vor Drehbeginn von *Casablanca*, wurde Warner Bros. als erstes Studio – und landesweit eines der ersten Unternehmen – für den Erwerb von Kriegsanleihen und Spendenmarken durch seine Angestellten vom Finanzministerium ausgezeichnet, und war stolz darauf.

Jack und Harry Warners Reaktion auf den Krieg war weder halbherzig noch zynisch. Mit einer Serie von 14 patriotischen Kurzfilmen, die es vor Kriegsbeginn produziert und vertrieben hatte, hatte das Studio bereits 1 Million Dollar Verluste gemacht, doch Harry Warner versprach, auch weiterhin solche Kurzfilme zu produzieren, weil sie Amerikas Zukunft sicherten. Im Dezember 1942 traf sich Harry mit allen Abteilungsleitern des Studios und teilte ihnen mit, er wolle mit den 400 oder 500 Rollen Trainingsfilme, die Warners im Verlauf des Jahres 1943 für die Regierung herstellen werde, »keinen einzigen Dollar Gewinn« machen. Sollte Warner Bros. mehr ausgeben müssen, als es die staatlichen Vorschriften erlaubten, werde das Studio die Verluste tragen. Warners hatte sich die Filmrechte für Irving Berlins Musical *This Is the Army* mit dem Versprechen gesichert, die Hälfte des Gewinns dem Army Emergency Relief zu überlassen. Am Ende spendete das Studio den Gesamtgewinn in Höhe von 7 Millionen Dollar.

Bei der Premiere von *Yankee Doodle Dandy* musste der Regisseur zu Hause bleiben. Und da Jack Warner lieber allein im Rampenlicht stand, hatte auch Hal Wallis, der Koproduzent des Films, beschlossen, daheim zu bleiben und seinen neuen Film in Angriff zu nehmen. Es war ein Start mit Hindernissen. Am ersten Drehtag klappte sehr wenig auf dem Set von *Casablanca*.

Was die beiden Stars betraf, so hatte Bergman den schwierigeren Job. Bogart musste bloß einen verliebten Mann spielen. Ohne schon zu viel zu verraten, musste Bergman dem Publikum zu verstehen geben, dass Liebe nicht alles bedeutete.

> ILSA   Und ich hasse diesen Krieg so sehr. Ach, diese verrückte Welt. Was kann noch alles passieren? Wenn du hier nicht wegkommst, ich meine, wenn wir irgendwie getrennt werden … Wohin sie dich auch bringen und ganz gleich, wo ich sein werde, ich möchte, dass du weißt, wie sehr …
> Küss mich! Küss mich, als wäre es das letzte Mal.

Außerdem musste Bergman das Publikum fesseln, und das mit einem Text, der so hochromantisch war, dass es beinahe an Parodie grenzte, wie etwa: »War das Artilleriefeuer? Oder klopft mein Herz so laut?«

Ihrer Stimme und ihrem Gesicht glaubte man fast alles. 1947 waren sich mehrere führende Tonleute einig, dass Bergman die erotischste Stimme von allen Schauspielerinnen hatte. »Das Mittelregister ihrer Stimme ist voll und schwingend. Das macht sie ungeheuer aufregend«, schwärmte Francis Scheid. »Sie ist auf eine hehre, kultivierte Art sexy.« Und Pauline Kael befand: »Ihr Gesicht ist wirklich ganz erstaunlich. Ich denke, auf der Bühne und in ihren frühen Filmen wirkte sie irgendwie befangen und unbeholfen, aber die Schönheit ihres Gesichts hat das überstrahlt. Selbst in *Casablanca* bewegte sie sich nicht sehr ausdrucksvoll. Aber das störte einen überhaupt nicht.«

Was immer sie im Innersten beunruhigen mochte, sie ließ sich nichts anmerken. Womöglich empfand sie gar keine Unruhe, da sie bereits in einem Dutzend Filmen, schwedischen wie amerikanischen, Frauen gespielt hatte, die sich vor Liebe verzehren. Gewissenhaft, wie es ihre Art war, hatte sie sich mehrmals *The Maltese Falcon* angesehen, um sich an Bogart zu gewöhnen, »damit ich nicht so eine Angst hätte, wenn ich ihm dann begegne«.

Ganz anders Bogart. Er war bissig und launisch. Liebesszenen waren unbekanntes Terrain für ihn. »Bis jetzt hab ich mich vor der Kamera immer mit einer handlichen schwarzen Automatik aus der Affäre gezogen«, erzählte er einem Journalisten, der den Set von *Casablanca* besuchte. »Das ist ein Kinderspiel. Aber das hier. Da bin ich etwas ratlos.« Das Interview ist wie immer ein bisschen oberflächlich und ohne Substanz, dieweil Bogart sich noch im Unklaren ist, ob er den kultivierten oder den ungestümen Liebhaber geben soll. Doch selbst als er darüber spottet, ist sein Unbehagen offenkundig. »Ich bin nicht so firm in diesen Liebessachen und weiß nicht recht, was ich machen soll.«

Nathaniel Benchley erinnerte sich, ein gemeinsamer Freund, Mel Baker, habe Bogart vor Drehbeginn empfohlen, in den Liebesszenen einfach still zu stehen und die Bergman kommen zu lassen. Bogart scheint diesen Rat befolgt zu haben, aber sein zurückhaltendes Spiel ließe sich ebenso gut mit seinem Naturell oder mit nüchternem Kalkül erklären. Gut zehn Jahre nach *Casablanca* erzählte er einem Biografen, Liebesszenen seien ihm immer noch peinlich. »Vielleicht habe ich deshalb eine persönliche Abneigung, weil ich nicht besonders gut darin bin.«

»Meiner Meinung nach«, so Bette Davis, »gefiel den Frauen an Bogart vor allem, dass er sich in den Liebesszenen – wie viele Männer – so zurückhielt, und das verstanden sie.« Als irischer Pferdetrainer in dem Film *Dark Victory* – eine Rolle, die ihm nicht lag – sollte Bogart der Davis, die seine reiche Arbeitgeberin spielte, den Hof machen. Davis bemerkte dazu: »Vor Betty Bacall war es Bogey wohl wirklich peinlich, Liebesszenen zu spielen, und das kam als eine gewisse Zurückhaltung an. Bei ihr ließ er los, und das war großartig. Sie konnte es an Schlagfertigkeit mit ihm aufnehmen.«

Wie groß auch immer die Distanz zwischen Bogart und Bergman im wirklichen Leben gewesen sein mag und wie unbehaglich sich Bogart mit Bergman in seinen Armen auch fühlte – ihre gemeinsamen Liebesszenen besitzen jene Intensität und Leidenschaft, die man in Hollywood »Chemie« nennt. »Ich kann es wirklich nicht erklären«, sagte Pauline Kael, »aber bei damenhaften Frauen hatte Bogart diese besondere Chemie. Das war bei Katharine Hepburn in *The African Queen* der Fall, und ganz eindeutig bei Lauren Bacall in *To Have and Have Not*, die so tat, als sei sie ein abgebrühtes Mädchen, es aber eigentlich gar nicht war. Beim Flittchen-Typ funktionierte das allerdings nicht.«

Für den Kritiker Stanley Kauffmann klingt in der Begegnung zwischen Bogart und Bergman ein Verhältnis zwischen dem unverblümten Amerika und dem kultivierten Europa an. »Sie war wie eine Rose«, meinte er. »Man konnte ihren Duft förmlich riechen und seine Bartstoppeln spüren, wenn man auf die Leinwand sah. Es war nicht greifbar. In Filmen werden Dinge zusammengebracht, und dann erwartet man, dass Dinge passieren, die nicht passieren. Stecken Sie einen hervorragenden Schauspieler wie Robert De Niro in einen Film mit Meryl Streep, einer hervorragenden Schauspielerin, und nichts passiert.«

* * *

An besagtem erstem Drehtag – während Bergman geduldig wartete und Bogart immer verdrießlicher wurde – war Arthur Edeson beinahe anderthalb Stunden intensiv zugange, bis er endlich mit der Beleuchtung für die Liebesszene im La Belle Aurore zufrieden war. Wallis hatte ursprünglich James Wong Howe haben wollen, doch Edesons Kameraarbeit in *Casablanca* besaß ihre eigenen Vorzüge.

Ursprünglich Porträtfotograf, arbeitete Edeson bereits seit dreißig Jahren als Kameramann und verdiente 500 Dollar in der Woche. 1913, als die Filme nur eine Rolle hatten und in New Jersey gemacht wurden, betätigte er zum ersten Mal die Kurbel einer Kamera. Auch 1942 noch legte Edeson den Film am liebsten eigenhändig ein und hantierte auch selbst mit der Kamera, obwohl die American Society of Cinematographers es nicht gerne sah, wenn Kameramänner auch das Schärfeziehen übernahmen. Andererseits gehörte Edeson zu den 19 Kameraleuten, die die Society 1919 gegründet hatten.

Edeson, der nicht viel größer als 1,50 Meter war und bei Warner Bros. »Der kleine Napoleon« hieß, war demnach schon Kameramann gewesen, als jeder Film noch ein Experiment war. 1924 hatte er Objektive entwickeln lassen, mit denen er in *The Thief of Bagdad* (mit Douglas Fairbanks) eine fantastische Verzerrung erzielte, und 1925 deckte er einen Teil des Objektivs mit Karton ab, damit Constance Talmadge in *Her Sister from Paris* eine Doppelrolle spielen konnte. »Ich habe wochenlang probiert und experimentiert, bis die Szenen mit dem fliegenden Teppich realistisch wirkten«, sagte er über *The Thief of Bagdad*. »Damals wussten wir noch nichts über Rückprojektionen, und diese Szenen mussten mit Doppelbelichtung gemacht werden. Einige hatten bis zu elf Belichtungen auf einem einzigen Stückchen Film.«

Edesons grandioseste Leistung im Stummfilm war die Kameraarbeit für Fairbanks' *Robin Hood*. Dort bedeckte er den Wald zwanzig Meter hoch und dreißig Meter lang mit blauer Gaze und erzielte damit eine reduzierte Perspektive, ohne auf Tiefenschärfe verzichten zu müssen. »Arthur Edesons Fotografie machte sich Bucklands unglaubliche Dekorationen so hervorragend zu Nutze, dass man jede neue Einstellung geradezu körperlich spürt«, schreibt Kevin Brownlow in seinem Buch *The Parade's Gone By*.

Edeson hatte Fairbanks klar gemacht, *Robin Hood* brauche dramatische Bilder, doch diese würden den Film erschlagen, wenn die Story und die Figuren nicht stark genug wären. Im Gegensatz zu anderen Kameraleuten, die nur an Bildern interessiert waren, war Edeson sich ständig der Geschichte bewusst, die er fotografierte. »Die wichtigsten Faktoren sind immer die Geschichte und die Schauspieler«, sagte er. »Der Film *The Maltese Falcon* erforderte eine starke, modernistische, fesselnde Kameraarbeit. Andere Filme brauchen eine möglichst unauffällige Kamera, um den Eindruck von Realismus zu verstärken und vielleicht um zu vermeiden, dass sie eine schwache Geschichte zu sehr dominiert. Meiner Meinung nach sollte man stets größtmögliche Einfachheit anstreben, fotografisch gesehen. Und wenn Ausleuchtung und Bildkomposition einfach sind und der Akzent auf der Geschichte und den Schauspielern liegt statt auf der Kamera, können wir uns nicht allzu sehr verirren.«

Dass Edeson die Schauspieler und die Story in den Vordergrund stellte, gab *Casablanca* eine zusätzliche Dimension. Haskell Wexler, der 1966 für die Kamera in *Who's Afraid of Virginia Woolf?* einen Oscar bekam und einen weiteren 1976 für *Bound for Glory*, hatte *Casablanca* viele Male gesehen. »Edesons Fotografie bestätigt seine Worte«, erläuterte er. »Er gibt sich wirklich Mühe, die Bilder zu einem Teil der Geschichte zu machen. Die ersten Szenen waren für damalige Verhältnisse ziemlich dokumentarisch. Die Menschen im Vordergrund dunkel. Zeit und Ort des Films sind sofort fixiert. Als er zu den romantischen Partien in Rick's Café kommt und Ingrid Bergman erscheint, liebkost er förmlich ihr Gesicht. Er fotografiert sie durch Netzfilter hindurch. Als würde man durch eine Strumpfhose blicken. Außerdem dunkelt er ihre Stirn leicht ab, damit der Blick des Zuschauers auf ihre Augen und die Augenbrauen gelenkt wird und ihre Stirn nicht so hoch wirkt, wie sie tatsächlich war.«

Nachdem er den fertigen Film gesehen hatte, bedankte sich David O. Selznick bei Wallis dafür, dass Edeson die Bergman »so vorzüglich« ins Bild gesetzt habe. Zunächst jedoch gestaltete sich *Casablancas* Start eher problematisch, sowohl was die Kameraarbeit betraf als auch in anderer Hinsicht. Während der ersten beiden Wochen kritisierte Wallis Edesons Arbeit mehrmals so heftig, dass dieser in Tränen ausbrach. Das erste Memo von Wallis kam am Dienstagmorgen, den 26. Mai:

> Wie ich erfahren habe, hat die Vorbereitung der Aufnahme gestern außergewöhnlich lange gedauert, und das Ausleuchten der kleinen Szene in dem Montmartre-Café, die Mike gestern Nachmittag eingerichtet, aber nicht gedreht hat, soll etwa anderthalb Stunden beansprucht haben. Das war eine sehr kleine Dekoration mit nur zwei Personen, und wenn es stimmt, dass das Ausleuchten anderthalb Stunden dauerte, dann muss ich sagen, dass das übertrieben ist.
>
> Auch ich bin bei diesem Film, der einem Kameramann viele Gestaltungsmöglichkeiten bietet, an schöner Fotografie interessiert, aber Sie waren ja auch bei all den Besprechungen anwesend, in denen es um die kriegsbedingten Auflagen ging und um die Notwendigkeit, Geld und Material einzusparen, und ich muss Sie bitten, notfalls einige Abstriche bei der Qualität zu machen, um diese langen Einrichtungszeiten zu vermeiden.

Edeson, der die Angewohnheit hatte, durch seine Sets zu stolzieren, hätte nie Abstriche bei der Qualität gemacht, und das Licht war immer schon seine Spezialität gewesen. Er selbst erzählte, er habe 1914, als im Film mit flacher Ausleuchtung gearbeitet wurde, die weichere Beleuchtung eingeführt, wie vorher in seinen Porträts – »eine Andeutung von Modellierung hier, einen künstlerisch platzierten Schatten dort« –, Ideen, die »weit von dem entfernt waren, was damals als gute Fotografie galt«. In den frühen dreißiger Jahren fiel Edeson durch kühne Beleuchtungseffekte in einer Reihe von Horrorfilmen auf – *Frankenstein, The Old Dark House, The Invisible Man*. George Pratt vom Eastman House hielt Edesons Kameratricks in *The Invisible Man* für die besten seit den Arbeiten von Georges Méliès um die Jahrhundertwende.

Obwohl Arthur Edeson seit fast dreißig Jahren Kameramann war,
klappte am ersten Drehtag fast nichts.

Wie sehr Edeson sich auch darüber geärgert haben mochte, dass Wallis seinen Zeitaufwand kritisierte – eine Woche später wuchs seine Empörung noch, als dieser die ersten Szenen in Rick's Café bemängelte. Wallis verlangte mehr Kontrast und forderte Edeson auf, sich die Probeaufnahmen mit Michèle Morgan und Jean-Pierre Aumont anzusehen, die genau die von ihm gewünschte Ausleuchtung hätten. »Ich wünsche dringend richtiges Schwarz und richtiges Weiß, die Wände und den Hintergrund im Schatten, und das Licht mehr trübe, wie angedeutet«, hieß es in einem Memo vom 2. Juni an Edeson. Zwei Tage später beschwerte sich Wallis immer noch, dass Rick's Café nicht dunkel genug sei.

»Sie wollten es irgendwie schattenhaft und geheimnisvoll haben«, erläuterte Scheid. »Es hat Arthur einen Stich ins Herz versetzt. Er hat geweint. ›Was tun die mir da an?‹ Arthur hat immer gelitten. Er war irgendwie ziemlich weich.«

»Er hat geweint«, so Katz, »aber er hat gewusst, was er tat. Er hätte Hal oder Mike kein Kontra geben können. Aber er war kein schlechter Kerl.«

In diesem Fall gibt Wexler als Kameramann Hal Wallis Recht. Es überrascht ihn, dass ein Produzent einen so ausgeprägten Sinn für das Visuelle besitzt, ebenso wie Musiker, die Wallis' Musiknotizen durchgesehen haben, von seinem Verständnis für Musik beeindruckt sind. »Wallis' Memo vom 2. Juni ist intelligent, überzeugend, hilfreich, respektvoll und außerdem zutreffend«, meint er. »Wenn Edeson in die Großaufnahmen ging, war seine Arbeit großartig. Aber die Totalen von Rick's Café entlarven das Ganze als Kulisse, und es sieht nicht so kühn aus wie das andere Material. Ich finde, Wallis' Kritik war verdammt richtig.«

Es dauerte einige Wochen, bis *Casablanca* zu dem Rhythmus und dem Stil gefunden hatte, der den Ansprüchen von Wallis genügte. Doch dann gab es immer noch das Drehbuch, das nach wie vor Probleme bereitete. Wallis fasste seine Gedanken über den 25. Mai in seinem Memo an die Tonabteilung zusammen: »Unser erster Tag Arbeit an CASABLANCA war sehr schwach.« Ein angespannter Humphrey Bogart, ein zorniger Michael Curtiz und ein frustrierter Arthur Edeson hätten ihm zugestimmt.

Francis Scheid, der an jenem Montagabend wütender war als irgendjemand sonst, meinte dagegen später: »Sämtliche Filme, an denen ich mitgearbeitet habe und bei denen alle ein Herz und eine Seele waren, waren am Ende ziemlich mies.«

8.
Die üblichen Verdächtigen:
Rains, Veidt, Greenstreet, Lorre und Wilson

B is auf Dooley Wilson als Sam wurde keiner von *Casablancas featured players* während der ersten Drehtage benötigt. Gleichwohl hatte sich Hal Wallis bereits Gedanken über die Nebenrollen gemacht, noch bevor die drei Stars des Films feststanden. Das Studiosystem glich einem Eintopf, in dem die Stars das Fleisch und die Kartoffeln waren und die Charakterspieler die Soße, die alles zusammenhielt. Es überrascht, dass von den Darstellern in *Casablanca* nur wenige zum festen Ensemble von Warner Bros. gehörten. Eigentlich wollten die Studios immer so viel wie möglich aus den 85 oder 150 Schauspielern herausholen, die jede Woche ihren Scheck bekamen. *The Hard Way*, das nächste A-Picture, das Warners nach *Casablanca* in Angriff nahm, war weitgehend mit den eigenen Leuten besetzt: Ida Lupino, Dennis Morgan, Joan Leslie, Jack Carson, Faye Emerson, Ray Montgomery und Julie Bishop. Wallis dagegen nutzte alle Vorteile des Vertrages, den er im Januar 1942 unterzeichnet hatte. Warners hatte sich verpflichtet, ihm möglichst die von ihm gewünschten Schauspieler zur Verfügung zu stellen, und so besetzte er *Now, Voyager* und *Watch on the Rhine* mit vertraglich nicht gebundenen Darstellern wie Claude Rains, Paul Henreid, Bonita Granville, Ilka Chase, Gladys Cooper, Paul Lukas, Lucile Watson und George Coulouris. Von den Schauspielern in *Casablanca* standen lediglich Bogart und Sydney Greenstreet auf der Liste vom Januar 1942.*

---

* Madeleine LeBeau, im Film Ricks Geliebte, gab man einen Halbjahresvertrag mit einer Wochengage von 100 Dollar, den man jedoch kündigte, ehe der Film in den Verleih kam. Paul Henreid unterzeichnete just an dem Tag einen langfristigen Vertrag, als *Casablanca* mit der Produktion begann. Und der 23-jährige Helmut Dantine als der glühende junge Ehemann beeindruckte Warner und Wallis derart – obwohl er keinen Dialog hatte –, dass er noch während der Dreharbeiten fest engagiert wurde.

Die Freiheiten, die Jack Warner Wallis eingeräumt hatte, führten bald zu Irritationen. Es ging Warner gegen den Strich, auch nur die geringste Kontrolle über sein Studio abzugeben. Am 2. Februar 1942, dem Tag, an dem Wallis' neuer Vertrag in Kraft trat, wies Warner seinen New Yorker Dramaturgen, Jake Wilk, an, sämtliche Anfragen von Wallis, die den Kauf von Storys oder Bühnenstücken betrafen, »per Luftpost« zur Genehmigung zurückzuschicken, »und ich meinerseits werde Ihnen dann mitteilen, ob wir dranbleiben sollten«. Die Reibereien hielten an, und im März 1943 versuchte Warner bereits auf aggressive Weise, Wallis die Kontrolle über die Auswahl seiner Schauspieler zu entziehen. »Bevor Sie irgendwelchen Bedingungen zustimmen, möchte ich persönlich mein Okay zu den vorgeschlagenen Schauspielern oder Schauspielerinnen geben«, schrieb er seinem Besetzungschef. »Das gilt vor allem für die Filme, die Hal Wallis produziert.«

Bei *Casablanca* war Wallis' erste Besetzungsidee auf geradezu absurde Weise falsch gewesen. Er beschloss, aus Sam eine Frau zu machen. Ricks bester Freund eine Frau – das hätte den Film in eine emotionale Schieflage gebracht. Man stelle sich vor, Bogart würde in die tröstenden Arme von Hazel Scott sinken, während er auf dem Pariser Bahnhof Ilsas Abschiedsbrief liest. Doch Wallis hatte mit Bewunderung Scotts Auftritt im New Yorker Uptown Café Society Club erlebt. Anfang Februar musste Trilling für ihn herausfinden, ob Scott zur Verfügung stand, und sich zugleich nach einer Sängerin erkundigen, Lena Horne, die man ihm empfohlen und als hellhäutiges farbiges Mädchen beschrieben hatte.

Heutzutage klingen solche Worte abfällig, doch 1942 galten »farbig« und »Neger« als höfliche und durchaus austauschbare Bezeichnungen. Damals erwartete man von schwarzen Schauspielern, dass sie gleichzeitig auch Botschafter ihrer Rasse seien, und in dem Newsletter der Negro Actors Guild hieß es, Bill Robinson, Ethel Waters und Duke Ellington hätten sich »durch ihr mustergültiges Verhalten bei Tausenden beliebt gemacht«. Lena Horne, die man nicht bekommen konnte, weil MGM sie gerade unter Vertrag genommen hatte, stand im Zentrum einer erregten Debatte, die während des Krieges über die Frage ausbrach, welche Rollen Schwarze in Filmen spielten sollten. Hornes Vater weigerte sich, ihrem Vertrag zuzustimmen, ehe nicht L. B. Mayer das Versprechen abgab, dass sie keine untergeordneten Rollen spielen müsse. »Mein Vater sagte, er könne sich ein Dienstmädchen für seine Tochter leisten, und

WARNER BROS. PICTURES, INC.
BURBANK, CALIFORNIA

INTER-OFFICE COMMUNICATION

To Mr. __WALLIS__   Date __February 7th, 1942__

From Mr. __TRILLING__   Subject __COLORED GIRL FOR "CASA BLANCA"__

Re memo on the colored girls for "CASA BLANCA".

LENA HORN, the singer at the Little Troc, Felix
Young's new place, is signed to a
term contract at MGM starting next
month. She is an excellent talent --
a very pretty light colored girl. Do
not know if she will fit your requirements as she is a stylist, singing soft,
throaty rhythm and torch numbers in a
very intimate manner (no microphone).
Her voice is reminiscent of Florence
Mills, but with the Ethel Waters style
and she does such numbers as "I Cried
For You", "Blues In The Night", "Sweet
Embraceable You", "St. Louis Blues",
etc. She made a test for Universal
about a month ago and I will try to get
it, as there is always a possibility we
can borrow her for a specific role. I
have no idea why MGM would want to sign
her for a term -- unless they have sev-
eral musicals to use her in. You probably
saw her in New York over the past few years
as she was at the "Cafe Society" in the
Village, and drew attention last year at
the Jam Session at Carnegie Hall when she
sang with Count Basie.

ELLA FITZGERALD is going to appear at the Trianon here
starting April 30th for a run -- and might
be a suggestion as she is a more exuberant
colored stylist. Of course, neither of these
girls are pianists --strictly singers. I will
therefore try to get a check on HAZEL SCOTT'S
possible availability after I get some in-
dication from you when "CASA BLANCA" might go
into production.

ST:vj   STEVE TRILLING

VERBAL MESSAGES CAUSE MISUNDERSTANDING AND DELAYS
(PLEASE PUT THEM IN WRITING)

deshalb solle seine Tochter keine Dienstmädchen spielen. Ich glaube, Mayer war noch nie von einem großartigen schwarzen Mann mit so viel Chuzpe angesprochen worden«, erzählte Horne, die auch als Spanierin hätte durchgehen können, dies aber ablehnte.

Die National Association for the Advancement of Colored People (NAACP) und so militante Schauspieler wie Paul Robeson bestanden darauf, dass kein schwarzer Schauspieler untergeordnete Rollen spielen sollte. Einige schwarze Schauspieler, darunter Clarence Muse, der beinahe die Rolle des Sam bekommen hätte, ließen die NAACP wissen, sie solle sich aus Hollywood heraushalten. Ohne alte Plantagenmammis und Onkel-Tom-Rollen gäbe es gar keine Rollen für schwarze Schauspieler. Das Office of War Information versuchte seinerseits, die Studios dazu zu bewegen, von Schwarzen gespielte Figuren aufzuwerten – eine Haltung, die maßgeblich für all die Kriegsfilme verantwortlich war, in denen ein Schwarzer Seite an Seite mit einem Farmerjungen aus Iowa und einem redseligen New Yorker kämpft. Diese integrierten Einheiten existierten nur in Hollywood. In der wirklichen Armee herrschte Rassentrennung: Die Navy setzte Schwarze allenfalls als Küchenhilfen ein, und das Marine Corps nahm Schwarze überhaupt erst sechs Monate nach Kriegsbeginn auf. Nachdem das OWI Hollywood nahegelegt hatte, mit Dienerrollen für Schwarze sensibel umzugehen, wurden Rollen für schwarze Schauspieler oft kurzerhand gestrichen. Bei Kriegsende hatte die Negro Actors Guild die Hälfte ihrer Mitglieder verloren.

Der Sam in *Casablanca* war Anfang der vierziger Jahre eine der wenigen Rollen, die einem Afroamerikaner eine gewisse Würde zubilligte. Da Sam nicht nur Ricks Angestellter, sondern auch sein Freund war, konnte er zwar nicht das gleiche Format wie der von Leigh Whipper gespielte Schwarze haben, der sich in *The Ox-Bow Incident* gegen das Lynchen mutmaßlicher Viehdiebe ausspricht, oder wie der von Ernest Anderson gespielte schwarze Angestellte in *In This Our Life* (Drehbuch: Howard Koch), der Bestechungen und Drohungen widersteht und sich weigert, über Bette Davis' Autounfall zu lügen. Gemessen an den Maßstäben von 1942 war Sam jedoch eine sympathische und zurückhaltende Figur, zum einen schon vom Manuskript her, zum anderen durch die liebenswürdige Art, mit der Dooley Wilson sie verkörperte. Um diese Rolle mit den anderen zu vergleichen, die schwarze Schauspieler normalerweise bekamen, braucht man sich nur Wilsons vorherigen Film anzusehen,

Night in New Orleans, der im Juli 1942 anlief, während Wilson an *Casablanca* arbeitete. Darin spielte er Shadrack Jones, laut *New York Times* der »unvermeidliche farbige Diener, der die üblichen komischen Laute des Erschreckens von sich gibt, wenn das Licht ausgeht oder eine Leiche von einem nebelverhangenen Kai ins Wasser plumpst«.

Wie oder von wem Wallis davon abgebracht wurde, Sam in eine Frau zu verwandeln, ist nicht belegt, doch am 20. April führte Curtiz bei einer Probeaufnahme mit Dooley Wilson Regie. Wallis' Kritik an Curtiz' Auffassung von der Rolle ist ein weiteres Beispiel dafür, wie Wallis den Film gestaltete.

Lieber Mike:
Die Probeaufnahme mit Dooley Wilson ist ziemlich gut. Er ist nicht ideal für den Part, aber falls wir nicht mehr weiterkommen und nichts Besseres finden, könnte er ihn vermutlich spielen.

Wie die Szene gespielt wurde, gefiel mir allerdings nicht besonders, und ich denke, wir sollten uns mal darüber unterhalten, damit wir uns über die Charakterisierung einig sind. Mir gefiel die muntere, schnoddrige Art des Mannes nicht, ich hatte doch immer den Eindruck, dass er sich um »Rick« wirkliche Sorgen machte und dass er bei den Worten: »Kommen Sie, Boss. Gehen wir angeln. Hauen wir hier ab – wir machen eine lange Spazierfahrt« usw. den Mann im Grunde anfleht, weil er weiß, was passiert, wenn er ihn da mit »Lois« zurücklässt.

Was ist mit der Probeaufnahme, die wir mit Clarence Muse machen wollten?
Hal Wallis

Clarence Muse, einer der Gründer einer schwarzen Theatertruppe in Harlem, hatte seit 1929 die üblichen unterwürfigen Filmrollen gespielt, die ihm einen angenehmen Lebensstandard bescherten. Er besaß eine 15 Hektar große Hühnerfarm im San Fernando Valley. Muse machte Probeaufnahmen als Sam, desgleichen William Gillespie, Napoleon Simpson, Fred Skinner und Elliot Carpenter, der dann in dem Film für Sam Klavier spielte. (Dooley Wilson war ein hervorragender Schlagzeuger, aber er konnte nicht Klavier spielen.) Curtiz fand Carpenter ungeeignet und brach die Probeaufnahme ab. Wallis stellte klar, dass er Muse lieber hätte, aber es wurde nie ein Vertrag unterzeichnet,

Dooley Wilson spielte den Sam. Seinen Spitznamen verdankte Wilson der Tatsache, dass er, weiß geschminkt, irische Lieder vorgetragen hatte.

und am Ende spielte Muse stattdessen einen Hausdiener in Wallis' Film *Watch on the Rhine*, der 15 Tage nach *Casablanca* ins Atelier ging.

»Clarence Muse hätte überhaupt nicht gepasst«, meinte Katherine Dunham, die 1940 am Broadway neben Dooley Wilson in *Cabin in the Sky* eine Hauptrolle spielte. »Ich glaube, Clarence Muse kam einfach von seinem Rollenklischee nicht mehr los.«

Dooley Wilson wiederum hatte versucht, sich einer solchen Festlegung zu widersetzen. Eigentlich hieß er Arthur. Er war sieben, als sein Vater starb und er im texanischen Tyler für seine Mahlzeiten in Kirchenchören sang. Mit acht trat er schon in Wandershows auf, sang Schmalzballaden wie »I'm Only a Bird in a Gilded Cage« und verdiente 18 Dollar die Woche. In seinem Vertrag bei Pa-

Wie Casablanca gemacht wurde

ramount Pictures wird sein Geburtsjahr mit 1884 angegeben, möglicherweise wurde er aber auch erst 1887 geboren. Er war das jüngste von fünf Kindern einer Arbeiterfamilie, in der niemand genau Buch führte.

1908 war Wilson bereits Mitglied des Pekin Theatre in Chicago, des ersten offiziellen schwarzen Theaters in den Vereinigten Staaten. Dort verdiente er sich seinen Spitznamen, als er sich weiß schminkte und als Ire ausgab, wenn er den Song »Mr. Dooley« vortrug. Während der nächsten zehn Jahre war er an den meisten frühen Theaterversuchen mit schwarzen Schauspielern beteiligt, so auch bei der Anita Bush Company in New York City im Jahre 1914 und dann 1915 bei der Lafayette Players Stock Company von Charles Gilpins in Harlem. Darüber hinaus gründete er eine Band und sang in Kabaretts. Nach dem Ersten Weltkrieg erschien ihm Europa gastfreundlicher als Amerika. Dooley gründete eine neue Band – er selbst sang und spielte Schlagzeug – und ging nach Übersee.

Als er während der Weltwirtschaftskrise wieder in den Vereinigten Staaten war, spielte er für John Housemans Negro-Theatre-Abteilung des Federal Theatre Project die Hauptrolle in *Conjur' Man Dies*, dem Stück, das dem schwarzen *Macbeth* von Houseman und Orson Welles vorausging. 1940 bot sich Wilson schließlich die Chance, die ihn nach Hollywood führen sollte: die Rolle des Little Joe in *Cabin in the Sky*. Little Joe war ein fauler kleiner Ganove und Spieler, und seine Frau (Ethel Waters) musste seine Seele vor der verführerischen Gesandtin des Teufels (Katherine Dunham) retten.

Dunham, deren Ballett-Truppe sich bereits einen Namen gemacht hatte, war von dem Choreographen George Balanchine rekrutiert worden. »Ich war völlig neu im Geschäft«, erinnerte sie sich. »Ich hatte noch nie in einer Broadway-Show gesungen. Dooley half mir, die rüden Manieren von Ethel Waters zu ertragen, die immer auf irgendjemanden sauer war, und besonders auf mich. Sie hatte einen ziemlich derben Umgangston, an den ich mich erst gewöhnen musste. Dooley war im Grunde ein sanfter Mensch, ehrlich und geradeheraus. Und bescheiden.«

Das kommunistische Blatt *Daily Worker* beschrieb *Cabin in the Sky* zwar als »eine Show, die den Neger auf schandbare Weise verunglimpft«, mit »Pappfiguren, die so zurechtgeschnitten sind, dass sie den Klischeevorstellungen des weißen Mannes entsprechen«, doch an anderer Stelle bekam Dooley reichlich gute Kritiken. Paramount engagierte ihn, wo er 350 Dollar die Woche verdiente und Pullman-Gepäckträger spielte. Da sich MGM die Filmrechte für *Cabin in the Sky* sicherte, verloren Katherine Dunham und Dooley Wilson die Rollen an Lena Horne und Eddie (»Rochester«) Anderson.

Lena Horne nannte Dooley Wilson später »süß« und »lieb«. Sie selbst sah nicht nur hinreißend aus, sie hatte auch Glück. Es war der Regierung zu verdanken, dass es zwei ausschließlich mit Schwarzen besetzte Musicals gab, *Cabin in the Sky* und *Stormy Weather*, in denen sie die Hauptrollen spielen konnte. Der *New York Times* zufolge war die Roosevelt-Administration der Ansicht, die Bemühungen der Regierung, Schwarze in der Rüstungsindustrie unterzubringen, würden dadurch gefördert, dass Schwarze in wichtigen Filmen auftreten. Arbeiter fehlten zwar, doch viele Betriebe sträubten sich weiterhin gegen die Einstellung von Schwarzen. Auch Dooley Wilson profitierte von dieser Kampagne, indem er die kleine Rolle eines Schlagzeugers in *Stormy Weather* bekam. Natürlich gab es keine Schwarzen in der Movie Hairdressers' Union, der Gewerkschaft der Filmfriseure, und weil es die weißen Friseure bei MGM ablehnten, Horne zu frisieren, musste sich der Leiter der Abteilung, Sydney Guillaroff, persönlich um sie kümmern.

Im Mai 1942 lieh Warner Bros. Wilson von Paramount für garantierte sieben Wochen à 500 Dollar aus, um ihn als »Sam the Rabbit« in *Casablanca* einzusetzen. Paramount strich die zusätzlichen 150 Dollar pro Woche ein. Entweder machten die Studios Gewinn, wenn sie ihre Schauspieler verliehen, oder sie konnten den Lohn eines Vertragsschauspielers sparen, der sonst einige Wochen ohne Beschäftigung gewesen wäre. Da die Figur des Sam eine kleine Rolle war und Wilson ein Darsteller für kleinere Rollen, gab es keinerlei Diskussion über eine eventuelle Nennung im Vorspann, eine Erleichterung gegenüber den komplizierten Verträgen der anderen Nebendarsteller.

Laut Vertrag sollte Claude Rains »auf allen Fotos und in der vom Produzenten kontrollierten Werbung« als erster Nebendarsteller namentlich erscheinen. Conrad Veidt, der den Major Strasser spielte, »sollte an fünfter Stelle stehen, mindestens als zweiter Nebendarsteller und in gleich großen Lettern wie Claude Rains«. Da der Besitzer des Blue Parrot nur eine kleine Rolle war, bot das Studio Sydney Greenstreet einen Sondervertrag mit einer Wochengage von 3750 Dollar an. Sein normaler Vertrag garantierte ihm lediglich zwei Filme im Jahr für 1500 Dollar die Woche. Außerdem versprach man ihm eine Nennung als Nebendarsteller. Peter Lorre musste zwar auf der Leinwand als

Nebendarsteller genannt werden, nicht jedoch in den Anzeigen. Mitte Juli, als *Casablanca* mit jedem Tag weiter hinter den Zeitplan zurückfiel, wurde Greenstreets Wochengage von 3750 Dollar für Wallis mehr und mehr zum Problem, zumal er die umfangreiche und kostspielige Besetzung des Films sowieso schon als Belastung empfand. Greenstreets Rolle beanspruchte nur fünf Drehtage, doch dafür saß er fast den ganzen Juli nur freundlich lächelnd und ansonsten untätig am Set herum. Am Schluss bekam der Schauspieler für seine paar Szenen über 13 000 Dollar.

Heutige Filme sind größer, raffinierter, technisch brillanter und beeindrucken mit ihren computererzeugten Spezialeffekten. Gleichzeitig sind sie aber auch »flacher«. Ihnen fehlt die üppige Ausstattung mit Charakterdarstellern, die dem Hintergrund einst Tiefe und Profil verliehen, an denen sich das Licht des Stars brechen konnte und ein anderes, komplexeres Bild ergab. Warner Bros. hatte beispielsweise Alan Hale als Little John, der Errol Flynns Robin Hood herausforderte, dann an Flynns Seite nach *Dodge City* und *Virginia City* ritt und in *The Sea Hawk* neben ihm auf den Schiffsplanken stand. Oder Gene Lockhart – tückisch, aalglatt, jemand, dem nicht zu trauen war. Da waren der allzeit brauchbare Fiesling Jack Carson, der sich in den herumalbernden besten Freund des Helden verwandeln konnte, wenn es sich um eine Komödie handelte, und der Urproletarier George Tobias, der in zwei Dutzend Kriegsfilmen in Erscheinung trat. Frank McHugh mit seinem irischen Charme und dem hellen Lachen war jedes Jahr in einem halben Dutzend Warner-Filme zu sehen. Außerdem gab es Charakterdarsteller vom Gewicht und der Autorität eines Raymond Massey, der Abraham Lincoln, den die Sklaverei bekämpfenden Politiker George Brown und schließlich auch den Kapitän von Humphrey Bogarts Schiff in *Action in the North Atlantic* verkörperte.

Diese Schauspieler standen in der zweiten Reihe und füllten die Leerstellen auf der Leinwand und in der Geschichte. Hätte Carroll O'Connor in den dreißiger Jahren gelebt, hätte sie eine solche Karriere bei Warner Bros. machen können. Heutzutage erlauben das jedoch weder die Drehbücher noch die Umstände. Die Filme von heute erzählen private Geschichten, keine öffentlichen. Nur wenige behandeln ein gesellschaftliches Thema und benötigen ein halbes Dutzend Charakterdarsteller, um ihren Nebenhandlungen Dichte und Tiefe zu geben. Meistens haben sie ohnehin so gut wie keine Nebenhandlungen, und die Kamera konzentriert sich auf die millionenschweren Stars. Ehe sich

Claude Rains mit Merle Oberon, seiner Tochter Jennifer
(die sich später Jessica nannte) und seiner Frau Frances

damals stets präsente Charakterdarsteller wie Frank Morgan, Thelma Ritter, Reginald Gardiner, Basil Rathbone, Flora Robson oder Donald Crisp eine Beziehung zu ihrem Kinopublikum aufbauen könnten, müssten sie jetzt erst Hauptrollen in einer Fernsehserie spielen.

Nach den üblichen Kriterien hätten Conrad Veidt und Claude Rains als Charakterdarsteller gegolten. Aber sie waren Stars, was sich etwa daran zeigte, dass Warner Bros. ihnen 5000 oder 4000 Dollar pro Woche für ihre Mitwirkung in *Casablanca* zahlte. Veidt war schon in Stummfilmen in Deutschland (*Das Cabinet des Dr. Caligari*) wie auch in Amerika (*The Man Who Laughs*) ein Star gewesen, bevor Hollywood von ihm verlangte, Nazis zu spielen. Rains' Karriere verlief dagegen zweigleisig. Er wechselte mühelos zwischen Titelrollen – als Phantom in *Phantom of the Opera*, als Mr. Skeffington in dem gleichnamigen Film und als Cäsar in *Caesar and Cleopatra* – und der Darstellung weltläufiger Schurken, aalglatter, bestechlicher Politiker oder, in *Now, Voyager*, dem Psychiater, wie ihn sich jeder Patient wünscht.

Bette Davis war stets der Ansicht, dass *Now, Voyager* einen falschen Schluss hatte, und schrieb diesen in Gedanken um. Anstatt sich für ihr restliches Leben nach Paul Henreid zu verzehren, heiratet die von Davis gespielte Charlotte Rains' Dr. Jacquith. Die gegenseitige Bewunderung beider Schauspieler währte über dreißig Jahre. Als Bette Davis Rains auf seiner Farm in Pennsylvania besuchte, nachdem beide *Deception* gedreht hatten, waren ihre ersten Worte: »Du Dreckskerl, du hast mir die Schau gestohlen.« Er konnte jedem die Schau stehlen. Das lag unter anderem an seinem Charme und der Art, wie er in seine Rolle schlüpfte und die Figur sarkastischer, verbindlicher, zynischer oder verrückter machte, als sie im Drehbuch stand. Doch auch seine Stimme hatte daran ihren Anteil – sie war ironisch, spitz, verführerisch, kultiviert. »Diese Stimme war eine der großartigsten Schauspielerstimmen, die ich jemals gehört habe«, bekundete etwa Stanley Kauffmann, der Kritiker der *New Republic*. »Sie war angenehm, warm und verfügte über ungeheure Ausdrucksmöglichkeiten. Er konnte mit ihr machen, was er wollte. Seine Stimme an sich war schon eine Attraktion, was übrigens auch für James Mason und Rex Harrison galt.«

Ebendieser Stimme verdankte Rains 1933 seine erste Filmrolle. Universal lud den damals 44-Jährigen zu Probeaufnahmen nach Hollywood ein. Rains behauptete stets, das Ergebnis sei grauenhaft gewesen. Als Theaterschauspieler sei er förmlich über die Kamera hergefallen. Man schickte ihn nach New York zurück, wo er zu den ersten Darstellern der Theatre Guild gehörte. Ein paar Wochen später nahm man seine Muster zusammen mit anderen Testaufnahmen abgelehnter Kandidaten noch einmal unter die Lupe. Im Vorführraum nebenan saß Regisseur James Whale, und als er Rains sprechen hörte, sagte er sinngemäß: »Es ist mir egal, wie er aussieht. Ich will *die* Stimme haben und keine andere.« Und diese Stimme spielte dann die Hauptrolle in dem Whale-Film *The Invisible Man*. Der Schauspieler selbst war vollständig mit Bandagen bedeckt, und sein Gesicht sah man erst, als die von ihm dargestellte Figur starb.

Dabei war der weltmännische Claude Rains, wie auch der ähnlich elegante Cary Grant, letztlich ein Geschöpf seiner selbst. »Er besuchte die Schule nur bis zur zweiten Klasse«, erzählte seine Tochter Jessica. »Er war eins von zwölf

Kindern. Alle starben bis auf zwei. Er hatte einen schweren Cockney-Akzent und einen Sprachfehler.«

Mit zehn verkaufte Willie Rains Zeitungen und sang für eine Tüte Süßigkeiten in einem Kirchenchor. Im folgenden Jahr, 1900, spielte er am Haymarket Theatre im Londoner West End einen abgerissenen Straßenjungen in *Sweet Nell of Old Drury*. Dann musste er als so genannter *call boy* an die Garderobentüren von Sarah Bernhardt und Ellen Terry klopfen, um ihnen zu sagen, wie viel Zeit noch bis zu ihrem Auftritt blieb. Sir Herbert Beerbohm Tree erkannte das schauspielerische Talent in dem Jungen, der sich Willie Wains nannte, weil er den Buchstaben »r« nicht aussprechen konnte. Tree gab ihm das Geld für Bücher über Sprechtechnik und erteilte ihm Unterricht, und Willie übte 18 Monate lang vor einem Spiegel. Er blieb sieben Jahre bei Tree, als Laufbursche, Souffleur, Inspizient und Schauspieler. Am Ende seines Lebens behauptete Rains, er habe nie den Ehrgeiz besessen, Schauspieler zu werden – der Erfolg sei ihm aufgedrängt worden.

Während des Ersten Weltkrieges wurde Rains auf den Hügeln von Vimy durch Giftgas verletzt. Danach war er auf einem Auge fast blind, was freilich kaum jemand wusste. Rains hatte sich von einem Cockney-Jungen mit einem Sprachfehler in einen Offizier und Gentleman verwandelt, und die neue Schöpfung erwies sich als makellos. Er hatte etwas geschafft, was in der britischen Klassengesellschaft beinahe ein Ding der Unmöglichkeit war: Er war als einfacher Soldat in die Armee eingetreten und hatte sie als Hauptmann verlassen. Mit seinem auf der Bühne gewonnenen Selbstvertrauen und seinem Upper-Class-Akzent hatte er sich in die entsprechende Rolle hineingespielt.

Rains war drauf und dran, wieder zur Armee zu gehen, als er an einem Theater vorbeikam, wo ihm ein Freund einen Job anbot. Mitte der zwanziger Jahre zählte ihn ein englischer Theaterkritiker zu den »zwanzig Hoffnungsträgern« der englischen Bühne – zusammen mit Somerset Maugham, Noel Coward, Gordon Craig und Edmund Gwenn. Rains sagte oft, er habe in seiner Laufbahn alles gespielt außer einer Frau und dem Hinterteil eines Pferdes. Schon als junger Mann verkörperte er besonders gut »degenerierte Charaktere«, wie es ein britischer Kritiker formulierte. Aber er fühlte sich auch in den beißenden sozialistischen Komödien von George Bernard Shaw zu Hause. Rains hütete sorgsam Exemplare von Shaws Stücken mit Widmungen des Autors: »Für meinen Lieblingsschauspieler« und »Für meinen Lieblingsinterpreten«.

Wie Casablanca gemacht wurde

Im Jahr 1942 war Rains ein glücklicher Mann. Er war mit der vierten seiner sechs Frauen verheiratet, und mit seinen 52 Jahren war er Vater einer vierjährigen Tochter, seines ersten und einzigen Kindes. »Die Frauen bemutterten ihn immer«, erinnerte sich Paul Henreid 1972. Ingrid Bergman nannte Henreid eine Primadonna. Mit den gleichen Worten sprach Henreid von Rains: »Er war einer von diesen Männern, die wie ein großes Baby sind. Eine unglaubliche Primadonna. Jeder bediente ihn, weil er den Hilflosen mimte. Zu meiner Frau sage ich immer: ›Hätte ich doch nur in unserer Ehe von Anfang an den Hilflosen gespielt.‹« Henreid und Rains standen viermal gemeinsam vor der Kamera. Sie hatten gerade die Arbeit an *Now, Voyager* beendet, gleich danach mit *Casablanca* begonnen und traten später noch zusammen in *Deception* und *Rope of Sand* auf. »Claude hatte die Einstellung: Sollen die andern ruhig alles für mich tun. Ich lehne mich einfach zurück und lasse sie machen«, so Henreid. »Ansonsten hätte er wahrscheinlich eine ebenso bedeutende Karriere gemacht wie Leslie [Howard] oder Ronnie Colman, denn er war auf alle Fälle ein vorzüglicher Schauspieler.«

Casablanca war Rains' 32. Film. Er hatte bereits eine Porträtgalerie geschaffen, die von dem ehrgeizigen Staatsanwalt, der in *They Won't Forget* einen Unschuldigen hängen lässt, bis zu John, dem verdrießlichen Prinzen, in *The Adventures of Robin Hood* reichte, von dem korrupten Senator in Frank Capras *Mr. Smith Goes to Washington* bis zum liebenswerten Vater in *Four Daughters, Four Wives* und *Four Mothers*. *Four Daughters* hatte Julius Epstein die erste Oscar-Nominierung für das beste Drehbuch eingebracht, und danach betrachtete er Claude Rains als seinen Talisman. Gleichwohl war Epstein keineswegs glücklich, als er erfuhr, dass Rains den Captain Renault spielen sollte. »Wir haben Wallis und Curtiz gesagt: ›Es gibt so viele gute französische Schauspieler. Wieso dann ausgerechnet einen Engländer?‹« Doch Wallis, der schon so oft mit Rains zusammengearbeitet hatte, von *The Prince and the Pauper* und *The Adventures of Robin Hood* bis hin zu *Now, Voyager*, zog nie ernstlich irgendjemand anderen in Betracht. Und Rains seinerseits dachte gar nicht daran, die gehaltvolle und gut geschriebene Rolle des amüsierten Zynikers abzulehnen, für den Kompromiss eine Kunst ist.

Rains, den Warner Bros. einige Jahre zuvor für 30 000 Dollar pro Film unter Vertrag genommen hatte, war bereit, sich mit einer Garantiesumme von 20 000 Dollar zufrieden zu geben – fünf Wochen à 4000 Dollar –, nur um bei

Casablanca dabei zu sein.* Er beendete seine Rolle in *Now, Voyager* am 3. Juni und spielte seine erste Szene in *Casablanca* um 10.30 Uhr am nächsten Morgen. Für Rains bestand die eigentliche Zumutung aber darin, den Sommer in Los Angeles verbringen zu müssen, denn er fand Südkalifornien »kahl, kalt und braun«. Sein Herz gehörte einer 154 Hektar großen Farm in Pennsylvania. Er saß in der Dekoration von *Casablanca* und las Broschüren über Düngemittel und Sojabohnen. Im Vorjahr hatte Rains 80 Tonnen Heu, 1100 Scheffel Hopfen und 1300 Scheffel Mais geerntet. »Wenn er über seine Farm und über Landwirtschaft redete, hatte man das Gefühl, dass er von etwas sprach, das er liebte«, meinte Ricks Barkeeper Leonid Kinskey. »Ansonsten war nichts aus ihm herauszukriegen.«

Geld und Status waren nicht die einzigen Kriterien, durch die sich Charakterdarsteller und Stars unterschieden. Obwohl sie Persönlichkeiten auf der Leinwand verkörperten, die in der Regel mindestens so stark waren wie die der Stars, die sie begleiteten, genossen Charakterdarsteller längst nicht die gleiche Verehrung. Kaum jemand im Kino identifizierte sich mit Charles Coburn oder Marjorie Main, wäre gern ihre Geliebte oder ihr Liebhaber gewesen oder hätte sie vernichten wollen, und so konnten die Schauspieler Arbeit und Privatleben mehr oder weniger voneinander getrennt halten und die Schauspielerei zu einem Job machen, wie es das Publikum bei Humphrey Bogart oder Ingrid Bergman niemals zugelassen hätte. Zuschauer investierten ihre Träume in die Stars und wollten dafür belohnt werden – mit Zins und Zinseszins. Da Bogart und Bergman im wirklichen Leben irgendwie, aber eben nicht genauso wie ihre Figuren im Film waren, bescherte ihnen die Filmgarderobe, die sie trugen, einige Probleme in ihrem Privatleben. Bogart, der sich auch sonst kleidete wie sein Ebenbild auf der Leinwand, wurde immer wieder in Bars belästigt. Und Bergman ließ ihre Unschuld auf der Leinwand zurück und schockierte Amerika, als sie mit Roberto Rossellini davonlief.

Ein erfolgreicher Charakterdarsteller hatte gewisse Freiheiten. Während Stars vollkommen oder zumindest Helden sein mussten, konnte Claude Rains es sich leisten, ein Schurke zu sein. »Wir verbringen einen beträchtlichen Teil unseres Lebens damit, den inneren Impuls zum Bösen zu unterdrücken«, sagte er einmal in einem Interview, und fügte hinzu, es sei wunderbar, dafür bezahlt

---

* Rains arbeitete am Ende sieben Wochen und verdiente somit 28 000 Dollar.

Conrad Veidt war ein entschiedener Nazi-Gegner,
der für den Rest seines Lebens Nazis spielen musste.
Er starb als Erster der Casablanca-*Crew.*

zu werden, den Fiesling zu spielen. »Man kann seine ganze Niedertracht auf der Bühne ausleben«, erzählte er seinem Biografen.

Conrad Veidt hatte derartige Rollen vermutlich schon satt, als man ihm den Major Strasser in *Casablanca* anbot. Steve Trilling, der ehemalige Besetzungschef, hatte für die Rolle Strassers – zu diesem Zeitpunkt noch ein Gestapo-Hauptmann* – Otto Preminger vorgeschlagen, der 13 Jahre jünger war als Veidt und am 27. April Probeaufnahmen machte. Bei Conrad Veidt war das nicht nötig. Er hatte schon seit Mitte der dreißiger Jahre gerissene, bösartige Deutsche verkörpert. In drei Filmen, die 1942 in die Kinos kamen, darunter auch *Casablanca*, spielte Veidt Nazis. In MGMs *Nazi Agent* war er nicht nur der böse

---

* Bei der Geheimen Staatspolizei gab es keine militärischen Dienstgrade.

Nazi-Spion, sondern auch dessen amerikatreuer Zwillingsbruder. In Warners' *All Through The Night* belud er ein Schnellboot mit Sprengstoff, um es anschließend auf ein Schlachtschiff im Hafen von New York zu lenken, eine Aktion, die Humphrey Bogart rechtzeitig vereitelte. Einen Monat bevor Veidt die Rolle des Major Strasser bekam, hatte es der Regisseur Herman Shumlin abgelehnt, ihm die Rolle des Nazi-Sympathisanten in *Watch on the Rhine* zu geben. »Ich finde, Veidt hat eine zu düstere Ausstrahlung«, schrieb Shumlin an Wallis. »Ich befürchte, man würde ihm den Schurken auf den ersten Blick ansehen.« Shumlins Weigerung war ebenfalls einer der Zufälle, von denen *Casablanca* profitierte, denn Veidt hätte sonst nicht zur Verfügung gestanden.

Der 1893 in Berlin geborene Veidt hatte als Held begonnen, nicht als Schurke. Der außergewöhnlich gut aussehende Schauspieler war 1919 als der Somnambule in *Das Cabinet des Dr. Caligari* über Nacht zum Star geworden. 1926 bestand John Barrymore darauf, dass Veidt nach Hollywood kam, um mit ihm zusammen in dem Film *The Beloved Rogue* aufzutreten. Veidt stand für zwei Jahre bei Universal unter Vertrag und verdiente 1500 Dollar die Woche, ehe ihn der aufkommende Tonfilm und sein mangelhaftes Englisch veranlassten, 1929 nach Deutschland zurückzukehren. Er tat dies trotz seines riesigen Erfolges ein Jahr zuvor als der tragische Clown in *The Man Who Laughed*, dessen Gesicht in permanentem Lächeln erstarrt.

Veidts dritte Frau Lily war Jüdin. Die beiden heirateten 1933 und reisten sofort nach England aus. »Veidt wäre nie von seiner geliebten Tochter Viola weggezogen, wenn es nicht unbedingt nötig gewesen wäre«, meinte Patricia Battle, die an einer Biografie des Schauspielers arbeitet. »Immerhin sorgte er dafür, dass seine Tochter und seine zweite Frau vor Kriegsbeginn in die sichere Schweiz kamen. Es gibt eine Geschichte – die vielleicht nicht stimmt –, wonach Veidt bei seiner endgültigen Ausreise aus Deutschland ein Formular ausfüllen musste, in dem nach seiner Religionszugehörigkeit gefragt wurde. Er soll ›JUDE‹ geschrieben haben.«

Als er von Carl Combs interviewt wurde, einem Warner-Mann, der über *Casablanca* berichten sollte, äußerte sich Veidt über die Strasser-Figur. »Diese Rolle symbolisiert die Grausamkeit, die kriminellen Instinkte und die mörderische Hinterlist des typischen Nazis«, sagte er. »Ich kenne diesen Menschen gut. Er ist der Grund, warum ich Deutschland vor vielen Jahren aufgegeben habe. Ein Mann, der in seiner Gier, jemand zu sein und etwas umsonst zu bekommen, zum Fanatiker geworden ist und seine Freunde, sein Vaterland und sich selbst verraten hat.«

1938 wurde Veidt britischer Staatsbürger. Damals spielte er großartige Schurken wie den Großwesir in Alexander Kordas *The Thief of Bagdad*. Als der Krieg ausbrach, lieh er das Geld, das er auf der Bank hatte, der britischen Regierung. Nach seinem Wechsel nach Amerika im Jahr 1940 spendete er den größten Teil der Gage aus seinen amerikanischen Filmen dem British War Relief. Schließlich war er erst 49 Jahre alt, stand bei MGM unter Vertrag und hatte noch etliche Jahre und viele gute Filme vor sich. Doch am Ende starb er als Erster der Hauptakteure von *Casablanca*. Kaum ein Jahr später brach er auf einem Golfplatz tot zusammen.

»Connie muss wohl gedacht haben, er würde fünfzehn, zwanzig Jahre arbeiten können«, sagte der Literaturagent Robbie Lantz, Veidts Freund, der mit ihm zusammen nach Amerika kam. Er holte Lily Veidt nach New York in seine Agentur. Sie überlebte ihren Mann um mehr als vierzig Jahre. »Auf eine anrührende, unsentimentale, wunderbare Weise«, so Lantz, »trug Lily die Fackel bis zum Schluss. Nach Connie gab es keinen anderen. Und sie sprach nie über ihn. Es war bis zum Schluss zu schmerzlich für sie.«

Ende Mai lieh sich Warner Bros. Conrad Veidt von MGM für 25 000 Dollar, fünf Wochen à 5000 Dollar. Zu der Zeit, als Warners Dooley Wilson von Paramount und Veidt von Metro borgte, zwang der Krieg die Studios dazu, auf eine Art zu kooperieren, die sechs Monate zuvor noch undenkbar gewesen wäre. Als die Conservation Order L-41 die Kosten für Bauten auf 5000 Dollar pro Film beschränkte, behalfen sich die Studios, indem sie gebrauchte Sets untereinander ausborgten und verliehen. In einem Plan, der laut *Hollywood Reporter* »geradezu einer Bündelung aller Studio-Ressourcen gleichkam«, vereinbarten die Studios den Austausch von Schauspielern und Technikern. Obwohl das Ganze mehr eine abstrakte Idee blieb, war es eine Reaktion auf den plötzlichen Aderlass: Schauspieler und Handwerker wurden eingezogen. Mitte März 1942 hatten sich bereits 1500 (oder 5 Prozent) von Hollywoods 30 000 Angestellten freiwillig gemeldet oder waren eingezogen worden. Bis 1944 erhöhte sich diese Zahl auf 22 Prozent.

* * *

Sydney Greenstreet und Ingrid Bergman auf einem Werbefoto

Am 29. April, einen Monat vor Produktionsbeginn, standen folgende Namen auf der Besetzungsliste des Studios: Humphrey Bogart als Rick, Ingrid Bergman als Lois Meredith, Claude Rains als Renault, Conrad Veidt oder Otto Preminger als Strasser und Peter Lorre als Ugarte (falls dem nicht ein Vertrag im Wege stand, den Lorre mit Universal hatte). Die Rolle des Victor Laszlo war noch zu besetzen. Clarence Muse war vorläufig als Sam vorgesehen. Curt Bois

Wie Casablanca gemacht wurde

Peter Lorre und Sydney Greenstreet in einer Szene aus dem Film The Verdict

sollte, ebenso vorläufig, der Kellner Carl sein, die Rolle, die dann im Film von Szöke Szakall gespielt wurde. Fydor, Ricks Barkeeper – dessen Name später in Sacha umgeändert wurde –, sollte von Mikhail Rasumny, Michael Delmatoff oder dem verlässlichen George Tobias dargestellt werden. Alle anderen Rollen waren noch offen.

Wallis und Curtiz sahen bei den kleineren Rollen noch keinen dringenden Handlungsbedarf. Amerikanische Schauspieler mochten Mangelware sein, doch Hitler hatte dafür gesorgt, dass Hollywood voller deutscher, österreichischer, ungarischer, polnischer und französischer Schauspieler war, deren Akzente und Eigenheiten den Casting-Chefs der Studios austauschbar erschienen. Wallis wollte Sydney Greenstreet als den Schwarzmarkthändler haben, war aber bereit, J. Edward Bromberg zu akzeptieren, falls sich Greenstreet nicht überreden ließ, die kleine Rolle zu übernehmen. Um Greenstreet zu locken, ließ Wallis die Rolle gleichwohl erweitern: In *Everybody Comes to Rick's* taucht diese Figur nur in der Szene auf, in der er Rick anbietet, ihm sein Café abzukaufen. Außerdem bot ihm der ansonsten so geizige Wallis Greenstreet als Köder eine Wochengage von annähernd 4000 Dollar an. Obwohl es sich nach wie vor um eine kleine Rolle handelte, war Greenstreet das Geld wert. Sein Leibesumfang machte ihn zu einem der wenigen Schauspieler, die es mit Bogart aufnehmen konnten. Das hatte er in *The Maltese Falcon* und *Across the Pacific* bewiesen, und er sollte es ein weiteres Mal in *Passage to Marseille* und *Conflict* unter Beweis stellen. Greenstreets hinterhältige Jovialität machte *Casablanca* gefährlicher.

* * *

Sydney Greenstreet und Peter Lorre hatten in *Casablanca* keine gemeinsamen Szenen. Vor unserem geistigen Auge sehen wir sie dennoch als Paar – man denke nur an *The Maltese Falcon* und an die nach *Casablanca* entstandenen Filme *Background to Danger, Passage to Marseille, The Mask of Dimitrios, The Conspirators, Three Strangers* und *The Verdict*. Die beiden verkörpern gleichsam komplementäre Teile des Bösen, Yin und Yang – der riesige Mann, ungeheuer dick und ungeheuer korrupt, der in eine Szene hereingewalzt kommt, und an seiner Seite der zierliche kleine Mann, bei dem das Böse nicht das Ergebnis seines Willens, sondern seines Wahnsinns ist.

Greenstreet erlebte sein Filmdebüt im Alter von 61 Jahren als der »Fat Man« Casper Gutman in *The Maltese Falcon*. Von da an traf pausenlos Fanpost bei Warner Bros. ein, die kurzerhand an »Fat Man« adressiert war. Und als Greenstreet 1954 mit 74 Jahren starb, trugen viele Nachrufe die Überschrift »Fat Man Dies« – »Der Dicke stirbt«. Gerade als *Casablanca* gestartet wurde, kündigte Jack Warner an, er wolle Greenstreet zum Star aufbauen, und tatsächlich gelangte dieser 1943 auf die Starliste des Studios.

»Für manchen Hollywood-Beobachter füllte Greenstreet eine Lücke, die es zu besetzen galt«, meinte Stanley Kauffmann. »Es gab auch noch andere dicke Schauspieler, aber keinen wie ihn, aalglatt, verworfen, mit dem fröhlichen Lächeln im Gesicht.«

Greenstreet besetzte diese Nische. Er holte die verlorene Zeit nach und trat zwischen 1941 und 1949 in 24 Filmen auf. In den meisten war er gierig – nach Geld, nach Essen, nach Macht –, durch und durch korrupt, aber stets weltmännisch und oft getarnt durch gute Manieren. Als er seinen ersten Film drehte, hatte Greenstreet bereits vierzig Jahre auf der Bühne gestanden, in der Regel in Komödien. Er selbst erzählte, er habe England mit 19 Jahren verlassen, um in Ceylon auf einer Teeplantage zu arbeiten, und dann entdeckt, dass ihm seine Mutter William Shakespeares gesammelte Werke in den Koffer gepackt hatte. Da er an den Abenden nichts Besseres zu tun hatte, lernte er die Stücke auswendig.

Zwei Jahre später war er wieder in England und fand Arbeit in einer Brauerei. Seine Mutter gab ihm das Geld für die Ben Greet Academy of Acting in London. Um 1904 unternahm Greenstreet mit Ben Greets Shakespearian Repertory Company eine Tournee durch Amerika. 1909 hatte er sich endgültig in den Vereinigten Staaten niedergelassen. Über zwei Jahrzehnte lang pendelte er zwischen Shakespeare – als Sir Toby Belch in *Twelfth Night* und Dogberry in *Much Ado About Nothing* – und modernen Stücken hin und her, für die er gewöhnlich als Einziger gute Kritiken bekam. 1927 hieß es in einer Kritik, Greenstreet sei so gut, dass der Rezensent es nicht übers Herz bringe, zu berichten, wie schlecht das Stück sei. »Vielleicht sollte jemand seine Maße nehmen und ihm ein Stück auf den Leib schneidern, das so gut ist, wie er es verdient.«

Letzteres blieb schließlich dem Film überlassen. Während der dreißiger Jahre klopfte Hollywood mehrmals bei ihm an, doch Greenstreet winkte stets ab. Inzwischen arbeitete er mit Alfred Lunt und Lynn Fontanne bei der Theatre Guild. Und auch die Stücke waren besser, darunter Robert Sherwoods *Idiot's Delight*. Im Sommer 1941 wurde die Tournee der Lunts mit Sherwoods *There Shall Be No Night* für eine Weile unterbrochen, damit die Stars Urlaub machen konnten. Die vorerst letzte Station war Los Angeles. Greenstreet konnte es kaum ablehnen, einen Film zu machen, *The Maltese Falcon*, während er darauf wartete, dass die Tournee weiterging.

Es gibt eine (womöglich erfundene) Anekdote, die Greenstreet viele Male erzählt hat, wenn auch mit abweichenden Details. Als er eine Straße in New York überquerte, habe ihn ein Pferdewagen angefahren. Er selbst sei unverletzt geblieben, das Pferd hingegen sei so übel zugerichtet worden, dass man es einschläfern musste.

»Greenstreet bestand aus seinem Leibesumfang«, sagte Pauline Kael. »Und er setzte seinen Körper großartig ein. Das war seine Haupteigenschaft als Schauspieler. Man kann sich keinen dünnen Sydney Greenstreet vorstellen. Bei Peter Lorre war das etwas anderes. Lorre sah durchaus schön aus, als er dünn war, aber dann wurde er immer feister und geriet zur Karikatur. Wenn man ihn in einer seiner dünnen Rollen sieht, wundert man sich, was für ein elegantes Geschöpf er ist.«

Greenstreet war alles in allem ein glücklicher Mensch, Lorre dagegen eine tragische Gestalt.

Als Intellektueller, Anhänger von Sigmund Freud und ausdrucksstarker Schauspieler wurde Lorre am Ende von seinem Körper im Stich gelassen und ließ ihn seinerseits im Stich. Er war klein. In den meisten Pressemitteilungen hieß es, er sei 1,65 Meter groß, doch wahrscheinlich war er noch etwas kleiner. Sein Mondgesicht wurde als teigig beschrieben, sein Körper als gedrungen und seine Augen als Froschaugen, weich gekochte Eier oder Tischtennisbälle, die ihm aus dem Kopf sprängen.

»Das hier ist eine absolut wahre Geschichte«, behauptete Stanley Kauffmann. »Lorre hatte schon etwas Bühnenerfahrung in Wien gesammelt, als er in Berlin ein Engagement suchte. Der Geschäftsführer des Theaters fragte ihn: ›Was soll ich denn mit Ihnen anstellen, Sie glubschäugiger, komischer kleiner Bursche? Aber gehen Sie mal zu meinem Dramaturgen, vielleicht findet der einen Platz für Sie.‹ Zufälligerweise war das Bertolt Brecht, und der sagte: ›Sie sind genau das, was ich für meinen Helden brauche.‹ Ich bin davon überzeugt – und das finden Sie in keinem Buch –, dass Brecht eine Menge mit Lorres schauspielerischer Leistung in *M – Eine Stadt sucht einen Mörder* und mit dem Drehbuch dieses Films zu tun hatte.«

Lorres Darstellung des Kindermörders in dem Fritz-Lang-Film aus dem Jahre 1931, eines Mannes, der gegen seinen Trieb ankämpft, selbst als er mit Spielzeug und Luftballons kleine Mädchen in den Tod lockt, war eines der ganz großen Filmdebüts. Es ist unmöglich, Lorre in diesem Film zu sehen, ohne gleichzeitig Sympathie und Abscheu zu empfinden. In den USA lehnte Lorre Dutzende von Horrorfilmen ab. »Ich bin ein junger Mann«, sagte er 1934 in einer Pressemitteilung von Columbia Pictures. »Damals war ich erst 28. Hätte ich ein, zwei Jahre 50-jährige Schurken gemimt, wäre ich erledigt gewesen. Ich will aber ewig spielen.«

Lorre wirkte nach *M – Eine Stadt sucht einen Mörder* in mehreren deutschen Komödien mit, ehe ihm sein satirischer Sinn für Humor Schwierigkeiten mit den neuen Nazi-Machthabern einbrachte und er – über die übliche Route Wien–Paris – nach England ging, wo er den Schurken in Alfred Hitchcocks *The Man Who Knew Too Much* spielte. Er war Jude – am 26. Juni 1904 als Lászlo Loewenstein in Ungarn geboren – und hätte Deutschland daher sowieso früher oder später verlassen müssen. Er nahm einen Vertrag bei Columbia an, weil man ihm versichert hatte, dass es nicht wie die anderen großen Studios sei. Columbia gebe den Schauspielern und solchen Regisseuren wie Frank Capra, dessen *It Happened One Night* Lorre bewunderte, genügend Freiheiten. Harry Cohn wusste jedoch nicht recht, was er mit Lorre anfangen sollte, und so saß der Schauspieler monatelang untätig herum, ehe man ihn an MGM auslieh, wo er in *Mad Love* einen Arzt spielen sollte, der wegen einer unerwiderten Liebe wahnsinnig wird. Ein Filmkritiker der *New York Times*, Andre Sennwald, klagte: »Peter Lorres amerikanisches Filmdebüt hätte eines der bedeutenden Ereignisse der Saison werden können. Stattdessen begnügten sich die Produzenten damit, ihm ein Vehikel namens *Mad Love* zusammenzuzimmern, offenbar in der irrigen Annahme, der hervorragende ungarische Schauspieler sei ein Rivale von Bela Lugosi.«

Gegen seinen Willen war Lorre der Poet der Verdammten, ein Fremdenführer in die düsteren Gehirnkammern der Verrückten. Am Ende seines Lebens trat er in Horrorfilmen von Roger Corman auf. »Wir nennen sie lieber ›Gothic Tales‹«, betonte sein Kostar Vincent Price. »Peter war ein ungewöhnlicher Charakter, um ihn war etwas Fremdartiges. In einem Film mit dem Titel *The Comedy of Terrors* oder *Tales of Terror* schnitten wir in einer Traumsequenz Peters Kopf ab und spielten damit Basketball. Er konnte es kaum ertragen, wie wir mit seinem Gummikopf herumbolzten. Peter fiel es, glaube ich, viel schwerer als den meisten von uns, solche Filme zu drehen.« – »Ja, das stimmt«, bestätigte Sam Arkoff, der die meisten von diesen Schauergeschichten produzierte. »Peter war der einzige Horror-Star, der fand, dass Horror unter seiner Würde sei.«

1934 nannte eine Pressemitteilung der Columbia Lorre einen »Schauspieler aus Leidenschaft«. 1937 war er in *Think Fast, Mr. Moto*, einem Film der Twentieth Century-Fox, der unverwundbare japanische Detektiv Mr. Moto, ein Judo-Experte und Meister der Tarnungen. Lorre hatte die Rolle angenommen,

FORM 11

WARNER BROS. PICTURES, INC.
BURBANK, CALIFORNIA

INTER-OFFICE COMMUNICATION

WARNER-WALLIS-CURTIZ
WRIGHT-ALLEBORN
To MR. _____   DATE __April 29, 1942__

FROM MR. __TRILLING_____   SUBJECT_____

"CASABLANCA"

Tentative Cast

RICK .... HUMPHREY BOGART

LOIS MEREDITH .... INGRID BERGMAN

VICTOR LAZLO .... To Be Selected

LUIS RENAULT .... CLAUDE RAINS
(Prefect Police)

SAM, THE RABBIT .... CLARENCE MUSE(?)
(Colored Pianist)

STRASSER .... CONRAD VEIDT or
(Nazi Legation)   OTTO PREMINGER

UGARTE .... PETER LORRE
                       (If works out with
                        Universal commitment)

CARL .... CURT BOIS (?)
(The Waiter)

FYDOR .... GEORGE TOBIAS
(The Bartender)   or
                       MIKHAIL RASUMNY
                           or
                       MICHAEL DELMATOFF

STEVE TRILLING

js

VERBAL MESSAGES CAUSE MISUNDERSTANDING AND DELAYS
(PLEASE PUT THEM IN WRITING)

um endlich nicht mehr Verrückte spielen zu müssen. Aber er machte seine Sache so gut – mit Hilfe der angeklatschten Haare und der Nickelbrille verwandelte er sich ohne irgendwelche sonstigen Tricks in einen Japaner –, dass er für drei Jahre und acht Filme an diese Rolle gefesselt war.

»Selbst als Mr. Moto war er ein wunderbarer Schauspieler«, meinte Billy Wilder. »Was seinen Mr. Moto so bemerkenswert machte, war dieser Funke Spott. Einmal befand er sich in einem dunklen Haus, in dem es vor lebensgefährlichen Feinden nur so wimmelte, und durch die Tür kam ein Mann mit einem riesigen Messer. Mit einer einzigen Bewegung versetzt Mr. Moto ihm einen Nackenschlag, ergreift das Messer und tötet ihn. Dann dreht er sich um und sagt: ›So sorry. Explain later.‹ Das ist einer meiner Lieblingssprüche, den ich ständig im Gespräch mit meiner Frau benutze.«

»Einmal brachte jemand in der Mittagspause eine Dose mit Klapperschlangenfleisch mit«, erzählte Amanda Dunne, die als Amanda Duff 1938 eine kleine Rolle in *Mr. Moto in Danger Island* hatte. »Mit großartigem ungarischem Abscheu fragte Peter: ›Wer isst denn so was?‹ Worauf jemand am Tisch antwortete: ›Ach, dieselben Leute, die Peter-Lorre-Filme mögen.‹«

Dunne erinnerte sich an eine Diskussion mit Lorre, der darauf beharrte, man müsse so weit wie möglich vom Studio entfernt leben, damit man nach Hause fahren könne und außer Reichweite sei. Lange vor seinem Tod suchte Lorre mit Hilfe von Alkohol und Drogen zusätzliche Distanz. Als Regisseur Victor Sherman 1941 mit Bogart und Lorre an *All Through the Night* arbeitete, sträubte sich Lorre, eine Szene noch einmal zu spielen, in der er mit gezogenem Revolver zusammen mit Judith Anderson einen Gang entlangrennen sollte. »Peter«, so Sherman, »sagte: ›Das war’s, Bruder Vince. So einen Scheiß kann ich nur ein Mal am Tag machen.‹ Darauf ich: ›Das ist doch nicht das erste Mal, dass du Scheiß machst. Wie zum Teufel hast du all diese Mr. Motos geschafft?‹ Er antwortete: »Ich habe Dope genommen.‹ Alle brüllten vor Lachen, weil wir dachten, es sei ein Witz. Zwei Monate später entdeckte ich, dass es stimmte.«

1941 trat Lorre zum ersten Mal gemeinsam mit Greenstreet auf, und zwar als der zierliche und gardenienparfümierte – deswegen aber nicht weniger gefährliche – Joel Cairo in *The Maltese Falcon*. Die Rolle des Ugarte, der zwei deutsche Kuriere umbringt, um an ihre Transitpapiere zu kommen, und der die Handlung von *Casablanca* in Gang bringt, war ihm wie auf den Leib geschrieben: ein seltsamer kleiner Mann, der so sehr nach Anerkennung lechzt, dass man ihm seine Gefährlichkeit nicht ansieht. Für *Casablanca* bekam er 1750 Dollar die Woche, allerdings ohne Mindestgarantie. Er war sechs Tage mit der kleinen Rolle beschäftigt, sprach weniger als 400 Worte und hinterließ wie immer einen starken Eindruck. Auf dem Set heckte er wie stets Streiche aus. Besonders gern ließ er aus einer Pipette Wasser auf Mike Curtiz' angezündete Zigarette tropfen, wenn der Regisseur gerade wegsah.

Mitte Mai kamen Greenstreet und Lorre auf die Besetzungsliste von *Casablanca*, und der Film sollte in weniger als einer Woche in Produktion gehen. Ein gutes Dutzend kleiner Rollen galt es noch zu besetzen, aber das war nicht weiter ungewöhnlich. Wallis durfte zufrieden sein. Für die meisten Rollen hatte er seine Wunschbesetzung bekommen, die zweite Wahl für einige andere. Und wenn sich auch hie und da ein Kompromiss nicht vermeiden ließ – es war schließlich nur ein Film wie jeder andere.

9.

Liebe und Zensur

Sechs Tage vor Beginn der *Casablanca*-Produktion erhielt Jack Warner einen Brief von der Production Code Administration, dem Sittenwächter, den die Filmindustrie in einem Akt der Selbstzensur eingerichtet hatte. Joe Breen hatte den ersten Teil des Drehbuchs gelesen und freute sich, mitteilen zu können, dass es – bis auf ein paar Dialogstellen – den Erfordernissen des Code entsprach.

Selbstverständlich enthielten alle beanstandeten Sätze sexuelle Andeutungen:

Seite 5: »… natürlich eines hübschen Mädchens für Monsieur Renault, den Polizeipräfekten.«

Seite 6: »Das Mädchen wird am nächsten Morgen freigelassen.«

Der Production Code spiegelte eine von konservativem Protestantismus überlagerte katholische Moral wider. Er war 1930 von einem Jesuiten und dem katholischen Herausgeber einer Filmzeitung verfasst worden. Ab 1934 fand er allmählich Anwendung, nachdem katholische Bischöfe die Legion of Decency gegründet und damit gedroht hatten, sie würden amerikanischen Katholiken den Kinobesuch grundsätzlich verbieten. Mit der Durchsetzung des Code beauftragte man sicherheitshalber auch gleich einen Katholiken, Joseph Ignatius Breen, obwohl die Macht in der Code Administration bei Will Hays lag, einem Oberen der Presbyterianischen Kirche.

Breen hatte noch an zwei weiteren Stellen des unvollständigen *Casablanca*-Skripts etwas auszusetzen. Eine Frau, die kein Geld hat, sagt: »Früher kostete es eine Villa in Cannes oder zumindest eine Perlenkette – jetzt bitte ich nur um ein Ausreisevisum.« Und nachdem Renault miterlebt hat, wie Rick Yvonne nach Hause schickt, sagt er: »Wie extravagant, Frauen wegzuwerfen, sie werden eines Tages vielleicht rationiert.«

1942 genossen Filme noch nicht den Schutz des Rechts auf freie Meinungsäußerung,[*] und so musste die Industrie auf die Zensur in Dutzenden verschiedener Städte und Staaten Rücksicht nehmen. Im Allgemeinen arrangierten sich Industrie und Code, die auf eine für beide Seiten vorteilhafte Weise aneinander gebunden waren: Der Code definierte, was als moralisch vertretbar galt, und schützte zugleich die Industrie teilweise vor übereifrigen örtlichen Zensoren. Das schöne junge Mädchen findet sich auch in dem Film – allerdings ohne Hinweis darauf, wie lange es festgehalten wird. Die Frau, die bereit war, ihren Körper für ein Ausreisevisum herzugeben, wurde dagegen gestrichen. Und anstatt zu sagen, dass Frauen rationiert werden könnten, sagte Claude Rains, sie könnten »knapp« werden.

Mit dem zweiten und dem dritten Teil des Manuskripts gab es wesentlich größere Probleme. Vor allem die Figur Renaults irritierte Breen. »Insbesondere können wir nicht die Andeutung billigen, dass Capt. Renault gewohnheitsmäßig Frauen verführt, denen er Ausreisevisa gewährt«, schrieb er am 21. Mai an Warner. Außerdem wollte er nicht hinnehmen, dass Ilsa verheiratet war, als sie sich in Paris in Rick verliebte. Einen Monat später monierte er in einem Schreiben an Warner, im Drehbuch werde der Eindruck erweckt, Rick und Ilsa würden miteinander schlafen, als sie zu ihm in die Wohnung kommt, um die Transitpapiere abzuholen. In der gestelzten Sprache des Code, die immer einen Hauch von Peinlichkeit hat, hieß es wörtlich: »Andeutung eines sexuellen Verhältnisses«. Breen drängte das Studio, »sehr sorgfältig« darauf zu achten, eine derartige Andeutung zu vermeiden.

Der Production Code entsprach der herrschenden Moral und der konservativen Einstellung in den Kleinstädten Amerikas. Das amerikanische Gerichtssystem durfte nicht als ungerecht dargestellt werden. Religion und Flagge waren mit Respekt zu behandeln. Der Code bestand darauf, dass »die Hei-

---

[*] 1915 hatte der Oberste Gerichtshof entschieden, Filme seien lediglich ein Geschäft. 1952 weitete ein einstimmiger Gerichtsbeschluss die Garantien der freien Meinungsäußerung auch auf den Film aus, und zwar in einem Fall, der den italienischen Film *Il Miracolo* betraf, der von New Yorker Zensoren wegen angeblicher Blasphemie verboten worden war.

Wie Casablanca gemacht wurde

ligkeit der Institution von Ehe und Familie aufrechterhalten« wurde, was zwangsläufig hieß, dass »unreine Liebe nicht als attraktiv und schön dargestellt werden« durfte. Sexuelle Verirrungen, weiße Sklaverei und lustvolles Küssen durften nicht gezeigt werden. Ehebruch war zu bestrafen. Nacktheit, Obszönität und Gotteslästerung waren verboten.

Die Studios konnten lavieren und manövrieren – und taten dies auch. Nach einem Treffen zwischen Breen und Wallis wurden einige Sätze aus dem Skript gestrichen, die sich auf Renaults Frauengeschichten bezogen, doch Claude Rains' Darstellung ließ keinen Zweifel daran, dass Renault Ausreisevisa im Austausch gegen sexuelle Gefälligkeiten erteilte. Warner Bros. entsprach Breens Vorschlag und sorgte dafür, dass in Ricks Apartment kein Bett zu sehen war. Es blieb der Fantasie der Zuschauer überlassen, was während der Überblendung nach Ricks leidenschaftlichem Kuss passiert ist. (Breen bestand auf einer Überblendung an Stelle der im Drehbuch vorgesehenen Abblende, da Letztere das Vergehen von Zeit signalisiert. Aus derlei Umgehungen setzte sich der Code zusammen.)

Die Ehe zwischen Ilsa und Victor Laszlo war wichtig für die Handlung, und das Studio ließ Ilsas beanstandeten Satz stehen, dass sie verheiratet gewesen sei – »Selbst als ich dich in Paris kannte«. Der Umstand, dass Ilsa ihren Mann für tot hielt, als sie Rick in Paris kennen lernte, genügte wohl als Entschuldigung.

Das Studio weigerte sich auch, einen Satz zu streichen, der für die Handlung überhaupt nicht wichtig war. Die Stelle, wo Rick Ilsa anblafft und sagt, er habe schon viele solche Geschichten gehört, die »immer untermalt waren von dem leisen Geklimper eines Klaviers eine Treppe tiefer«, war für Breen »ein eindeutiger Hinweis auf ein Freudenhaus«. Kein Film durfte ein Bordell zeigen oder erwähnen. Einige Jahre zuvor, in dem Film *Marked Woman* mit Bette Davis und Humphrey Bogart, musste Warners aus Callgirls, die von Gangstern kontrolliert wurden, »Hostessen« machen. Beide Seiten wussten indes, wann es sich lohnte, hart zu bleiben, und Breen attackierte nicht weiter den versteckten Hinweis auf ein unsittliches Haus. Zwar nahm es der Code mit der Sprache sehr genau, doch seine Wächter ließen immer wieder subtile Andeutungen unbeanstandet. Als *Casablanca* abgedreht war, erhielt der Film das Production Code Certificate of Approval 8457. In der abschließenden Beurteilung des Films, die sich in der Akte des Production Code befindet, ist die Rede von »Viel Trinken«, etwas Glücksspiel, zwei Morden und keinem verbotenen Sex.

Dass die Studios sich so leicht mit dem Code arrangierten – wie auch, während des Krieges, mit den oft widersprüchlichen Forderungen des Office of War Information –, liegt unter anderem daran, dass sie ständig Selbstzensur betreiben. Die Autoren wurden von den Erwartungen der Zuschauer und denen des Studios zensiert. Bei Warner Bros. wäre kein Anti-Roosevelt-Film über den ersten Entwurf hinausgelangt, während L. B. Mayer Manuskripte abgelehnt hätte, die den Präsidenten in ein günstiges Licht rückten. Das Amerika von 1942 war ein vergleichsweise homogenes und verklemmtes Land, und somit standen den Zensoren auch die wirksamen Waffen der Scham und des Anstands zur Verfügung.

Heute findet die eigentliche Zensur an der Kinokasse statt. Es ist nicht so, dass zeitgenössische Filmemacher kein Bewusstsein von Ideologie hätten, und einige, darunter Oliver Stone, reiten ihre Steckenpferde in jedes Dickicht, das ihnen gefällt. Aber für diejenigen, die es vorziehen, gesellschaftliche und politische Korrektheit zu demonstrieren, ist dies oft bloß eine andere Art, Karten zu verkaufen, da Unkorrektes – wie etwa unterwürfige schwarze Mammis, die sich um blonde weiße Kinder kümmern – einfach nicht so gut ankommt. Weil Filme durch die Verfassung geschützt sind, wird alles, was Profit verspricht, egal wie abgegriffen oder geschmacklos, von irgendeinem Produzenten verfilmt, wohingegen Drehbücher, die sich dem Publikum angeblich nur schwer vermitteln lassen, wie brillant oder geschmackvoll sie auch sind, selten einen Käufer finden. Den Studiofabriken, deren Risiko durch die Möglichkeit gemindert war, Filme an Kinos zu verkaufen, die sie selbst besaßen, fiel es mitunter leichter, ihrem Kommerz etwas Kunst beizumischen.

Inwieweit hat sich nun der Production Code auf *Casablanca* ausgewirkt? Die Autoren und der Regisseur waren gezwungen, subtil zu sein, Sprache, Pausen und Kamerawinkel als sexuelle Metaphern zu benutzen. Die Szene, in der Rick und Ilsa sich zum ersten Mal wiedersehen und vor Laszlo und Renault über Paris reden – »Ich erinnere mich an jede Einzelheit. Die deutschen Truppen trugen grau, und du trugst blau« –, knistert vor erotischer Spannung. Heutzutage würde jeder Film als altmodisch gelten, der nicht zeigt, wie sich die Körper von Rick und Ilsa in dem Apartment über dem Café nackt und schwitzend ineinander verknäueln. Explizit dargestellter Sex zerstört freilich

MOTION PICTURE PRODUCERS & DISTRIBUTORS OF AMERICA, INC.

HOLLYWOOD OFFICE

5504 Hollywood Boulevard

HOLLYWOOD, CALIFORNIA

GLadstone 6111

WILL H. HAYS
PRESIDENT
CARL E. MILLIKEN
SECRETARY

JOSEPH I. BREEN, DIRECTOR
PRODUCTION CODE ADMINISTRATION

May 19, 1942

Mr. J. L. Warner,
Warner Brothers,
Burbank, Calif.,

Dear Mr. Warner:

We have read Part I of the incomplete script for your proposed picture CASABLANCA. While of course we cannot give you a final opinion until we receive the balance of the script, we are happy to report that, with the exceptions noted below, the present material seems to meet the requirements of the Production Code.

Going through the material so far submitted, we call your attention to the following:

Pages 5 and 6: The following lines seem unacceptably sex suggestive, and should be changed:

Page 5: "Of course, a beautiful young girl for M'sieur Renault, the Prefect of Police".

Page 6: "The girl will be released in the morning".

Page 14: Please submit all lyrics to be used throughout this production.

Also the following lines seem unacceptably sex suggestive:

"It used to take a Villa at Cannes, or the very least, a string of pearls - Now all I ask is an exit visa".

Page 28: The following dialogue seems unacceptable:

"How extravagant you are - throwing away women like that. Some day they may be rationed."

Page 52: With regard to this South American singer, in scene 95, you will receive a separate letter from Mr. Addison Durland, our Latin-American adviser.

We will be happy to read the balance of the script, and to report further, whenever you have it ready.

Cordially yours,

Joseph I. Breen

jegliche Mehrdeutigkeit, und gerade die Mehrdeutigkeit in *Casablanca* – dass Ereignisse und Beweggründe im Ungewissen bleiben – fasziniert uns immer wieder aufs Neue.

Casablanca wurde also vom Production Code, dem Office of War Information und dem Studio selbst zensiert. Zur gleichen Zeit, da Warner Bros. mit Breen diskutierte, schlug der Leiter der Auslandsreklame des Studios, Carl Schaefer, Änderungen vor, die der besseren Verkäuflichkeit des Films in anderen Ländern dienen sollten. Um nicht befreundete Staaten zu beleidigen, regte Schaefer an, die beiden unsympathischen Figuren – den Taschendieb und Peter Lorres Ugarte – zu Italienern zu machen. Da der von Sydney Greenstreet gespielte Mann offenbar Spanier sei – er hieß noch immer Martinez, wie im Bühnenstück –, müsse er sehr distinguiert wirken. Die südamerikanische Sängerin der Corinna Mura »könnte Lateinamerika schmeicheln, wenn sie Würde ausstrahlt und ihre Kunst erstklassig ist«. Und Wallis solle vorsichtig mit den Anspielungen auf die muslimische Religion in einigen Anfangsszenen umgehen.

»Wir wollten niemanden kränken«, meinte Schaefer, der in einem Interview fünfzig Jahre später über sein eigenes Memo lachte. »Wir wollten unsere Filme überall zeigen können. Mich wundert, dass wir nicht auch noch den Papst berücksichtigt haben.«

Wallis nahm Schaefers Vorschläge ernst. Den Taschendieb und den Mörder machte man zu Italienern. Desgleichen den Chef des Schwarzmarkts in Casablanca, Sydney Greenstreet, der zu Signor Ferrari wurde. Außerdem tilgte man alle Bezüge auf den Islam. Wallis hatte noch einen zweiten Grund, das »Allah-Allah-Zeugs«, wie er es nannte, zu streichen. In einem Memo an Curtiz schrieb er: »Das ist mir zu sehr im Operettenstil à la *Desert Song*, und ich würde die Eröffnungsszenen viel lieber realistisch halten.«

Während der paar Wochen kurz vor und kurz nach Drehbeginn von *Casablanca* traf Wallis Dutzende solcher Entscheidungen. »Hal war ein großartiger Produzent«, versicherte seine Dramaturgin Irene Lee. »Ich habe zwei Jahre für Sam Goldwyn gearbeitet, und das waren zwei der unglücklichsten Jahre meines Lebens. Man hatte mir gesagt, was für einen tollen Geschmack Goldwyn habe, aber ich saß stundenlang mit ihm zusammen im Vorführraum, ohne je eine kreative Bemerkung von ihm zu hören. Hal dagegen wusste alles über das Filmemachen, und bei Warner Bros. gab er für jedes Detail sein O. K. – für jedes Kostüm, jedes Skript, jede Dekoration.«

Obgleich das Damoklesschwert eines unfertigen Drehbuchs über ihm schwebte, gestaltete Wallis *Casablanca* in vielen kleinen Einzelheiten mit. Er bestand immerzu auf einer »wie hingetupften, interessanten Beleuchtung«. Über Ricks trunkene Träumerei, die in die Rückblende führte, schrieb er an Curtiz: »Die allgemeine Beleuchtung im Café sollte ausgeschaltet sein, wenn wir von dem Schild über dem Eingang in den Innenraum überblenden, und das Café sollte beinahe im Dunkeln liegen, mit Ausnahme von ein paar Lampen an der Bar [und] zwei oder drei Leuchten auf Tischen.«

Wallis wollte, dass Humphrey Bogart so selten wie möglich einen Hut aufsetzte, auf keinen Fall aber bei der Rückblende, bis auf die Szene am Bahnhof. Er bevorzugte das Foto von Claude Rains mit der Bezeichnung »Schnurrbart B« und das von Paul Henreid mit einer weißen Strähne im Haar. Er lehnte es ab, dass Sydney Greenstreet die marokkanischen Schuhe und das orientalische Gewand trug, wie es der Kostümplan vorschlug. Greenstreet habe einen weißen Einreiher zu tragen und dazu unter Umständen einen Kummerbund. Das junge Paar aus Bulgarien, gespielt von Helmut Dantine und Joy Page, müsse so aussehen, als seien sie »nur mit den Kleidern, die sie auf dem Leib tragen«, entkommen.

Die Kostüme für *Casablanca* entwarf Orry-Kelly, zwischen 1932 und 1943 der führende Kostüm-Designer bei Warner Bros. Er stammte aus Australien, bekannte sich offen und auf extravagante Weise zu seiner Homosexualität und war berühmt für seine Wutanfälle. Doch das alles störte Bette Davis nicht. Nachdem Orry-Kelly 1944 nach einem Streit mit Warner das Studio verlassen hatte, habe sie sich gefühlt, als hätte sie den rechten Arm verloren. »Sein Beitrag zu meiner Karriere war enorm«, schrieb sie. »Er schob seine Kostüme nie so sehr in den Vordergrund, dass sie die eigentliche Darstellung verdeckten.«

Wallis strich das Kostüm, das Orry-Kelly für Bergmans ersten Auftritt in Rick's Café entworfen hatte. In *Everybody Comes to Rick's* betritt Lois Meredith das Café »in einem prachtvollen weißen Gewand und einem beinlangen Cape aus demselben Stoff. Ihr Schmuck ist prachtvoll.« Die Epsteins hatten diese Anweisung in ihr Skript übernommen. Wenn aber Helmut Dantine und Joy Page nur mit den Kleidern, die sie am Leib trugen, entkommen waren, so galt das auch für Paul Henreid und Ingrid Bergman. Aus der »förmlichen Abendgarderobe«, wie sie der Kostümplan vorsah und wie sie Wallis verwarf, wurde nun ein schlichtes zweiteiliges Kostüm.

```
                              "CASABLANCA"                              9
                                                                     Walbe
              Curtiz        -          #410
                                             5/21/42
              WOMEN'S WARDROBE PLOT (Part I)
              (Final Script   Part I & II 5/19/42)

        PART OF: "ILSA"                PLAYED BY:  INGRID BERGMAN

Costume #1  - Street attire - small hat - veil (tropical)
    WORN    - EXT. HOTEL - Sc. 27


- - - - - - - - - - - - - - - - - - - - - - - - - - - - - - - - - -

Costume #2  - Evening formal attire - wrap
    WORN    - INT. CAFE - Sc. 80-81-83-85-86-88-91-92-99-100
              EXT. CAFE - Sc. 103
              INT. CAB (PROCESS) - Sc. 104


- - - - - - - - - - - - - - - - - - - - - - - - - - - - - - - - - -

Costume #3  - Street attire - automobile - hat - gloves - purse
    WORN    - EXT. AUTOMOBILE (PROCESS) - PARIS     RETROSPECT "A"


- - - - - - - - - - - - - - - - - - - - - - - - - - - - - - - - - -

Costume #4  - Street outfit - hat - purse - coat
    WORN    - EXT. EXCURSION BOAT (PROCESS)        RETROSPECT "B"



- - - - - - - - - - - - - - - - - - - - - - - - - - - - - - - - - -



- - - - - - - - - - - - - - - - - - - - - - - - - - - - - - - - - -

Costume #6  - Evening gown
    WORN    - INT. PARIS CAFE                      RETROSPECT "D"


- - - - - - - - - - - - - - - - - - - - - - - - - - - - - - - - - -

                                           (CONTINUED)
```

Die Hälfte von Ilsas Kostümen wurde noch vor Drehbeginn gestrichen.

Wallis suchte zu verhindern, dass David O. Selznick Ingrid Bergmans Kostümtests zu Gesicht bekam, denn dieser war immer zwanghaft besorgt, wenn es um seine Schauspielerinnen ging, und würde mit Sicherheit eines seiner berühmten langen Memos schreiben. Doch es gelang Selznick, die Probeaufnahmen zwei Tage nach Produktionsbeginn zu sehen, und er war entsetzt. »Sie muss nicht wie eine Pralinenschachtel aufgetakelt sein, damit sie smart aussieht«, schrieb er in seinem Memo. Die meisten Hüte seien scheußlich, monierte er. Sie »sollte keine weißen Schuhe tragen, weil ihre Füße darin einfach riesig wirken«. Das Abendkleid mit dem gestreiften Rock und der dünnen Bluse sei ebenfalls grauenhaft und betone ihre Hüften zu sehr.

Die meisten Kostüme, die Selznick so entsetzten, hatte auch Wallis schon abgelehnt. Und Bergman selbst versicherte Selznick, sie werde in den Szenen, in denen man ihre Füße sehe, blaue Schuhe mit niedrigen Absätzen tragen.

Paul Henreid machte sich stets darüber lustig, dass Victor Laszlo als »Widerstandsführer auf der Flucht in einem makellosen weißen Anzug« herumlaufen sollte, doch Wallis dunkelte die Kostüme ein wenig ab, während er gleichzeitig etwas von der modischen Eleganz zuließ, durch die sich Stars immer ein wenig abhoben. Er verwarf den Smoking, den Henreid in Rick's Café tragen sollte, und wählte stattdessen einen »sehr gut geschneiderten« Tropenanzug.

Plausibilität war sowieso wichtiger als die Wahrheit. Die stärkste politische Metapher in *Casablanca* – die Szene, als Victor Laszlo mit den Gästen von Rick's Café die französische Nationalhymne anstimmt und so die deutschen Offiziere übertönt, die »Die Wacht am Rhein« singen – war mit Absicht falsch. Die eigentliche Nazi-Hymne war das »Horst-Wessel-Lied«, aber die Rechte dafür lagen bei einem deutschen Verlag. Falls Warner Bros. das Lied verwendete, konnte das Studio den Film zwar in Ländern zeigen, die sich mit Deutschland im Krieg befanden, doch wegen des Urheberrechts wäre es dann unmöglich gewesen, den Film in neutralen Ländern zu zeigen, also auch im größten Teil Südamerikas.

Lee Katz schrieb Wallis am 27. Mai, die Musikabteilung habe festgestellt, dass es gegen die Prinzipien der Nazi-Partei verstoße, »Die Wacht am Rhein« zu singen. »Horst Wessel« und »Deutschland, Deutschland über alles« seien die beiden einzigen Lieder, die die Nazis gutheißen.

Wallis überließ Curtiz die Entscheidung. »Wenn wir ganz korrekt sein wollen, sollten wir das nicht verwenden«, schrieb er Curtiz, sobald er das Memo von Katz erhalten hatte. »Ich bezweifle, ob viele Leute wissen, dass die Nazi-Partei das Lied nicht mag, aber wenn Du meinst, wir sollten genau sein, schlage ich vor, dass wir ›Deutschland, Deutschland über alles‹ verwenden.« Wie immer gab Curtiz am Ende dem Dramatischen vor dem Korrekten den Vorzug.

* * *

Damals wie heute waren Filme eine Mischung aus unwahrscheinlichen Geschichten und Hintergrunddetails, die so akkurat waren, wie sie die Studiobibliothekare mit ihren Recherchen hinbekamen. Als Aeneas MacKenzie den Auftrag erhielt, *Casablanca* zu schreiben, forderte er als Allererstes Bildmaterial über die Stadt Casablanca an. Man schickte ihm »Malerisches Nordafrika«. Bis zum April hatte die Recherchenabteilung die »Bibel« des Films zusammengestellt, zwei dreißig Zentimeter dicke, in Leder und Leinen gebundene Bände mit Bildern von Stadtmauern und -toren, einheimischen Geschäften, Kamelen, Portaldetails, Sanddünen, Pfaden durch die Sahara, marokkanischen Telefonen, Polizeiuniformen aus jedem französischen Land in West- und Nordafrika sowie einer Karte von Casablanca. Letztere hatte Robert Aisner, der technische Berater des Films, aus dem Gedächtnis gezeichnet. Er war aus einem deutschen Kriegsgefangenenlager entkommen und hatte sich nach Marokko durchgeschlagen. Die »Bibel«, die auch bei *The Desert Song* Verwendung fand, wurde an Carl Jules Weyl geschickt, den Art Director von *Casablanca*, der Mitte April anfing, die Dekorationen zu entwerfen. Wie viele Art Directors seiner Zeit war Weyl Architekt. In den zwanziger Jahren hatte er die berühmten Brown-Derby-Restaurants entworfen, die an Melonen-Hüte erinnerten.

Bis zum Drehbeginn lieferte die Recherchenabteilung auch die passenden Bilder von französischen Autokennzeichen aus dem Jahr 1940, von Ausflugsschiffen auf der Seine und Montmartre-Cafés. Die Genauigkeit des Hintergrunds änderte allerdings nichts daran, dass Wallis mit der Arbeit der ersten Woche unzufrieden war. »Ich weiß durchaus, dass Du ein Handicap hattest, weil Dir nicht die Schauspieler zur Verfügung standen, doch jetzt hast Du Rains, und ich möchte nun ordentliches Material bekommen und wirklich sehen, dass es vorangeht«, schrieb er Curtiz am 4. Juni.

Auch Humphrey Bogart war nicht ganz wohl zu Mute. Nicht nur musste er am ersten Drehtag eine Liebesszene mit Bergman absolvieren, zwei Tage später sollte er auch mit ihr tanzen. Man hatte ihm zwar Rumba beigebracht, aber er tat sich schwer damit. Außerdem bereitete ihm Ingrid Bergmans Körpergröße Schwierigkeiten.* Selznick wollte von ihr, dass sie Warner Bros. erklärte, wie er in *Intermezzo* den Größenunterschied zwischen ihr und Leslie Howard ausgeglichen hatte, indem er den Schauspieler auf Holzblöcke stellte. Bergman versicherte ihm, Curtiz sei schon dabei, Bogart auf Blöcken und Kissen aufzubauen, und bemühe sich darum, sie nur von ihrer besten Seite zu filmen.

Wie Casablanca gemacht wurde

Bogart lernt Rumba.

Besonders unglücklich war Hal Wallis über Leon Mostovoy, den Curtiz für die Rolle des russischen Barmanns ausgewählt hatte, der damals noch Fydor hieß. »Ich finde ihn überhaupt nicht komisch, und ich möchte ihm im Film so wenig wie möglich zu tun geben«, schrieb Wallis. »Wir können die Szene vergessen, wo er zu Bogart geht und ihn küsst, als der Jan beim Roulette gewinnen lässt.«

---

* Bergman war wahrscheinlich fünf Zentimeter größer als Bogart. Irgendwo mag es genaue Angaben über die Körpergröße der Schauspieler geben, aber sicher nicht in Studio-Biografien. Warner Bros. versuchte immer, Bogart größer zu machen (seine offizielle Studio-Größe betrug 1,75 Meter), während Selznick Bergman stets kleiner machen wollte. Als sie ein wichtiger Star wurde, durfte sie wachsen – von 1,65 Meter auf 1,75 Meter.

Bogart verschaffte seinem Trinkkumpan Leonid Kinskey (links) eine Rolle im Film.

Curtiz, der so viel Komödie wie möglich haben wollte, um die Melodramatik etwas aufzulockern, beschloss, die Rolle neu zu besetzen. Am 9. Juni unterzeichnete Leonid Kinskey einen Vertrag für garantierte zwei Wochen zu je 750 Dollar.

Kinskey erzählte, Bogart habe ihm die Rolle des Barmanns verschafft, den man nun in Sacha umbenannte. »Wir haben immer bei Misha Auer zu Hause zusammen getrunken – Bogart, Ralph Bellamy und ich. Mindestens dreimal die Woche«, so Kinskey. »Wir haben alle ordentlich was vertragen. Ralph Bellamy war ein gut aussehender Kerl. Wir glaubten, von uns dreien würde er der

Wie Casablanca gemacht wurde

große Star werden. Bei Bogart dachte ich: ›Er ist klein, er lispelt, und er sieht nicht besonders gut aus – also was hat er für eine Chance?‹«

Wie sich Kinskey fünfzig Jahre später erinnerte, sagte Bogart: »Leonid, tu uns einen Gefallen.‹ Ich wusste, ich sollte einen Schauspieler ersetzen, den man bereits ausgesucht hatte. Er war buchstäblich zu schwer, und sie wollten was ganz Leichtes haben.« Kinskey hatte in *Algiers* einen Spitzel und in *So Ends Our Night* einen Feigling dargestellt, hauptsächlich aber galt er als Komödienschauspieler – für gewöhnlich spielte er die Karikatur eines Russen –, von seiner ersten Rolle 1932 in der Lubitsch-Komödie *Trouble in Paradise* über *Duck Soup* von den Marx Brothers bis hin zu *On Your Toes* und *Down Argentine Way*.

Kinskey war mehr oder weniger zufällig in Hollywood gelandet. Geboren in St. Petersburg, verließ er mit 17 Russland auf Wunsch seiner Mutter. »Ich gehörte zu einer Gruppe von Menschen, die nach der Revolution nicht mehr erwünscht waren«, berichtete er. Mit einer südamerikanischen Theatertruppe gelangte er nach New York. Als das Firebird Theatre am Broadway scheiterte – das amerikanische Publikum interessierte sich nicht dafür, wie Tänzer berühmte Gemälde zum Leben erwecken –, saß er in New York fest. Schließlich lernte er Englisch und ging an die Westküste.

Kinskeys nachhaltigste Erinnerung an *Casablanca* war die, dass sein Saufkumpan den Durchbruch zum Star geschafft hatte, ohne dass er, Kinskey, dies mitbekam. »Ich ging nicht oft ins Kino. Ich wusste nicht, dass Bogart inzwischen ein bedeutender Star geworden war. Auf dem Set habe ich dann gesehen, wie er von allen behandelt wurde. Alles drehte sich um ihn.«

* * *

Als Kinskey am 12. Juni im Atelier 8 in Rick's Café erschien, lief die Produktion von *Casablanca* schon seit fast drei Wochen, und noch immer gab es Probleme mit dem Drehbuch. Als Jack Warner sich acht Monate später über missglückte Drehbücher beschweren wollte, ließ er Steve Trilling ein Memo an alle Studioproduzenten schicken. *Casablanca* war sein Paradebeispiel für ein Drehbuch, das derart außer Kontrolle geraten war, dass die Autoren es noch umschreiben mussten, während der Film bereits gedreht wurde, und daher nicht für andere Aufgaben zur Verfügung standen.

Die wichtigste Entscheidung, die Wallis in den ersten Wochen fällte, war, Casey Robinson, seinen Lieblingsautor, auf den Film anzusetzen. Mit

Casey Robinson, 1942. Er wurde hinzugezogen, um die
Liebesgeschichte zwischen Rick und Ilsa auszugestalten.

2500 Dollar Wochengage war Robinson der höchst bezahlte Warner-Autor. Sein Status geht aus seinem Vertrag hervor. Im Gegensatz zu allen anderen Mitarbeitern, bis auf wenige große Stars und Regisseure, musste Robinson nicht für drei Monate im Jahr unbezahlt pausieren. Stattdessen bekam er acht Wochen Urlaub, von denen ihm das Studio immerhin vier bezahlen musste.

Nach Beendigung des Manuskripts für *Now, Voyager* begann Robinson mit der Arbeit am Drehbuch zu *Passage to Marseille*. Höchstwahrscheinlich hatte er aber schon lange, bevor er von *Marseille* abgezogen und offiziell am Tag des Produktionsbeginns *Casablanca* zugeteilt wurde, Howard Koch und den Epsteins über die Schulter gesehen. Fünf Tage vorher, am 20. Mai, hatte Robinson Wallis sieben Seiten NOTIZEN ZUM DREHBUCH »CASABLANCA« geschickt. Am Anfang stand der Satz: »Was CASABLANCA betrifft, bin ich nach wie vor der Ansicht, dass das Melodram gut gebaut ist, der Humor vorzüglich, die Liebesgeschichte aber mangelhaft.« In den fünf Tagen vor Drehbeginn schrieb Robinson mindestens eine Fassung der Rückblende.

Zusätzlich zu seinem regulären Gehalt bekam Robinson 9000 Dollar für seine Arbeit an *Casablanca*. Während dieser drei Wochen, in denen er gegen die unerbittliche Zeituhr eines Films anschrieb, der sich bereits in Produktion befand, gestaltete er die Liebesgeschichte aus, wobei er Bruchstücke aus dem Bühnenstück, von den Epsteins, von Howard Koch und eigene Einfälle verwendete. Robinson, der von mormonischen Pionieren abstammte, war genauso konservativ wie die anderen Autoren liberal. Er war Mitglied der Screen Playrights, der Konservativen, die die Screen Writers Guild verlassen hatten, um eine Art Firmengewerkschaft zu gründen. Bei Warner Bros. war er einer von wenigen Screen Playrights. Der Verband wurde von den eleganten und hoch bezahlten Autoren gegründet und dominiert, die bei MGM arbeiteten, während Warner Bros. neben Koch einer Reihe von Autoren eine zeitweilige Heimstatt bot, die später vor den Parlamentsausschuss für unamerikanische Aktivitäten zitiert wurden, unter ihnen Dalton Trumbo, Ring Lardner jr., John Howard Lawson, Albert Maltz und Alvah Bessie. Robinson nannte MGM für gewöhnlich den Friedhof der Autoren, doch am Ende ging er selber dorthin – für 5000 Dollar die Woche.

1974, in einem Rückblick, bekräftigte Robinson, Warner Bros. sei das große Studio für Drehbuchschreiber gewesen, ungeachtet der Tatsache, dass Jack Warner Autoren verabscheute. Doch gerade weil Warner geizig war und es ihm gegen den Strich ging, Autoren Geld zu geben, »war er nicht bereit, fürs Umschreiben oder für Nachaufnahmen zu zahlen, also wurde dein Zeug so gedreht wie geschrieben«. Zu Beginn seiner Karriere hatte Robinson Untertitel für Stummfilme verfasst. Während der dreißiger Jahre schrieb er bei Warner Bros. drei oder vier Filme im Jahr. Nach dem Krieg zog er von einem Studio zum andern. »Die zwei größten Organisationen, die es jemals in Hollywood gab«, waren seiner Meinung nach MGM, als Mayer sich um die Schauspieler kümmerte, während Thalberg die Filme machte, sowie Warner Bros., als Jack Warner sich um die Verträge kümmerte und Hal Wallis seine rechte Hand war. Weil Wallis Talent erkannte und ihm vertraute, so Robinson, habe Warner Bros. »das großartigste Team von Autoren versammelt, das es jemals in der Geschichte des Films in irgendeinem Studio gegeben hat«.

Robinson verstand es, mit emotional schwierigem Stoff und mit Zensurproblemen umzugehen. Es gelang ihm, aus Henry Bellamanns schwülstigem Roman *Kings Row* einen Film zu machen, indem er den Inzest der Heldin in eine angeborene Neigung zum Wahnsinn änderte. (Wie Abtreibung, Geschlechtskrankheiten und Geburtenkontrolle war Inzest dem Code nach nicht akzeptabel.) Zu einer Zeit, da Krebs noch weitgehend ein Tabu war, half er mit, *Dark Victory*, ein Bühnenstück über eine Frau mit einem Gehirntumor, in einen Kassenschlager zu verwandeln: in die Liebesgeschichte einer Frau, die sich gegen ihr Schicksal auflehnt. Die sexuelle und doppelt masochistische Beziehung zwischen Rick und Lois in *Everybody Comes to Rick's* ließ sich 1942 unmöglich auf die Leinwand bringen. Robinson veredelte die Charaktere und verlieh ihnen einen romantischen Touch.

In *Everybody Comes to Rick's* ist Lois ein Flittchen, das gleich am ersten Abend, an dem sie in seinem Café in Casablanca auftaucht, mit Rick ins Bett geht. Abgesehen von einer Liebesszene am Strand, die sie für Rick und Lois schrieben, hielten sich die Epsteins an die Konturen der Figuren und ihrer Beziehung. Auch noch in ihrer ersten Fassung ging Lois sofort mit Rick ins Bett. Dann schmückten die Zwillinge und Koch die Charaktere aus, ohne sie sympathischer zu machen. Verschiedenen Verbesserungsvorschlägen und Szenen zufolge weiß Renault über die neuerliche Affäre zwischen Lois und Rick Bescheid, Renault stellt Lois ein Ausreisevisum in Aussicht, falls sie seinem »üblichen Arrangement« zustimmt, und Lois gesteht dem armen Victor Laszlo ihre Affäre mit Rick.

Robinson definierte und vertiefte die romantische Beziehung zwischen Rick und Ilsa, und ebenso verfuhr er mit der romantischen Beziehung zwischen Ilsa und Laszlo. Er schrieb nicht so sehr neue Szenen, als dass er bereits geschriebenes Material bearbeitete. Wallis vertraute Robinson als Redakteur und setzte ihn oft auf ungewöhnliche Weise ein. Anfang Mai, während der Produktion von *Now, Voyager*, hatte Wallis den Autor gebeten, sich die Szenen anzusehen, die Regisseur Irving Rapper bereits gedreht hatte. Robinson sprach sich für Groß- und Nachaufnahmen aus, durch die der Zuschauer die Motivationen und Ängste der von Bette Davis gespielten Figur besser verstehen könne, und Wallis berücksichtigte die meisten seiner Vorschläge.

Robinsons Umstrukturierung der Liebesgeschichte in *Casablanca* hatte einen unerwarteten Nebeneffekt: Sie wertete Sams Rolle auf. In den siebenseitigen Notizen vom 20. Mai regte Robinson an, das Zusammenspiel zwischen Ilsa und Sam und später das zwischen Sam und Rick zu intensivieren. Die meisten dieser Vorschläge finden sich im fertigen Film wieder.

Die Sache am Klavier zeigen, wo sie Sam bittet, ein paar von den alten Songs zu spielen, und dann besteht sie auf »As Time Goes By«. Sehr deutlich zeigen, wie Sam das zu vermeiden sucht. Ich bin sicher, das Material wird den Zuschauern klar machen, dass diese Musik irgendeine große, eine romantische Bedeutung hat.

Howard Koch hatte eine Szene geschrieben, die sich nicht im endgültigen Drehbuch befindet, in der Rick und Ilsa sich unterhalten, während Laszlo und Renault sich vom Tisch entfernt haben. Robinson schlug vor, sie zu streichen.

Stattdessen würde ich die Szene bringen, in der Ilsa über Sam herausfinden möchte, wo Rick ist. Denken Sie mal kurz über die Fakten der Liebesgeschichte nach, und es wird Ihnen klar, weshalb diese Szene notwendig ist. Das Mädchen will nur eines, nämlich Rick erreichen und ihm erklären, weshalb sie in Paris nicht zum Bahnhof gekommen ist. So wie sie ihn liebt und er ihrer Meinung nach über sie denkt, muss sie die Sache aufklären. Dieses Motiv braucht sie Sam gegenüber nicht zu enthüllen, im Gegenteil, sie sollte es überhaupt nicht tun, aber dem Zuschauer wird es später klar werden. Bis dahin dient das Ganze als eine sehr gute Vorbereitung für die Liebesgeschichte, es wird das Interesse der Zuschauer anstacheln und die erste Begegnung zwischen Ilsa und Rick enorm wirkungsvoll machen.

Wie Robinsons Bemerkungen eindeutig zeigen, baute er auf Szenen oder Dialogen auf, die aus Kochs Feder stammten, sowie auf Szenen, die die Epsteins dem Bühnenstück entnommen und zugespitzt hatten:

Die Szene zwischen Rick und Sam über Ilsa ist schwach. Hier muss man die große Angst steigern, die Sam empfindet, diese beinahe abergläubische Negerangst, und auch die Intensität, mit der er Rick anfleht, die Stadt zu verlassen, bis diese Frau wieder verschwunden ist. Der Zuschauer wird daraus entnehmen, dass diese Frau Rick enormen Schaden zugefügt hat, aber auch, dass diese Frau für Rick von enormer Bedeutung ist, und das ist eine sehr wirkungsvolle Überleitung zu den Rückblenden.

Robinson fügte darüber hinaus eine Reihe von Details hinzu, darunter die Idee, dass der Barmann Rick küsst, um die Szene abzuschließen, in der Rick das junge Paar beim Roulette gewinnen lässt. Im Übrigen lieferte er ständig Vorschläge für eine emotionale Vertiefung der Figuren. Darüber, dass Rick Ilsa mit Victor fortschickt, schrieb Robinson:

> Er löst nicht nur ein Liebesdreieck auf. Er zwingt das Mädchen, sich ihrem Idealismus gemäß zu verhalten, zwingt sie, ihr Werk fortzuführen, das in diesen Zeiten weitaus wichtiger ist als die Liebe zweier unbedeutender Menschen.

Robinson gab Henreid auch etwas Intimeres zu spielen als den Heroismus und die Entschlossenheit, die das Drehbuch für ihn vorsah. Er betonte, dass in der Beziehung zwischen Laszlo und Ilsa Folgendes wichtig sei:

(1) Victor muss in der Vergangenheit etwas Wunderbares für sie getan haben. Sie muss sich ihm seelisch stark verpflichtet fühlen.
(2) Victor muss auf sie angewiesen sein. Ein Mann in dieser Position, der diese Art von Arbeit leistet, braucht jemanden, an den er sich anlehnen kann, wenn ihn die Gefahren und Probleme überwältigen.
(3) Victor muss Ilsa absolut anbeten und ohne sie verloren sein.

Nach Ansicht von Robert Blees, Robinsons Schwager und 1942 ein junger Autor bei Warner Bros., fiel es Robinson leicht, die Szenen zwischen Victor und Ilsa zu schreiben. »Vergessen Sie nicht, dass Casey gerade erst Paul Henreid zu einem romantischen Hauptdarsteller in *Now, Voyager* gemacht hatte.«

Während der ersten Juniwochen waren Robinson und die Epsteins noch nicht von der Hektik erfasst, die Koch im Juli zu spüren bekam, als er den Schluss von *Casablanca* umschrieb. Schließlich war noch genügend Zeit, an der Liebesgeschichte herumzufeilen, da Curtiz sich auf die Szenen konzentrierte, die Bogarts Beziehungen zu Peter Lorre, Claude Rains, Dooley Wilson und Madeleine LeBeau herstellten. Zwischen dem 1. und dem 15. Juni arbeitete Bergman lediglich an drei Tagen, wartete aber an den anderen neun im Atelier auf ihren Einsatz.

Nach dreißig Jahren sind Erinnerungen nur noch selten verlässlich. Robin-

Wie Casablanca gemacht wurde

son behauptete später, er habe Wallis überredet, *Everybody Comes to Rick's* zu kaufen. Letzteres beschreibt er dabei fälschlich als ein Theaterstück, dessen einzige Ähnlichkeit mit dem Film darin bestehe, dass es in Casablanca spielte und dass es »einen Gimmick enthielt, wie wir das in unserem Fachjargon manchmal nennen: Es gibt nur ein Ausreisevisum, und zwei Leute wollen es haben.« Die Geschichte habe keinerlei Bezug zum Zweiten Weltkrieg gehabt, und er, Robinson, habe Wallis' Interesse geweckt, indem er eine neue Handlung andeutete, in der Flüchtlinge, eine europäische Frau und der Krieg vorkamen.

Das Bühnenstück – zu dessen Figuren ein Gestapo-Hauptmann (*sic!*), ein tschechischer Widerstandskämpfer und ein aus Bulgarien geflüchtetes junges Paar zählen – spricht für sich selbst. Doch verstaubte Story-Akten und Produktionsunterlagen stützen Robinsons Behauptung, er habe aus der Heldin eine Europäerin gemacht, weil er die Rolle für Tamara Toumanova haben wollte, in die er sich verliebt hatte. Lange bevor er an dem Drehbuch mitarbeitete, hatte Robinson eine sieben Seiten lange Szene geschrieben, die Toumanova in der Probeaufnahme vom April spielen sollte. (Wallis schickte Curtiz eine Notiz, in der er sich über die Länge der Szene beschwerte.) Zu diesem Zeitpunkt hatten die Epsteins erst Teil I ihres Manuskripts abgeliefert, der damit endete, wie Rick darauf wartet, dass Ilsa ohne Victor Laszlo zum Café zurückkehrt. In Robinsons Szene kommt Ilsa in dieser ersten Nacht zurück und erzählt Rick, was in Paris geschehen ist, doch seine Verbitterung enttäuscht sie. Später überarbeitete Robinson die Szene noch einmal. Zwei Jahre darauf wurde Toumanova seine zweite Frau, und er schrieb und produzierte tatsächlich einen Film für sie: *Days of Glory*. Darin spielen Toumanova und der noch unbekannte Gregory Peck russische Patrioten, die durch einen heldenhaften Tod zu Ruhm gelangen. Die Ehe hielt zehn Jahre.

Das Verdienst, die Liebesgeschichte entwickelt zu haben, gebührt nicht allein Robinson, ebenso wenig wie man Koch alles Politische oder den Epsteins jeden komischen Dialogsatz anrechnen kann. Jeder der Autoren gewann und verlor, wurde umgeschrieben und schrieb um.

Julie Epstein behauptete, er und Phil hätten den größten Teil der Rückblende umgeschrieben, die vorher Casey Robinson nach ihrer früheren Fassung umgeschrieben hatte. »Es blieb nur noch ein Satz übrig, den wir einfach nicht rausbekommen konnten«, so Epstein. »Ein Franc für deine Gedanken.‹«

Howard Koch hatte sich überhaupt gegen eine Rückblende ausgesprochen, weil er der Ansicht war, dies würde dem Melodram die Spannung nehmen. »Ich habe mich geirrt«, gab er im Nachhinein zu. Dafür gehörte zu seinen Vorschlägen eine neue Szene, in der Ilsa ins Café kommt, sobald sich ihr Mann auf den Weg macht, die Widerständler zu treffen. Sie bittet um die Transitpapiere. Als Rick sie ihr nicht geben will, richtet sie einen Revolver auf ihn.

> Für einen kurzen Moment sieht man in Ricks Augen Bewunderung.
> Er geht zu der Stelle, wo die Papiere versteckt sind. Er hält sie in der Hand, dreht sich zu ihr um ... »Du wirst mich umbringen müssen, um sie zu bekommen. Wenn es dir ernst ist, wenn dir die Sache so viel bedeutet, wirst du vor nichts zurückschrecken.« ... Ihr Finger am Abzug rührt sich nicht. Sie kann es nicht tun. Sie lässt den Revolver auf den Tisch fallen. Nein, sie kann ihn nicht töten, nicht für die Sache, nicht für Laszlo, denn sie liebt ihn. Sie wollte nicht, dass er es merkt, wollte ihrem Mann treu bleiben, aber vergeblich ... Wenn wir abblenden, liegt sie in seinen Armen.

Etliche Vorschläge Robinsons sucht man im Film vergebens. In seinen Notizen schrieb er: »Die Spannung der Liebesgeschichte und die Spannung des Melodrams sind ein einziger Mischmasch.« Beides müsse man auseinander halten, und Ilsas erster Auftritt im Film und in Rick's Café solle ohne Laszlo erfolgen. Wallis lehnte den Vorschlag ab. Robinson beharrte außerdem darauf, dass sich Rick und Ilsa erst spät in der Nacht begegnen sollten, wenn sie nach der Rückblende zum Café zurückkehrt. Stattdessen enthält der Film die effektvolle Szene – die die Epsteins beinahe unverändert aus dem Stück übernahmen –, in der Rick und Ilsa vor Renault und Laszlo über Paris sprechen und Rick zwei Prinzipien bricht, indem er mit einem Gast trinkt und die Rechnung übernimmt.

Bis Mitte Juni hatte man die Liebesgeschichte in Ordnung gebracht, und die Epsteins wurden vom Film abgezogen, obwohl sie inoffiziell immer wieder mitmischten. Damit war nur noch das Problem des Schlusses ungelöst, aber es blieb noch ein ganzer Monat Zeit, bis man sich den damit verbundenen Spannungen stellen musste. Am 25. Juni, genau einen Monat nach Produktionsbeginn, betrat Paul Henreid zum ersten Mal Rick's Café. Endlich hatte Mike Curtiz, dem noch sechs Wochen Arbeit bevorstanden, alle seine Hauptdarsteller beisammen.

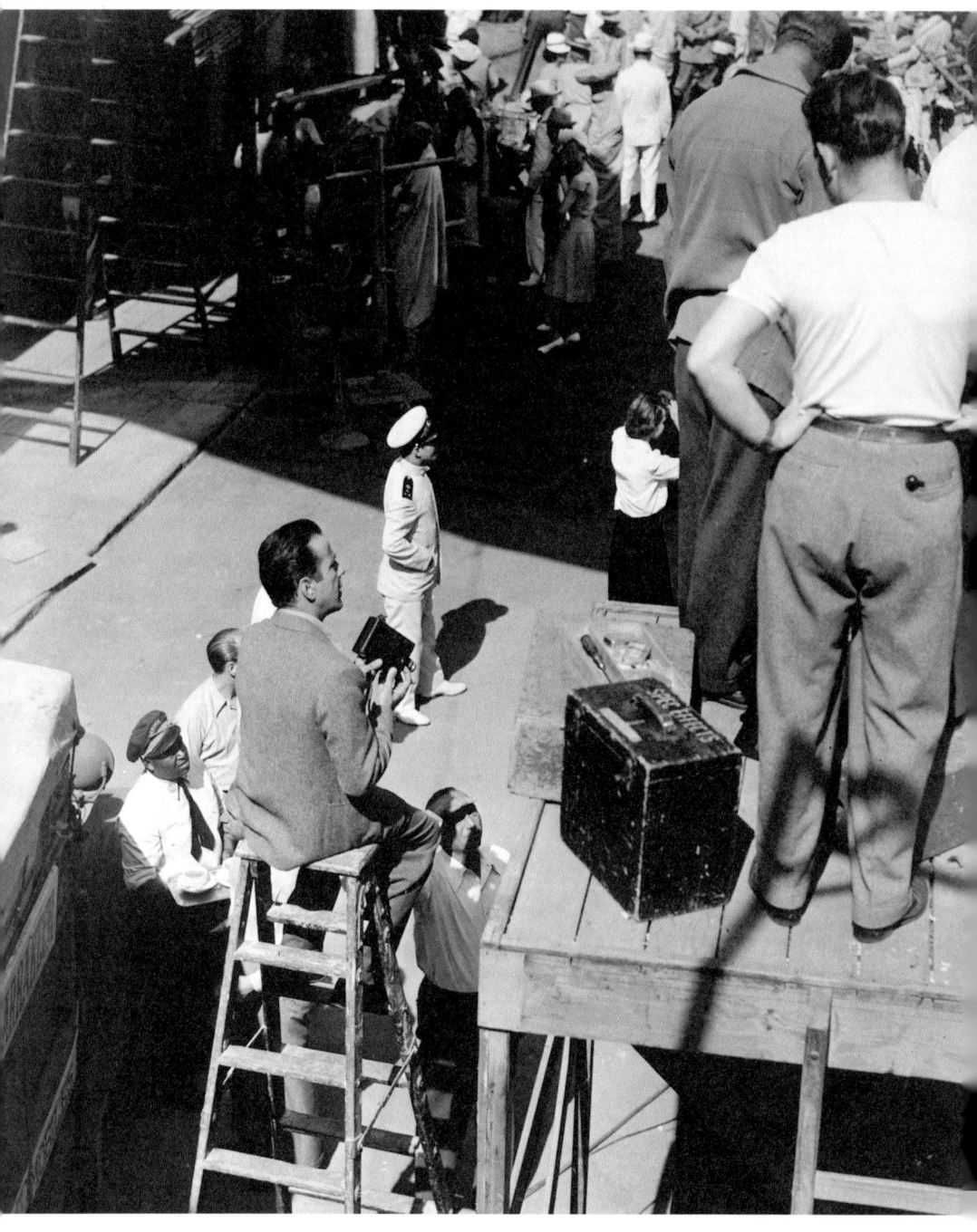

10.

Regie: Michael Curtiz

Am Freitag, dem 3. Juli 1942, fand auf dem Set von *Casablanca* eine Party statt, um Michael Curtiz' 15-jährige Zugehörigkeit zu Warner Bros. zu feiern. Die Dreharbeiten endeten über eine halbe Stunde früher als sonst, und unter den Gästen befanden sich auch Jack Warner und Hedda Hopper, die zweitwichtigste Klatschkolumnistin der Filmindustrie. Fünf Jahre später, anlässlich des zwanzigjährigen Jubiläums von Curtiz, veröffentlichte Warner in der Fachpresse Hollywoods einen Brief mit der Überschrift »For the Love of Mike«. Die Anzeige pries Curtiz' Entschluss, weitere zwanzig Jahre bei Warners zu verbringen. Und eine Illustration zeigte zwei ineinander verschlungene Herzen mit den Initialen »W. B.« und »M. C.«. Sechs Jahre danach hatte Curtiz mit Warner Bros. einen erbitterten Streit um Geld und verließ das Studio.

Auf der Höhe seines Erfolgs hatte Curtiz sein Schicksal vorhergesagt. »Wenn sich in Europa ein Schauspieler oder Regisseur einen Namen macht, ist er unsterblich«, sagte er, kurz bevor er den Vertrag unterzeichnete, der zu seinem Ruin bei Warner Bros. führte. »Hier schmeißt man ihn einfach raus, wenn er nicht genug Kohle macht. Hollywood ist Geld, Geld, Geld, und alles andere ist scheißegal.«

Was war Curtiz' Beitrag zu *Casablanca*? Natürlich technisches Können. »Seine Kameraführung«, rühmte Lee Katz, »war so gut, wie ich es bei kaum einem anderen Regisseur erlebt habe.« Schon in der Frühzeit des Tonfilms, als die lauten Kameras in schalldichten Kabinen steckten und die Szenen durch Scheiben hindurch gedreht wurden, konnte Curtiz durch die Art und Weise, wie er seine Schauspieler führte, beim Zuschauer den Eindruck erwecken, als würde sich die Kamera bewegen. »Mike hat mir beigebracht, was man machen muss, wenn man eine Menschenmenge braucht, aber eigentlich nicht genug

Leute hat. Man sagt ihnen, sie sollen sich einander gegenüberstellen und dann loslaufen und absichtlich zusammenstoßen. Das verursacht so ein Durcheinander, dass es wie eine Menschenmenge aussieht.«

John Meredyth Lucas, der als Dialogregisseur an Filmen seines Stiefvaters wie *The Unsuspected* mitgearbeitet hatte, ehe er sich als Fernsehproduzent und Autor selbstständig machte, meinte: »Mike hatte einen untrüglichen Instinkt für die Bewegung der Kamera. Das Wichtigste, was ich von ihm gelernt habe, war, dass jede Kamerabewegung motiviert sein muss, dass ich sie also nicht einfach nur um äußerlicher Effekte willen bewegen darf.«

In *Casablanca* gibt die Kamera nie an, drängt sich nie auf, obwohl Curtiz, wie immer, jede Einstellung sorgfältig komponiert hat. Seine Fähigkeit etwa, aufregende Actionszenen zu entwerfen, machte aus Errol Flynn einen Star. Von Flynns erster großen Rolle 1935 in *Captain Blood*, über *The Charge of the Light Brigade*, *The Adventures of Robin Hood* und *The Sea Hawk* schuf Curtiz gleichsam ein riesiges Gemälde, das auf die begrenzten Fähigkeiten des Schauspielers zugeschnitten war.

Bei *Casablanca* legte Curtiz darüber hinaus eine geradezu verbissene Zielstrebigkeit an den Tag. »Mike«, so Lucas, »sagte den Schauspielern und dem Team, sie müssten sich »wie Tiger auf die Kamera stürzen und um den Film kämpfen«.

Hal Wallis erzählte seinem Biografen, Curtiz sei von allen Warner-Regisseuren der Streitsüchtigste gewesen, habe sich mit jedem angelegt, und ein Tag auf einem Set von Curtiz habe offenbar nur aus Meckern und Gereiztheit bestanden. Und doch, so Wallis, wenn er sich dann die Muster eines solchen Tages ansah, habe er festgestellt, dass sie auf geradezu wundersame Weise gelungen waren.

»Ich glaube, jeder Regisseur muss Curtiz bewundern, weil er keine großen Worte machte und nicht nach tiefgründigen Rechtfertigungen für bestimmte Szenen suchte«, sagte Billy Wilder. »Er war ein guter Soldat. Er schlug die Hacken zusammen und erledigte seine Sache, und er erledigte sie so gut wie nur möglich. In *Four Daughters* beschließt John Garfield, Selbstmord zu begehen. Das war einer der besten Selbstmorde, die es je im Film gegeben hat. Er fährt mit dem Auto, und es schneit. Er stellt die Scheibenwischer an. Dann überlegt er es sich anders, macht sie wieder aus und gibt Gas, und man weiß, er wird gegen einen Baum fahren. Das Ganze ist ein hinreißender visueller Einfall.«

Curtiz' Vorstellung von einem Film, auch von *Casablanca*, war fast ausschließlich visuell. Dass er mit dieser Einstellung die Warner-Direktoren gegen sich aufbrachte, zeigt sich deutlich in den Stapeln von Memos, die während Dutzender Filme an ihn und über ihn verschickt wurden.

»Ich begreife nicht, was Dir manchmal durch den Kopf geht«, schrieb etwa Wallis im Zusammenhang mit *Captain Blood*. Er beschwert sich, dass Curtiz eine Szene, die wichtige Informationen vermitteln und dem Zuschauer den listigen Blick Errol Flynns zeigen sollte, als Totale gedreht hatte – »nur damit Du eine Kerze und eine Weinflasche auf einem Tisch im Vordergrund mit draufbekommst, was mir verdammt egal ist«.

Im Fall von *Charge of the Light Brigade* beschwerte sich Jack Warner bei Wallis: »Er [Curtiz] hat immer nur über die Bauten geredet und dass er irgendwo anders ein Fort bauen will und allen möglichen Quatsch. Kein Ton über die Story. Mit anderen Worten, er ist immer noch der alte Curtiz – und wird es immer bleiben!«

Casablanca eignete sich nicht für bravouröse Regie-Einfälle, obwohl die Idee, die Liebesszene in Paris damit zu beenden, dass Ingrid Bergman mit der Faust das Sektglas umstößt, von Curtiz stammt. Curtiz zeichnet auch für den Übergang in die Rückblende verantwortlich, mit dem effektvoll wabernden Zigarettenrauch. Ursprünglich wollten die Epsteins Ricks Whiskeyglas in eine Sanduhr verwandeln, durch die freilich nicht Sand, sondern Flüssigkeit fließt. Darüber hinaus gibt es auch zwei aufschlussreiche Momente, die sich in keiner der Drehbuchfassungen wiederfinden: wie Sydney Greenstreet genüsslich Fliegen totschlägt, und wie Claude Rains die Flasche Vichy-Wasser in einen Papierkorb wirft, als er beschließt, Patriot zu werden. »Curtiz war natürlich ein Komödiant«, meinte der Komödienschauspieler Leonid Kinskey. »Er hatte einen wunderbaren Sinn für gute Komik.«

Am meisten profitierte *Casablanca* indes vom Drang des Regisseurs, sich buchstäblich auf seine Filme zu stürzen, als sei er ein Tiger und die Kamera rohes Fleisch. Es gibt sehr wenig Action in *Casablanca*, dafür aber fast in jeder Szene eine Spannung, die die Illusion von Action erzeugt. Und auf der künstlichen French Street auf dem Außengelände, gleich um die Ecke von der Studiokantine, erlebt man das ganze Durcheinander und den Schrecken von Casablanca um 1941.

Die meisten Schauspieler hielten *Casablanca* für eine lächerliche, etwas kitschige Geschichte. Doch Curtiz verstand es, den Zuschauer in die Irre zu führen, und er konnte die absurden Seiten einer Story kaschieren, indem er den Zuschauer ablenkte.

»Einmal«, erzählte Lee Katz, »ich weiß nicht mehr, in welchem Film, stand in der Totalen ein Konzertflügel auffällig im Vordergrund. Als Mike dann einen Gegenschuss machen wollte, sagte er: ›Nehmt den Flügel raus.‹ Ich entgegnete: ›Mike, wird dann nicht jemand fragen, wo der Flügel geblieben ist?‹ Worauf er antwortete: ›Glaub mir, wenn irgendjemand fragt, wo der Flügel geblieben ist, dann ist er nicht ganz bei der Sache.‹«

Howard Koch schrieb mehrere Filme für Curtiz, und wann immer er sich bei ihm beklagte, er lasse eine Figur unlogisch agieren, tat Curtiz das mit der Bemerkung ab: »Wen kümmert die Figur? Ich gebe so viel Tempo, dass es niemand merkt.« Über *Casablanca* sagte Koch: »Das Politische und die Gesellschaftskritik waren Mike ein bisschen zu hoch. Dafür machte er die Szenen in Paris romantischer, als wir sie geschrieben haben.«

Curtiz, formulierte Peter Lorre einmal, verleibe sich Filme nicht nur ein, er sondere sie auch aus. Und doch war Curtiz, obwohl er für den Film lebte, nicht immun gegen das wirkliche Leben. Viele jüdische Flüchtlinge spielten Nebenrollen in *Casablanca*, und Curtiz war ebenso sehr ein jüdischer Immigrant wie die Flüchtlinge, die er in seinem Film einsetzte. Er war ein »Feiertagsjude«, der aus einer orthodoxen Familie stammte. »Mike«, berichtete Lucas, »pflegte zu sagen: ›Christus oder Buddha, die Konfusion ist überall gleich.‹« Aber er wusste, dass Hitler sich nicht darum scherte, ob man säkularisiert oder gläubig war. Er ließ seine Mutter 1938 nach Amerika nachkommen, wohingegen die beiden Brüder mit seiner Hilfe zunächst nur bis Mexiko gelangten, wo sie ein Jahr lang auf ein Einreisevisum warten mussten. Seine Schwester überlebte Auschwitz, nicht jedoch ihr Mann, ihre Tochter und zwei ihrer Söhne.

Auf der bereits erwähnten Jubiläumsparty vom 3. Juli erzählte Curtiz Hedda Hopper, er habe mit einer Reihe von Flüchtlingen gesprochen, die kleine Rollen in *Casablanca* spielten, und ihre Fluchtgeschichten und Erlebnisse in den Film eingearbeitet. *Yankee Doodle Dandy*, sein biografischer Film über George M. Cohan, war künstlerisch und kommerziell der große Film jenes Sommers, und Hopper wollte von Curtiz wissen, wie er einen so uramerikanischen Film machen könne. Vielleicht, so seine Antwort, drehe er gern amerikanische Geschichten, weil er so viele Menschen in Unfreiheit erlebt habe.

Wie Casablanca gemacht wurde

Curtiz und sein Jugendfreund Alexander Korda waren 1919 vor dem konterrevolutionären, antisemitischen Horthy-Regime aus Ungarn geflüchtet. Die beiden Männer debattierten stundenlang über die Frage, welche Vorzüge England besitze, wo sich Korda niedergelassen hatte, und welche Amerika. »Alex war ein leidenschaftlicher Brite, Mike dagegen der patriotische Yank«, sagte Lucas, der oft dabeisaß und zuhörte, wie die beiden Filmemacher sich anschrien. Ein gebürtiger Amerikaner hätte als Regisseur von *Casablanca* wahrscheinlich die unterschwellige Präsenz der Vereinigten Staaten als ein notwendiges Plot-Element akzeptiert. Doch der Film zeigt, dass Curtiz von Amerika hingerissen war.

Die glühende Begeisterung für Amerika lieferte Curtiz und einem weiteren Jugendfreund, Szöke Szakall (der sich in Hollywood S. Z. Sakall nannte), genügend Stoff für Gespräche in ihrer Muttersprache. Szakall, der Ricks Chefkellner und Buchhalter spielte, war Sohn eines Steinmetzen, der sich auf Grabsteine spezialisiert hatte. Sein eigentlicher Name war Jenö Gerö, doch mit 18 hatte er das Pseudonym Szöke Szakall (»blonder Bart«) angenommen, als er Gags für einen Budapester Komiker schrieb. Später betätigte er sich als Bühnenautor und spielte dann in seinen eigenen Stücken. Als er 1922 die Dreharbeiten zu Curtiz' berühmtem Film *Sodom und Gomorrha* besuchte, beschloss Szakall, sein Glück beim Film zu versuchen.

Nachdem der deutsche Komiker Felix Bressart die Rolle abgelehnt hatte, wünschte sich Curtiz unbedingt Szakall für die Rolle des Oberkellners Carl. Als nun die kleinen Rollen vergeben werden sollten, wollte Wallis billige Schauspieler engagieren, und zwar für so wenige Tage wie möglich. Die meisten dieser Rollen waren bei Drehbeginn noch nicht besetzt, und Wallis und Curtiz stritten über die Absicht des Regisseurs, Kleindarsteller über mehrere Wochen in Lohn und Brot zu halten. »Es macht keinen Sinn«, schrieb Wallis, »unwichtige Figuren wie Heinze, Ferrari*, Casselle und den Aufseher, die absolut nichts zu tun haben, mitzuschleppen und ihnen 500 oder 750 Dollar in der Woche zu zahlen. Wir haben ohnehin schon eine ungeheuer kostspielige Besetzung, und ich werde niemanden länger behalten als unbedingt nötig.«

Wallis verlor die meisten dieser Schlachten. Wenn die Kameras erst einmal

---

* Der im Memo erwähnte »Ferrari« ist nicht die Rolle des Sydney Greenstreet, sondern die Statistenrolle eines italienischen Offiziers.

liefen, war Curtiz – anders als in den Wochen der Vorbereitung – im Vorteil. Wallis genehmigte schließlich die 1750 Dollar pro Woche für Szakall, aber nur für höchstens zwei Wochen. Szakall bestand auf seiner üblichen Garantie von vier Wochen. Curtiz, der Szakall unbedingt haben wollte, um das Melodram etwas aufzulockern, überredete Wallis und Szakall, sich auf eine dreiwöchige Garantie zu einigen. Szakall hatte letztlich eine größere Rolle als Peter Lorre oder Sydney Greenstreet: In Rick's Café ist er allgegenwärtig, umschwirrt die Gäste, gibt Major Strasser den besten Tisch – »Da ich weiß, dass er Deutscher ist und ihn sich sowieso genommen hätte« – und bringt Paul Henreid nach dem Untergrundtreffen in Sicherheit.

Wallis hatte Curtiz bereits Vorwürfe gemacht, weil er die ersten Szenen der Bogart-Bergman-Romanze in Paris ohne Dialog gedreht hatte. »Der Übergang von der Fahrt über die Champs-Élysées zur Landstraße ist ohne jede Bedeutung, weil Du den Dialog weggelassen hast«, schrieb er am 28. Mai. »Der Text kommt von dem Mädchen – sinngemäß: ›Wenn ich mit dir fahre, weiß ich nicht, ob ich in der Stadt bin oder auf einer Landstraße.‹ Und an dem Punkt überblenden wir auf die Landstraße … Der Balance des Films zuliebe würde ich es sehr begrüßen, wenn Du mich anrufst, bevor Du Text aus einer Szene streichst oder Änderungen vornimmst. Es ist viel einfacher und erheblich billiger, wenn wir diese Dinge vorher diskutieren, als die Szenen später nachzudrehen.« Die kurzen Einstellungen mit Bogart und Bergman zusammen in Bogarts Kabrio blieben freilich weiterhin ohne Dialog.

Die Pariser Liebesszenen – in Form von Rückblenden – waren gleich zu Anfang gedreht worden. Am Nachmittag des 3. Juli, kurz vor Curtiz' Jubiläumsparty, kehrten Bogart und Bergman allerdings noch einmal ins Montmartre-Café zurück, um einige Nachaufnahmen zu machen und ein paar Zeilen neuen Text zu sprechen. Diesmal prostete Bogart Bergman mit den Worten zu: »*Here's looking at you, kid.*« Stammte dieser so typische Bogart-Spruch von ihm selbst? Es spricht einiges dafür. Nach den Notizen des Pressemannes, der die Dreharbeiten dokumentierte, brachten Bergmans Friseur und ihr Englisch-Coach der Schauspielerin während der langen Wartezeiten auf dem Set Poker bei, wobei sie Haarnadeln als Einsatz benutzten. Bergmans Englischkenntnisse reichten nicht aus, um Slang zu verstehen, und Bogart, der hin und wieder beim Spiel zusah, bereicherte ihr Poker-Repertoire mit dem Satz: »*Here's looking at you.*« Presseleute haben zwar von Berufs wegen eine blühende Fantasie, doch der Vorfall erscheint zu seltsam, als dass er erfunden sein könnte. Außerdem findet sich der Ausspruch in keinem der vervielfältigten Drehbuchversionen. Er ist mit Bleistift in das Manuskript des Cutters eingetragen – die endgültige Einstellungs- und Dialogliste, die den fertigen Film wiedergibt. Demnach entstand der Satz an jenem Tag Anfang Juli beim Drehen.

* * *

Anfang Juli wussten Schauspieler und Regisseur inzwischen, was sie von sich und den anderen zu erwarten hatten. Nach den anfänglichen Reibereien herrschte eine mehr oder weniger friedliche Routine. Während der Mittagspause schluckte Curtiz Aspirin und murmelte, wie stets, etwas von »lunch bums«, Lunch-Gammlern. Er war nicht davon abzubringen, dass Schauspieler, die zu Mittag aßen, am Nachmittag keine Energie hätten. Falls Curtiz' Energie jemals nachließ, merkte es niemand. Zu seinem spartanischen Lebensstil gehörten stundenlange Ausritte im Morgengrauen und ausführliche kalte Duschen. »Wir waren mal in New York, in einer großen Suite im Sherry Netherland Hotel, die wir uns mit Henry Blanke teilten«, erzählte Lucas. »Eines Morgens kam Henry hereingerannt und rief: ›Jack, komm schnell. Ich glaube, Mike ist tot.‹ Ich ging mit ihm zusammen ins Bad, und da lag Mike zusammengesunken unter der laufenden Dusche. Das war nichts Ungewöhnliches. Er schlief gern unter kaltem Wasser.«

Bis auf Szakall und Greenstreet gab es bei *Casablanca* keine »lunch bums«. Claude Rains brachte sich gewöhnlich zwei oder drei Äpfel für die Mittagspause mit. Selbst nach mehr als zwei Dutzend Filmen war Rains auf dem Set immer noch »schrecklich angespannt« und nicht in der Lage, mit vollem Magen zu arbeiten. Ingrid Bergman liebte amerikanisches Eis, doch David Selznick empfahl ihr ständig, auf ihre Linie zu achten. Für Bogart war Essen einfach ein notwendiger Treibstoff. Er aß, um zu leben, ausgenommen die Tage, an denen er sich mit Mayo zum Lunch im Lakeside Golf Club traf und dem Alkohol ergab.

Greenstreet, der außer Essen während der meisten Wochen, die er bei *Casablanca* zubrachte, wenig zu tun hatte, war ein leidenschaftlicher Koch. Geraldine Fitzgerald nannte ihn einen »großen, großen Gourmet«. Greenstreet war der Inbegriff des fröhlichen dicken Mannes, leichtfüßig und, trotz seiner annähernd 130 Kilo, ein guter Tänzer und Golfspieler. Wie der dicke Mann,

Szöke Szakall beim Rollenstudium

den er in *The Maltese Falcon* spielte, liebte er Antiquitäten, und in seiner Sammlung gab es unter anderem eine silberne Suppenkelle, die einmal Napoleon gehört hatte.

Szakall, ein heiterer und gutmütiger Mensch, speiste immer mit seiner Frau. Sie begleitete ihn jeden Tag ins Studio und saß lesend oder strickend in seiner Garderobe. »Er war einer der glücklichsten verheirateten Männer, denen ich je begegnet bin«, meinte Leonid Kinskey, der mehrere Filme mit Szakall drehte, darunter *Ball of Fire*. Bozsi Szakall brachte immer ihr Mittagessen von zu Hause mit – schwere, reichhaltige ungarische Speisen –, denn so sehr Szakall Amerika auch liebte, er weigerte sich, irgendetwas anderes zu essen. Die Szakalls blieben kinderlos. Als er bei *Casablanca* anfing, behoben sie dieses Manko, indem sie einen Schäferhundwelpen kauften. »Der Hund hat sie Tausende von Dollar gekostet«, sagte Szakalls Schwägerin, Lenke Kardos. »Jani ging nur auf Reisen, wenn die Hotels auch den Hund zuließen. Wenn er arbeitete und die Haushälterin ihren freien Tag hatte, engagierten sie einen Babysitter, damit Flame nicht allein sein musste. Als sein Agent Paul Kohner

Wie Casablanca gemacht wurde

Szöke Szakall und sein Hund Flame

ihnen einmal Kaviar mitbrachte, teilten sie die Delikatesse mit dem Hund.«
Szakall starb 1955 an einem Herzleiden, und kaum einen Monat später erlag
Flame einem Herzinfarkt. Bozsi Szakall behauptete stets, dem Hund habe es
das Herz gebrochen.

Szakall kam mit Curtiz ebenso gut aus wie mit allen anderen. Und dieser
wiederum verhielt sich äußerst höflich gegenüber Ingrid Bergman. In späteren
Jahren beschrieb sie Curtiz – mit dem sie keinen weiteren Film machte – als
»sehr lieb und freundlich zu mir«. Er, der Schauspieler verachtete, machte ihr
noch ein weit größeres Kompliment. Sie sei ihm bei *Casablanca* eine große
Hilfe gewesen, sagte er. »Eine überaus sensible und äußerst intelligente Schauspielerin mit einem ungeheuren Gespür für die Story« – und dazu von einer
Engelsgeduld.

Curtiz behandelte auch Joy Page besonders höflich, Jack Warners 17-jähri-
ge Stieftochter. Sie spielte die kleine Rolle des bulgarischen Mädchens Annina, auf das Renault ein Auge wirft. Page, die noch die High-School besuchte,
nahm Unterricht bei Sophie Rosenstein, der Schauspiellehrerin des Studios,

und Rosenstein hatte sie für die Rolle vorgeschlagen. Page machte am 8. Mai Probeaufnahmen. An dem Tag, als die Dreharbeiten begannen, schickte Warner ihretwegen ein Telegramm an Curtiz mit der Aufforderung, endlich zu einer Entscheidung zu kommen. Page wurde für zwei Wochen à 100 Dollar engagiert, da sich aber der Drehplan ständig änderte, weil man zuerst die Arbeit mit den teureren Schauspielern abschließen wollte, blieb sie zwei volle Monate dabei.

Auch Claude Rains kam mit Curtiz gut zurecht. Die beiden drehten acht Filme zusammen, von *Stolen Holiday* im Jahre 1937 bis zu dem 1947 entstandenen Titel *The Unsuspected*. Rains, dessen allererste Probeaufnahme ein Desaster gewesen war, betonte mehrfach, Curtiz habe ihm den Unterschied zwischen Bühnen- und Filmschauspielerei beigebracht. Er habe ihn gelehrt, »was man nicht vor der Kamera tun soll«. Später gab Rains den Rat an seine Tochter Jessica Rains weiter, die heute Low-Budget-Filme direkt für den Videovertrieb produziert. »Mein Vater sagte: ›Du darfst gar nichts tun. Denk einfach. Denn die Kamera nimmt auf, was du denkst.‹«

Die folgende Anekdote mag erfunden sein. Rains hat sie mehrmals erzählt, aber nie seiner Tochter. Curtiz habe von ihm verlangt, dass er Rick's Café beim letzten Showdown entschlossener betreten solle. Nachdem er es ein halbes Dutzend Mal versucht hatte, ohne den Regisseur zufrieden zu stellen, erschien Rains schließlich auf einem Fahrrad.

Humphrey Bogart hegte Curtiz gegenüber gemischte Gefühle. »Wie Curtiz die Kamera einsetzte, fand er brillant«, berichtete Lauren Bacall. Als Bogart nach dem Erfolg von *Casablanca* 1946 einen Fünfzehnjahresvertrag unterschrieb, der ihm die Wahl des jeweiligen Regisseurs zusicherte, war Curtiz einer von fünf Regisseuren, die er grundsätzlich akzeptierte.* Doch Bogart, der in den vorangegangenen drei Curtiz-Filmen – *Kid Galahad, Angels with Dirty Faces* und *Virginia City* – als betrügerischer Boxpromoter, als Winkeladvokat und als Golddieb sterben musste, verübelte Curtiz sein mangelndes Interesse an Schauspielern. Lee Katz erinnerte sich, dass Bogart und Bette Davis bei den Dreharbeiten zu *Kid Galahad* mitten in einer Szene abbrachen. »Sie waren erbost, weil Mike nicht auf ihr Spiel sah und stattdessen die Kamerafahrten mit

---

* Die anderen vier Regisseure waren John Cromwell, Delmer Daves, Howard Hawks und John Huston.

Jack Warner und Michael Curtiz auf dem Set von Casablanca. *Ihr gutes Verhältnis zerbrach, als Curtiz' Filme keine Gewinne mehr machten.*

dem Dolly beobachtete. Davon war Mike manchmal mehr fasziniert als von den Aktionen vor der Kamera.«

Schauspielerei, meinte Curtiz einmal, »ist zu fünfzig Prozent eine große Trickkiste. Die anderen fünfzig Prozent sollten Talent und Können sein, obwohl das selten der Fall ist.«

Innerhalb des Warner-Systems blieb die Aufgabe, die Schauspieler zu führen, einem Dialogregisseur überlassen. Häufig, wie im Falle Irving Rapper, der bei vielen Curtiz-Filmen als Dialogregisseur fungierte, war dieser Job ein erster Schritt auf dem Wege zum Regisseur. Der Dialogregisseur bei *Casablanca*, Hugh McMullen, ging noch vor Abschluss der Dreharbeiten zur Navy. Für seine Tätigkeit war McMullen etwas überqualifiziert. Er hatte in Oxford studiert, schrieb Romane und übersetzte mittelalterliche lateinische Lyrik. Den Studios kam es nur darauf an, dass sich die »bewegten Bilder« bewegten, und Hollywood konnte Leute wie McMullen billig einkaufen, um die Schwächen eines Regisseurs auszugleichen. Regisseure waren nicht verpflichtet, sich auf ihre Dialogregisseure zu stützen, aber Curtiz tat es immer.

* * *

Ende der vierziger Jahre gründete Curtiz selbst eine Firma, um Filme für Warner Bros. herzustellen. Er übernahm 30 Prozent der Produktionskosten und war dafür mit 30 Prozent am Gewinn beteiligt. Doch sein Gespür für Kassenschlager hatte ihn im Stich gelassen. Warners behauptete, nur ein einziger von Curtiz' elf Filmen, *I'll See You in My Dreams*, habe Gewinn gemacht, wohingegen die anderen – darunter auch *Lady Takes A Sailor*, *Bright Leaf* und das Remake von *The Jazz Singer* – Verluste von insgesamt 4,6 Millionen Dollar verursacht hätten.

»Ich hätte mir nie träumen lassen, dass ich einmal gegen das Studio prozessieren würde, bei dem ich 26 Jahre verbracht und 87 Filme gemacht habe«, schrieb der 64 Jahre alte Curtiz 1954 an Jack Warner. Wie aus dem Brief hervorgeht, hatte der Anwalt des Studios, Roy Obringer, gesagt, der Regisseur solle sich dafür schämen, dass er dem Studio solche Verluste eingebrockt habe.

»Ich war Warners gegenüber stets loyal und habe, was man mir auch anvertraute, immer mein Bestes gegeben«, schrieb Curtiz. »Tief in Ihrem Herzen wissen Sie, Jack, dass ich bei jeder Story, die Sie mir zugewiesen haben, mein Herzblut gegeben habe, ohne Rücksicht darauf, ob es ein ›großer‹ oder ein ›kleiner‹ Film war, oder ob die Geschichte überhaupt hätte gekauft werden sollen.«

Im Anschluss an *Mildred Pierce*, 1945, und *Life With Father*, 1947, ging es mit Curtiz' Karriere bergab. Nach einem Nachkriegsboom, der den Studios 1946 Spitzengewinne und 1947 noch gute Einnahmen bescherte, geriet auch die Filmindustrie allmählich in schwieriges Fahrwasser: Sie wurde ein Opfer des Fernsehens und des Antikartell-Verfahrens, mit dem der Staat die Studios zwang, sich von ihren Kinos zu trennen und ihre Filme jeweils einzeln zu verkaufen.

Curtiz hatte am besten im Rahmen des Studiosystems gearbeitet, in dem jede Woche ein neuer Film das Licht der Welt erblickte und keinem einzelnen Film eine allzu große Bedeutung zukam. Doch das Studiosystem war todkrank, auch wenn es noch eine Weile Bestand haben sollte. Außerdem war Curtiz nicht in der Lage, für sich selbst die Entscheidungen zu treffen, die einst Hal Wallis für ihn getroffen hatte. Als dieser 1944 Warner Bros. verließ, um zu Paramount zu gehen, bat er Curtiz, ihn als sein Partner zu begleiten. Aus Loyalität gegenüber Warner Bros. oder vielleicht auch wegen der Aussicht auf eine eigene Produktionsfirma lehnte Curtiz das Angebot ab. Es ist womöglich kein

Zufall, dass Wallis wie Curtiz Probleme bei Warners bekamen, nachdem man ihnen eine Gewinnbeteiligung versprochen hatte. Jack Warner teilte nicht gern.

»Ich dachte, diese elf Filme wären wie eine Lebensversicherung für mich«, schrieb Curtiz an Warner in dem schon zitierten Brief von 1954. Wie hätte er ahnen können, dass *The Jazz Singer*, vielleicht wegen des jüdischen Themas oder weil es ein Remake war, finanziell kein Erfolg werden würde? Wie hätte er bei *The Story of Will Rogers* voraussehen können, »dass das amerikanische Publikum kein Interesse mehr für diesen großen Mann hat, der einst sein beliebtester Held war«? Wie hätte er wissen können, dass die düstere Geschichte von *Jim Thorpe – All American* nicht dem Publikumsgeschmack entsprach? Ehe er seine Filme verteidigte, schickte er voraus: »Es war nicht meine Schuld.«

Curtiz starb 1962 an Krebs. Die Krankheit war sechs oder sieben Jahre vor seinem Tod diagnostiziert worden, ohne dass ihn der Hausarzt darüber aufgeklärt hätte. »Mike kam dahinter, nachdem er bei seinem letzten Film, *The Comancheros*, gestürzt war«, erzählte sein Stiefsohn, John Meredyth Lucas. »Auf der Röntgenaufnahme sah sein Knochen wie Brüsseler Spitze aus. Das war vielleicht sechs Monate oder ein Jahr vor seinem Tod. Als Mike den Arzt aufsuchte und fragte, warum man es ihm nicht früher gesagt habe, erwiderte dieser: ›Wie viele Filme haben Sie seit Ihrer Operation gedreht?‹ Und Mike antwortete: ›Sieben oder acht.‹ – ›Was glauben Sie, wie viele Sie gedreht hätten?‹ – ›Sie haben Recht‹, sagte Mike.«

Bei seinem Tod war Mike Curtiz den meisten Nachrufen zufolge 72 Jahre alt. Möglicherweise war er älter. »Mike sagte uns nie, wie alt er war«, berichtete sein Stiefsohn. »Als sie ihre Pässe abholten und meine Mutter Mikes Alter sah, sagte sie: ›Aber da steht, dass du zehn Jahre jünger bist als ich.‹ Worauf Mike entgegnete: ›Liebling, das ist ganz einfach. Du lügst.‹« Alles in allem hat er über 150 Filme gedreht.

11.

Arbeitsbeziehungen –
nicht nur auf dem Set

E in Filmset lässt sich mit einem Kreuzfahrtschiff vergleichen, mit einer
einsamen Insel oder mit einer langen Kutschenfahrt in einem Roman
aus dem 18. Jahrhundert. Die Schauspieler sind für eine bestimmte Zeit
aufeinander angewiesen und müssen sich irgendwie arrangieren. Bestenfalls
folgt nach einem Gefühlsausbruch vor der Kamera eine Stunde Warten.
Schlimmstenfalls muss man zermürbende Langeweile ertragen. (Ein Blick auf
die täglichen Drehberichte von *Casablanca* genügt, um zu sehen, wie oft Joy
Page sich auf dem Set bereithalten musste, ohne dranzukommen.) Es entstehen
Bündnisse und Animositäten. Ein Techtelmechtel hilft die Zeit zu vertreiben.
Nach Abschluss des Films entschwinden die Akteure normalerweise wieder in
ihr jeweiliges Privatleben, als wären sie sich nie begegnet.

Ingrid Bergman tat sich während der Dreharbeiten zu *Casablanca* mit niemandem zusammen, aber wie bei allen ihren Filmen hatte sie Ruth Roberts bei
sich, ihre Sprachtrainerin. Im Übrigen war sie durch ihre Aura geschützt, die
in Männern das Bedürfnis weckte, sie ritterlich zu behandeln. »Ich muss sagen,
Ingrid war großartig«, gestand Lee Katz, der in der Regel eher zynisch zurück-
blickt. »Ich habe mit vielen Menschen gearbeitet, aber sie ist wohl die Einzige,
über die ich jemals gesagt habe: ›Mein Gott, was für eine wunderbare, wunderbare Frau.‹ Als die Geschichte mit Rossellini passierte, war ich genauso enttäuscht wie alle andern.«

In ihrem Schauspieltagebuch notierte Bergman: »Bei Warner Brothers habe
ich viele neue Freunde gefunden. Offenbar war man es dort nicht gewöhnt,
dass jemand auch freundlich und anständig sein kann.« Man hat Bergman vorgeworfen, sie sei berechnend, und gewiss hat sie andere Leute geschickt benutzt, um ihre Karriere zu fördern. Kalkulierter Charme hätte freilich nie und
nimmer so zuverlässig funktioniert wie der ihre – bei Männern und Frauen

gleichermaßen. »Ihr Leuchten kommt aus ihrem Wesen«, sagte Howard Koch. »Das war nicht gespielt.«

Jene Mitglieder eines Drehteams, die man gewöhnlich als »die kleinen Leute« bezeichnet – Friseure und Friseurinnen, Garderobieren, Elektriker, Regieassistenten –, durchschauen schnell Heuchelei und Unaufrichtigkeit. Nicht einmal der besten Schauspielerin würde es gelingen, zwei Monate lang Tag für Tag vor den Frauen, die sie einkleiden, ihr wahres Wesen zu verbergen. Zumindest ein Teil von Bergmans Aura rührte daher, dass sie so ungekünstelt und natürlich war, was manchen verwirrte, dessen Hauptbeschäftigung darin bestand, Künstliches zu schaffen. »Sie sah immer so sauber und adrett aus«, erzählte Jean Burt, Bergmans Friseurin bei *Casablanca* und *Saratoga Trunk*. »Ich hielt es immer für eine lächerliche Zeitverschwendung, ihr die Haare zu waschen. Sie sahen immer so sauber aus.« Zwanzig Jahre nach *Casablanca* konnte Burt sich noch gut daran erinnern, wie ungewöhnlich die Bergman gewesen war, die jedes Make-up ablehnte und sich nicht darum scherte, ob ihre Socken zusammenpassten oder nicht.

Jean Burt versuchte einmal die schleichende Veränderung zu beschreiben, die eine Schauspielerin zu einem Ungeheuer werden lässt: »Selbst dem charakterstärksten Menschen dürfte es schwer fallen, ein großer Filmstar zu sein und trotzdem auf dem Teppich zu bleiben. Nehmen wir irgendeinen weiblichen Star. Morgens kommt sie als Erstes zur Friseurin. … Die Friseurin muss ihr was Nettes sagen. … Man kann doch nicht sagen: ›Um Himmels willen, sehen Sie heute scheußlich aus. Fehlt Ihnen was?‹ Das traut man sich doch nicht. Also sagt man: ›Hallo, wie geht's? Das ist aber eine hübsche Hose, die Sie da heute anhaben.‹« Burt beschrieb einen ganz gewöhnlichen Arbeitstag, an dem der Maskenbildner, die Garderobiere, der Kameramann und der Regisseur der Schauspielerin zurufen: »Sie sehen heute aber blendend aus. Sieht sie nicht hinreißend aus?« Sie steht im Mittelpunkt des riesigen Studioapparats, ständig wird ihr etwas vorgemacht, und die größten Lügen verbreitet die Publicity-Abteilung. »Bei uns im Studio heißt es: ›Die glauben ihrer eigenen Werbung‹«, so Burt. »Wahrscheinlich lässt sich das gar nicht vermeiden. Man hat das Gefühl, die kriegen alle eine Gehirnwäsche, um selbstverliebte, egozentrische Menschen aus ihnen zu machen.«

Für Jean Burt gehörte Ingrid Bergman offenkundig zu den wenigen, die dieser Versuchung nicht erlagen. In dem stark hierarchisch geprägten Studiosystem verlangte Bergman keine Privilegien. »Es war wunderbar, mit ihr zu arbeiten, weil sie Geduld hatte«, sagte Burt. In *Saratoga Trunk* trug Bergman vier verschiedene Perücken, allesamt kunstvolle historische Perücken voller Haarnadeln. Ihre eigenen Haare waren darunter so fest zusammengebunden, dass es wehtat. Bergman brachte die Selbstdisziplin auf, nie an den Perücken zu zupfen oder sie auch nur zu berühren. Nie äußerte sie ein Wort der Klage. Wenn am Abend die letzte Perücke abgenommen wurde, hörte man von ihr allenfalls: »Ach, tut das gut, das Ding endlich loszuwerden.«

Dank dieser stoischen Haltung konnte sie auch die monatelangen Dreharbeiten zu *A Woman Called Golda* durchstehen, obwohl sie da bereits todkrank war. »Sie war wie ein Soldat – doch das ist nur eine unzulängliche Beschreibung«, sagte Leonard Nimoy, der in einem mehrteiligen Fernsehfilm Golda Meirs Ehemann spielte. »Sie war einfach standhaft. Wir wussten, dass sie mit hoch gelegtem Arm liegen musste, und ihre Kleider hatten wegen des geschwollenen Arms lange Ärmel. Aber sie ließ sich nicht anmerken, dass es ihr schlecht ging.«

Obwohl Bergman keine Starallüren hatte, war sie doch unnachgiebig, wenn sie etwas verlangte, was ihrer Meinung nach für die von ihr gespielte Figur erforderlich war. Bei *Casablanca* erlaubte sie nicht, dass Burt ihr die Haare legte – die Friseurin durfte nicht einmal Klammern oder Haarnadeln verwenden. »Und das in einer Zeit, als die Frisuren ziemlich gekünstelt waren«, sagte Burt. »Das war in der Pompadour-Periode, und wir verwendeten kleine Einlagen oder Kreppwolle, um das Haar aufzutürmen. Bergman wollte nichts davon wissen. Wenn man sich heute *Casablanca* im Fernsehen anschaut, sieht ihre Frisur noch genauso gut aus wie damals, eben weil sie so schlicht war.« Diese Schlichtheit hatte ihren Preis, zumindest für die Friseurin. »Ich musste sie ständig kämmen. Weil ich ihr nicht eine einzige Nadel ins Haar stecken durfte, nicht einmal, wo man es nicht sieht.«

Am 10. Juli feierte Bergman ihren fünften Hochzeitstag. Petter Lindstrom war an diesem Tag mit ihrer gemeinsamen Tochter in Rochester, New York, aber selbst wenn er in Kalifornien gewesen wäre, ins Studio wäre er nicht gekommen. »Ich habe das Studio nie besucht«, erzählte er. »Ich glaube, bei keinem ihrer neun Filme. Ich bin keinem der Menschen, mit denen sie arbeitete, jemals begegnet und wurde nie über irgendetwas informiert.«

* * *

Während die Bergman gleichsam durch die Julitage glitt wie ein flaches Boot durch ruhiges Gewässer, sorgte Bogart für reichlich Wirbel. Er machte sich Sorgen über das Drehbuch, die Liebesszenen, seine Ehe und das Selbstmitleid, das er in seiner Filmfigur zu erkennen glaubte. Bei wenigen Schauspielern gehen die Meinungen so auseinander wie bei Humphrey Bogart. Nicht dass man ihn so unterschiedlich wahrgenommen hätte, sondern die Menschen reagierten auf dieselben Reize – auf seine Sticheleien, seine verbale Widerborstigkeit und seinen Jähzorn – entweder mit Bewunderung oder mit Abscheu.

Für Billy Wilder, der 1954 bei *Sabrina* Regie führte, konnte Bogart »ausgesprochen bösartig« sein, ein fauler, wenn auch fähiger Schauspieler, »dem es ungeheure Freude machte, Unruhe zu stiften«, und dessen größtes Vergnügen es gewesen sei, andere Menschen gegeneinander aufzuhetzen.

Tom Pryor, der als Reporter der *New York Times* mit Bogart und dessen Frau Mayo Methot zu Abend aß und viereinhalb Stunden Drink für Drink mithielt, sagte dagegen: »Er war ein echter Kerl, nicht einer von diesen Heuchlern, den Schauspielern, die einen immerzu beeindrucken wollen. Er hat nie eine Schau abgezogen.«

Ezra Goodman vom *Time Magazine* hielt ebendiesen Individualismus für oberflächlich. »Die ganze Angelegenheit war irgendwie hohl, langweilig und nicht ganz ehrlich«, schrieb er in *Humphrey Bogart. Porträt einer Kinolegende*, einem Buch, das auf unveröffentlichten Hintergrund-Interviews basierte, die Goodman 1954 für eine Titelgeschichte in *Time* geführt hatte. 1942 hatte Goodman ein weniger angenehmes alkoholträchtiges Mittagessen mit Bogart und seiner Frau gehabt. Goodman lernte den Schauspieler während der Dreharbeiten zu *Casablanca* im Lakeside Golf Club kennen, unweit vom Warner-Studio. Er hatte kurz zuvor in der Publicity-Abteilung des Studios begonnen und sollte Bogart interviewen, um spezielle Artikel über ihn schreiben zu können. Bogart hatte es nicht eilig, ins Atelier zurückzukehren, und Wallis musste ihn mit einer Limousine abholen lassen. Danach warf man Goodman vor, er habe Bogart mit Alkohol vollgepumpt. Anstatt den jungen Schreiber in Schutz zu nehmen, bestätigte Bogart voller Schadenfreude, alles sei Goodmans Schuld.

»Sadistisch« war das Wort, das Goodman und auch Billy Wilder für Bogart benutzten. Der Autor und Regisseur Richard Brooks deutete das gleiche Verhalten als harmlosen Spaß. »Bogart konnte Hedda Hopper zum Mittagessen bei Romanoff's einladen und mich dazu, ohne mir allerdings Bescheid zu sagen, dass sie ebenfalls kommt«, erzählte Brooks 1991, wenige Monate vor seinem Tod. »Dann sagte er so was wie: ›Ach, übrigens, das hier ist Richard Brooks. Er kann euch Kolumnisten nicht ausstehen und findet, ihr seid alle ein Haufen Scheiße.‹«

»Leute veralbern«, wusste Peter Lorre, »machte [ihm] großen Spaß.«

Doch im Grunde sei Bogart ein wohlerzogener Mensch gewesen, konstatierte Philip Dunne. »Wenn er wollte, hatte er auch gute Manieren.«

Bogart liebte es, bei jeder Gelegenheit den Studio-Direktoren eins auszuwischen, und seine Akte ist voll von wütenden Beschwerden über ihn. Ein Brief des Studio-Anwalts Obringer war eine Reaktion auf ein Interview, das der Schauspieler Hedda Hopper gegeben hatte, nachdem sich das Studio geweigert hatte, ihn für *Come Back, Little Sheba* an Wallis auszuleihen, der damals schon für Paramount arbeitete. Bogart, im siebten Jahr seines Fünfzehnjahresvertrags, sagte, es geschehe Warner Bros. ganz recht, wenn das Studio ihn auch dann noch in Filmen beschäftigen müsse, wenn ihm schon sämtliche Haare und Zähne ausgefallen seien.

»Ihre Haltung ist uns ganz und gar unbegreiflich«, schrieb Obringer. »Als wir den bestehenden Vertrag mit Ihnen eingingen, bestand von unserer Seite keinerlei Absicht, dass es Teil der Abmachung wäre, unsererseits die Verpflichtung einzugehen, Ihre unkooperativen Dienste zu akzeptieren und Ihre Bereitschaft, derlei Dienste zu erbringen, auf die Zeit zu beschränken, in der Ihnen die Zähne und Haare ausgefallen sind.«

Briefe wie dieser, sorgfältig per Einschreiben geschickt, erheiterten Bogart, der sich als einen General im Kampf gegen den Hochmut und die Verlogenheit Hollywoods betrachtete. Errol Flynn mochte bei Warners fast jeder, weil er sich seinen Schabernack für Leute aufsparte, die wichtig genug waren, um sich zu wehren. Anders als Flynn beschränkte Bogart seine Sticheleien nicht nur auf seine Vorgesetzten, sondern spöttelte über jeden. Von »Spötteln« sprach auch der Publizist Arthur Wilde, der den Schauspieler einmal am Ostersonntag um 4 Uhr morgens abholen musste. »Ich sollte ihn zur Hollywood Bowl bringen, wo er bei Sonnenaufgang vor versammelter Menge das Vaterunser sprechen sollte«, so Wilde. »Doch gegen Mitternacht rief Mayo an und sagte, Bogart sei in der Stadt unterwegs. Stundenlang klapperte ich alle möglichen Orte ab, und schließlich fand ich ihn in der Wohnung eines seiner Freunde, sturzbetrunken, unrasiert und stinkend. Der Chauffeur half mir, ihn ins Auto zu verfrachten, und dann rasten wir rüber zur Hollywood Bowl. Er riss sich zusammen, ging raus auf die Bühne und las das Vaterunser. Es war sehr bewegend. Alle Priester und Pfarrer hinter der Bühne – wo auch ich stand – hatten Tränen in den Augen. Als er von der Bühne zurückkam, drängten sich alle, um ihn zu beglückwünschen, aber er fragte bloß: ›Wo kann ich hier kotzen?‹ Für mich war das Bogart, wie er leibt und lebt.«

Die Geschichte vom betrunkenen Star und dem verbitterten Presseagenten erinnert ein wenig an Frederic March und Lionel Stander in dem Film *A Star Is Born* von 1937. Nach seiner Heirat mit Lauren Bacall sah sich Bogart diesen Film alljährlich am Heiligabend in seinem Haus am Benedict Canyon und später in seiner Villa in Holmby Hills an und ließ seinen Tränen freien Lauf. »Ich war sehr häufig am Heiligabend dort«, erinnerte sich Richard Brooks. »Und jedes Jahr weinte er an denselben Stellen. Nachdem ich das drei oder vier Mal erlebt hatte, fragte ich ihn, weshalb er denn weinen müsse. Er antwortete: ›Ich weiß nicht. Vielleicht weil ich mich selbst darin sehe.‹«

In *A Star Is Born* begeht der alkoholsüchtige Star, dessen Ruhm verblasst, Selbstmord, um zu verhindern, dass er das Leben seiner jungen Frau, einer Schauspielerin, ruiniert. Aber Populärpsychologie lässt sich nicht ohne weiteres auf die Realität übertragen. Der Alkohol hat Bogarts Karriere nicht ruiniert. John Huston sagte einmal, wenn Bogart trinke und das Raubein markiere, sei das immer zur Hälfte gut gespielt. Im Übrigen waren Bogarts letzte Lebensjahre seine glücklichsten. Nach der Heirat mit Bacall trank er nicht mehr so viel, und mit 49 wurde er zum ersten Mal Vater. Möglicherweise war es die Gewissheit, endlich einen sicheren Hafen erreicht zu haben, die es Bogart erlaubte, alljährlich an Weihnachten seine Gefühle zu zeigen. Vielleicht war es auch die Symbolik seines Geburtstages – seine Witwe und seine Freunde behaupteten, er sei am ersten Weihnachtstag 1899 auf die Welt gekommen, während manche Quellen besagen, er sei am 23. Januar 1899 geboren worden, also elf Monate früher.

Brooks, der an dem Drehbuch für *Key Largo* mitschrieb und später als Regisseur von *Deadline U.S.A.* und *Battle Circus* mit Bogart arbeitete, behauptete, Bogart habe ihn gedrängt, seinen Hollywood-Roman, *The Producer*, zu schreiben. Der Titelheld basiert auf Mark Hellinger, doch die Romanfigur des Schauspielers Steve Taggart trägt eindeutig die Züge Bogarts.

»Steve Taggart brauchte nicht viel Scotch in seinem Drink, um blau zu werden«, schrieb Brooks über seine Bogart-Figur. »Doch nur wenige sprachen ihn darauf an.« Als ihn ein Polizist wegen Alkohol am Steuer anhält und nach Hause begleitet, verhöhnt Taggart den Beamten, weil er nicht den Mumm hat, ihm einen Strafzettel zu verpassen. Taggart bekommt jedes Mal schlechte Laune, wenn »man von ihm verlangt, dass er anders spielt, als es ihm passt«. Er sprengt eine Party seines Produzenten, indem er zunächst eine seiner Exfrauen mit den Worten begrüßt: »Dein Spitzenkragen ist einfach ideal. Verdeckt alle Falten, nicht wahr?« Erst einmal in Fahrt, zerkaut er ein Champagnerglas, torkelt durch das Haus, »küsst die Serviermädchen, pöbelt alle männlichen Gäste an und guckt den weiblichen Gästen unter den Rock«. Am nächsten Tag telefoniert er mit allen Gästen. »Es tue ihm Leid, wenn er sich daneben benommen habe. Aber nein, das sei schon in Ordnung. Was hatte er getan? ›Sagen Sie's mir.‹ Und so erzählte jeder Gast, was auf der Party passiert war, und dabei spielte natürlich Steve Taggart die Hauptrolle. Sie vergaben ihm alle.«

Bogart habe das für ein recht faires Porträt gehalten, so Brooks. Und egal, wie Bogart sich in solch launigen Momenten auch verhielt: »Er benahm sich einwandfrei, wenn es ernst wurde.«

Während des Jahres, in dem Bogart an Speiseröhrenkrebs starb, bewunderten selbst seine Feinde seine Tapferkeit. Brooks sah Bogart im Januar 1957 zum letzten Mal, als er mit dem Kranken ein paar Züge Schach spielen wollte. Damals, etwa eine Woche vor seinem Tod, wurde Bogart schon bei dem Versuch zu essen übel, und als seine Pflegerin ihn fütterte, bekam er Atembeschwerden. »Verschieben wir's auf morgen Abend«, schlug Brooks vor. »Vielleicht fühlst du dich dann besser.« Bogart schüttelte den Kopf, obwohl er sichtlich Schmerzen hatte. Brooks sah noch eine Weile zu und sagte dann: »Ich gehe jetzt. Wir sehen uns morgen.« Bogart gab der Pflegerin ein Zeichen, ihn aufzurichten, damit er sprechen konnte. »Was ist los, Kid?« fragte er. »Kannst du den Anblick nicht ertragen?«

In ihrer Autobiografie beklagt sich Lauren Bacall, niemand habe wahrhaben wollen, dass der unzähmbare, unverwüstliche Bogart körperlich nur noch ein Schatten seiner selbst war. Dafür bewies er immer noch innere Stärke. Bacall zeichnet das Bild eines Sterbenden, der darauf besteht, angekleidet und rasiert zu werden, und der, als er nicht mehr selber gehen kann, im Speiseaufzug nach unten gebracht werden möchte, um für zwei Stunden am Nachmittag für enge Freunde Hof zu halten. In seiner Rede beim Gedenkgottesdienst für Bogart sagte John Huston: »Niemand, der ihn während der letzten Wochen erlebt hat, wird es jemals vergessen. Es war eine einzigartige Demonstration von schier animalischer Tapferkeit. Nach dem ersten Besuch – wenn man den Schock über seinen Anblick überwunden hatte – beflügelte einen die Großartigkeit, man wuchs förmlich und empfand ein seltsames Hochgefühl, man war stolz darauf, da sein zu dürfen.«

Spielte Bogart in diesen letzten Monaten bloß, schlüpfte er in die Bogart-Rolle? Oder waren Rolle und Person eins geworden?

* * *

Während der Dreharbeiten zu *Casablanca* verbündeten sich Bogart und Claude Rains, die bei diesem Film zum ersten und auch zum letzten Mal zusammen arbeiteten, Bogart und Peter Lorre sowie Dooley Wilson und der Pianist Elliot Carpenter. Für Bergman, so ihre Tochter Pia Lindstrom, »gab es auf dem Set keine vertraulichen, herzlichen Beziehungen. Umso überraschter war sie, dass Leute, die den Film gesehen hatten, darin Wärme, Leidenschaft und tiefe Fürsorge zu spüren meinten.«

Da in der Filmindustrie die Fähigkeit eines Schauspielers, auf ein Publikum zu wirken, wichtiger war als die Hautfarbe, gab es im Hollywood der vierziger Jahre weniger Rassenvorurteile als im übrigen Amerika. (Im Jahr 1942 zahlten die Studios Eddie »Rochester« Anderson 25 000 Dollar pro Film, genug, um sich ein paar Rennpferde davon kaufen zu können.) Wilson und Carpenter waren dennoch die einzigen Schwarzen in *Casablanca.* Sie wurden und blieben Freunde. »Elliot und Frau, Dooley und Frau sowie mein Mann und ich trafen uns oft zum Essen, zu Drinks und einfach, um Spaß zu haben«, erzählte die mit Wilson befreundete Schauspielerin Frances Williams. »Mit Dooley zusammen zu sein wärmte einem das Herz.« Williams, die im selben Jahr wie Wilson nach Kalifornien gekommen war, arbeitete nicht viel, da dies, wie sie sagte, »die große Zeit von Hattie McDaniel war, und ich weigerte mich, Bandanas zu tragen«. Wilson, der in *My Favorite Blonde,* seinem ersten Film bei Paramount, einen Gepäckträger spielte, befürchtete, seine Filmkarriere könnte beendet sein, bevor sie überhaupt richtig begonnen hatte. Wenn er noch drei weitere Filmrollen bekäme, entschied er, wäre das ein gutes Zeichen, und dann würden er und seine Frau in Los Angeles bleiben. »Mit dem Hauskauf haben wir gewartet, bis ich meine vierte Rolle hatte«, erzählte er dem Pressemann von

Rick und Ilsa verliebt in Paris

Casablanca. »Wir wollten einfach sichergehen.« *Casablanca* war Wilsons fünfter Film.

Mit wem sich Paul Henreid anfreundete, lässt sich nicht genau sagen. In seiner Autobiografie, die 42 Jahre nach *Casablanca* erschien, beschreibt Henreid die Streiche, die Lorre dem Regisseur Michael Curtiz und dem Kameramann Arthur Edeson spielte. Aber ebenso wie Victor Laszlo in Rick's Café niemals Ugarte begegnet, trafen Paul Henreid und Peter Lorre kein einziges Mal auf dem Set zusammen. Henreid begann Ende Juni mit seiner Rolle, während Lorre seinen kleinen Part schon drei Wochen zuvor abgedreht hatte.

Dichtung und Wahrheit lassen sich Jahrzehnte später kaum noch auseinander halten. Und die gedruckten Berichte – von Henreid, Wallis, Bergman,

Bogart, Helmut Dantine und Joy Page

Koch und Robinson – widersprechen einander auf jeder einzelnen Seite. Doch zumindest die Gefühle der Beteiligten dürften zuverlässig geschildert sein. Das Bild, das man von Michael Curtiz zeichnet – seine plötzlichen Ausbrüche, seine servile Höflichkeit gegenüber den Stars, die herablassende Art, mit der er die Chargen behandelte –, ist bemerkenswert einheitlich, ganz gleich, ob nun Paul Henreid oder Jean Burt von ihm spricht.

Joy Page lebte später sehr zurückgezogen. »Als sie jünger war, hat der Erfolg sie innerlich sehr zerrissen«, sagte ihr Sohn, Gregory Orr. »Sie wurde streng katholisch erzogen, und Erfolg galt als unschicklich, als etwas, das man nicht anstreben sollte.« Ein in Leder gebundenes Album ist das Einzige, was von der Karriere seiner Mutter übrig blieb. Die zerfledderten Zeitungsaus-

Wie Casablanca gemacht wurde

schnitte zeigen eine Karriere, die mit *Casablanca* und ihrem zweiten Film, *Kismet*, in dem sie Ronald Colmans Tochter spielte, fulminant begann. Zwei Drittel des Albums sind leer.

Sie erinnerte sich mehr oder weniger nur noch daran, wie »lieb« und fürsorglich Humphrey Bogart zu ihr gewesen war. Der 29. Mai war Pages erster Arbeitstag bei ihrem ersten Film, und in der gefühlsgeladenen Szene hatte sie Rick zu fragen, ob ein Mann seiner Frau jemals verzeihen könnte, falls sie mit einem andern schlief. »Wenn Sie jemand lieben würde, sehr lieben würde, so, dass Ihr Glück das Einzige in der Welt ist, was diese Frau sich wünscht, und wenn nun diese Frau etwas Schlechtes tun müsste, um dieses Glück zu schützen, würden Sie ihr dann verzeihen?«, fragte Annina. Page wartete völlig verschüchtert in ihrer Garderobe auf das Zeichen von Curtiz. »Keine Bange«, sagte Bogart, der in der Tür stand. Er kam herein und ging die Szene geduldig mit ihr durch. Von da an habe Bogart sie unter seine Fittiche genommen.

Bei Peter Lorre zeigte sich Bogart von einer anderen Seite. Die beiden nahmen sich immer wieder gegenseitig auf den Arm. Lorre erzählte Ezra Goodman, er habe einmal 100 Dollar gewonnen, als er darum gewettet habe, er könne Bogart und Mayo innerhalb von fünf Minuten so aufeinander hetzen, dass sie handgreiflich würden. Dazu habe er lediglich »General MacArthur« erwähnen müssen, den Mayo bewunderte und Bogart nicht ausstehen konnte.

Bogart und Lorre waren schon vor *Casablanca* befreundet gewesen und blieben es auch danach. Während der Dreharbeiten zu *Casablanca* wohnten sie nur wenige Straßen voneinander entfernt, am Fuße der Hollywood Hills, und nach einem Wochenendgelage torkelten sie dann oft noch Arm in Arm ins Dampfbad. Gelegentlich begleitete sie auch der Warner-Kameramann James Wong Howe ins Bad. »Ich konnte nicht mithalten«, sagte er. »Sie ließen ihren Kater verdampfen, und dann gingen sie schnurstracks in die Bar gegenüber und fingen wieder an zu trinken.«

Bogart und Lorre hatten schon bei zwei früheren Filmen Bogarts zusammengearbeitet, *The Maltese Falcon* und *All Through the Night*. Ermuntert von John Huston, der den gleichen bissigen Humor hatte, brachten sie jeden Besucher, den ihnen die Publicity-Abteilung zu *The Maltese Falcon* ins Atelier schickte, mit Streichen in Verlegenheit. Bogart nannte beispielsweise Sydney Greenstreet einen alten fetten Dummkopf, oder Lorre kam mit offenem Hosenstall aus Mary Astors Garderobe. Curtiz war zu angespannt, um derlei

In Rick's Café pflegten die Mitwirkenden Freundschaften oder Animositäten.

Streiche zu goutieren, und zumindest einige der Anekdoten dürften zutreffen, wie Bogart und Lorre gemeinsam Curtiz veralberten – etwa indem sie sich weigerten, weiterzuarbeiten, ehe er nicht über ihre Späße gelacht hatte. Möglicherweise ereigneten sich diese Dinge aber erst ein Jahr später, bei *Passage to Marseille*, als Bogart als Star unantastbar war und Lorre eine größere Rolle hatte. Bei *Casablanca* konnte Lorre seinen Freund Bogart gerade mal eine knappe Woche unterhalten. Am 28. Mai hatte er in Rick's Café im Tonatelier 8 seinen ersten Drehtag, und seine letzte Szene beendete er am 2. Juni.

Männliche Stars nutzten ihre Garderobe gerne für Schäferstündchen – Errol Flynn schaffte manchmal vier Starlets am Tag, und Frederic March war dermaßen berühmt-berüchtigt, dass Jean Burt nach eigener Aussage von einem Mitarbeiter aus der Maske begleitet werden musste, ehe man ihr erlaubte, Marchs Garderobe zu betreten, um ihm seine Perücke für *The Adventures of Mark Twain* anzupassen. Bogart dagegen, für den ein solches Verhalten nicht in Frage kam, konzentrierte sich auf Alkohol und Schach. Die einsame Schachpartie, die Rick beschäftigt, als die Kamera ihn zum ersten Mal ins Bild bringt, war ein echtes Spiel, das Bogart per Korrespondenz mit Irving Kovner in Brooklyn austrug. Bogart war bereit, mit jedem und jederzeit eine Partie Schach zu spielen, und bei den Dreharbeiten zu *Casablanca* kam er auch seiner patriotischen Pflicht nach, indem er per Post einige Partien mit Matrosen der US-Navy absolvierte. Wie gut er spielte, ist umstritten. Sein Freund Nathaniel Benchley erzählte, Bogart habe sich als junger Schauspieler in New York Geld damit verdient, dass er die »Profis« besiegte, die im Park saßen und mit jedem Herausforderer um einen Dollar spielten. Mike Romanoff dagegen, der Besitzer des Restaurants Romanoff's und einer der besten Schachspieler Hollywoods, hielt nicht viel von Bogarts Schachkünsten. »Er hätte nicht einmal gegen einen dritt- oder viertklassigen Berufsspieler echte Chancen. Wenn wir spielen, gewinne ich meist. Aber für mich ist das keine Auszeichnung.« Als Romanoff einmal krank zu Hause bleiben musste und Bogart und Richard Brooks in seinem Restaurant zu Abend aßen, trugen sie gemeinsam eine Telefonpartie mit ihm aus. Nach dem fünften oder sechsten Zug, so Brooks, »wussten wir, dass wir in Schwierigkeiten waren. Also ruft Bogie den Schachexperten der *Los Angeles Times* an und fragt ihn, was unser nächster Zug sein sollte. Dann ruft er Mike an und gibt ihm den Zug durch. Keine Minute später ruft Mike zurück und fragt: ›Wer ist da noch bei euch?‹«

Ganz gleich, wie gut er spielte, Bogart liebte Schach. Er, der in einer Branche voller Spieler arbeitete, hasste das Glücksspiel. »Schach macht mir Spaß, weil es kein Glücksspiel ist«, sagte er zu Ezra Goodman. Es hätte ihn zweifellos amüsiert, dass die Postkarte, auf der er seinen 14. Zug an Kovner geschickt hatte – 14-P-Q5 – vor einiger Zeit für 1765 Dollar verkauft wurde.

Bogart und Rains bewunderten einander, und in ihren gemeinsamen Szenen spürt man das auch. Die offensichtliche Freundschaft zwischen Rick und Renault nimmt dem Schluss von *Casablanca* etwas von seiner Bitterkeit. »Mein Vater liebte Humphrey Bogart«, erzählte Jessica Rains. »Das hat er mir gesagt.« Der Cockney, der sich in einen Gentleman verwandelt hatte, und der privilegierte Sohn eines Arztes und einer berühmten Illustratorin, aus dem ein Raubein geworden war, harmonierten erstaunlich gut. »Professionell« ist das Wort, das die Menschen, die mit ihnen zusammengearbeitet haben, den beiden wie ein Abzeichen anheften. »Bogart verpasste niemals ein Stichwort«, meinte das Skriptgirl Meta Carpenter. »Er war durch und durch Profi.« Auch Rains, so der Regieassistent Lee Katz, »war alles in allem äußerst professionell«. Für die Warners-Friseure, so Jean Burt, waren Bogart und Bette Davis »die echten Profis. Sie waren pünktlich, kannten ihren Text, beherrschten ihr Handwerk.«

Rains war beinahe zehn Jahre älter, doch beide waren noch im 19. Jahrhundert geboren – Bogart bezeichnete sich selbst als einen Jungen aus dem letzten Jahrhundert –, und sie teilten dieselbe, etwas altmodische Moral, weshalb sie sich unbehaglich fühlten, wenn sie die Frau, mit der sie schliefen, nicht heirateten. Bogart lernte seine vierte Frau, Lauren Bacall, kennen, als sie 19 war, und wurde mit 49 Jahren erstmals Vater. Rains lernte seine vierte Frau, Frances Popper, kennen, als sie 19 war, und erlebte mit 48 zum ersten Mal Vaterfreuden. Bogarts vierte Ehe hielt bis zu seinem Tod, Rains und Frances waren immerhin zwanzig Jahre lang verheiratet. Bogart und Rains teilten aber auch den Hang zum Alkohol. Rains trank viel, aber diskret. Man sah ihm nie an, dass er sein Lampenfieber in Alkohol ertränkte – bis schließlich seine Leber versagte.

Was verband die Reisenden auf dem Kreuzfahrtschiff *Casablanca*? In erster Linie eine Professionalität, wie man sie heute kaum noch findet, da Stars 10 Millionen Dollar pro Film verdienen und manchmal jahrelang mit sich ringen, ehe sie sich auf ein Projekt einlassen, da Maßlosigkeit als Beweis für die Brillanz eines Regisseurs gilt und sich jeder, der Filmrechte an einem Roman erwirbt oder etwas Geld auftreibt, mit dem Titel »Produzent« schmücken kann.

Es ist ein Fehler, *alt* und *golden* gleichzusetzen, wie es so oft geschieht, doch die alten Hollywood-Studios hatten tatsächlich eine goldene Ära, in der Kunst, Kommerz und harte Arbeit mühelos in eins gingen. Ganz gleich, was sie für menschliche Schwächen hatten oder wie verkorkst ihr Privatleben war: Curtiz, Bogart, Bergman, Rains, Wallis, Lorre, Henreid und Jack Warner waren in dem Sommer, als sie *Casablanca* machten, mit ganzem Herzen bei der Sache.

*Szöke Szakall und seine Frau Bozsi am 13. Dezember 1946, dem Tag,
an dem sie die amerikanische Staatsbürgerschaft erhielten.
Er sagte: »Mama und ich sind heute sehr glückliche Menschen.«*

12.
Die Flüchtlingsroute: Europäer in Hollywood

Im täglichen Produktionsbericht hießen die Dutzende von Chargenspielern bei *Casablanca* bloß »Bits on Day Check«. Einige durften ein paar Worte Text sprechen, andere bloß eine Geste machen. Viele von ihnen waren vor dem Krieg aus Europa geflohen und spielten nun im Film Kriegsflüchtlinge aus Europa. Für die meisten von ihnen war Warner Bros. ein exotisches Land am Ende der Welt.

Die gleich am Anfang des Films beschriebene Flüchtlingsroute verlief von »Paris nach Marseille. Über das Mittelmeer nach Oran. Dann mit dem Zug, dem Auto oder zu Fuß durch das nördliche Randgebiet Afrikas nach Casablanca in Französisch-Marokko«, wo man mit Glück oder Geld vielleicht ein Ausreisevisum nach Lissabon bekommen konnte, »und von Lissabon in die Neue Welt«. Von all den Flüchtlingen, die an der Produktion von *Casablanca* beteiligt waren, hatte allein Robert Aisner, der technische Berater, diesen Weg genommen.

Der übliche Fluchtweg für Filmleute führte zunächst von Berlin nach Wien und Prag, dann nach Paris, weiter nach England und schließlich nach Hollywood. »Nackt in vier Ländern«, sagte Paul Henreid einmal von sich selbst. Wie jeder andere musste er nicht nur seine Möbel und sein Bankkonto zurücklassen, sondern auch seine Muttersprache. Doch Henreid gehörte zu den Glücklichen. Henreid, Conrad Veidt und Peter Lorre waren »Bernhardiner«, Schauspieler, die dank der Hauptrollen, die sie in europäischen Filmen gespielt hatten, auch in Hollywood eine Chance bekamen. Die Bezeichnung »Bernhardiner« rührt von einem Emigrantenwitz her, den Lotte Palfi erzählte. Manche Emigranten, sagte sie, hätten ihre europäische Karriere im Nachhinein reichlich ausgeschmückt. »So kam die Geschichte zu Stande: Ein Emigrantendackel fragt einen anderen: ›Waren Sie früher auch ein Bernhardiner?‹«

DAILY PRODUCTION AND PROGRESS REPORT

Day __Wednesday__   Date __6/17/42__

Name of Production	"CASABLANCA"		No.	410	Name of Director	MICHAEL CURTIZ
Number of Days Alloted	48	Production Started 5/25/42	Days Elapsed Since Starting	20	Status of Schedule:	1½ days behind

Estimated Finish Date	Revised Finish Date (If Ahead or Behind)	Name of Set	Location	Finished?
7/21/42		INT: RICK'S CAFE-02- Main Room & Bar.		
		STAGE #8		

Company Called	9:00AM
Lng-Up.-Reh. till	10:00AM
Started Shooting	10:00AM
Lunch Called	12:00N
Time Started	1:00PM
Dinner Called	
Time Started	
Time Finished	6:00PM

SCRIPT REPORT

No. of Scenes Original Script	Incomplete
No. of Scenes Previously Taken	86
No. of Scenes Taken Today	3
Total Scenes Taken to Date	89
Balance to Be Taken	Incomplete
No. of Added Scenes Taken	21

CAST

S-Start W-Worked H-Held F-Finish R-Rehearse

		Time Started	Time Finished
HUMPHREY BOGART	H		
INGRID BERGMAN	H		
DOOLEY WILSON	H		
CLAUDE RAINS	H		
DAN SEYMOUR	W	10:00A	6:00PM
S.Z. SAKALL	SW	1:00PM	6:00PM
LEONID KINSKY	W	9:00AM	6:00PM
GEO. DEGOMBERT	W	9:00AM	6:00PM
JOY PAGE	H		
MADELEINE LEBEAU	H		
CONRAD VEIDT	H		
HELMUT DANTINE	H		
CORINA MURA	H		
STANDINS:			
BETTY BROOKS	W	7:30AM	5:20PM
RUSSEL LEWELLYN	W	7:30AM	6:05PM
BITS ON DAY CHECK:			
LESTER SHARP	SWF	9:00AM	2:15PM
WM. EDMUNDS	SWF	9:00AM	2:15PM
LOTTI PALFI	SWF	9:00AM	1:45PM
JEFFREY STEELE	SWR	10:00AM	6:00PM
LOUIS ARCO	SWF	8:30A	1:45PM
ANITA COMARGO	SW	8:30AM	1:45P
LOUIS MERCIER	SWF	9:00AM	2:00P
GEO. RENAVANT	SWF	9:00AM	1:45P
JACK LORY	SWF	9:00AM	1:45P

Slate No.	No. of Takes	Time of Ok Takes
240	9	25"
241	5	14"
242	3	18"
243	6	
244	1	30"
245	5	42"
246	1	
247	1	
248	3	
249	3	
250	5	
251	2	

MINUTES

Total Today	2'08
Prev. Total	54'15
Total to Date	56'23

STILL REPORT

Prev. Taken	70
Taken Today	4
To Date	74

ORCHESTRA (W) (R)

Total	
Called	
Dismissed	
Setups Today	12
Pages Today	3
Pages to Date	57

STAFF

		Time Started	Time Finished
Producer-Wallis		AM	PM
Director	Curtiz	8:00	6:00
Dial. Dir.	McMullan	8:15	"
Unit Mgr.	Alleborn		
1st Asst.	Katz	8:00	"
2nd Asst.	Tobin	7:30	"
Extra Asst.			
Script Clerk	Dwight	8:30	"
Cutter	Marks		
Art Dir.	Weyl		
Tech. Adv't	Aisner	8:15	"
CAMERAMEN			
Head	Edeson	8:00	"
2nd	Joyce	8:30	"
Asst.	Meinardus	8:00	9
Still Man	Woods	9:00	"
PROP MEN			
Head	Plews	7:30	"
Asst.	Turner	7:00	"
YITAPHONE			
Mixer	Scheid	8:45	"
Boom	Williams	8:00	"
Recorder	Brown	8:30	"
	Hughes	8:00	"
Gaffer	Conger	7:30	"
Best Boy	Studeman		"
Grip	Dexter	8:00	"
Makeup	McCoy	7:00	"
Hair Dr.	Burt	7:30	"
Wdrbe.	Blanchard	"	"
	Roberts	7:00	"

Script Scenes Taken   26   27   28

EXTRAS	ANIMALS	LUNCHES
51CC 3 Stock		

STAND-INS	ANIMAL HANDLERS	AUTOS
Day 1		Stand by— 1 In Scenes—

Added Scenes Taken

Remarks   PRODUCTION ONE AND ONE HALF DAYS BEHIND SCHEDULE.

2400
51515

NOTE: Kindly indicate above: If any artist delays director starting work or arriving later than time called, state reason, or any mechanical delays.

Am 17. Juni 1942 stand auch Lotte Palfi auf der Liste der »Bits on Day Check«.

Lotte Palfi und Wolfgang Zilzer, der sich später Paul Andor nannte. Wie bei vielen Flüchtlingen entsprach ihre Karriere in Hollywood niemals der früheren in Europa.

Palfi hatte in *Casablanca* nur einen einzigen Satz zu sprechen – »Könnten Sie mir nicht noch ein bisschen mehr dafür geben? Bitte« –, als eine Frau, die in Rick's Café ihren Schmuck an einen Mann verkauft, der ihr antwortet, dass der Markt mit Diamanten überschwemmt sei. Einem ersten Entwurf ihrer Memoiren gab Palfi den Titel: »Ich war nie ein Bernhardiner.« Später wurde dies der Untertitel. Doch wie ein gutes Dutzend anderer Flüchtlinge, die für ein paar Tage in Rick's Café saßen oder unter der kalifornischen Sonne die French Street hinunterrannten, erreichte sie in Amerika nie wieder den Ruhm und die Anerkennung, die sie in ihrer Heimat genossen hatte.

Lotte Palfi hatte am renommierten Theater in Darmstadt wichtige Rollen als junge Naive gespielt. Trudy Berliner – die Frau am Bakkarat-Tisch, die Rick fragt, ob er mit ihr etwas trinken möchte – war früher eine bekannte Kabarettistin in Berlin. Curt Bois, der Taschendieb, einst ein schauspielerisches Wunderkind, hatte unter Max Reinhardt bedeutende komische Rollen gespielt, und in seinem erfolgreichsten Stück im Wiener Theater an der Josefstadt war er der Mann, der sich als Frau verkleidet und sich als *Charleys Tante* ausgibt. Wolfgang Zilzer, der in einer der Anfangsszenen von *Casablanca* erschossen wird und dessen Hand ein Flugblatt des Freien Frankreich umklammert, glänzte schon seit 1917 als Kabarett-Star und Schauspieler. Ilka Grüning, in *Casablanca* eine alte Dame auf dem Weg nach Amerika mit ganzen dreißig Worten Dialog, hatte unter Max Reinhardt in Stücken von Strindberg und Ibsen gespielt und die zweitwichtigste Schauspielschule in Berlin geleitet. Ihr *Casablanca*-Ehemann, Ludwig Stössel, hatte bei Reinhardt und bei Otto Preminger Charakterrollen gespielt. In *Casablanca* üben die beiden ihr Englisch: »Sweetheart, what watch?« – ›Ten watch.«

Nicht alle Deutsch sprechenden Flüchtlinge in *Casablanca* waren Juden. Hans Heinz von Twardowski, der einen eleganten deutschen Offizier gab, war geflüchtet, weil er homosexuell war. Der verzweifelte junge Ehemann, Helmut Dantine, war Anführer der antinazistischen Jugendbewegung in Wien gewesen. Der Sohn des Chefs der österreichischen Eisenbahn war erst 19, als Hitler im März 1938 in Österreich einmarschierte. Gemeinsam mit einigen hundert Gegnern des Dritten Reiches wurde er verhaftet und in einem Konzentrationslager außerhalb Wiens festgehalten. Dort verbrachte er drei Monate, und seine Freilassung verdankte er persönlichen Beziehungen und einem Arzt, der bestätigte, der junge Mann müsse dringend medizinisch behandelt werden. Als Dantine im Juni frei kam, schickten seine Eltern ihn umgehend nach Los Angeles in die Obhut des einzigen Freundes, den sie in Amerika hatten. Seinen Aufenthalt im KZ, wo ihm Briefeschreiben, Lektüre und Gespräche untersagt waren und er immerzu in einem Raum stehen und die anderen Häftlinge und die deutschen Wachen anstarren musste, konnte er sich später immerhin zu Nutze machen. Er war einer von Hollywoods besten jungen Nazis. Seinen Durchbruch hatte er in *Mrs. Miniver*, in der kleinen Rolle eines abgeschossenen deutschen Piloten. 1943 erzählte er in einem Interview, für seine Darstellung des Hauptmann König in *Edge of Darkness* habe er sich den Kommandanten des Lagers zum Vorbild genommen.

Von den 75 Schauspielern und Schauspielerinnen, die in *Casablanca* auftraten, waren nahezu alle auf irgendeine Weise Emigranten. Von den 14, die im Vorspann namentlich erscheinen, waren nur Humphrey Bogart, Dooley Wilson und Joy Page gebürtige Amerikaner. Einige kamen aus persönlichen Gründen. Ingrid Bergman, die in einem halben Dutzend Ländern und in ebenso vielen Sprachen zu Hause war, verglich sich selbst einmal mit einem *flyttfagel*,

Croupier Marcel Dalio im Spielsalon. Die Flüchtlinge in Ricks Casino
waren überwiegend auch in Wirklichkeit Flüchtlinge.

einem schwedischen Zugvogel. Andere, darunter Sydney Greenstreet und
Claude Rains, hofften auf eine größere Karriere in Amerika. Mindestens zwei
Dutzend jedoch waren vor der braunen Pest geflohen, die sich in Europa aus-
breitete, unter ihnen ein Dutzend Deutsche und Österreicher, beinahe ebenso
viele Franzosen, die Ungarn Szöke Szakall und Peter Lorre sowie eine Hand
voll Italiener.

»Angenommen, einheimische Schauspieler hätten die vielen kleinen Rollen
besetzt und den entsprechenden ausländischen Akzent nur nachgeahmt – der
Film hätte längst nicht dieses Kolorit und diesen authentischen Ton«, meinte
Pauline Kael.

Dan Seymour erinnerte sich, wie er beim Singen der Marseillaise aufgeblickt und bemerkt habe, dass die Hälfte seiner Kollegen weinte. »Mir wurde plötzlich klar, dass sie alle echte Flüchtlinge waren.«

Marcel Dalio, Ricks Croupier, hatte unter Julien Duvivier die Hauptrolle des Informanten in *Pepe Le Moko* gespielt und erschien unter Jean Renoir in zwei französischen Filmklassikern – als der jüdische Kriegsgefangene in *La Grande Illusion* und, in der Rolle seines Lebens, als der wohltätige Aristokrat in *La Règle du jeu.* Wie Richard Blaine verließ Dalio Paris wenige Stunden vor dem Einmarsch des deutschen Heeres. Und wie die vom Glück begünstigten Flüchtlinge in *Casablanca* gelangten der vierzigjährige Schauspieler und seine 17-jährige zweite Frau, Madeleine LeBeau, schließlich nach Lissabon. Zwei weitere Monate vergingen, bis sie sich Visa für Chile beschaffen konnten. Dass ihre Visa gefälscht waren, erfuhren sie erst, als ihr Dampfer in Mexiko anlegte und 200 Passagiere mit ungültigen Papieren aussetzte. Aber irgendwie gelang es ihnen, vorläufige kanadische Pässe zu bekommen. Dalio, dessen Foto auf Nazi-Plakaten zu sehen war, die typische Züge eines Juden zeigen sollten, begann mit vierzig Jahren Englischunterricht zu nehmen. Er und LeBeau hatten sich kennen gelernt, als sie einen kleinen Part in einem Theaterstück spielte, in dem er die Hauptrolle hatte, und ihre Ehe hielt immerhin so lange, dass sie zusammen zwei kleine Rollen in *Casablanca* spielen konnten – den Croupier und die verstoßene Geliebte. Am 22. Juni, während LeBeau gerade am Arm eines deutschen Offiziers Rick's Café betrat, reichte Dalio vor einem Gericht in Los Angeles die Scheidung ein, mit der Begründung, seine Frau habe ihn verlassen.

Schauspieler spielen nun einmal ihre Rollen, und man muss nicht unbedingt ein Mörder sein, um einen Mörder darstellen zu können. Doch ein Dutzend guter Schauspieler, die es durch die politischen Ereignisse nach Hollywood verschlagen hatte, verkörperte ein Dutzend kleiner Rollen in *Casablanca* mit einer Eindringlichkeit und einer Verzweiflung, wie sie Central Casting nie hätte liefern können. Ludwig Stössel war nach dem Anschluss Österreichs mehrmals in Haft, ehe er flüchten konnte. Dalios Eltern starben in einem Konzentrationslager. Lotte Palfi flehte ihre Mutter an, ebenfalls auszuwandern, doch diese weigerte sich mit der Begründung, »daß ›das Volk der Dichter und Denker‹ niemals so grausam sein könnte, wie wir fürchteten«. Szakalls Frau verlor Bruder, Schwägerin, Schwester und Nichte. Keine einzige seiner drei

Schwestern überlebte das Konzentrationslager. Während der Dreharbeiten in der French Street am 27. Mai, als Rick und Ilsa in einem Straßencafé saßen und überlegten, wann die Deutschen wohl Paris erreichten, brach eine Statistin in Tränen aus. »Wir haben diesen schrecklichen Tag erlebt«, erklärte ihr Mann.

In Europa kannte jeder ihre Namen. In Amerika spielten sie Rollen, die durch den Beruf definiert waren – Bakkarat-Croupier, Zeitungsverkäufer, Polizist, deutscher Offizier, oder, noch einfacher, Flüchtling, Frau und Zivilist.

Curt Bois spielte in *Casablanca* den negativen Europäer, den Taschendieb. »Ich hatte eine ganz kleine Rolle«, erzählte er 1990. »Bei der Szene, wo ich einem Mann die Brieftasche stehle, braucht einer im Publikum bloß kurz zu husten, und schon hat er mich verpasst. So klein war die Rolle. Eigentlich überhaupt keine Rolle.«

Wie viele deutschsprachige Flüchtlinge kehrte Bois nach Kriegsende in seine alte Heimat zurück. Doch noch vierzig Jahre nach seiner Rückkehr waren Verbitterung und Bedauern über seine damalige Entscheidung deutlich zu spüren. Die meisten Remigranten wollten ihre Sprache wiederfinden, so wie einst bis auf wenige Verwegene oder Sorglose alle zuerst nach Österreich oder in die Tschechoslowakei geflohen waren, in der vergeblichen Hoffnung, dort ihre Sprache bewahren zu können. Bois steht hier für viele deutsche Flüchtlinge. Der Sohn jüdischer Eltern, inzwischen Atheist, verließ Deutschland, bald nachdem Hitler im Januar 1933 Reichskanzler geworden war. Er ging nach Wien, wo er einst in dem Stück *Charleys Tante* die Zuschauer begeistert hatte. »Schon 1933«, so Bois, »haben meine Kollegen mich nicht mehr gegrüßt.« Als es ihm in Wien zu unbehaglich wurde, ging er nach Prag. Doch auch dort vernahm er »die furchtbare Stimme des größten Mörders aller Zeiten«.

1935 kam Bois schließlich nach Amerika. Andere blieben bis zum Anschluss im Frühjahr 1938 in Österreich und flüchteten dann in die deutschsprachige Tschechoslowakei, bis die Nazis im Oktober auch das Sudetenland besetzten. Viele von ihnen schafften es nicht weiter. Billy Wilder, damals ein junger Drehbuchschreiber, war einer der wenigen, der es wagte, sich sofort von seiner Muttersprache zu trennen. Am 28. Februar 1933, einen Tag nachdem die Nazis den Reichstag angezündet, den Brand aber den Kommunisten in die Schuhe geschoben hatten, saß er im Zug nach Paris. »Auch dann noch waren viele Leute so dumm, nach Österreich oder in den deutschen Teil der Tschechoslowakei zu gehen«, meinte Wilder. »Sie dachten, sie wären dort in Sicherheit. Hauptsächlich waren es Schriftsteller oder Schauspieler, die Angst hatten, sie würden verhungern, wenn man ihnen ihre Sprache nimmt.«

Wilder, dessen sechs Oscars für *The Lost Weekend, Sunset Boulevard* und *The Apartment* seinen Erfolg in Hollywood belegen, litt in Paris zwar keinen Hunger, aber es gab Tage, an denen er, Peter Lorre und dessen Frau, Celia Lovsky, sich zum Abendessen eine einzige Dose Tomatensuppe teilten. In Los Angeles angekommen, mied Wilder die Restaurants und die Wohnungen, in denen sich die Flüchtlinge trafen, um Kaffee zu trinken, Kuchen zu essen und Deutsch zu sprechen. Stattdessen legte er sich auf sein Bett und hörte Radio. Jeden Tag lernte er auf diese Weise zwanzig neue englische Wörter. Erst viele Jahre später war er wieder bereit, Deutsch zu sprechen.

»Die meisten Flüchtlinge hofften insgeheim darauf, dass Hitler besiegt wird und sie wieder nach Hause zurückkehren können«, so Wilder. »Ich hatte diese Hoffnung nie. Hier war jetzt mein Zuhause. Und ich wusste ganz genau: Hier werde ich auch sterben.«

Bois lernte sein Englisch in den Slapstick-Komödien in New Yorks Forty-second Street. Leonid Kinskey, der sich in *Casablanca* um Ricks Bar kümmert, kam nach New York, ausgestattet mit Sprachführersätzen wie »My good kind sir«, und erweiterte seinen Wortschatz, indem er in Manhattan als Kellner arbeitete. Den Job bekam er, weil sich ein Freund an seinen rasanten Auftritt in einem französischen Theaterstück erinnerte.

Marcel Dalio profitierte davon, dass ihn Freunde wie Charles Boyer, René Clair und Jean Renoir mit den Feinheiten der englischen Sprache vertraut machten. Szöke Szakall lernte nie richtig Englisch, obwohl er Unterricht nahm. Im Grunde war dies sein Glück, denn das Publikum fand sein kurioses Englisch unwiderstehlich. Als Warner Bros. ihn 1943 langfristig verpflichten wollte, konnte Szakall auch so herauskriegen, was das Studio ihm zumuten wollte, indem er sich den Vertrag von einem Freund ins Ungarische übersetzen ließ.

Die emigrierten Autoren und Schauspieler hatten am härtesten und am längsten mit der neuen Sprache zu kämpfen. Regisseure verständigten sich mit Blicken, und mit der Hilfe von Dialogregisseuren, die die Schauspieler führten, konnten sich Fritz Lang, Henry Koster, Robert Siodmak und Douglas Sirk mühelos in der Industrie etablieren. Produzenten hatten Assistenten, die ihre Gedanken und Ideen übersetzten. Und die Musiker, darunter Franz Waxman, Hanns Eisler und Miklos Rozsa, kamen überhaupt ohne Worte aus.

Lotte Palfi hatte anfangs nicht mit solchen Schwierigkeiten gerechnet. »Denn, so sagte ich mir, Amerika ist ein ›Schmelztiegel‹. So viele verschiedene Nationalitäten kommen dort zusammen und sprechen verschiedenes Englisch, daß mein Akzent kein Hindernis sein wird. Nie habe ich mich ärger getäuscht.«

Einige der Flüchtlinge, die in *Casablanca* auftraten, hatten mehr Glück als Palfi. Ludwig Stössel übernahm in der Fernsehserie *Casablanca* aus dem Jahre 1955 Szakalls Job als Chefkellner Carl und fand schließlich die Rolle seines Lebens – als der kleine alte Winzer aus der italienisch-schweizerischen Kolonie in einem Werbespot im Fernsehen.

Jack Warner nannte Szakall »Cuddles« und bestand, obwohl der protestierte, darauf, den Spitznamen für die Filmreklame zu nutzen. Wenn es jemals einen »Cuddles«, einen Schmusebär, gab, dann Szakall, der zwischen 1940 und 1950 in dreißig Filmen den liebenswerten zerstreuten Umstandskrämer spielte. Szakall verlieh kein Geld, denn er wollte nicht, dass ein säumiger Schuldner »auf die andere Straßenseite rennen muss, wenn er mich kommen sieht«. Stattdessen sagte er Leuten, die ihn um finanzielle Hilfe baten: »Ich gebe Ihnen, so viel ich kann. Zahlen Sie's mir zurück, wenn Sie können.« Seine Schwägerin, Lenke Kardos, erzählte von einigen Teilzeit-Schauspielern in Berlin, »die praktisch von Jani – Mr. Szakall – lebten. Einmal war es jemandem zu peinlich, von Jani etwas anzunehmen, und da sagte Bozsi, Mrs. Szakall: ›Wenn Sie jetzt nicht sofort das Geld nehmen, rufe ich die Polizei.‹«

Auf den Wiener Bühnen brachte Szakall das Publikum mit seinen spärlichen Deutschkenntnissen ebenso zum Lachen wie zwei Jahrzehnte später in Amerika mit seinem gebrochenen Englisch. In frühen deutschen Tonfilmen war er ein beliebter Komödienschauspieler, bis ihn die Braun- und Schwarzhemden auf Berlins Straßen zur Rückkehr nach Ungarn zwangen. 1936 schrieb ein Rezensent der *New York Times*: »Seitdem dieser vorzügliche ungarische Komiker, Szöke Szakall, ehedem ein so vertrauter Anblick in deutschen Filmen, dank Hitlers Rassengesetzen in Nazi-Deutschland nicht mehr arbeiten darf, machen sich Budapests Produzenten diese Situation zu Nutze.«

Im Mai 1939 holte der Filmproduzent Joe Pasternak, ein angeheirateter Verwandter, Szakall nach Amerika. Einige Wochen später schrieb Bozsi ihren Verwandten, Szakall sei deprimiert, weil er in Amerika »keine Massen anzieht«. Er vermisse es, »gefeiert und beklatscht zu werden«. Seine zwei ersten Filme, *It's A Date* und *Spring Parade*, beide mit Deanna Durbin in der Hauptrolle, änderten dies. Im April 1940 konnte Bozsi schon berichten: »Jetzt kommt es öfter vor, dass ihn Leute auf der Straße erkennen.«

Auf dem Set bei Universal sagte Szakall einmal: »I didn't did it« und warf den Kopf herum, dass seine Backen wackelten. Der Regisseur und die Crew fanden das umwerfend komisch. Als er darauf das Gesicht in den Händen vergrub, lachten sie noch mehr. Szakall lachte mit. Ein Ungar auf dem Set warnte ihn davor, sich zu früh zu freuen, denn von jetzt an müsse er für den Rest seines Lebens mit den Backen wackeln.

»Und es geschah genau so, wie er es vorhergesagt hatte – nur mit dem Unterschied, dass man sich später nicht mehr mit dem Wackeln meiner Backen zufrieden gab«, schrieb Szakall in seiner Autobiografie. »Man verlangte, sie sollten mehr und besser wackeln und beben … Später gaben sich die Autoren keine Mühe mehr, meinen Rollen Humor und Witz zu verpassen. Sie fügten lediglich als Standardgag hinzu: ›Hier wackelt Szakall mit den Backen und ohrfeigt sich selbst!‹«

Curtiz verlangte derlei zwar nicht von ihm, aber er benutzte Szakall, um die Melodramatik in *Casablanca* aufzulockern. In einem stummen Gag stößt der Taschendieb mit Szakall zusammen, der daraufhin hastig seine sämtlichen Taschen abklopft. Szakall, der seine Eltern schon als Jugendlicher verloren hatte, liebte Amerika mit der ganzen Leidenschaft des Entwurzelten. Seine Einbürgerungspapiere bewahrte er auf dem Kaminsims im Wohnzimmer auf. »Er hat in so vielen Ländern gewohnt, aber zu Hause fühlte er sich nur hier«, sagt seine Schwägerin.

* * *

Bücher über das Südkalifornien der vierziger Jahre verwenden häufig die Metapher vom Paradies. Die Literaten-Flüchtlinge – Thomas und Heinrich Mann, Lion Feuchtwanger, Bertolt Brecht – füllen die Seiten von John Russell Taylors *Strangers in Paradise* und Anthony Heilbuts *Exile in Paradise* (dt. *Kultur ohne Heimat*). Alvah Bessie gab seinen Memoiren über die Zeit der schwarzen Listen den Titel *Inquisition in Eden*. In der Metapher schwingen bewusste Ironie und unbewusster Neid mit. Außer blauem Himmel und Sonne bot Hollywood auch Freiheit von starren Umgangsformen. Doch viele mitteleuropäische Flüchtlinge, die festere Umgangsregeln gewohnt waren, fühlten sich angesichts der ungezwungenen Atmosphäre eher unbehaglich. Unter anderem deshalb wirkte Paul Henreid auf manche so umständlich und blasiert, und wenn Leonid Kinskey auf der Straße an seinen Hut tippte und einen Mann nach dem Weg fragen wollte, wurde er mit einem »Ich hab kein Kleingeld« abgewimmelt.

Viele waren von dem Provinzialismus der Wüstenoase entsetzt, in der sie jetzt, umgeben von Palmen, lebten. Andere waren entzückt vom Anblick der Berge, die sanft zum Pazifik hin abfielen. Als Kinskey zum ersten Mal nach Palm Springs kam, fühlte er sich »an Michelangelos berühmtes Gemälde von Gottes ausgestrecktem Finger erinnert, denn Gottes Finger hatte diesen Platz berührt, er war so unglaublich schön«.

Für die erfolgreicheren Emigranten war Südkalifornien fast schon das Paradies. Für andere war es der Garten Eden nach dem Sündenfall. In seinen »Hollywood Elegien« schrieb Brecht über den Himmel von Hollywood: »Dieser / Dient für die Unbemittelten, Erfolglosen / Als Hölle.« Die Filmindustrie war eine auf Erfolg gegründete Aristokratie. Als Ingrid Bergman ihr erstes Haus gekauft hatte und Vorbereitungen für eine Einweihungsparty traf, gab ihr Irene Selznick zu verstehen, ihre Gästeliste sei unmöglich, da sowohl Autoren und Kameramänner wie Produzenten darauf stünden. Schon nach wenigen Jahren verkehrten die meisten Emigranten, die es in der Filmindustrie zu etwas gebracht hatten, nicht mehr mit den anderen Schicksalsgenossen. Marta Feuchtwanger, Lions Witwe, erinnerte sich daran, dass Thomas Mann vergeblich auf Einladungen gewartet habe. »Ich begreife nicht, dass die uns ständig ignorieren«, beklagte er sich bei ihr.

Die Emigranten unterschieden sich durch Status, Nationalität und politische Überzeugung – der Kreis um Feuchtwanger und Brecht bestand aus Marxisten, während Salka Viertels Salon mehr an Filmkunst interessiert war. Aber auch geographisch waren sie voneinander getrennt. Wer in Santa Monica oder Pacific Palisades wohnte, war beinahe eine Autostunde von jenen entfernt, die in Beverly Hills oder Hollywood lebten. Und die Deutschen wurden durch die Ausgangssperre von den anderen abgeschnitten. Als so genannte *enemy aliens* durften sie ihre Häuser zwischen abends 8 und morgens 6 Uhr nicht verlassen. Von dieser Regelung war auch Erich Maria Remarque betroffen, dem man die deutsche Staatsbürgerschaft entzogen hatte und dessen Bücher, darunter *Im Westen nichts Neues*, von den Nazis verbrannt worden waren. Marta Feuchtwanger empfand die abendliche Ausgangssperre bloß als Demütigung. Für

Lotte Palfis beste Freundin, Meta Cordy, hatte sie zur Folge, dass »wir von heute auf morgen unseren Lebensunterhalt verloren. Wir waren Sänger – als die Ausgangssperre kam, hatte mein Mann gerade das Angebot erhalten, das Tenorsolo in Beethovens Neunter zu singen –, und man konnte schließlich nicht nur in Matineen auftreten.«

Die Ausgangssperre trat im Juni in Kraft, kurz nach Produktionsbeginn von *Casablanca*. Am härtesten traf es jene Schauspieler, die auf der Suche nach Arbeit von einem Studio zum andern ziehen mussten. Weil Hitler ihr Land besetzt hatte, waren die Österreicher bei *Casablanca* – Paul Henreid, Helmut Dantine und Ludwig Stössel – von der Ausgangssperre ausgenommen.

Obwohl die erfolgreicheren Emigranten mit den anderen gesellschaftlich wenig Berührungspunkte hatten, unterstützten sie diese immerhin finanziell. 1938 wurde der European Film Fund gegründet, der Kleidung und Unterkünfte zur Verfügung stellte. Im August desselben Jahres verschickte Charlotte Dieterle, die Frau des Regisseurs William Dieterle, den ersten Bettelbrief:

> Es sind verzweifelte, unglückliche Menschen, und Sie sind auch ein
> Mensch … also HELFEN Sie mit einem mehr oder weniger großen
> Scheck … oder spenden Sie Babykleidung, die Ihre Kleinen nicht mehr
> benötigen, oder Küchengeräte, oder was immer Ihnen nicht mehr verwendbar erscheint. Diese Menschen können den kleinsten Fetzen gebrauchen,
> sie sind unvorstellbar arm.

Die Zielsetzung des Fund, der im November 1938 als eine gemeinnützige Organisation anerkannt wurde, änderte sich, nachdem 1939 England und Frankreich Deutschland den Krieg erklärt hatten. Der Künstleragent Paul Kohner, die Seele der Institution, erhielt verzweifelte Briefe von Schriftstellern, die in Marseille, Toulon und Casablanca festsaßen. Kohner sprach erfolgreiche Drehbuchautoren an, unter ihnen die Epsteins, und bat sie, Patenschaften für die Schriftsteller zu übernehmen. »Wir versicherten mit unserer Unterschrift, der Staat werde in finanzieller Hinsicht nicht für sie verantwortlich sein«, erinnerte sich Julius Epstein.

Der in Böhmen geborene Kohner war schon seit Anfang der zwanziger Jahre amerikanischer Staatsbürger, hatte als Leiter von Universals Europa-Aktivitäten drei Jahre in Berlin verbracht und kannte die Taten der Nazis aus eigener Anschauung. »Ich war dabei, als sie die Bücher verbrannten«, erzählte Kohners Witwe, Lupita Tovar, selbst ein berühmter mexikanischer Filmstar, die für die Rolle von Ricks Geliebter Probeaufnahmen machte. »Wir fuhren öfter nach Paris, um für Leute Geld zu schmuggeln. Dann hat uns jemand denunziert, weil wir so oft aus Deutschland ausgereist sind. Man holte uns aus dem Zug. Mein Mann hatte 10 000 Mark bei sich. Er hat wie immer sehr schnell reagiert. Ihm war klar, was da passierte, und deshalb sagte er: ›Es fehlt noch ein Gepäckstück.‹ Während er so tat, als durchsuchte er das Abteil, bückte er sich und warf das Geld unter den Sitz. Dann sagte er: ›Nein, es ist nicht da.‹ Wir mussten aussteigen, und der Zug fuhr ohne uns weiter. Es war schrecklich und es war kalt, an der Grenze zwischen Deutschland und der Tschechoslowakei. Wir mussten uns nackt ausziehen. In Pauls Aktentasche fanden sie ein Reklamefoto, das man bei Universal aufgenommen hatte, als der Zeppelin kam und die ganzen Deutschen zu einem Festessen bei Universal eingeladen waren. Und da war das Bild von Paul, wie er dem Kriegsminister die Hand schüttelt. Danach durfte ich mich wieder anziehen und bekam eine Zigarette angeboten. Meine ganze Kleidung, Büstenhalter und Höschen lagen auf dem Boden. Schließlich sagten sie: ›Sorgen Sie dafür, dass Ihre Frau diese Erklärung unterschreibt, dass man sie mit gebührender Höflichkeit behandelt hat!‹ Ich sagte: ›Ich will meinen Botschafter sprechen.‹ Darauf sie: ›Sagen Sie ihr, dass sie unterschreiben soll.‹ Und Paul meinte nur: ›Liebling, unterschreib.‹ Danach haben wir nie wieder einen Fuß auf deutschen Boden gesetzt. Wir fuhren mit dem Auto über die Berge in die Tschechoslowakei.«

Nach dem Ausbruch des Krieges im Jahre 1939 bat Kohner Ernst Lubitsch, eine Versammlung aller wichtigen Mitglieder der europäischen Filmkolonie einzuberufen. Dort schlug er vor, die Bühnenautoren, Schriftsteller und Philosophen ins Land zu holen, indem man die Studios veranlasste, sie zu Mindestlöhnen einzustellen. Kohner wurde beauftragt, an die Studios heranzutreten. Der erste Mogul, den er ansprach – mit dem er, wie er meinte, das leichteste Spiel haben würde –, war Jack Warner. Er erzählte ihm, die meisten der gestrandeten Autoren seien Juden, und Warner erklärte sich einverstanden, vier von ihnen für je hundert Dollar die Woche zu engagieren. Kohner war nicht umsonst ein erfolgreicher Agent. Da Warner vier eingekauft hatte, nahm L. B. Mayer sechs, und Harry Cohn bei Columbia stellte zehn ein.

Die Verträge hatten eine Laufzeit von einem Jahr. Woche für Woche saßen die Autoren in ihren Studiobüros, verwirrt und weitgehend unbeachtet. Wenige lernten Englisch so gut, dass sie sich assimilieren konnten, und wenige behielten ihren Job über das Jahr hinaus. Bis dem Fund 1945 das Geld ausging, unterstützten die Emigranten, die Arbeit hatten, die arbeitslosen Kollegen, indem sie 1 Prozent ihrer Gage an den Fund abführten. Fast alle, die halfen oder Hilfe bekamen, waren Deutsche, Österreicher, Ungarn und Tschechen, Mitteleuropäer also, für die Deutsch die erste oder zweite Sprache war. Nach Recherchen des Deutschen Filmmuseums in Frankfurt am Main kamen 1500 Emigranten aus der deutschen Filmindustrie nach Südkalifornien. Jan-Christopher Horak vom George Eastman House wiederum stellt in seiner Doktorarbeit über die Filmemigration fest, 1500 seien geflohen und über die Hälfte von ihnen nach Kalifornien gelangt. So oder so konnten unmöglich alle in Hollywood unterkommen.

Michael Curtiz, Szöke Szakall, Paul Henreid und Peter Lorre spendeten einen Teil der Gage, die sie bei *Casablanca* verdienten, dem European Film Fund. Im Verlauf des Jahres 1942 erhielten Curt Bois, Ilka Grüning, Lotte Palfi, Ludwig Stössel, Hans Heinz von Twardowski und Wolfgang Zilzer Gelder von dort. Ebenso Louis Arco, der ursprünglich Lutz Altschul hieß und in Rick's Café einen mehr oder weniger stummen Flüchtling spielte. Als Neuankömmling in Kalifornien wohnte Zilzer in einer billigen Pension, die der Fund zur Verfügung stellte. »Man blieb«, so Zilzer, »bis man Fuß gefaßt hatte, selbst verdiente und etwas zurückzahlen konnte für die nächsten, die ankamen.«

Die Karrieren jener weniger bekannten Schauspieler sind in der Filmographie nachzulesen, die einer von ihnen verfasst hat, Richard Ryen, ein kleiner Mann mit rundem Gesicht, der 65 Jahre alt war, als er Conrad Veidt auf dem Flughafen von Casablanca mit den Worten begrüßte: »Sehr erfreut, Sie wieder zu sehen, Major Strasser.« Für Ryen, der seinen ursprünglichen Namen Revy amerikanisiert hatte, war die Rolle von Heinze, dem leitenden Nazi-Offizier in Casablanca, ein unverhoffter Glücksfall. Weil er in verschiedenen Szenen, die im Abstand von mehreren Wochen gedreht wurden, hinter Veidt herlaufen musste, verdiente er 1600 Dollar, vier Wochen à 400 Dollar. 1943 war Ryens bestes Jahr. Er wirkte in fünf Filmen mit, darunter in *Hostages, Hitler's Madman, The Strange Death of Adolf Hitler* und *The Cross of Lorraine*. Dann wandte sich Hollywood anderen Themen zu. 1944 kam Ryen nur ein Mal zum Zuge, in *The Hitler Gang*.

Viele der Flüchtlinge aus *Casablanca* fanden nach Kriegsende zunehmend schwerer Arbeit und kehrten deshalb in ihre Heimat zurück oder dorthin, wo früher ihr Zuhause gewesen war. Marta Mierendorff, deren Mann in Auschwitz umkam, dokumentiert seit 1970 die Schicksale der Emigranten und versucht dabei, Zeugnisse ihres kurzen Aufenthalts an der Sonne zu sammeln. In ihren Unterlagen befinden sich Fragebögen mit Standardfragen: War die ursprüngliche Verfolgung rassischer oder politischer Art? Falls der/die Schauspieler/in nach dem Krieg nach Europa zurückkehrte, wurde er/sie dann wieder vollständig integriert?

Louis Arco wurde teilweise wieder integriert, Ilka Grüning gar nicht. Sie ging 1950 nach Berlin, »doch 1950 war ein schlechtes Jahr für Exilanten, die versuchten, zurückzukehren«, notierte Mierendorff auf Grünings Fragebogen. »Mit dem Ende der Entnazifizierung und dem Beginn des Kalten Krieges tauchten viele alte Nazis wieder auf – und die waren nicht sonderlich daran interessiert, früheren Kollegen bei der Wiedereingliederung zu helfen.« Ilka Grüning kehrte nach Kalifornien zurück, wo sie 1964 im Alter von 87 Jahren starb.

Curt Bois, dessen Überfahrt teilweise vom European Relief Fund bezahlt wurde, der Nachfolgeorganisation des European Film Fund, ging ebenfalls 1950 wieder nach Berlin, ans Berliner Ensemble, und spielte auf der Bühne und im Film die Hauptrolle in Brechts *Der Herr Puntila und sein Knecht Matti*. Doch dann starb Brecht, und schließlich verlor Bois durch seinen Aufenthalt im kommunistischen Ostberlin die amerikanische Staatsbürgerschaft. Vor einigen Jahren führte das *Guinness-Buch der Rekorde* Bois als den Schauspieler mit der längsten Leinwandkarriere auf, 78 Jahre. Als Neunjähriger debütierte er 1909 in dem Stummfilm *Mutterliebe*, und 1987 spielte er Homer, einen alternden Geschichtenerzähler in Wim Wenders' *Himmel über Berlin*.

An seinem 90. Geburtstag waren die deutschen Zeitungen voll des Lobes. »Aber wissen Sie«, sagte Bois sechs Monate vor seinem Tod am Weihnachtstag 1991 in einem Telefonat, »nach alldem, was passiert ist, ist Deutschland nicht so, wie ich es mir vorgestellt habe.«

Auch andere vernahmen den Ruf. 1950 schrieb Brecht das Gedicht »An den Schauspieler P. L. im Exil«, um Peter Lorre zur Heimkehr zu bewegen.

Höre, wir rufen dich zurück. Verjagter
Jetzt sollst du wiederkommen. Aus dem Land
Da einst Milch und Honig geflossen ist
Bist du verjagt worden. Zurückgerufen
Wirst du in das Land, das zerstört ist.
Und nichts anderes mehr
Können wir dir bieten, als daß du gebraucht wirst.

Arm oder reich
Gesund oder krank
Vergiß alles
Und komm.

Und Peter Lorre kam. Schon seit Jahren hatte er Regie führen wollen. Um Lorre dazu zu bringen, einen Exklusivvertrag zu unterzeichnen, hatte Warner Bros. 1943 zynisch angedeutet, falls er sich irgendwann in seiner Laufbahn einmal als Regisseur versuchen wolle, »könnten wir interessiert sein«. In Deutschland war Lorre 1951 Koautor, Regisseur und Hauptdarsteller des Films *Der Verlorene.* Der bittere Film über einen aufrechten deutschen Wissenschaftler, der unter den Nazis zum Mörder wird, war äußerst unpopulär. In Amerika wurde er schließlich 1984 gezeigt, in einem einzigen New Yorker Kino, zwanzig Jahre nach Lorres Tod. »Lorres sorgfältig kontrollierte, intensive Darstellung ist weitaus eindrucksvoller als der Film drum herum«, schrieb Vincent Canby in der *New York Times.*

Nach dem Misserfolg von *Der Verlorene* verließ Lorre Deutschland erneut. Wieder nach Kalifornien zurückgekehrt, wurde er immer dicker und parodierte sich selbst in einem Film nach dem anderen. Im März 1964 starb er im Alter von 59 Jahren nach einem Schlaganfall.

Selbst auf die Erfolgreichsten warf das Exil seine Schatten. Helmut Dantine, jung und gut aussehend, machte in Hollywood eine beachtliche Karriere. Bei aller Dankbarkeit gegenüber seinem Gastland, war er voller Zorn und Verbitterung über das, was er verloren hatte. »Das machte das Zusammenleben mit ihm so schwierig«, so Nicola Bautzer, Dantines dritte Frau und die Mutter seiner drei Töchter. »Er hätte eigentlich Botschafter werden sollen.« Die Ehe

Helmut Dantine

wurde geschieden, und Nicola heiratete Greg Bautzer, einen im Showbusiness
tätigen Rechtsanwalt, doch blieben Nicola und Helmut bis zu seinem Tod im
Jahre 1982 freundschaftlich verbunden.

In Österreichs Konsularakademie war Dantine Klassensprecher gewesen.
Sein leidenschaftliches Interesse galt der Politik, weniger dem Film. »Seine
Freunde – Herbert Schober, Otto Eiselsberg – wurden Botschafter«, berichtete
Nicola. »Dass Helmut Jugendproteste gegen die Nazis organisiert hatte, erfuhr
ich nicht von ihm. Er hat über diese Dinge nie gern gesprochen. Ich fand es bei
unseren Besuchen in Österreich heraus. Alle wichtigen Leute in Österreich
hatten großen Respekt vor Helmut. Ein einziges Mal dachte er an eine Rückkehr. Das war nach der Geburt der Kinder. Aber der Erfolg als Schauspieler ist
sehr verführerisch, man geht dann nicht einfach so zurück. Er war ein brillanter junger Mann. Sein ganzes Leben war auf ein vollkommen anderes Gleis geraten.«

* * *

Für die meisten Flüchtlinge, die in *Casablanca* mitwirkten, war der Film bloß ein Anti-Nazi-Melodram wie viele andere, und ihre wenig einträglichen Rollen bedeuteten gerade mal einen Tag Arbeit. Hans Heinz von Twardowski hatte das Glück, eine ganze Wochengage zu bekommen, weil sein eintägiger Kurzauftritt als der deutsche Offizier, der sich Madeleine LeBeau anlacht, vier Drehtage in Anspruch nahm.

Man war für jeden Job dankbar. »Auch in *Casablanca* habe ich einen ›Frenchie‹ gespielt«, erzählte Wolfgang Zilzer, »den ›Free Frenchman‹ am Anfang. Er wird nach seinen Papieren gefragt, flieht, und sie töten ihn. Michael Curtiz sagte: ›Do your phoney dying.‹ Also: Machen Sie Ihre miese unechte Todesszene … Ich meine, ich hab's ja gespielt, und er hat's nicht wiederholt, es muss doch irgendwie richtig gewesen sein.«

Zilzer, der später seinen Namen in Paul Andor änderte, hatte einen Vorteil gegenüber den anderen Flüchtlingen. Er war zwar in Deutschland aufgewachsen, aber in Amerika zur Welt gekommen, während seine Eltern, ein Schauspieler-Ehepaar, eine Tournee durch Ohio machten. Erst als er 1933 nach Paris floh und eine Quotennummer für die Einwanderung in die Vereinigten Staaten beantragte, erfuhr er, dass er auch amerikanischer Staatsbürger war. Seine erste Hollywood-Rolle spielte er in Ernst Lubitschs *Blaubarts achte Frau*. Als Zilzer 1983 von der Deutschen Kinemathek in Berlin geehrt wurde, erzählte er in einem Interview, die Arbeit mit Lubitsch habe ihn hochmütig gemacht. Danach habe er auf gute Rollen gewartet, bis ein anderer Schauspieler ihn zur Seite nahm und belehrte, es sei unklug, wählerisch zu sein. Arbeit sei schwer zu bekommen, also nehme man lieber, was man kriegen könne.

Bei Zilzer gehörten dazu die Filme *Confessions of a Nazi Spy, Hotel Berlin* und *Hitler's Madman*. Die Männer unter den Flüchtlingen konnten immer Nazis spielen, obwohl es, je länger der Krieg dauerte, immer weniger Rollen gab wie die des intelligenten und eiskalten Major Strasser und dafür immer mehr Nazi-Monster. »Ich stelle keine Menschen dar, ich spiele Karikaturen«, beschwerte sich Helmut Dantine ein Jahr nach *Casablanca*.

Die Frauen hatten es schwerer. »Zwar bekam ich ab und zu winzige Rollen in Filmen, aber nur, wenn ich Deutsche darzustellen hatte«, erinnerte sich Lotte Palfi. »Es vergingen Monate, ja sogar Jahre zwischen den Jobs …«

Zilzer und Palfi heirateten 1943, und als der Krieg vorbei war und Hollywood keinen Bedarf mehr an Schauspielern mit ausländischem Akzent hatte, zogen sie nach New York. Palfi übernahm gelegentlich Rollen in Seifenopern, und auch Zilzer, der inzwischen Andor hieß, arbeitete ab und zu fürs Fernsehen. 1976 hatte Palfi eine denkwürdige Nebenrolle als KZ-Überlebende in dem Film *Marathon Man*. Darin verfolgt sie Laurence Olivier auf einer New Yorker Straße und schreit, er sei der Arzt des Todeslagers gewesen, der medizinische Versuche an Juden vorgenommen habe.

Als sich Andors Parkinson verschlimmerte, ließen sie sich scheiden. Er wollte zu Hause in Deutschland sterben, wogegen sie nie wieder in Deutschland leben wollte. »Lotte wusste, sie könnte sich nicht ewig um ihn kümmern, und er würde in einem Heim enden, was keiner von beiden wollte«, berichtete Peter Almond, der mit den beiden einen Kurzfilm drehte, in dem er Material aus ihrem Leben verarbeitete. »Die Scheidung wurde in aller Freundschaft vollzogen.« Andor heiratete seine Pflegerin. »Lotte und ich waren Trauzeugen«, so Almond.

Mit neunzig Jahren starb Paul Andor im Juni 1991 in Berlin. Zwei Wochen darauf starb die 87-jährige Lotte Palfi in New York.

Fünfzig Jahre früher, auf dem Set von *Casablanca*, waren Lotte Palfi und Wolfgang Zilzer verliebt, aber noch nicht verheiratet. »Ich war nicht dabei«, sagte Billy Wilder. »Aber für die Leute, die bei dem Film mitmachten, muss es ein ziemlich herzzerreißendes Wiedersehen gewesen sein. Wie wenn man auf dem Alexanderplatz alte Freunde wiedertrifft, mit denen man jahrelang am Theater zusammen war.« Wilder arbeitete damals in einer anderen Filmfabrik, bei Paramount, wo die Autoren jeden Donnerstag elf Seiten abliefern mussten. Als Autor und Regisseur, für den die Story und die Figuren das Wichtigste sind, spielte er die Bedeutung der Flüchtlinge für *Casablanca* herunter. »Das war für den Film doch absolut bedeutungslos.« Doch sogleich änderte er seine Meinung. »Zuerst muss man der Hauptfigur und der Geschichte glauben. Dass da aber im Hintergrund alle diese Chargen waren, hat natürlich geholfen.«

»Vergessen Sie nicht«, sagte Pauline Kael, »unser Bild von den Nazis formten die jüdischen Flüchtlinge.«

Anthony Heilbut, der Autor des Buches *Kultur ohne Heimat*, geht noch einen Schritt weiter. »Sicherlich ist die zynische, nihilistische und amoralische Sichtweise von *Casablanca* dem Amerikaner fremd. Es ist eine aufregende Vorstellung, dass *Casablanca* dazu beigetragen haben könnte, dem amerikanischen Publikum die Befindlichkeiten der Emigranten näher zu bringen.«

13.

Am Flugplatz: Produktionsende

ie Sorge um den Ausgang des Krieges hat *Casablanca* auf subtile Weise geprägt. Dies seien die dunkelsten Tage des Krieges, schrieb die *Los Angeles Times* am 27. Juli 1942, Tage, die »eine außergewöhnliche Portion Mut« erforderten. Feldmarschall Erwin Rommel rückte in Ägypten vor und Nazi-Verbände drangen weit nach Russland hinein. Falls Russland fiel, könnte sich Hitler ganz auf England konzentrieren. Während sich *Casablanca* seiner Schlüsselszene am Flugplatz näherte, trat das Thema »Pflicht« immer stärker in den Vordergrund, vor allem in den letzten von Howard Koch überarbeiteten Fassungen. Ebenso die These, dass die Ehre frühzeitigen Widerstand gegen die Tyrannei verlangt.

Koch und auch Julius Epstein konnten sich daran erinnern, dass sie die neu geschriebenen Seiten des *Casablanca*-Drehbuchs im Atelier ablieferten. Autoren gaben sonst selten Text direkt aus der Schreibmaschine weiter. Dass es in diesem Fall geschah, lässt darauf schließen, wie nervös Wallis und Curtiz waren. Blau, rosa, lachsrot und grün – die Seiten ergaben ein buntes Bouquet. »Die Seiten waren farbig, damit man den Überblick über die Änderungen behielt«, erläuterte Carl Stucke, der offiziell die Aufgabe hatte, Seiten mit Änderungen zum Set zu bringen.

Stucke, eines der tausend unauffälligen Rädchen im Getriebe von Warner Bros., arbeitete 44 Jahre lang für das Studio. Sein Haus lag gleich hinter dem Studiogelände und ist auf einer Luftaufnahme des Studios zu sehen. Um sich zu vergewissern, in welchem Jahr er in Pension gegangen war, blickte er während des Interviews auf die Rückseite seiner Golduhr. »In tiefer Dankbarkeit. Warner Bros. 1978« ist dort eingraviert. Stucke begann 1933 als Sekretär in der Dramaturgie-Abteilung. Schon bald legte er Akten mit den Produktionsnotizen und Memos an, die bei jedem Film verschickt wurden. Stucke und David Matthews, der Chefdramaturg, verbrachten manchmal bis zu drei Stunden täglich in den Kellerräumen und bemühten sich, die Unterlagen zu sortieren.

* * *

Während der Hitzewelle rangen Wallis, Curtiz und Koch im Juli um den Schluss des Drehbuchs. Am 7. Juli kletterte das Thermometer in Burbank auf 40 Grad, und für den größten Teil des Monats sank es kaum unter 32 Grad. Die Hitze und die düsteren Kriegsmeldungen waren wie Zunder für den Streit. Normalerweise hätte Wallis, der Curtiz vertraute, den Regisseur in Ruhe arbeiten lassen. Zudem produzierte er im Juli auch noch *Watch on the Rhine, Air Force* und *Princess O'Rourke.* »Aber so oft war Hal noch nie auf dem Set«, so der damalige Regieassistent Lee Katz. »Das lag wohl vor allem an dem unfertigen Drehbuch.«

Eine besonders beliebte Legende, die sich um *Casablanca* rankt, besagt, niemand habe gewusst, wie der Film enden sollte. In *Everybody Comes to Rick's* setzt Rick Lois zusammen mit Victor Laszlo in die Maschine nach Lissabon, ebenso wie er es dann mit Ilsa tut, in jeder der verschiedenen Drehbuchfassungen und – mit einer Ausnahme* – in allen Vorschlägen der Autoren.

Selbst diejenigen, denen das Bühnenstück nicht gefiel, waren sich einig, dass die Frau auf keinen Fall bei Rick bleiben dürfe. Wally Kline, der Schwager von Hal Wallis, nannte das »die einzige dramatische Situation, die erhaltenswert ist«. Bevor man ihn im Januar dem Film als Koautor zuteilte, hatte Kline an Wallis geschrieben:

> Wenn ich das alles auseinander nehme, stelle ich Folgendes fest: Entfernt man die höchst zensurverdächtigen Situationen, Beziehungen und Andeutungen, bleibt uns ein ehemaliger amerikanischer Anwalt, der ein Café in Casablanca besitzt – wofür keine Gründe genannt werden. Ein lauwarmer

---

* Lenore Coffee, die kurz zuvor *The Gay Sisters* für Barbara Stanwyck und *Old Acquaintance* für Bette Davis beendet hatte, verfasste einen sechsseitigen »Vorschlag für eine Storyline«, demzufolge Lois von einem der Leute Strassers erschossen wird. Nach nicht einmal einer Woche wurde Coffee wieder von dem Film abgezogen.

Plot über den illegalen Verkauf von Ausreisevisa. Ein tschechischer Millionär, der unbedingt nach Lissabon muss, aus Gründen, die ebenfalls nicht näher erläutert werden, und seine wunderschöne Geliebte, die einmal eine längere Affäre mit dem Amerikaner gehabt hat, aber mit dem Tschechen nach Lissabon geht – falls denn der ursprüngliche Schluss bestehen bleiben soll –, und das sollte er, da es sich um die einzige erhaltenswerte dramatische Situation handelt.

Koch und Epstein erinnerten sich jeweils an eine Reihe von Gesprächen über die Frage, ob man sich für den »Opferschluss« entscheiden solle, wie Koch es nannte, oder für den konventionelleren romantischen Schluss. Jedes Mal, so Ingrid Bergman, wenn sie Curtiz und die Autoren fragte, mit welchem der beiden Männer sie nun fortgehen solle, hieß es, sie würden ihr Bescheid geben, sobald sie es selber wüssten. Doch obwohl man oft über die Alternative diskutierte, Ilsa bei Rick zu lassen, waren sich im Grunde alle über den Opferschluss einig. Und der Production Code hätte es ohnehin niemals gestattet, dass Ilsa ihren Mann verlässt und bei ihrem Geliebten in Casablanca bleibt.

Die Schwierigkeit bestand darin, den Opferschluss überzeugend zu gestalten. Es gab zwei Hauptprobleme: Erstens, wie man es glaubhaft machen konnte, dass Ilsa den Mann verlässt, den sie liebt, und zweitens, was nach ihrem Weggang mit Rick passiert. Im Bühnenstück wird Rick verhaftet, aber das Kinopublikum würde einen Sieg der Gestapo nicht hinnehmen.

Noch am 20. Mai – fünf Tage vor Drehbeginn – schrieb Casey Robinson an Wallis:

DIVERSE ANMERKUNGEN ZU ILSAS ABGANG AUS DEM FILM
Ich habe es immer ziemlich schwach gefunden, dass sie sich einfach umdreht und aus dem Zimmer rennt, weil irgendein Argument sie überzeugt hat. Entweder muss es ein besseres Argument sein, oder es muss mehr sein als das. Ehrlich gesagt, weiß ich nicht, was das sein sollte. Das Beste, was ich anzubieten habe, ist, Rick verpasst ihr einen Kinnhaken und lässt sie von ihrem Mann wegtragen.

Hätte der Schluss nicht funktioniert, wäre der Film längst vergessen. Doch das Ende wurde nicht plötzlich oder dramatisch gelöst. Wie bei einem Puzzle fügten sich lauter kleine Einzelteile schließlich zu einem Gesamtbild.

In *Everybody Comes to Rick's*, wie auch in *Casablanca*, bringt Rick seinen Gegenspieler Renault dazu, seine Wachhunde zurückzupfeifen, und bedroht ihn dann mit einer Pistole, um Laszlo und Lois die Möglichkeit zu geben, mit einem Transitvisum zu fliehen. (Im Stück war ein Transitvisum für zwei Personen gültig, und so gab Rick das zweite dem jungen bulgarischen Paar, das er in seinem Café versteckt hatte.) Gerade als das Flugzeug nach Lissabon startet, stürmt Strasser ins Café. Rick richtet die Pistole so lange wie nötig auf Strasser und wirft sie dann verächtlich auf den Tisch. Als man ihn abführt, fragt ihn Renault (im Stück noch Luis Rinaldo): »Warum haben Sie das getan, Rick?« Rick erinnert den Polizisten daran, er habe jetzt seine Wette gewonnen, denn Laszlo sei entkommen.

> RICK (zögernd): Wegen der Wette, wegen des Geldes, Luis.
> Sie schulden mir fünftausend Francs.

Julie Epstein behauptete stets, der Schluss sei ihnen eines Tages auf der Fahrt ins Studio eingefallen. Sie hätten sich plötzlich angesehen und unisono gerufen: »Round up the usual suspects.« (»Verhaften Sie die üblichen Verdächtigen.«) Rick sollte Strasser töten, und Renault sollte ihn decken.

Die Zwillinge beendeten ihre Sätze immer wechselseitig. Häufig arbeiteten sie in der Bibliothek von Phils Haus in Pacific Palisades, und Leslie Epstein, Julies Sohn, wusste noch, wie er auf dem Boden lag und durch die geschlossene Tür ihr Gelächter hörte. »Der eine erzählte einen Witz, und mittendrin übernahm der andere. Sie schienen sich bestens zu amüsieren.« In mancher Hinsicht war das Verhältnis zwischen Julie und Phil derart eng, dass selbst ihre Ehefrauen und Kinder wie Außenstehende wirkten.

Tatsächlich geht aus der dreiseitigen Outline der Epsteins vom letzten Teil des Films hervor, dass sie die Idee mit »Verhaften Sie die üblichen Verdächtigen« Anfang Mai hatten. Indem man Rick Major Strasser erschießen ließ, war zwar ein Teil des Problems gelöst – nämlich wie man verhindern könnte, dass Rick verhaftet wird –, aber der eigentliche Punkt, Ilsas Weggang mit Laszlo glaubhaft zu machen, blieb davon unberührt.

Im Stück beharrt eine durch und durch unsympathische Lois darauf, bei Rick zu bleiben. »Das, meine Liebe, bleibt ganz dir überlassen«, antwortet ein gedemütigter Laszlo. »In Gottes Namen, Victor, schaffen Sie sie hier raus«, sagt wiederum Rick. Zu allem Überfluss ist Laszlo Rick auch noch dankbar dafür, dass der ihm eine Frau überlässt, die von ihm nichts mehr wissen will.

In ihrer Outline vermieden die Epsteins eine Dreier-Konfrontation. Sie nahmen Lois aus dem Höhepunkt des Films heraus und schickten sie allein zum Flugplatz voraus. Nachdem Renault getäuscht und Laszlo seiner Frau hinterhergeschickt worden ist, heißt es bei den Epsteins:

> Strasser kommt herein, weil Renault ihn angerufen hat. Es folgt der Kampf zwischen Strasser und Rick. Strasser wird erschossen. (Rick vielleicht auch.) Renault informiert seine Gendarmen, man habe Strasser erschossen, und sie sollten »die üblichen Verdächtigen verhaften«. Während Rick zusieht, wie das Flugzeug mit Lois und Laszlo startet, erinnert er Renault daran, dass der ihm jetzt fünftausend Francs schuldet.

Kochs 19 Seiten mit Vorschlägen verfolgen eine andere Richtung. Nicht Lois, sondern Strasser fällt aus der Szene raus. In Kochs Version bringt Rick Lois dazu, ihn zu verlassen, indem er so tut, als habe er Laszlo verraten. Koch entwarf eine lange Szene, in der Lois Rick »wutentbrannt verurteilt. Bilde sich Rick etwa ein, sie würde jetzt noch, nach seinem gewissenlosen Verrat an ihrem Mann, mit ihm durchbrennen? … Niemals wird sie Laszlo verlassen.« Dann überredet Laszlo seine Frau, zum Flugzeug zu gehen, weil sie »in Amerika Frankreich dienen kann«. Erst als Lois gegangen ist, richtet Rick eine Pistole auf Renault und schickt Laszlo seiner Frau hinterher.

RENAULT Ich werde Sie natürlich verhaften lassen müssen.
RICK Sobald die Maschine in der Luft ist, Luis.

Die beiden Männer nehmen Platz, um ihre Schachpartie zu beenden. Nach zwei Zügen sagt Renault: »Es ist kein Zug mehr möglich. Die Könige sitzen in der Falle. Wir sind schachmatt.« Rick antwortet grimmig: »Sieht aus, als wäre das Spiel zu Ende.« Als das Flugzeug über das Dach des Cafés hinwegdröhnt, erwidert Renault: »Ich hatte also Recht. Sie sind sentimental.« Ende des Films.

Alle diese Schlüsse fanden im Café statt. Die letzten Szenen des Films wurden erst in der »überarbeiteten Endfassung« (PART 1 REV. FINAL) vom 1. Juni zum Flugplatz verlegt. In einer Version, die zehn Tage zuvor vervielfältigt worden war, PART 2 TO END TEMP. vom 21. Mai, stammte das Ende ganz offensichtlich von den Epsteins. Alle ihre Vorschläge finden sich darin wieder. Außerdem war es den Zwillingen endlich gelungen, das verhasste Schachspiel von Koch zu streichen. In dieser Drehbuchfassung setzte man weitere Teile des Puzzlespiels zusammen. Als Rick eine Pistole auf Renaults Herz richtet und ihm befiehlt, den Flugplatz anzurufen, entgegnet Renault: »Da bin ich am wenigsten verwundbar«, und wählt Strassers Nummer. Bei diesem Schluss vom 21. Mai stürmt Strasser in das Café, als noch Zeit ist, die Maschine aufzuhalten.

»Strasser wirft verzweifelt mit einer Lampe nach Rick und stürzt sich dann auf ihn. Ein Schuss löst sich, ohne Schaden anzurichten. Die Männer ringen miteinander«, schrieben die Epsteins. Rick erschießt Strasser und leert dabei das gesamte Magazin. Die Gendarmen erscheinen, und Renault befiehlt ihnen, die üblichen Verdächtigen zu verhaften. Dann beobachten Rick und Renault von der Terrasse aus, wie das Flugzeug über ihren Köpfen aufsteigt. Ricks letzter Satz lautet: »Es bleibt sich gleich, Luis. Sie schulden mir immer noch fünftausend Francs.«

Über diesen Schluss, der vier Tage vor Produktionsbeginn vervielfältigt wurde, hatte sich Casey Robinson beschwert. Demnach eröffnet Ilsa ihrem Mann, dass sie bei Rick bleiben will. Rick redet ihr das aus. Sie gehöre an die Seite »eines Kämpfers, nicht zu einem Saloonbesitzer«. Außerdem sei er nicht mehr derselbe Mann wie damals in Paris. »Ich verkaufe Drinks. Ich betreibe einen präparierten Spieltisch. Jeden Morgen schließe ich mich ein und besaufe mich.« Erneut reichen die Drehbuchautoren Ilsa einfach an Laszlo weiter. »Wenn ich auch nur einen Funken Stolz hätte, würde ich jetzt einfach gehen und dich hier lassen«, sagt Laszlo. »Aber ich bitte dich, Ilsa, komm mit mir.« Und Ilsa geht mit ihm.

In keiner Fassung spielte Ilsa (oder Lois) eine aktive Rolle bei der Bestimmung ihres Schicksals. Selbst wenn sie sich zum Bleiben entschloss, schickte man sie fort. So konnte Ingrid Bergman nur tatenlos zusehen, welche Verrenkungen Curtiz, Wallis, die Epsteins, Koch und Robinson mit der Figur der Ilsa Lund vollführten. Die Geschichten, die Bergman später erzählte, weichen hie und da voneinander ab, doch der psychologische Kern war immer der Gleiche. Sie wandte sich an Curtiz oder die Autoren und flehte sie an, ihr endlich zu verraten, welchen Mann sie nun liebte. Man sagte ihr, sie solle »irgendwas dazwischen spielen«. Sie protestierte, weil man »gegenüber einem Mann, den man liebt, sein Spiel ein bisschen anders anlegt als gegenüber jemandem, für den man vielleicht bloß Mitleid und Sympathie empfindet«. Da ihre Fragen unbeantwortet blieben, »wagte ich es nicht, Humphrey Bogart mit einem eindeutigen Ausdruck der Liebe anzusehen, denn dann hätte ich Paul Henreid mit etwas ansehen müssen, das nicht Liebe ist«.

Für eine so gewissenhafte Schauspielerin wie Bergman war es schwer zu akzeptieren, dass sie das Herz ihrer Figur nicht kannte, doch sie ließ sich dadurch kaum aus der Fassung bringen. Bogart dagegen reagierte eingeschnappt oder schmollend auf die ungeklärte Situation. Wie üblich verzog er sich in seine Garderobe. Wenn er später mit Lauren Bacall über *Casablanca* sprach, betonte er stets, wie er darum gekämpft habe, das Drehbuch zu verbessern. »Ich war nicht dabei, ich besuchte damals noch die High-School«, berichtete Bacall. »Aber er sagte, er habe sich ständig darum bemüht, an den Dialogen und den Szenen zu feilen. Es hat ihn, glaube ich, sehr gefreut, dass der Film erfolgreich war. Aber denken Sie daran, zu seinen Lebzeiten war es längst nicht so ein Riesenerfolg wie heute.«

Es war Koch, den Bogart in seine Garderobe einlud. »Wir hatten niemals Streit miteinander«, so Koch. »Und er war immer aufgeräumt. Es hieß: ›Komm rein und trink was.‹ Das Gespräch drehte sich hauptsächlich um den fehlenden Schluss. Das war Bogarts größte Sorge.«

Koch war Anfang Juni vom Film abgezogen worden, nachdem man ein neues Manuskript verteilt hatte, die schon erwähnte »überarbeitete Endfassung« (PART 1 REV. FINAL) vom 1. Juni. Im Laufe des Monats überarbeiteten Casey Robinson und die Epsteins dieses Skript weiter. Da es nie eine vollständig neue Version des Drehbuchs gab, entfernte man einfach die alten Seiten und ersetzte sie durch die neuen. Wenn eine Szene zwei- oder dreimal umgeschrieben wurde, blieb gewöhnlich nur die Endfassung übrig. Als man am 25. Juni eine weitere Überarbeitung des Schlusses verteilte, war Wallis für eine Woche verreist. Paul Henreid – es war sein erster Tag bei *Casablanca* – arbeitete von 9 bis 18.30 Uhr und drehte die Szenen, in denen Laszlo in Rick's Café Captain Renault und dem norwegischen Widerstandskämpfer Berger begegnet. Aus einem unbekannten Grund ließ Jack Warner am nächsten Tag die neuen Seiten zurückrufen. Da noch so viele frühe Szenen mit Paul Henreid gedreht werden müssten, könne man mit der Lösung der problematischen Teile des Drehbuchs so lange warten, bis Wallis am 30. Juni wiederkomme.

Aus internen Memos wird klar, dass Wallis unmittelbar nach seiner Rückkehr Koch erneut ins Boot holte und ihn einen neuen Schluss schreiben ließ. In einem Memo an Curtiz vom 6. Juli schrieb Wallis:

Lieber Mike,
wie ich sehe, drehst Du morgen im Café die Szenen, wie Laszlo und Ilsa ankommen und wie Renault Laszlo verhaftet. Die revidierte Fassung, an der wir mit Koch arbeiten, ist inhaltlich identisch mit Deiner derzeitigen »Überarbeiteten Endfassung«, ausgenommen Einstellung 245, in der Ilsa Rick fragt, ob er alles in die Wege geleitet habe. Ich füge den neuen Dialog bei, der diese Szene ersetzt. Alles andere bleibt gleich.

Ich füge auch den neuen Schluss bei, den Koch und ich jetzt endlich ausgearbeitet haben. Du wirst feststellen, dass er alle von Dir gewünschten Änderungen berücksichtigt, und ich glaube, wir haben nun die große Szene zwischen Ilsa und Rick am Flugplatz erfolgreich geknackt, indem wir am Schluss Laszlo mit reinbringen.

Es war schier unmöglich, eine überzeugende Szene zwischen Rick und Ilsa hinzukriegen, in der er ihr klar macht, dass es besser sei, ohne ihn fortzugehen. Keines von Ricks möglichen Argumenten hätte sie von ihrem Entschluss dazubleiben abbringen können, und das ist meines Erachtens der Grund, warum wir immer solche Schwierigkeiten hatten, diese Szene zu schreiben, solange sie auf die beiden beschränkt blieb.

Indem wir aber Laszlo für die zusätzlichen paar Sätze mit reinbringen, hat Ilsa keine Möglichkeit mehr, sich zu sträuben, und auf diese Weise lässt sich die Szene überzeugend auflösen.

»Wallis war kein besonders feinsinniger Mensch«, stellt sein Biograf Charles Higham fest, für den der Schluss von *Casablanca* wie auch vieles andere im Film die Persönlichkeit von Wallis spiegelt. »Sein Hang, das Leben in scharf umrissenen Kategorien von Schwarz und Weiß zu sehen, kommt in diesem Film deutlich zum Ausdruck. Diese energische, eindeutige Art, ein moralisches Dilemma anzupacken, das ist typisch Wallis.«

*In einer Szene, die später wieder gestrichen wurde, trifft Rick
im Besuchsraum des Gefängnisses Verabredungen mit Laszlo.*

In dem eben zitierten Memo von Wallis steht zwar, er und Koch hätten den
Schluss gelöst, doch noch bis zum 16. Juli wurde weiter an den Dialogen gearbeitet – mitunter bekamen die Schauspieler täglich neuen Text.

Am 17. Juli zog *Casablanca* zum Flughafen in Atelier 1 um, und am 23. Juli
war der Schluss abgedreht. Demnach wusste Ingrid Bergman ganz genau, wie
Ilsa Lund zu Rick und Laszlo stand, denn einige vorangehende Szenen wurden
erst Ende Juli gedreht, darunter die Szene auf dem Schwarzmarkt mit Bogart,
die Szene im Blue Parrot, in der Ilsa und Laszlo Sydney Greenstreets Angebot
ablehnen, ihnen ein einzelnes Ausreisevisum zu verkaufen, sowie ein Teil des

Gesprächs zwischen Ilsa und Laszlo in ihrem Hotelzimmer, ehe Laszlo die Untergrundkämpfer trifft.

Eine von Kochs späten Ergänzungen, die die Glaubhaftigkeit des Schlusses erhöhte, war Rains' Bemerkung zu Bogart, Ilsa tue bloß so, als glaubte sie ihm.

> RENAULT ... und von dem Märchen, das Sie über Ilsa erfunden haben. Ich verstehe etwas von Frauen, mein Freund. Sie ist mitgegangen, aber sie wusste, dass Sie lügen.

Um den anderen Schauspielern, die sich auf dem Set in Bereitschaft hielten, Gelegenheit zu geben, ihren neuen Text zu lernen, änderte Curtiz am 16. Juli den Drehplan und schoss eine Szene im Hotel, nur mit Bergman und Henreid. Zu Bogarts Wutanfall vom Freitag, dem 17. Juli, kam es, als wieder eine Seite mit neuem Text verteilt wurde. Der Produktionsleiter Al Alleborn schilderte den Vorgang folgendermaßen:

> Im Verlauf des Tages gab es mehrere Verzögerungen auf Grund von Auseinandersetzungen zwischen dem Regisseur Curtiz und dem Schauspieler Bogart. Ich musste Wallis zum Set holen, damit er die Situation klärte. Längere Zeit saßen sie zu dritt zusammen, diskutierten und entschieden schließlich, wie die Szene gemacht werden solle.
>
> Es gab darüber hinaus etliche Verzögerungen, weil die Schauspieler den Dialog einer umgeschriebenen Szene nicht beherrschten, der erst am Abend zuvor verteilt worden war.

Vor der Kamera war Bogart selten schwierig. »Er war nur an der Wahrheit der Figur interessiert«, so Geraldine Fitzgerald. »Es war ihm egal, wie er aussah und wie er sich anhörte. Ihm fehlte jede persönliche Eitelkeit.« Der Kameramann James Wong Howe erzählte, Bogart habe ihm nie Schwierigkeiten bereitet. Im Gegensatz zu narzisstischeren Stars kümmerte er sich nicht darum, wie man ihn filmte. »Er hatte keine gute oder Lieblingsseite. Er ging einfach raus und spielte seine Szene, wie er es für richtig hielt.«

Wenige seiner Regisseure, bis auf Billy Wilder, beklagten sich über ihn. Bei *Sabrina*, sagte Wilder, habe Bogart nie die vollständigen Szenen studiert, sondern immer nur die Teile gelernt, die gerade dran waren.

Für Richard Brooks, der bei zwei Bogart-Filmen Regie führte, war der Schauspieler immer vorbereitet und nie schwierig – mit einer einzigen Ausnahme, in einer Situation, die gewisse Parallelen zu dem Vorfall am 17. Juli bei *Casablanca* aufweist. Während der Aufnahmen einer Schlüsselszene mit Ethel Barrymore für *Deadline U.S.A.* (1952) diskutierte Bogart endlos mit Brooks und wollte wissen, weshalb seine Figur um einen Tisch herumgehen sollte. Nachdem Bogart die Szene vier- oder fünfmal unterbrochen hatte, so Brooks, habe Miss Barrymore gesagt: »Wieso tust du nicht einfach, was der Mann will, und bringst es endlich hinter dich?« Die Szene war dennoch erst kurz vor Mittag im Kasten. Während der Mittagspause ging Brooks in Bogarts Garderobe und fragte: »Was zum Teufel ist mit dir los? So was hast du noch nie gemacht.« Bogart erwiderte: »Hör zu, Kid, ich hab meinen Text nicht gewusst.« – »Bogart«, so Brooks weiter, »erzählte, das ›Rat Pack‹* sei am Abend zuvor bei ihm gewesen und habe ihn bis 2 Uhr morgens wach gehalten. »Er hatte also seinen Text gerade erst auf dem Set gelernt.«

Womöglich ging Bogart auch bei *Casablanca* in die Offensive, um sich nicht zu blamieren. Zudem war der Text, den er sprechen sollte, das Herzstück einer Schluss-Szene, mit der man sich monatelang schwer getan hatte. Zu dem neuen Material jenes Tages gehörte Ricks Text mit dem berühmten Satz »Uns bleibt immer noch Paris«.

Durch unentwegtes Feilen am Text gelang es Koch, die Liebesgeschichte und die Notwendigkeit, das Richtige zu tun, noch deutlicher herauszuarbeiten. In einem am 14. Juli geschriebenen Dialog sagt Rick zu Ilsa:

RICK Gestern Abend haben wir eine Menge Dinge gesagt. Wir haben sie auch so gemeint – genauso wie einst in Paris. Aber sobald dieses Flugzeug da abhebt und du nicht bei ihm bist, wirst du es bereuen.

Im gleichen Text, jetzt in der geänderten Fassung vom 16. Juli, heißt es:

---

* Das ursprüngliche »Rat Pack« war eine Gruppe von Freunden, die zumeist in derselben Gegend in Holmby Hills wohnten. Zu ihnen gehörten Bogart und Bacall, Frank Sinatra, Dean Martin und Judy Garland.

> RICK Gestern Abend haben wir eine ganze Menge gesagt. Du hast gesagt, ich muss für uns beide denken. Das habe ich getan und bin zu dem Schluss gekommen, dass du in das Flugzeug steigst, mit Victor, denn du gehörst zu ihm.

Bergman hat von einem alternativen Schluss gesprochen – der nie gedreht worden sei, wonach sie bei Bogart bleiben sollte. Doch sämtliche Änderungen, die Mitte Juli vorgenommen wurden, führten logisch zum so genannten »Opferschluss«. Der andere Schluss hätte keinen emotionalen Sinn mehr ergeben. Und die düsteren Kriegstage riefen nach Verzicht. Es war eine Zeit, in der die Probleme dreier kleiner Menschen nicht viel bedeuteten. Aus den Drehberichten für den 18. Juli geht jedoch hervor, dass es sehr wohl eine alternative Szene gab. Es handelte sich um eine Variante der Szene, in der Rick Laszlo erzählt, weshalb Ilsa ihn aufgesucht habe und was zwischen ihnen in Paris vorgefallen sei. Sie wurde in einer langen und in einer kurzen Version geschrieben und gedreht.

Kurz vor der Aufnahme der Flugplatz-Szenen hatte Regieassistent Lee Katz seine große Eingebung. »Wir durften das Studiogelände ja nicht verlassen. Also wurde dieser Flugplatz in einem Tonatelier nachgebaut, mit einer Flugzeugattrappe. Und natürlich mussten wir den Set einnebeln, nicht so sehr der Atmosphäre wegen, sondern um die Tatsache zu verschleiern, dass alles so künstlich war. Wir haben das Flugzeug, übrigens eine ziemlich schlechte Attrappe, in einer Entfernung aufgestellt, die gerade noch zu vertreten war. Zudem konnte man da kaum Perspektive reinbringen. Und da hatte ich den Einfall, ein paar Liliputaner zu holen, die die Mechaniker spielen sollten. Um dem Ganzen eine künstliche Perspektive zu geben. Und es hat funktioniert.«

Freilich können nur wenige Menschen sehen, wie gut es funktionierte, denn beim Schnitt fielen die meisten Aufnahmen mit den Mechanikern, die auf der Maschine herumklettern, wieder heraus.

Wie endgültig das Drehbuch auch war und wie oft man es umgeschrieben hatte, auf dem Set gab es immer wieder Pannen und Änderungen. In der letzten Szene des endgültigen Skripts schickt Renault Rick in die Freie Französische Garnison nach Brazzaville, und Rick erinnert Renault wie immer an die verlorene Wette, deren Einsatz sich inzwischen aus irgendeinem unerklärli-

Wie Casablanca gemacht wurde

chen Grunde auf 10 000 Francs erhöht hat. Renaults Entschluss mitzugehen – »Und diese 10 000 Francs könnten unsere Spesen decken« – stand nicht im Drehbuch. Der Satz erscheint als Bleistifteintrag im Protokoll des Cutters, das, mit sämtlichen Einstellungen, Kamerapositionen und Dialogen, immer erst nach Beendigung der Dreharbeiten angefertigt wird. Die Frage, wer entschieden hatte, dass Rains Bogart auf seiner Reise begleiten solle, verliert sich im fast sechzig Jahre alten künstlichen Nebel, während ein Miniaturflugzeug über sie hinwegfliegt.

Der 22. Juli war *Casablancas* letzter Tag im Atelier 1. Die eigentliche Arbeit war getan, und so nutzte man den Tag für zusätzliche Großaufnahmen und Nachaufnahmen. Wallis hatte sich die Muster der Flugplatz-Szenen mehrmals angesehen. Noch war er nicht unzufrieden mit dem Schluss. Erst im August schrieb er einen neuen letzten Satz für den Film. Er bat Curtiz zwar um ein paar zusätzliche Einstellungen und Nachaufnahmen, sagte ihm aber auch, er habe das Gefühl, dass sich das Ganze alles in allem »gut zusammenschneiden lassen wird«. Curtiz solle noch einmal Bogarts Dialog mit Rains drehen, nachdem Ilsa und Laszlo gegangen sind. »Das muss mit etwas mehr Mumm gebracht werden, etwas mehr in der knappen, harten Diktion, die wir mit Rick verbinden. Jetzt, da das Mädchen weg ist, möchte ich, dass Rick diesen Ton wieder aufnimmt.«

Es gab noch ein weiteres Problem. Als Bogart Strasser erschoss, hatte der Schauspieler den Satz improvisiert: »Also gut, Major, Sie haben es gewollt«, den Wallis streichen lassen wollte. Sonst wirke es so, als habe Strasser in Notwehr zur Waffe gegriffen. Wallis sagte dem Regisseur, er solle die Szene noch einmal drehen und den Satz verwenden, der im Drehbuch stand: »Ich hätte Captain Renault erschossen, ich würde auch Sie erschießen.« Conrad Veidt hatte seine Rolle in *Casablanca* zwei Tage zuvor beendet, doch am 22. Juli kam er zurück, um noch einmal zu sterben.

Diesmal zog der gemeine Nazi als Erster seine Waffe.

14.

»Unser Ismus … Amerikanismus«

A m 18. Juli begrüßte Victor Laszlo im Atelier 1 Rick Blaine wie einen alten Kämpen, der sich nach einer Auszeit wieder in den Dienst der Sache stellt. »Ich weiß«, sagte er, »dass wir diesmal gewinnen.«

Die Referenzen, mit denen Rick in *Casablanca* ausgestattet wurde – er soll Waffen nach Äthiopien geschmuggelt und in Spanien gegen Franco gekämpft haben –, hätten im Jahre 1947, als der Parlamentsausschuss für unamerikanische Aktivitäten die Filmindustrie nach kommunistischer Subversion durchforschte, einen realen Rick Blaine in durchaus ernsthafte Schwierigkeiten gebracht. Humphrey Bogart, dessen bescheideneres Sündenregister darin bestand, Franklin Roosevelts Präsidentschaftskandidatur unterstützt und 1936 einigen streikenden Salatpflückern im kalifornischen Salinas ein paar Dollar gespendet zu haben, bekam schon genug Probleme.

Womöglich hatte Bogart Landarbeitern gar kein Geld gespendet. Die Anschuldigung ist jedenfalls nur eine von vielen unbewiesenen Unterstellungen, die sich in einer etliche hundert Seiten dicken FBI-Akte finden. Der antikommunistische Eifer, der Amerika zwischen 1947 und 1957 erfasste, spiegelt sich in den Akten wider, die über Bogart, Peter Lorre und sogar über Ingrid Bergman angelegt wurden und deren Logik dem heutigen Leser reichlich absurd erscheint.

In einem der Dossiers verdächtigt man Bogart etwa wegen seiner Mitwirkung an *Passage to Marseille*, einem Film, der »strikt auf Parteikurs liegt«, sowie an *Action in the North Atlantic*, einem Kriegsfilm über die Handelsmarine nach einem Drehbuch von John Howard Lawson, einem der »Hollywood Ten«. Darüber hinaus, besagt die Akte, werde Bogart zwar nur gelegentlich in dem kommunistischen Blatt *Daily Worker* erwähnt, aber dafür stets positiv.

Das 173 Seiten umfassende Material, das aus Peter Lorres Akte vorliegt,

For my friend Jack Warner
with my regards Franklin D. Roosevelt

kreist nur um ein einziges Thema. Lorre war mit Bertolt Brecht befreundet und
hatte bei einem öffentlichen Diner sogar einige von Brechts aufrührerischen
Gedichten vorgetragen. Im Übrigen sind, wie bei allen anderen Akten, zwei
Drittel der Unterlagen zu Lorre unleserlich, weil man große Teile davon ge-
schwärzt hat, um keine Hinweise auf Informanten oder interne Arbeitsweisen

Wie Casablanca gemacht wurde

des FBI zu liefern. In Conrad Veidts Akte gelingt das scheinbar Unmögliche. Veidt wird gleichzeitig vorgeworfen, Sympathien für die Achsenmächte zu hegen und Verbindungen zu erklärten Antifaschisten zu unterhalten.

Am 20. Juli 1942, dem Tag, als Conrad Veidt seine Arbeit bei *Casablanca* beendete, hatte er am Abend noch etwas vor. Der FBI-Akte Nr. 100-3514 zufolge sollte Veidt als Redner bei dem Free Peoples' Dinner auftreten, das unter der Schirmherrschaft des Joint Anti-Fascist Refugee Committee und des Council on African Affairs im Beverly Hills Hotel stattfand. Zu den Gästen gehörten der Bürgermeister von Los Angeles, der Vizekonsul der UdSSR, Charles Laughton, Major William Wyler und ein FBI-Agent, der die pro-russischen Neigungen des Ehrengastes, Paul Robeson, genauestens registrierte. Veidts Name stand zwar auf dem Programm, doch er erschien nicht. Möglicherweise feierte er anderswo den Abschluss seiner Arbeit an *Casablanca*, oder er war einfach zu Bett gegangen. Die Tatsache, dass man mit seinem Erscheinen rechnete, bleibt dennoch auf ewig aktenkundig.

Die Akten gleichen einer Müllhalde von Gerüchten, Unterstellungen und mühsam zurechtgebogenen unlogischen Schlussfolgerungen. 1940 beschuldigte ein FBI-Informant Bogart, Fredric March, James Cagney und den Drehbuchautor Philip Dunne, Kommunisten zu sein. Obwohl sie Martin Dies, der Vorsitzende des Parlamentsausschusses, umgehend entlastete und der Informant später von einem Richter als pathologischer Lügner bezeichnet wurde, brachte man die bereits widerlegten Vorwürfe sieben Jahre später, als die Inquisition begann, ein weiteres Mal gegenüber dem Ausschuss vor.

Jeder konnte jeden beschuldigen. Ingrid Bergmans dünne Akte enthält die Anschuldigung von Gerald L. K. Smith, einem Volksverhetzer und antisemitischen Eiferer, sie habe »ziemlich raffinierte Sachen für die Roten gemacht«, weil sie im Dezember 1945 an einem Bankett für die American Youth for Democracy teilgenommen hatte. Der FBI-Direktor J. Edgar Hoover hatte diese Organisation als Nachfolgeorganisation der Young Communist League bezeichnet, und daher bat Smith den Ausschuss, Bergman zu überprüfen. (Darüber hinaus forderte er Untersuchungen gegen Frank Sinatra, Eddie Cantor, Edward G. Robinson, das War Writers Board, dessen Präsident der Krimiautor Rex Stout war, sowie gegen die Anti-Defamation League.)

Natürlich gab es Kommunisten in der Filmindustrie. Zumeist handelte es sich dabei um Autoren, von denen einige während des Zweiten Weltkrieges

Drehbücher für Warner Bros. schrieben. Doch das Primat des Kassenerfolgs diente als Schutzwall gegen subversives Gedankengut. Abgesehen von vagen Anspielungen auf Brüderlichkeit und ein paar Reden über soziale Ungerechtigkeit und den Sinn des Krieges, gab es wenig, was einen von einem Kommunisten geschriebenen Film von dem eines Nichtkommunisten unterschied. In dem Warner-Film *Destination Tokyo* nach dem Drehbuch von Albert Malz, einem der Hollywood Ten, hält U-Boot-Kapitän Cary Grant eine Rede, in der er den Unterschied zwischen Amerikanern und Japanern beschreibt: Ein amerikanischer Matrose, der gerade gefallen war, habe seinem fünfjährigen Sohn ein Paar Rollschuhe gekauft, während die Japaner ihren fünfjährigen Kindern Dolche schenkten. Wir kämpfen dafür, dass die nächste Generation von Kindern, auch der japanischen Kinder, Rollschuhe bekommt. Alvah Bessie, ebenfalls einer der Hollywood Ten, der für Warners die Originalvorlage zu *Objective, Burma!* verfasste, kritisierte eine »rassistische Äußerung« im Filmdrehbuch, wonach die Japaner »mit Stumpf und Stil ausgerottet werden« sollten. In einem Brief an den Produzenten Jerry Wald warnte Bessie: »Menschen mit Stumpf und Stil auszurotten ist die Denkweise – und die Politik – von Faschisten.« Er äußerte sich lobend über *Destination Tokyo*, weil darin Cary Grant davon spricht, dass »Menschen von Kindheit an entweder zu Ungeheuern oder zu zivilisierten Menschen erzogen werden können«.

Die Entscheidungen, die der Filmindustrie später so sehr schadeten, nämlich Filme zu produzieren, in denen man den noblen Kriegsverbündeten Russland verherrlichte, gehen freilich nicht auf Kommunisten zurück, sondern auf Jack Warner, Sam Goldwyn und sogar auf den konservativen Republikaner L. B. Mayer. Zu den peinlichsten Filmen dieser Art zählt Warners *Mission to Moscow*. Er beruht auf einem Buch des amerikanischen Botschafters Joseph E. Davies und zeigt ein Russland voller glücklicher Gesichter in fröhlichen Fabriken. Wohlgenährte, lächelnde Arbeiter besuchen die Abendschule und lernen Englisch. Walter Huston in der Rolle des Botschafters Davies gibt sich überzeugt, dass die Opfer von Stalins Säuberungen schuldig waren und ihre Geständnisse nicht erpresst wurden. Und Russlands Überfall auf Finnland sei notwendig gewesen, weil Finnland von einem Marionettenregime Hitlers regiert wurde.

Howard Koch, der im Vorspann als Autor genannt wird, hatte es zunächst abgelehnt, *Mission to Moscow* zu schreiben. »Ich hatte drei Filme hintereinan-

Wie Casablanca gemacht wurde

der gemacht und war urlaubsreif«, erzählte er. »Ich sagte zu Hal Wallis: ›Warum sucht ihr euch nicht einen anderen, der vielleicht schon mal in der Sowjetunion war?‹ Darauf Wallis: ›In Ordnung, wenn du nicht willst.‹ Dann wurde ich in Jack Warners Büro zitiert. Dort erwarteten mich Jack Warner und Harry Warner, der sich sonst kaum mit Autoren abgab. Er redete immer nur mit Bankiers und mit Jehova. Also wusste ich, dass irgendwas im Busch war. Jack, der das Wort führte, sagte: ›Hören Sie, wir haben gerade mit Präsident Roosevelt zu Mittag gegessen, und er hatte *Mission to Moscow* auf seinem Schreibtisch liegen. Er meinte, es sei sehr wichtig, ein besseres Verständnis für die Sowjetunion zu entwickeln. Es hilft uns, den Krieg zu gewinnen.‹ Worauf ich sagte: ›Wenn das so ist, mach ich's.‹«

Mission to Moscow – Regie Mike Curtiz – kam im Mai 1943 heraus. Es gibt keine eigene Akte über Curtiz, wenngleich sein Name in einer dicken, im Juli 1943 angelegten Akte mit dem Titel »Kommunistische Unterwanderung der Filmindustrie« auftaucht. *Mission to Moscow* gilt darin als einer jener Filme, die »mutmaßlich kommunistische Propaganda« verbreiteten. Der Abschnitt über Curtiz enthält derart viele falsche Angaben, dass der Leser an den Recherchierfähigkeiten des FBI zweifeln muss. Nachprüfungen hätten ergeben, dass Curtiz (der tatsächlich 17 Jahre vor Abfassung des Berichts nach Hollywood gekommen war) sich seit fünf Jahren in den Vereinigten Staaten aufhalte und »sehr wenig Erfahrung als Filmregisseur« habe. Der eigentliche Regisseur von *Mission to Moscow* sei daher Jay Leyda gewesen.[*]

Während der Produktion von *Mission to Moscow* schrieb Jack Warner an Botschafter Davies: »... es spricht alles dafür, dass wir eines der wichtigsten Zeitdokumente schaffen, das jemals verfilmt wurde.« Wie sehr muss sich Warner vier Jahre später gewunden haben. Seine Demütigung und die dahinter liegende Angst mögen zum Teil erklären, wenn auch nicht entschuldigen, wie eilfertig er im Mai 1947 ein Dutzend seiner Angestellten, unter ihnen Koch und die Epsteins, an den Parlamentsausschuss für unamerikanische Aktivitäten auslieferte.

Selbst wenn Koch sich geweigert hätte, *Mission to Moscow* zu schreiben,

[*] Leyda, technischer Berater bei *Mission to Moscow*, hatte in den dreißiger Jahren mit dem russischen Regisseur Sergei Eisenstein in Moskau zusammengearbeitet und stand in dem Verdacht, Trotzkist zu sein.

hätte sich der Ausschuss mit ihm befasst. Er war zwar kein Kommunist, aber in zu vielen Organisationen Mitglied, und er hatte zu viele Dokumente unterschrieben. Humphrey Bogart, der sich nur begrenzt politisch engagierte, aber entschieden für den »Underdog« einsetzte, ist in diesem Zusammenhang ein noch subtileres Beispiel.

In einem Bericht aus Bogarts FBI-Akte heißt es, er habe einen Artikel geschrieben, der im November 1944 in der verdächtigen Publikation *Fraternidad* erschienen sei, worin er den »Rassenquatsch« verurteilte und betonte, dass Vorurteile gegen Schwarze und Juden unrecht seien. Als *Casablanca* gedreht wurde, wohnte Lena Horne gegenüber von Bogart. »Ich wusste überhaupt nichts über ihn. Nur manchmal bekam man mit, dass er sich mit seiner Frau Mayo Methot stritt«, erzählte sie. »Weil ich eine Schwarze war, wurde ich heimlich in das Haus eingeschleust. Das Haus wurde offiziell von Felix Young angemietet, einem Weißen, der mir zu einem Job als Sängerin in seinem Klub verholfen hatte. Er mietete also das Haus in seinem Namen, und dann wurde ich mit meinen beiden kleinen Kindern und meiner Tante reingeschmuggelt. Als die Nachbarn dahinter kamen, ließen sie eine Unterschriftenliste rumgehen, um mich loszuwerden. Die hat Bogart aber zusammengestaucht! Es war großartig, wie er und Mayo sich dafür einsetzten, dass meine Nachbarn mich in Ruhe ließen. Dann ließ er mir ausrichten, ich solle ihm bitte Bescheid geben, falls mich irgendjemand belästigt.«

1947 trat Bogart dem Committee for the First Amendment bei, das sein Freund John Huston, der Drehbuchautor Philip Dunne und der Regisseur William Wyler gegründet hatten, um das Recht auf Meinungsfreiheit zu verteidigen und gegen Einschüchterung und zunehmende Zensur zu protestieren. Julius Epstein saß im Lenkungsausschuss. Bogart gehörte außerdem zu den Prominenten, die im Oktober 1947 nach Washington flogen, als Koch und die anderen vor den Ausschuss zitiert wurden.

»John Huston und ich legten immer Wert darauf, die einzigen Sprecher des Komitees zu sein«, unterstrich Philip Dunne. »Stellte man den Schauspielern eine Frage, haben wir sie beantwortet. Die Schauspieler waren empört darüber, dass Kongressabgeordnete auf Leuten herumhackten, und über die schwarze Liste und was da sonst noch war. Ich glaube, Huston hat Bogart zu dem Flug überredet. Am Ende hat Bogart kapituliert.«

Doch zuerst kapitulierten die Moguln. Im November trennten sie sich von den Hollywood Ten*, allesamt aktive oder ehemalige Mitglieder der Kommunistischen Partei (was keineswegs illegal war). Nun begannen die Jahre der schwarzen und grauen Listen in der Filmindustrie. Aus der Verfolgung von Kommunisten wurde schließlich eine Hetzjagd auf Liberale. Karrieren wurden zerstört, nur weil der Betreffende sich zu aktiv in einer Gewerkschaft engagiert oder Geld für die falschen Zwecke gespendet hatte oder zufällig genauso hieß wie jemand, der vor den Ausschuss geladen worden war. Umstritten zu sein war am Ende ebenso schlimm wie ein Kommunist zu sein – oder vielleicht war es sogar ein und dasselbe.

»Wir sind nach Washington gegangen, weil wir überzeugt waren, dass die Bill of Rights angegriffen wurde«, erklärte Bogart mit der ganzen Entschiedenheit des *tough guy* am 29. Oktober in einer Radiosendung, die er zusammen mit den anderen Prominenten bestritt, darunter Paul Henreid, Gene Kelly und Danny Kaye. Doch schon im Dezember entschuldigte er sich in Zeitungsinterviews für die Reise: »Ich bin nach Washington gegangen, weil ich das Gefühl hatte, amerikanische Landsleute würden ihrer verfassungsmäßigen Rechte beraubt. Ich erkenne jetzt, dass meine Reise unklug, töricht und unüberlegt war.« Bogart musste immer deutlichere Entschuldigungen abgeben. Er sei ausgetrickst worden, gestand er in einem Artikel mit der Überschrift »Ich bin kein Kommunist«, der im März 1948 in der Zeitschrift *Photoplay* abgedruckt wurde. Er sei ein Trottel gewesen, aber kein Kommunist. Er sei ein amerikanischer Trottel.

* * *

Besetzung und Crew von *Casablanca* bestanden, wie Warner Bros. insgesamt, überwiegend aus Linken und Liberalen. »Dann können wir uns ebenso gut fragen, warum wir atmen«, antwortet Victor Laszlo auf Ricks Bemerkung: »Fragen Sie sich nicht manchmal, ob es das alles wert ist?« Laszlo weiter: »Wenn wir aufhören zu atmen, sterben wir. Wenn wir aufhören, unsere Feinde zu bekämpfen, stirbt die Welt.« Jack und Harry Warner hatten nichts gegen eine Gesellschaftsordnung einzuwenden, die es ihnen erlaubte, ein Studio zu besit-

---

* Die Autoren Alvah Bessie, Lester Cole, Ring Lardner jr., John Howard Lawson, Albert Maltz, Samuel Ornitz und Dalton Trumbo, der Produzent Adrian Scott sowie die Regisseure Edward Dmytryk und Herbert Biberman.

zen, Geld zu machen und ihren Angestellten so wenig wie möglich zu bezahlen. Doch im Vergleich zu den anderen Studiobossen regierten sie von links her. Dank Harrys selbstbewusster jüdischer Identität, Jacks Lust am Rebellieren und eines Patriotismus, den niemand anzweifeln kann, der ihre Briefe und Reden gelesen hat, bezogen sie Positionen, die die anderen Moguln nicht teilten. Ihre spätere Feigheit schmälert nicht den anfangs bewiesenen Mut.

Jack Warner war überhaupt der erste Mogul Hollywoods, der sich öffentlich als Nazi-Gegner zu erkennen gab, als er im März 1938 bei sich zu Hause ein Wohltätigkeitsbankett für die Hollywood Anti-Nazi League veranstaltete. Die Warners weigerten sich, vorsichtig zu sein, und ließen sich trotz der Drohungen des mächtigen German-American Bund und der Konservativen, die im Production Code das Sagen hatten, nicht davon abhalten, schon sehr bald Anti-Nazi-Filme wie *Confessions of a Nazi Spy* und *Underground* zu produzieren. Die Wächter des Production Code waren der Auffassung, *Confessions* könnte die langfristigen Interessen der Filmindustrie gefährden. »Auch wenn sich das Drehbuch technisch gesehen an die Vorgaben des Production Code hält, ist es doch fragwürdig«, schrieb Joe Breen an Jack Warner, denn es verletze die nationalen Gefühle eines anderen Landes. Nach der Lektüre des Manuskripts, das auf einer wahren Geschichte beruht, äußerte sich ein aufgebrachter Zensor weniger diplomatisch: »Hitler und seine Regierung werden in dieser Geschichte unfair dargestellt, was gegen den Code verstößt ... Hitler ausschließlich als brüllenden Verrückten und blutrünstigen Verfolger zu zeigen, ist eindeutig unfair in Anbetracht seiner phänomenalen öffentlichen Karriere, seiner unbestreitbaren politischen und sozialen Errungenschaften und seiner Stellung als Führer der stärksten Macht auf dem europäischen Kontinent.« Fritz Kuhn, Vorsitzender des German-American Bund, verklagte Warners auf 5 Millionen Dollar. Für die Warner-Brüder war dies jedoch eine willkommene Gelegenheit, den Bund bloßzustellen. Ein Jahr später wurde die Verleumdungsklage wieder zurückgezogen.

Harry Warner hasste den Kommunismus ebenso sehr wie den Nazismus. Jahrelang war die Meinungsseite der *Warner Club News* mit dem Motto überschrieben: »OUR ISM ... AMERICANISM«. Doch Ende der dreißiger Jahre unterstützten die Warner-Brüder die Hollywood Anti-Nazi League auch noch, nachdem die anderen Produzenten sich zurückgezogen hatten, weil unter den führenden Köpfen der Organisation Kommunisten waren. »Vor allem Harry

Warner weigerte sich, die Argumente zu akzeptieren«, sagte Donald Ogden Stewart, der Präsident der League, ein Yale-Absolvent aus der Oberschicht und kommunistischer Drehbuchautor leichter Komödien. »Hitler war der Feind, und Harry war entschlossen, im Kampf gegen ihn jede Hilfe in Anspruch zu nehmen, selbst die der Roten.« Sonja Biberman, die Schriftführerin der Anti-Nazi League, erinnerte sich: »Jack und Harry Warner waren die Studiochefs, von denen man am leichtesten Geld bekam.«

Nachdem Harry Anfang 1939 einen leichten Zusammenbruch hatte, warnte Jack einen leitenden Angestellten im New Yorker Büro, man solle »Harry nicht mit jüdischen oder Weltproblemen belästigen, da er das nervlich nicht verkrafte«. Sorgen »bedrohten eindeutig seine Gesundheit«. Wie die Mehrheit ihrer Autoren und Schauspieler unterstützten Harry und Jack die Präsidentschaftskandidatur von Roosevelt. Dabei begingen sie allerdings den Fehler, dass diese Haltung auch in ihren Filmen zu spüren war. Der Kritiker James Agee spricht von »Heiligenverehrung«, um die Art und Weise zu beschreiben, in der man den Präsidenten in *Mission to Moscow* behandelte. Auch *Yankee Doodle Dandy*, *Princess O'Rourke* und ein halbes Dutzend anderer Warners-Filme aus den Kriegsjahren huldigten Roosevelt. Eine begeisterte Besprechung von *This Is the Army* im *Time Magazine* bemängelte lediglich die »ständige öffentliche Anbiederung der Warner Bros. bei dem Präsidenten der Vereinigten Staaten. Jedermann darf nun darüber spekulieren, ob die Verlobung offiziell ist oder ob sie sich einfach nur sehr, sehr gern haben.«

Kein Wunder, dass Harry Warner sich bereits 1941 vor einem Unterausschuss des Senats wiederfand. In jenen Monaten vor dem Kriegseintritt Amerikas untersuchte der Ausschuss mögliche »Kriegstreiberei« in Hollywood, und sieben der 25 fragwürdigen Filme stammten aus der Produktion von Warner Bros.[*] Auf das richtige Timing kommt es an, und auch *Casablanca* wäre von dem Ausschuss verurteilt worden, wäre der Film vor – und nicht nach – Amerikas Kriegserklärung entstanden. Einer der Filme, die den Zorn des Aus-

---

[*] *The Inquisition in Hollywood* nennt eine Liste von Filmen aus den dreißiger Jahren, die kommunistische Autoren besonders beeindruckt hatten: *I Am a Fugitive from a Chain Gang, Juarez, The Story of Louis Pasteur, The Life of Emile Zola* und *The Grapes of Wrath.* Alle bis auf den letztgenannten, der von Twentieth Century-Fox stammte, wurden von Warner Bros. produziert.

schusses auf sich zogen, war *Sergeant York* mit Gary Cooper in der Hauptrolle. In der wahren Geschichte spielte Cooper einen pazifistischen Farmerjungen, der im Ersten Weltkrieg zum Helden wird, als es nötig wurde zu kämpfen. Warner erklärte vor dem Ausschuss, man habe bei dem Film keine propagandistischen Hintergedanken verfolgt, was dadurch bewiesen werde, dass *Sergeant York* mehr Gewinn abwerfe als jeder andere Film, den das Studio in den letzten Jahren herausgebracht habe. Wegen des Angriffs auf Pearl Harbor wurden die Anhörungen vorzeitig eingestellt, doch waren die Warner-Brüder angreifbar, als der Parlamentsausschuss für unamerikanische Aktivitäten sechs Jahre später erneut an Einfluss gewann.

Bis auf Bogart, den rechte Kolumnisten verurteilten, und Koch, den Warner Bros. fallen ließ, gelang es den Liberalen im Team von *Casablanca*, den Suchscheinwerfern des Ausschusses zu entgehen. Das Office of Strategic Services (OSS), der Vorläufer der CIA, führte eine Akte über Peter Lorre wegen seiner Mitgliedschaft im Council for a Democratic Germany, der als eine kommunistische Tarnorganisation galt. Doch scheint man das Interesse an Lorre weitgehend verloren zu haben, nachdem Brecht vor dem Ausschuss ausgesagt und das Land verlassen hatte.

Trotz ihrer Aktivitäten in der Screen Writers Guild, einer Organisation, die nach Ansicht des Ausschusses kaum besser war als die Kommunistische Partei, waren die Epsteins stets ausgesprochene Antikommunisten. Und wie die meisten Männer weigerte sich das Ausschussmitglied J. Parnell Thomas, Ingrid Bergman irgendwie zu verdächtigen. In einer Zeit, in der jegliche Anschuldigung wie eine Wahrheit daherkam, forderte Thomas den Informanten Gerald L. K. Smith auf, Beweise vorzulegen, dass Bergman eine kommunistische Gruppierung finanziell unterstützt habe.

Bei dem vom Committee for the First Amendment organisierten Flug nach Washington und der anschließenden Radiosendung hatte Paul Henreid abermals nur die zweite Hauptrolle gespielt und wurde in Zeitungsberichten übergangen. Doch Henreids Autobiografie zufolge wurde seine Flugreise sehr wohl von den großen Studios registriert. So behauptete er, sie hätten ihn vier Jahre lang auf die schwarze Liste gesetzt. Ferner seien Bogart, Judy Garland, Frank Sinatra und andere, die an der Aktion teilgenommen hätten, einer Bestrafung nur deshalb entgangen, weil die Studios, bei denen sie unter Vertrag standen, sie beschützten. Henreid sagte, er habe sich aus seinem Warner-Vertrag freigekauft und es gegen den Rat seines Agenten Lew Wasserman abgelehnt, bei MGM zu unterzeichnen. Da Henreid weiterhin Arbeit in unabhängigen Filmprojekten fand, war er offenbar nicht im Visier der wildesten Kommunistenjäger. Sein einziges Engagement bei einem großen Studio habe er allerdings nur deswegen bekommen, weil sein Freund, der Regisseur William Dieterle, und der Produzent Hal Wallis ihn schon sehr frühzeitig, aber gleichwohl »unter Missachtung der schwarzen Liste«, für die Rolle eines Schurken in *Rope of Sand* engagiert hätten. Selbst nach 45 Jahren hielt Philip Dunne Paul Henreids Verhalten für sehr tapfer. »Wenn man ein eingebürgerter Ausländer ist, erfordert es besonderen Mut, seine Meinung zu sagen«, sagte Dunne 1991. »Paul Henreid war gerade wie ein Pfeil, ein wunderbarer Kerl.«

Gut und Böse waren auf dem Set von *Casablanca* leicht zu unterscheiden, angesichts eines Films, in dem für jeden aufrechten Amerikaner des Jahres 1942 der Feind eindeutig auszumachen war. Doch außerhalb des Ateliers war es schwieriger, festen Boden unter den Füßen zu behalten. Als die Epsteins im Februar 1942 nach Washington gingen, um an einer Filmserie mitzuschreiben, die amerikanischen Soldaten und Matrosen klarmachen sollte, warum sie kämpfen mussten, nahmen sie ihren weltlichen Glauben an die Ideen Franklin Delano Roosevelts mit. Frank Capra nannte die sieben beteiligten Hollywood-Autoren »meine sieben Zwerge« und fand Unterkunft und Arbeitskabinen für sie in der Library of Congress. Die Freiwilligen, sämtlich Zivilisten, gehörten zu den besten Drehbuchautoren Hollywoods. Wie die meisten anderen Autoren dachten sie liberal, und einer von ihnen, John Sanford, gehörte der Kommunistischen Partei an. Capra, ein Konservativer, der immer noch konservativer wurde, schrieb in seinen Memoiren, die Treatments, die sie für die sieben Filme der Serie »Why We Fight« verfasst hätten, seien seiner Ansicht nach »mit kommunistischer Propaganda gespickt« gewesen. Am Ende schickte er die Autoren wieder nach Hause.

Einige verfingen sich im Netz der Politik. Als Curt Bois nach Ostberlin ging, entzog man ihm die amerikanische Staatsbürgerschaft. Über vierzig Jahre später sagte Bois dazu: »Ich war völlig unpolitisch. Das änderte sich erst, als ich über einen Freund bei Bertolt Brecht eingeladen wurde.«

Andere kamen trotz allem davon. Claude Rains war mit zwei Mitgliedern der Hollywood-Sektion der Kommunistischen Partei befreundet – Herbert Biberman, einem Theaterregisseur, mit dem er öfter zusammengearbeitet hatte, und Bibermans Frau, der Schauspielerin Gale Sondergaard. Biberman bat ihn, für verschiedene Anlässe Geld zu spenden, doch Rains, von jahrelanger Armut geprägt, konnte sich nie dazu durchringen. »Ich hielt ihn hin und tat im Endeffekt nichts«, erzählte er. »Andernfalls wäre ich vielleicht auch vor dem Ausschuss gelandet. Nicht auszudenken!«

Einmal lud Biberman Rains zu sich nach Hause ein, um ihn dort mit einer chinesischen Schauspielerin bekannt zu machen. »Ich hatte keine Ahnung von Herberts politischer Einstellung«, so Rains. »In dem großen Wohnzimmer hatte man eine Bühne aufgebaut und Stuhlreihen aufgestellt. Dann trat die chinesische Schauspielerin auf. Du meine Güte, sie war eine chinesische Kommunistin.« Er habe seine Begleiterin angesehen. »Sie sagte: ›Schnell weg hier.‹ Und schon waren wir draußen. Ich habe das Haus nie wieder betreten.«

Als er sich rund dreißig Jahre später an dieses Erlebnis erinnerte, sagte Rains: »Ich war zu Tode erschrocken. Und das mit gutem Grund.«

Seine Angst war berechtigt. Nach dem Krieg wehte in Amerika plötzlich ein anderer politischer Wind, und in Hollywood bekamen das viele auf höchst unerfreuliche Weise zu spüren. In Amerika bedeutet freie Meinungsäußerung immer schon, dass einige Gedanken eher zugelassen sind als andere, und die »voreiligen Antifaschisten« des Jahres 1937 galten 1947 als »Kommunistenfreunde« und »rot angehaucht«. Doch wie unpopulär ihre Ideen fünf Jahre zuvor auch gewesen waren und was auch immer sie fünf Jahre später wegen der Organisationen, deren Mitglieder sie waren oder denen sie Geld gespendet hatten, ertragen mussten – im Sommer 1942 gab es auf dem Set von *Casablanca* kaum einen, der sich schämte, ein Liberaler zu sein.

15.

Spiel es, Sam

Lois Meredith betritt im ersten Akt von *Everybody Comes to Rick's* das Café und bittet Sam, »As Time Goes By« zu spielen. Als Murray Burnett diese Ballade in sein Theaterstück hineinschrieb, waren annähernd zehn Jahre vergangen, seit er sich, damals noch Student an der Cornell University, in den Song verliebt und die Aufnahmen mit Frances Williams so oft gespielt hatte, dass seine Verbindungsbrüder den Text nicht mehr hören konnten. Der Song war ihm nie aus dem Sinn gegangen. »Er brachte irgendetwas zum Klingen«, war alles, was Burnett später über seine damalige Begeisterung für »As Time Goes By« sagen konnte. »Mit ›Send in the Clowns‹ geht's mir genauso.«

1942 war »As Time Goes By« schon längst in Vergessenheit geraten, wie die meisten Songs, die für eine kurze Zeit populär waren. Niemand hätte sich vorstellen können, dass seine Wiederbelebung den ursprünglichen Erfolg bei weitem übertreffen würde. »As Time Goes By« wurde 1931 von Herman Hupfeld für eine Broadway-Show komponiert, *Everybody's Welcome.* Hupfeld schrieb über hundert Songs, aber nie eine komplette Show. Man engagierte ihn, um mit zusätzlichen Songs jene Stellen zu überbrücken, wo eine Show durchhing. *Everybody's Welcome* handelte von einem unverheirateten Paar, das zusammen in Greenwich Village wohnte. Die eher zähen Passagen peppte man mit Witzen und Tanzeinlagen der Ritz Brothers auf und mit dem samten-schmachtenden Gesang von Frances Williams.

»As Time Goes By‹ war der große Hit der Show«, sagte Ann Sothern, die damals, als sie in *Everybody's Welcome* die Naive spielte, noch Harriette Lake hieß. »Frances Williams sang das Stück wundervoll. Sie war eine groß gewachsene, dünne Frau mit einer tiefen, rauen Stimme. Ich wünschte mir immer, ich hätte es singen dürfen.«

Mit stark verbilligten Eintrittskarten brachte es *Everybody's Welcome** auf 139 Vorstellungen. Dann nahm Rudy Vallee mit »As Time Goes By« noch eine erfolgreiche Schallplatte auf, ehe der Song in der Versenkung verschwand.

Elf Jahre später, am 11. Juli 1942, drängte Hal Wallis den Leiter der Warners-Musikabteilung, Leo Forbstein, er möge endlich seine schon vor einiger Zeit gestellte Frage beantworten: Ob er damit rechnen könne, dass Max Steiner die Musik für *Casablanca* komponiert?

Steiner, der für Warner Bros. bis zu sechs Partituren im Jahr schrieb und von dem die Musik zu über 300 Filmen stammt, hatte gerade die Partitur für *Now, Voyager* abgeschlossen, die ihm 1942 einen Oscar einbrachte. Er hatte den Song »It Can't Be Wrong« komponiert, das Liebesmotiv in *Now, Voyager*, und war überzeugt, er könne das Gleiche für *Casablanca* tun. In der Regel sah er sich einen Film erst nach dem Schnitt an, wenn er zur Vertonung bereit war. Nach einer internen Vorführung von *Casablanca* beschloss er, »As Time Goes By« rauszuwerfen und durch ein neues eigenes Thema zu ersetzen. »Zu mir sagte er, er halte ›As Time Goes By‹ für ungeeignet«, erzählte Al Bender, der Leiter der Max Steiner Music Society. 1943, *Casablanca* lief seit einigen Monaten in den Kinos, gestand Steiner in einem Interview, ihm gefalle »As Time Goes By« noch immer nicht besonders, aber an dem Song müsse wohl was dran sein.

Jack Warner wusste, dass etwas dran war. In Zukunft, so gab er Leo Forbstein zu verstehen, wolle er für die Liebesmotive in Warner-Filmen allgemein bekannte Songs verwenden. Da Warners Musikgesellschaften die Rechte an Hunderten von Songs besäßen, an deren Text und Musik sich die Menschen erinnerten, »sollten wir in der Lage sein, bei anderen Filmen wie bei CASABLANCA zu verfahren«.

Steiner war von kleiner Statur und hatte schütteres Haar. Er redete wie ein Wasserfall und rauchte in einem fort Zigarren. Bevor er mit einer Partitur begann, sah er sich den Film immer zweimal an. Seine Pläne mit *Casablanca* scheiterten allerdings an einem praktischen Problem: Ingrid Bergman hatte sich für ihre Rolle in *For Whom the Bell Tolls* bereits die Haare kurz schneiden lassen, und deshalb konnte sie sich nicht noch einmal an Sams Klavier lehnen

---

* Möglicherweise hatte Burnett seinen Titel, *Everybody Comes to Rick's*, unbewusst von *Everybody's Welcome* entliehen, ebenso wie er ganz bewusst den Song übernommen hatte.

Herman Hupfeld

und die ersten paar Takte eines Lovesongs von Steiner summen. Da er an »As Time Goes By« also nicht vorbeikam, machte Steiner aus der Not eine Tugend: »As Time Goes By« wurde zum Herzstück seiner Partitur. Der Song war nicht nur Ricks und Ilsas Liebesmotiv, er diente Steiner auch als wichtigstes musikalisches Verbindungselement. Er verband Rick und Ilsa, Gegenwart und Vergangenheit, das musikalische Ausgangsmaterial mit der Ausarbeitung und nicht zuletzt auch das Publikum mit den Figuren im Film.

»Der Song ist ein Hauptdarsteller, nicht einfach bloß Musik«, urteilte Arthur Bloom, einer der Dozenten und Doktoranden an der Yale University School of Music, die sich im Frühjahr 1992 einen Nachmittag lang den Film auf einer Videokassette ansahen und analysierten. »Er besitzt eine Funktion in der Geschichte. Er kündigt die Vergangenheit an. Und in gewisser Weise steht er für Menschlichkeit in einer Welt, die aus den Fugen geraten ist.«

Steiner konnte den Song vielleicht nicht leiden, aber er tat Herman Hupfeld einen großen Gefallen, indem er »As Time Goes By« anreicherte und das musikalische Ausgangsmaterial erweiterte. Von dem Moment an, wo Ilsa Sam bittet, das Stück zu spielen, ist es allgegenwärtig. Im Verlauf eines Musikabschnitts von 1 Minute und 46 Sekunden, als Rick sich auf dem Flugplatz von Ilsa verabschiedet, nimmt »As Time Goes By« zunächst einen Ton tragischen Verlustes an, klingt dann nach romantischer Liebe, die in bittersüße Resignation übergeht, und erreicht schließlich einen tragischen Höhepunkt, als Ilsa und Laszlo sich umwenden und zur Maschine gehen, die sie nach Lissabon bringen wird.

Heutzutage erinnert man sich allenfalls vage an Hupfelds andere Songs, darunter »Sing Something Simple«, »When Yuba Plays the Rhumba on the Tuba« und »Let's Put Out the Lights and Go to Sleep«. »As Time Goes By«, auf ewig mit *Casablanca* verknüpft, hat jedoch zum Ruhm und zur Langlebigkeit des Films beigetragen – und umgekehrt. Nach dem Kinostart von *Casablanca* bemühte sich Hupfeld um einen Vertrag bei Warner Bros. Es wäre doch eine natürliche Verbindung, erklärte sein Agent. Aus Hupfelds Anfrage wurde allerdings nichts.

Hupfeld starb relativ jung, aber immerhin erlebte er noch, wie 1943 »As Time Goes By« 21 Wochen lang in der Radiosendung *Hit Parade* lief. Es liegt eine gewisse Ironie darin, dass man sich seiner wegen eines Lovesongs erinnert. Er selbst war womöglich nie verliebt oder hatte gar nie andere Abenteuer erlebt als die, die er komponierte. Sogar während seines Militärdienstes im Ersten Weltkrieg spielte er nur ein paar Hundert Meilen von zu Hause in einer Militärkapelle der Marine. Herman Hupfeld wurde 1894 in Montclair, New Jersey, geboren und starb dort, in derselben Straße, im Jahre 1951.

»Ich fand sein Leben immer ziemlich traurig«, sagt Margaret Scanell Wooley, die Tochter eines der drei Hupfeld-Vettern. »Er hatte Alkoholprobleme, war nie verheiratet und hatte keine Kinder.«

Hupfeld, der in seiner Familie immer nur Dodo hieß, war ein Einzelkind. Sein Vater starb früh, und Dodo verließ die Mutter nur ein einziges Mal. Als jungen Mann schickte ihn sein Großvater für eine Weile nach Deutschland – die Familie stammte von dort –, um Geige zu studieren. »Seine Mutter, eine Pianistin und Organistin, half ihm bis zu einem gewissen Grade beim Schreiben seiner Songs«, erinnerte sich Hupfelds Vetter Harold Rader. Nachdem Hupfeld zu Geld gekommen war, baute er sich ein Haus gleich neben dem, in dem er aufgewachsen war. Es hatte getrennte Apartments für ihn und seine Mutter, Fredricka Rader Hupfeld, die ihren Sohn um viele Jahre überlebte.

Steiner wandelte »As Time Goes By« zwar auf vielfältige Weise ab –

romantisch, bedrohlich, militärisch, tragisch, fröhlich –, doch der Song bildet nur einen Strang in einer komplexen Partitur. Die »Marseillaise« wird beinahe ebenso oft benutzt und ist gleichermaßen ein Lied, das den Figuren etwas bedeutet und verschiedene Stimmungen erzeugt. Das ständige musikalische Duell zwischen der »Marseillaise« einerseits und der »Wacht am Rhein« sowie »Deutschland, Deutschland über alles« andererseits bringt die Hoffnung auf einen Sieg über die Nazis zum Ausdruck. Am Schluss kapituliert das Deutschlandlied vor der »Marseillaise«, als Major Strasser tödlich getroffen im Flughafenhangar zu Boden sinkt.

»Die Funktion der Musik in dem Film ging über die einer kreativen Tapete hinaus«, befanden die Yale-Studenten. Kurz bevor Rick Ilsas Brief am Pariser Bahnhof bekommt, so einer der Studenten, spielt die Musik ein paar Takte der »Marseillaise«, und als Ilsa und Rick über den bevorstehenden Einmarsch der Deutschen in Paris sprechen, wird ihr Lovesong düster und drohend. Ein anderer beobachtete: »Während Rick und Renault zusammen fortgehen, verändert sich die ›Marseillaise‹ von ironisch hin zu klar und entschlossen. In diesem Augenblick klingt sie beinahe wie ein Liebesmotiv.«

1942 begannen die anderen Studios allmählich aufzuholen, aber Warner hatte seit Jahren die beste Musikabteilung der Branche. Kein anderes Studio hatte Komponisten vom Range eines Steiner und eines Erich Wolfgang Korngold vorzuweisen. Selbst ihr Orchestrator, Hugo Friedhofer, wurde später ein beachteter Komponist und gewann 1946 seinen eigenen Oscar für *The Best Years of Our Lives*. Steiner und Korngold stammten beide aus Wien und waren als Wunderkinder in Erscheinung getreten. Maximillian Raoul Steiner, ein Schüler Gustav Mahlers, machte als 13-Jähriger seinen Abschluss an der Kaiserlichen Musikakademie, um dann mit 14 seine erste Operette zu schreiben und zu dirigieren.

»Steiner mochte gut sein, aber Korngold war besser«, sagte der Komponist Raksin. »Seine Musik war von höherer Qualität und von einer viel größeren Bandbreite.«

Filmhistorisch betrachtet war Steiner gleichwohl bedeutender. Jahrelang, ehe Korngold nach Hollywood kam, war Steiner einer der Ersten gewesen, die mit dem aufkommenden Tonfilm wieder Musik im Film einsetzten. »1931 ließ seine musikalische Untermalung von *Cimarron* sogar die Zeitungen aufhorchen«, meinte Kathryn Kalinak, die Autorin eines Buches über klassische

Filmmusik. »1933 war sein *King Kong* eine Art Modell für die Einführung von Hintergrundmusik und begleitete den Film siebzig von neunzig Minuten. 1939 schrieb er drei Stunden und zwanzig Minuten Musik für *Gone With the Wind*. Als Korngold 1935 seinen ersten Film vertonte, brauchte er die Schlachten nicht mehr zu schlagen, die Steiner schon gewonnen hatte.«

Wenn Steiner es auch nicht ganz mit der Bandbreite Korngolds und der erregenden Fülle seiner Partituren für *Anthony Adverse* und *The Adventures of Robin Hood* aufnehmen konnte, so kam *Casablanca* doch seinen Stärken entgegen. »Niemand«, führte Kalinak aus, »konnte solche Melodien schreiben wie Steiner. Er muss Melodien geträumt haben.« Er konnte eine vorgegebene Melodie – »As Time Goes By« – nehmen und einen ganzen Film damit einfärben. Und er hatte es faustdick hinter den Ohren.

»Maxie mochte alle möglichen Scherze, auch musikalische«, erzählte Raksin. »Er war ein komischer Kauz. Man wusste nie, was er als Nächstes tun würde. Als er 75 wurde, schlug ich vor, für ihn eine Party zu veranstalten. Wir fingen mit einem kleinen Kreis von hundert Gästen an und landeten schließlich bei über tausend. Nun, was kann man jemandem schenken, der schon alles hat? Miklos Rozsa schlug ein Autograph von Haydn vor. Also kauften wir eins für 1200 Dollar. Maxie saß am Ehrentisch, an seiner Seite Mrs. Steiner, die auf ihn aufpasste. Maxie sagte: »Ich weiß, ihr habt's gut gemeint. Aber ich finde, ihr hättet etwas Passenderes finden können.« Uns rutschte das Herz in die Hose. »Zum Beispiel einen neuen Cadillac oder Marilyn Monroe. Andererseits wüsste ich mit keinem von beiden so recht was anzufangen. Ich habe schon lange nicht mehr am Steuer gesessen.«

Durch die nervöse Art, mit der Steiner in *Casablanca* oft und sehr schnell Stimmung und Charakter der Musik wechselt, hat er den allgemeinen Spannungspegel erhöht. Für Ilsas Erscheinen in Rick's Café nach der Rückblende hat er beispielsweise ein Medley geschrieben, das aus folgenden Teilen besteht: Ilsa kehrt zurück, 33 Sekunden; »As Time Goes By«, 22 Sekunden; Bitterkeit, 31 Sekunden; das noble und festliche Motiv, das er für Laszlo schuf, 22 Sekunden; Agitato Nr. 1, 9 Sekunden; Steiners Thema für Ilsa, 32 Sekunden; »As Time Goes By«, 12 Sekunden; und die »Marseillaise«, 7 Sekunden.

Was man nicht sofort erkennt, ist die reichhaltige Grundierung mit populärer amerikanischer Musik, die in Rick's Café pulsiert. Während Verschwörer, Flüchtlinge, Faschisten, Patrioten und verzweifelte Spieler im Vordergrund stehen, machen diese Stücke das Café unterschwellig zu einem Außenposten Amerikas, zu einer Oase in einem fremden Land. »Großartiges Material, die allerbesten Songs«, meinte Raksin. Zum Teppich der Hintergrundmusik gehören »Crazy Rhythm«, »Baby Face«, »I'm Just Wild About Harry«, »Heaven Can Wait«, »Love for Sale«, »Avalon«, »If I Could Be with You One Hour Tonight«, »You Must Have Been a Beautiful Baby« und »It Had to Be You«. Häufig unterstreichen die Stücke den dramatischen Inhalt. Als Ilsa das Café zum ersten Mal betritt, spielt die Band »Speak to Me of Love«.

Die Musik im Café erfüllt letztlich sowohl Vordergrund- als auch Hintergrundfunktionen. Ricks Gäste und das Kinopublikum *sollen* Sam zuhören. Bei der Sängerin mit der schönen Stimme, die den »Tango Della Rosa« auf der Gitarre spielt, kann Laszlo dagegen unauffällig zu einem vertraulichen Gespräch mit Berger, dem norwegischen Freiheitskämpfer, verschwinden. Corinna Mura war zwar der Star ihrer eigenen Radiosendung und trat dreimal im Weißen Haus vor Präsident Roosevelt auf, aber beim Film gelang ihr nie mehr als bloß eine Einlage. Schon sehr früh zum Koloratursopran ausgebildet, floh sie als Jugendliche aus der Welt der Oper. Einer ihrer Fans war Edwin Schallert, Theaterkritiker der *Los Angeles Times*. Er lobte Mura in den höchsten Tönen: Sie habe in Aufführungen mit der Los Angeles Light Opera brilliert. Obwohl sie eine Weile bei RKO unter Vertrag stand und 1943 ein weiteres Mal für Warner Bros. tätig wurde, um den Lovesong zu singen, den Steiner für *Passage to Marseille* schrieb, blieben ihre Erfolge auf die Bühne beschränkt.

Steiner starb 1971 im Alter von 83 Jahren, bis zum Schluss Zigarren rauchend und zu Scherzen aufgelegt. »Als Maxie im Sterben lag«, so Raksin, »und Mrs. Steiner an seinem Bett saß, blickte er auf all die Arzneiflaschen auf dem Frisiertisch und sagte: ›Schau, Momma, Medicine Square Garden.‹« Die Yale-Studenten empfanden nur einen Teil der Musik zu *Casablanca* als veraltet, und zwar die »Eingeborenenmusik« der Schwarzmarktszenen. »Exotik à la Hollywood«, meinte einer, »die übliche Urwaldmusik.«

Wie er sich um alles andere kümmerte, nahm Hal Wallis auch Einfluss auf die Musik. »Wallis gehörte zu den ganz wenigen Produzenten jener Zeit, die wirklich Ahnung von Musik hatten«, sagte Professor Kalinak. »Er konnte sich mit so viel Sachkenntnis über Musik äußern, dass Komponisten seine Vorschläge ernst nahmen. Bei *Captain Blood* schickte er Korngold fünf eng beschriebene Seiten mit intelligenten Notizen.«

Wie viele Memos Wallis an Steiner zu *Casablanca* auch geschrieben haben mag, es sind nur drei erhalten. In einer bestimmten Szene mit Rick und Laszlo möchte er ein Klavier hören. In der letzten Rolle, als Bogart zum letzten Mal zu der startenden Maschine blickt, wünscht sich Wallis eine dramatische Pause in der Musik und laute Motorengeräusche. Die wichtigste Bemerkung betrifft das Duell in Rick's Café zwischen den deutschen Offizieren, die »Die Wacht am Rhein« singen, und Paul Henreid, der die »Marseillaise« anstimmt:

> Was die Marseilles (sic!) angeht: Wenn sie im Café gespielt wird, schreiben Sie das bitte nicht so, als würde sie von dieser kleinen Kapelle gespielt. Schreiben Sie es für großes Orchester, und geben Sie der Sache etwas mehr Gewicht.

Steiner verstärkte den Klang auf so subtile Weise, dass die Yale-Studenten es erst, als sie den Film zum zweiten Mal sahen, bemerkten.

In einem Punkt irrte Wallis allerdings, was die Musik angeht. Er konnte sich nie mit Dooley Wilsons Stimme anfreunden. Schon Anfang Juli bat er den musikalischen Leiter Leo Forbstein, »einen Neger zu suchen, mit einer schönen, gefühlvollen Stimme, der alle Songs von Dooley Wilson synchronisiert«. Ob man es Wallis wieder hatte ausreden können oder ob Forbstein einfach niemanden fand, der Wallis besser gefiel – am Ende war es jedenfalls Wilson, der »It Had to Be You«, »Shine« und »Knock on Wood« für Ricks Gäste sang. *Variety* hob ausdrücklich hervor, wie wirkungsvoll er »As Time Goes By« gesungen habe, und der *Hollywood Reporter* schrieb, er habe »etwas Erfreuliches« geschaffen.[*] Im Frühjahr 1943 hielt sich »As Time Goes By« vier Wochen lang auf Platz 1 der Hitparade. In jedem anderen Jahr hätte Wilson den Song aufgenommen und eine Menge Geld verdient. Doch die Musikergewerkschaft befand sich zu dem Zeitpunkt in einem langwierigen Arbeitskampf mit den Plattenfirmen. Und so kam stattdessen erneut Rudy Vallees Platte auf den Markt.

Wilson drehte 1943 drei Filme. Die *New York Times* bemerkte, in *Higher and Higher*, einem Musical mit Frank Sinatra, habe man sein Talent vergeudet.

---

[*] Woody Allen irrte übrigens. Weder Ingrid Bergman noch Humphrey Bogart sagten jemals: »Play it again, Sam« zu Dooley Wilson. Sie sagte: »Spiel es, Sam. Spiel ›As Time Goes By‹.« Und er sagte: »Wenn sie es ertragen kann, kann ich es auch. Spiel es!«

Wie Casablanca gemacht wurde

Seine Mitwirkung in *Two Tickets to London*, einem Kriegsdrama, sei zumindest ein Pluspunkt in dem Film, für den der Kritiker dankbar sei. Und in dem ausschließlich mit Schwarzen besetzten Musical *Stormy Weather* hätte man ihm erlauben sollen zu singen. 1944 feierte er einen weiteren Erfolg am Broadway, in dem Musical *Bloomer Girl*, das zwei Jahre lang lief. 1949 spielte er dann allerdings wieder einen komischen Butler in *Come to the Stable*. Zwei Jahrzehnte später war er nur noch eine banale Quizfrage – »Wer war der schwarze Schauspieler, der in *Casablanca* ›As Time Goes By‹ singt?« –, die wenige Leute richtig beantworteten.

* * *

Es sind zwar nur drei Memos von Wallis an Steiner zu *Casablanca* erhalten geblieben, doch dafür gibt es Dutzende von Notizen an den Cutter Owen Marks und eine zusätzliche Seite mit Anmerkungen zum Tonschnitt. Dass ein Produzent einen Regisseur während der Produktion und der Postproduktion in dieser Weise kontrollierte, war unter dem damaligen Studiosystem möglich, gibt es aber heutzutage nicht mehr. Das hatte seine Vor- und Nachteile. Im Falle von *Casablanca* war es wahrscheinlich eher von Vorteil. Auf vier Seiten mit Bemerkungen zum Schnitt bittet Wallis in der Regel um Änderungen, die den Film »schlanker« machen und die Spannung erhöhen. Hier will er ein Bild herausnehmen, dort sollen ein paar Meter geschnitten oder eine unnötige Figur gestutzt werden:

> Die Gruppe Soldaten streichen vor dem Schnitt, wo Flüchtlinge in den Polizeibus geladen werden … Rains Text »Und ich bin bereit, es abzulehnen« ein bisschen stutzen … Zwei der letzten vier Einstellungen mit Ugarte herausnehmen … Die Totale mit dem Kellner streichen, der Flasche und Gläser bringt. Direkt zu Bergmans Satz schneiden: »Würden Sie den Klavierspieler bitten, einen Moment zu mir zu kommen?« … Diesen langen Blick von Bergman herausnehmen, bevor sie sagt: »Wo ist Rick?« … Sie können vermutlich auf ein, zwei Meter vom Anfang der Einstellung mit Bogart und dem Mädchen im Auto verzichten.*

* Fußnote siehe Seite 303

WARNER BROS. PICTURES, INC.
BURBANK, CALIFORNIA

INTER-OFFICE COMMUNICATION

To MR. ___OWEN MARKS___   DATE ___August 7, 1942___

FROM MR. ___WALLIS___   SUBJECT ___"CASABLANCA"___

Attached is copy of the new narration for the opening
of the picture.

There are also to be two wild lines made by Bogart.
Mike is trying to get Bogart today, but if he does
not succeed, will you get Bogart in within the next
couple of days.

The two lines to be shot with Bogart, in the event
that Mike does not get them, are:

> RICK:
> Luis, I might have known you'd
> mix your patriotism with a
> little larceny.

****

(Alternate line)

> RICK:
> Luis, I think this is the be-
> ginning of a beautiful friendship.

****

Also, I think you had better have the narration made up
by some stock actor until I can select the actor who
will do it for the picture.

                                        HAL WALLIS

VERBAL MESSAGES CAUSE MISUNDERSTANDING AND DELAYS
(PLEASE PUT THEM IN WRITING)

Steiner hatte auch die ersten Einstellungen im Spielsalon untermalt. Wallis beschloss, nur Stimmengewirr und das Geräusch des Roulettes zu nehmen und jedes Mal, wenn die Tür aufgeht, etwas Musik vom Hauptsaal hereinzulassen.

Nach *Casablanca* begann Steiner sofort mit der Arbeit an *Watch on the Rhine*, den Wallis ebenfalls in diesem Sommer drehte. Trotz des Krieges hatte Warner Bros. noch nicht an Fahrt verloren. Die Produktion von *Watch on the Rhine* war am 22. August abgeschlossen, und zehn Tage später lag Jack Warner eine Schnittfassung zur Ansicht vor.

In *Casablanca* gab es weit mehr Personen und Dekorationen als in *Watch on the Rhine*, und Wallis und Curtiz benötigten deshalb mehrere Wochen, um den Film fertig zu stellen. Unmittelbar nach Abschluss der Dreharbeiten am 3. August montierte Owen Marks, ein ehemaliger Preisboxer, dessen vier Brüder ebenfalls bei Warners beschäftigt waren, den Rohschnitt, in dem lediglich die Schwarzmarktszenen fehlten. Auf dieser Grundlage feilte Wallis sowohl am Schluss wie auch am Anfang des Films. Er schrieb nicht nur Bogarts Schlusssatz, sondern orderte auch eine neue erste Szene, die zu der Polizeirazzia am Anfang führte. Am 22. August fand Curtiz eine freie Ecke im Atelier 14 und filmte dort Jean del Val, der vor einem Mikrofon das folgende Fernschreiben verlas:

> An alle Offiziere. Zwei deutsche Kuriere mit wichtigen amtlichen Dokumenten im Zug von Oran ermordet. Mörder und seine möglichen Kompli-zen auf dem Weg nach Casablanca. Alle Verdächtigen sind sofort zu verhaften und nach den gestohlenen Dokumenten zu durchsuchen! Wichtig!

---

* Wenn man Julius Epstein glauben darf, haben sich Wallis und Curtiz beim Schnitt einen größeren Schnitzer geleistet. »Sie haben uns gesagt, der Schluss würde nicht funktionieren, und haben uns in den Vorführraum geholt«, erzählte Epstein. »Sie hatten die französischen Polizisten vorfahren lassen und Claude Rains, der zu ihnen sagt: ›Major Strasser ist erschossen worden. Verhaften Sie die üblichen Verdächtigen.‹ Da sei keine Spannung. Mein Bruder und ich sagten: Nein, nein, ihr müsst zu Bogart schneiden, und dann sagt Rains: ›Verhaften Sie die üblichen Verdächtigen.‹« Dass einem gewieften Produzenten und Regisseur ein so grundlegender Fehler unterlaufen konnte, wirkt unwahrscheinlich. Doch kürzlich hat man Out-Takes des von Epstein beschriebenen Master-Shot entdeckt.

Für diese Szene musste Curtiz einen neuen Regieassistenten finden. Lee Katz war inzwischen beim Militär, und auch Francis Scheid hatte noch vor September seine Einberufung zur Army Air Force erhalten. In einer Presseerklärung, die Warner Bros. im Februar 1943 an die Zeitungen verschickte, stellte das Studio fest, es habe 550 Techniker, Schauspieler, Autoren, Regisseure und Produzenten an die Streitkräfte abgegeben, und täglich gingen weitere. Von der Übertreibung einmal abgesehen, zeigt ein Vergleich, dass Warner Bros. Anfang 1943 tatsächlich mehr Schauspieler, Regisseure und Autoren in den Krieg ziehen lassen musste als jedes andere Studio. Hatte der patriotische Eifer der Studiobosse auf die Mitarbeiter abgefärbt? Gut möglich, dass das aufstrebende Studio einfach von vornherein mehr junge Schauspieler und Autoren engagiert hatte – aber die Statistik ist gleichwohl interessant. Warners verlor zwanzig Schauspieler im Vergleich zu zwölf bei Fox und zehn Autoren gegenüber acht bei Columbia. Paramount, das Studio, das sich den Forderungen des Office of War Information am hartnäckigsten widersetzte, hatte einen einzigen Autor verloren und keine Produzenten oder Regisseure.

Bis auf Bogart, den man eigens noch einmal holen musste, um den letzten Satz aufzunehmen – »Louis, ich glaube, dies ist der Beginn einer wunderbaren Freundschaft« –, waren die Schauspieler schon zu neuen Abenteuern aufgebrochen, als Wallis an den letzten Feinheiten von *Casablanca* feilte. Er wollte eine gewichtige Stimme wie die des Sprechers in der Serie *March of Time* für den Satz: »Bei Ausbruch des Zweiten Weltkrieges wandten sich viele Augen im eingeschlossenen Europa hoffnungsvoll, oder verzweifelt, der Freiheit Amerikas zu.« Seine Wahl fiel auf Lou Marcelle, einen lokalen Nachrichtensprecher.

Don Siegel erhielt den Auftrag für eine Trickmontage: den rotierenden Globus und die Flüchtlinge, die eine Weltkarte überqueren – die Bilder zu dem gesprochenen Text am Anfang. Siegel hatte 1934 bei Warners als Assistent in der Filmbibliothek für einen Dollar die Stunde angefangen. Da er unbedingt Regie führen wollte, versuchte er sich 1943 aus seinem Vertrag freizukaufen. Doch Jack Warner wusste, wann er fähige Leute unter Vertrag hatte, und so blieb der spätere Regisseur von *Invasion of the Body Snatchers* und *Dirty Harry* bei Warner Bros., war für Montagen zuständig und leitete Action-Szenen von Second Units, bis Warner ihn 1946 endlich zum Regisseur beförderte.

Nachdem Curtiz die neue Szene gedreht und Bogart den neuen Satz gesprochen hatte, war *Casablanca* fertig. In der letzten Augustwoche wurde der

Film der Production Code Administration vorgelegt. Als Joe Breen Ende Mai das Drehbuch absegnete, hatte er Jack Warner vorsorglich gewarnt: »Sie werden natürlich verstehen, dass sich unser abschließendes Urteil an dem fertigen Film orientieren wird.« Breens Reaktion auf die Endfassung erwies sich als Überraschung.

»Ich habe ihn noch nie so begeistert über einen Film reden hören wie über diesen«, schrieb Hal Wallis am 28. August an Charles Einfeld, der bei Warner Bros. die Publicity- und die Werbeabteilung leitete.

Nicht ohne Hintergedanken bat Wallis Einfeld, Breen anzurufen und mit eigenen Ohren zu hören, wie angetan dieser von *Casablanca* sei. »Ich dachte, Breens Begeisterung könnte Sie vielleicht inspirieren, für *Casablanca* eine richtig große Werbekampagne zu planen.«

Auf Grund seines Vertrags hatte Wallis die Autoren, Schauspieler und Regisseure für *Casablanca* selbst aussuchen dürfen. In seiner Position als Produzent des Films hatte er seinen Regisseur überstimmen und den Film nach seinem Willen formen können. Seine Kontrolle endete jedoch in dem Moment, da man den fertigen Film zu Jack Warner in den Vorführraum 5 schickte. Von da an entschieden Warner und Einfeld, was mit *Casablanca* geschehen sollte.

WARNERS'
split–second TIMING!

'CASABLANCA'

THE ARMY'S GOT CASABLANCA — AND SO HAVE WARNER BROS!

AND THAT MEANS...

16.
Wie der Film und der Krieg verkauft wurden

*B*ereits Ende August wussten die bei Warner Bros. beschäftigten Techniker, dass das Studio mit *Casablanca* einen Volltreffer gelandet hatte.

»Das fing in der Trailer-Abteilung an«, entsann sich Rudi Fehr, der damals noch nicht Jack Warners persönlicher Cutter war. »Die Cutter aßen in der Kantine an einem langen Tisch zu Mittag. Arthur Silver, der Kerl, der die Trailer machte, setzte sich immer zu uns. Meistens schüttelte er bloß den Kopf, aber hin und wieder kam er rein und sagte: ›Wir haben ein Schmuckstück.‹ *Casablanca* war eines von seinen ›Schmuckstücken‹.«

Art Silver bekam *Casablanca* im Rohschnitt zu sehen, bevor die Geräusche und die Musik dazugemischt wurden. Wegen des kriegsbedingten Mangels an Rohfilm waren die Trailer auf eine Länge von knapp 70 Meter begrenzt, etwas über zwei Minuten. Silvers Trailer zu *Casablanca* war zwei Minuten und zwölf Sekunden lang und verkaufte vor allem Abenteuer und eine Dreiecksgeschichte.

> Casablanca, Stadt der Hoffnung und der Verzweiflung in Französisch-Marokko in Nordafrika – Treffpunkt von Abenteurern, entlaufenen Sträflingen, Kriminellen und Flüchtlingen, die die Hoffnung, nach Amerika zu entkommen, in diese gefährliche Oase gelockt hat. Doch sie sind alle gefangen, denn es gibt kein Entkommen. Vor diesem faszinierenden Hintergrund entfaltet sich die Geschichte einer unsterblichen Liebe und die packende Saga von sechs verzweifelten Menschen, die sich zu einem Rendezvous mit dem Schicksal in Casablanca einfinden.

Die bedeutungsschwangere Erzählweise, typisch für die Trailer des Jahres 1942, erscheint uns heute kurios, aber der Zweck von Trailern ist derselbe geblieben. »Wenn man ein Haus verkauft, versucht man zuerst, den Swimmingpool zu verkaufen«, erklärte Silver in einem Interview. »Wir haben das Abenteuer verkauft. Wir haben die Action verkauft, die Liebesgeschichte und die Stars.«

Bogart war »der gefährlichste Mann in der gefährlichsten Stadt der Welt« und Bergman die Frau, die ihm nicht widerstehen konnte. Während man die Handlung absichtlich nur andeutete, packte Silver in seinen Trailer so viel Action hinein, wie er in dem Film oder in den Outtakes finden konnte, darunter Szenen, wie Dutzende von Flüchtlingen vor der Polizei davonlaufen, wie Peter Lorre eine Pistole zieht und Bogart Conrad Veidt mit einem geknurrten »Also gut, Major, Sie haben es so gewollt« erschießt.

Da Wallis ungern nur zusah, versuchte er, die Trailer auf die gleiche Weise mitzugestalten, wie er seine Filme produzierte. »Ich musste den Text und die Haupttitel zu ihm ins Büro bringen«, erzählte Silver, dem die heutigen Vorschauen zuwider sind, denn »sie verraten einem so viel, dass man sich den Film gar nicht mehr ansehen will«.

Silver war es immer unangenehm, in Wallis' Büro zu stehen und auf dessen Reaktion zu warten. »Er setzte eine strenge Miene auf. Ich wartete vor seinem Schreibtisch, dann blickte er irgendwann auf und sagte: ›Ich bin nicht beeindruckt.‹ Er hat einen selten gelobt und war im Allgemeinen ›nicht beeindruckt‹.«

Schließlich aber war es Jack Warner, der jedem Trailer wie auch jedem Film sein endgültiges Placet erteilte. Im Dunkeln des Vorführraums lief Warner zu Bestform auf. Der Regisseur Elia Kazan erzählte dem *Variety*-Chef Tom Pryor, Warner habe zwar keine Ahnung gehabt, wie man ein Buch oder ein Drehbuch lesen müsse, aber wenn es um Filme ging, »wusste Jack genau, was funktionierte«. Und Warner war bereit, alles über Bord zu werfen, was nicht funktionierte. »Bei Previews«, so der Tonmeister Francis Scheid, »pflegte Warner zu sagen: ›Nehmt die ganze Sequenz raus. Wenn sie nicht funktioniert, weg damit. Egal, wie viel sie gekostet hat.‹«

* * *

Als *Casablanca* im Januar 1943 landesweit in die Kinos kam, war das Verhältnis zwischen Warner und Wallis bereits stark zerrüttet. Warner beanspruchte die Lorbeeren für alles, was in seinem Studio geschah. Wallis dagegen war der Ansicht, die Anerkennung für seine Filme gebühre ihm selbst, und genau wie Warner liebte auch er Publicity. In Wallis' Akte findet sich ein Brief des Leiters der Publicity-Abteilung, Charles Einfeld, an Jack Warner vom Juni 1937. »Heute Morgen habe ich zu meiner großen Überraschung beiliegendes Telegramm von Hal Wallis erhalten, eine wahre Tirade, weil die Presse von seiner Rückkehr aus dem Urlaub keine Notiz nahm.« Wäre er, Einfeld, über Wallis' Rückkehr unterrichtet gewesen, hätte er ohne weiteres Namen und Bild des Produzenten in die Zeitungen gebracht, und »da ich weiß, wie sehr ihm so was gefällt, hätte ich gewiss keine Mühe gescheut, für eine ordentliche Presse zu sorgen«.

Wenn Jack Warner jr. Recht hat mit der Annahme, sein Vater habe ständig in der Angst gelebt, ausgenutzt zu werden, dann war der Erfolg der ersten Filme der Hal Wallis Productions für Warner ein wirklicher Anlass zur Sorge. Zwischen September 1942 und Oktober 1943 kamen nacheinander *Desperate Journey, Now, Voyager, Casablanca, Air Force, This Is the Army, Watch on the Rhine* und *Princess O'Rourke* in die Kinos, alle mit guten Kritiken und an der Kasse erfolgreich. Die einzigen Warner-Filme unter den 15 größten Kassenerfolgen des Jahres 1943 hatte Wallis produziert: *This Is the Army* auf Platz 3 und *Casablanca* auf Platz 7.

Als Wallis die Anzeigen für *Casablanca* monierte, wies Warner Einfeld in einem Telegramm an, nicht nachzugeben. »Wem's nicht gefällt, der kann den gesamten Warners-Besitz für 38 Millionen in bar exklusive Steuern kaufen. Dann kann er die Werbung machen, die er will.«

Wenn Wallis die Presse hofierte, kochte Warner vor Wut. Als *Casablanca* in den Kinos Furore machte und die Premiere *Air Force* bevorstand, stauchte er Wallis in einem Brief zusammen, weil der sich mit einem Reporter der Zeitschrift *Life* getroffen hatte, und das nur 48 Stunden nachdem er Jack und Harry versichert hatte, er werde alle Reporter an die Publicity-Abteilung des Studios verweisen. Der Brief wurde allerdings nie abgeschickt. Doch noch vor Ende des Jahres 1943 verlor Warner in seiner Eifersucht jedes Maß. Im November schickte er folgendes Telegramm:

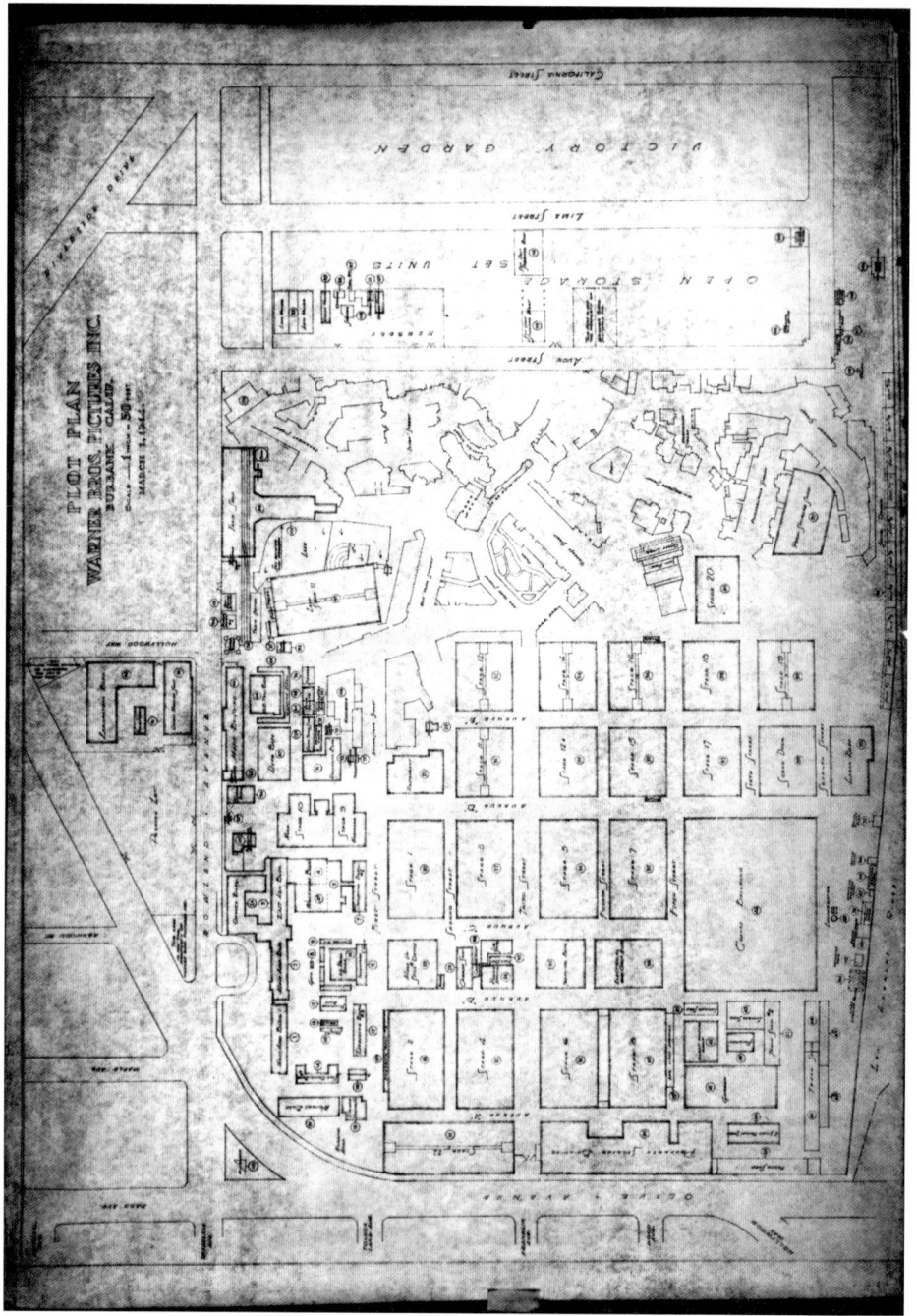

Wie Casablanca gemacht wurde

An Wallis: Freue mich, dass Epstein laut Artikel vom 23. in der L. A. Daily
News wieder für Sie arbeitet. Nehme Ihnen übel und werde nicht zulassen,
dass Sie weiterhin Watch on Rhine This Is Army Copilot Princess O'Rourke
und viele andere Storys für sich allein reklamieren. Immerhin war ich es,
der diese Storys gesehen Stücke gelesen hat. Gekauft und Ihnen übergeben
hat. Das hätten Sie wenigstens sagen können, und ich will entsprechend genannt werden. Sie haben sich jedenfalls verändert, und das unnötigerweise.

In seinem Antwort-Telegramm bemühte sich Wallis, Warner zu besänftigen.
Er schrieb, er habe Warner gebührend gewürdigt, und machte den Interviewer
dafür verantwortlich, den Namen des Studiochefs unterschlagen zu haben.
Warner weigerte sich, Wallis' Erklärung zu akzeptieren:

An Wallis: Hören Sie auf mit Ihrem doppelzüngigen Gerede in Sachen
Publicity. Dieses Telegramm soll Sie warnen, dass ich vor Gericht gehen
werde, falls man meinen Namen aus irgendeinem Artikel oder Bericht in
irgendeiner Form, Art oder Weise gestrichen hat, als den für die Produktion
Verantwortlichen, während Sie Executive Producer waren und Executive
Producer und der für die Produktion Verantwortliche, seit Ihr neuer Ver-
trag in Kraft getreten ist. Damit es keine Missverständnisse gibt: Es liegt an
Ihnen, zu beweisen und dafür zu sorgen, dass mein Name bei jeglicher
Werbung angemessen genannt wird.

In einem Telegramm an Einfeld vom selben Tag klagte Warner: »Habe es satt,
dass jeder alles für sich beansprucht und ich zum kleinen Jungen werde, der
die meiste Arbeit macht.«

Tief im Innersten war Warner stets der kleine Junge in einer Welt riesiger
älterer Brüder geblieben. Sein Bedürfnis nach Anerkennung bereitete ihm im
Studio Probleme – und auf dem Tennisplatz. »Er ›wilderte‹ immer bei seinem
Partner«, wusste Solly Baiano noch, der nur deswegen als Warners Talent-
Scout engagiert wurde, weil er einer der besten Tennisspieler Hollywoods war
und Jack ihn als Partner haben wollte. Samstag- und Sonntagnachmittags spielten die beiden auf dem Tennisplatz von Warners Anwesen in Bel-Air gegen Ellsworth Vines, Jack Kramer, Frank Sedgeman und Mitglieder örtlicher

Collegeteams. »Am liebsten trat er gegen die besten Spieler an und schloss auch gerne Wetten auf die Spiele ab«, so Baiano. »Viele von ihnen spielten Jack nicht allzu harte Bälle zu, aber mit guten Gegnern haben wir uns ganz schön heftige Partien geliefert.« Selbst wenn er dadurch seine Wette verlor, fing Warner immer wieder Bälle ab, die eigentlich seinem Partner gehörten. Warners Tendenz, anderen immer wieder etwas vor der Nase wegzuschnappen, und Wallis' zorniger Widerstand führten schließlich am 2. März 1944 zum Bruch zwischen den beiden. Es war der Abend, als *Casablanca* den Oscar für den besten Film des Jahres 1943 gewann.

* * *

Der Start von *Casablanca* war ursprünglich für das Frühjahr 1943 vorgesehen. Das ganze Frühjahr und den Sommer 1942 über hatte Warners die üblichen Ankündigungen über jeden frisch hinzugekommenen Schauspieler samt den üblichen Fantasiegeschichten in die Zeitung gesetzt. So hatte Hedda Hopper berichtet, Ingrid Bergman bringe Bogart Schwedisch bei: »Bogey ist sich darin schon so sicher, dass er zum Mittagessen zum ›Bit of Sweden‹ hinausfährt, nur um die Kellner zu beeindrucken – der große Angeber.« (Das Restaurant war fast eine Autostunde vom Warner-Studio entfernt.)

»Für Einfeld war Publicity das Ein und Alles«, meinte der Produzent Jack Brodsky, der durch Einfelds Schule ging. »Wenn ein Zeitungs- oder Zeitschriftenredakteur eine Story nicht haben wollte, hatten wir laut Charly zwei Möglichkeiten: entweder auf die Knie fallen und betteln oder dem Redakteur sagen, unser Job stehe auf dem Spiel.«

Die eigentliche Kampagne für *Casablanca* setzte dann Ende September mit Ezra Goodmans »Exit the ›Bogey-Man‹« ein. Jede Zeitung, die zum Abdruck bereit war, konnte einen Sonderartikel zu dem Thema bekommen, wie aus Humphrey Bogart, »diesem Kinoschurken reinsten Wassers«, ein Held wurde. Es spielte keine Rolle, dass »Exit the ›Bogey-Man‹« wie die meisten derartigen Artikel des Studios reine Erfindung war. (Goodman, mit der Handlung des Films offenbar nicht ganz vertraut, beschreibt Bogart fälschlich als jemanden, der »einen Haufen von Burbank-Bösewichtern, darunter Conrad Veidt, Peter Lorre und Claude Rains, mit einer Knarre bedroht«.) Die meisten Zeitungen übernahmen solche Artikel in der Regel unverändert, wie sie auch immer die vom Studio geschickten Fotos samt den Bildunterschriften abdruckten.

Wie Casablanca gemacht wurde

Die Stars von Casablanca auf einem Werbefoto

»Damals veranstalteten wir viel intensivere Kampagnen vor dem Kinostart«, bemerkte Arthur Wilde. »Solange wir die entsprechenden Schauspieler
unter Vertrag hatten, spielte es keine Rolle, wenn Zeitungen den Titel des
Films unerwähnt ließen, denn jede Publicity zählte. Am meisten zog die Zeit-
schriftenwerbung, die es so heutzutage praktisch nicht mehr gibt. Man kaufte
im Voraus freien Platz in den Frauenzeitschriften und wusste, es gäbe immer
irgendein Bild, mit dem man werben konnte. Die Stars haben wir in den Fan-
zeitschriften aufgebaut. Nach seiner Heirat mit Bacall kam Bogart in den Fan-
zeitschriften ganz groß raus. Als er noch mit Mayo zusammen war, hatte es immer nur Artikel über die ›Battling Bogarts‹ gegeben.«

Am 22. September fand die erste Preview von *Casablanca* statt. Einfeld war
von Anfang an sicher, dass er es mit einem künftigen Kassenschlager zu tun
hatte, und bemühte sich, auch die New Yorker Kollegen zu überzeugen, die

für die Vermarktung des Films zuständig waren. Am Tag nach jener ersten Sneak Preview sandte Einfeld ihnen folgendes Telegramm:

> Casablanca wirklich großartig … Brillante Regie, grandios fotografiert und eine Ausstattung, wie es sie lange nicht mehr geben wird, einfach weil die Prioritäten eine solche Opulenz nicht mehr zulassen … Glaube ehrlich, dies ist einer der heißesten Kassenknüller der letzten zwei, drei Saisons. Glauben Sie mir, er gehört in die alleroberste Kategorie.

Einfeld bewies damit mehr Weitblick als Julius und Philip Epstein. »Als wir den Film zum ersten Mal sahen, dachte ich, das ist ein großer Flop«, sagte Julie Epstein. »Wir schickten Hal Wallis eine entsprechende Notiz. Später bewahrte er das Memo in seinem Schreibtisch auf. Jedes Mal, wenn wir uns mit ihm über irgendetwas stritten, zog er die Schublade auf, holte das Memo hervor und zeigte es uns.«

Eine Schlüsselrolle bei der Vermarktung eines Films spielte das so genannte »Presseheft«, ein sperriges Paket vollgestopft mit Fotos und Annoncen in verschiedenen Formaten, Ideen für Preisausschreiben und Spezialartikeln, die die Publicity-Abteilung über den Film und die Schauspieler verfasst hatte. Das Presseheft wurde an die Zeitungen verschickt und enthielt stets eine begeisterte Besprechung des Films mit etwas freiem Platz, so dass die Zeitung den Namen des Kinos und die Aufführungszeiten einsetzen konnte. Das Pressematerial, das die Pressehefte inzwischen ersetzt hat und heutzutage an kompetentere und weniger naive Redakteure verschickt wird, enthält mehr oder weniger konkrete Informationen über die Herstellung des Films und relativ korrekte Biografien der Filmemacher. Dafür entspricht den vorverfassten Artikeln heute das an Fernsehsender verschickte elektronische Pressematerial, bei dem sich ein Moderator vor Ort in ein im Studio vorgefertigtes Interview mit Tom Cruise oder Arnold Schwarzenegger einklinken kann.

In dem 22 Seiten starken Presseheft, das Warner Bros. für *Casablanca* zusammenstellte, findet sich der Vorschlag für ein fünftägiges Preisausschreiben mit leicht zu lösenden verschlüsselten Botschaften, wie etwa »Bogart und Bergman haben in *Casablanca* ein Rendezvous mit dem Schicksal«. Bei einem anderen Preisausschreiben konnte die Zeitung Freikarten an die Leser verschenken, die am besten über Songs schrieben, die für ihre eigene Liebesgeschichte eine

Here goes more excitement! Just look for the key to the letter A (it might be M, but it isn't) . . . and the rest will just follow. Write in the solved code message below and save this entry with yesterday's until contest ends on (date).
MESSAGE:........ ....
....
(Answer: THEY WENT TO CASABLANCA . . . THE REST IS HISTORY)

Bedeutung hatten. Jeder Zeitung, die die Story des Films in einer sechstägigen bebilderten Fortsetzungsgeschichte bringen wollte, stellte Warners für 75 Cents eine entsprechende Vorlage zur Verfügung. Das letzte Bild zeigt Bergman in Henreids Armen und trägt die Unterschrift: »Das Flugzeug befand sich weit über dem Ozean, und Paul und Ilsa bewunderten den unerwarteten Edelmut des angeblich so hartherzigen Café-Besitzers in *Casablanca*.«

Das Presseheft enthielt darüber hinaus eigens für die Frauenseite der Zeitungen verfasste Geschichten. Ein häufig abgedrucktes Beispiel befasste sich, diesmal wahrheitsgemäß, mit Bergmans Weigerung, für Strumpfmode zu posieren oder Make-up zu tragen. Andere nahmen es mit der Wahrheit nicht ganz so genau. »Casablanca-Blau«, der Farbton von Ingrid Bergmans Kleidern, sei davon inspiriert worden, »wie sich die weißgetünchten Gebäude entlang der Küste Nordafrikas im tiefen Blau des Mittelmeers spiegeln«. Paul Henreid habe die beiden verwaisten Enkelinnen des Chefgärtners seines Vaters adoptiert, die so lange in der Schweiz wohnten, bis er sie nach Amerika bringen könne. »Kein Wort davon ist wahr, kein Wort«, versicherte Henreid ein Jahr vor seinem Tod. Ebenso wenig beschloss Henreid, Hühner zu züchten, um dem kriegsbedingten Mangel an Nahrungsmitteln abzuhelfen, wie es ein anderer Bericht behauptete.

Sowohl im Presseheft wie in den Sonderartikeln, die Warner Bros. zu *Casablanca* verschickte, diente der Krieg lediglich als Aufhänger oder Werbegag. Bogart bezahlte eine Gruppe von Sea Scouts dafür, dass sie Schrott sammelten, und in einem Szenario verblüffender Zufälle bat er Ingrid Bergman einen auf Schwedisch geschriebenen Fan-Brief zu übersetzen, und konnte daraufhin einer schwedischen Familie die Nachricht übermitteln, ihr Sohn sei am Leben. Ein Artikel, den man in der Woche des Kinostarts verteilte, trug die Überschrift »Keine Rationierung für die Liebe«. Darin hieß es, staatliche Behörden bestimmten, welche Materialien beim Bau der Dekoration von *Casablanca* verwendet werden durften, doch »der Stoff, aus dem die Küsse sind, wird weder von der Regierung noch von sonst jemandem rationiert«.

Hollywoods Verkaufstalente machten die Filmindustrie so wertvoll für den Krieg. Eine Industrie, die Träume verkaufen konnte, war auch in der Lage, den idealen Krieg zu verkaufen. Lt. James Stewart grinste, als er in *Winning Your Wings* aus dem Cockpit seiner Maschine stieg, und 100 000 Amerikaner grinsten zurück und meldeten sich bei der Air Force. Dabei ahmten sie nicht bloß einen Filmhelden nach. Sie erwarben seine Unverwundbarkeit. In der Rolle des naiven jungen Senators Jefferson Smith war James Stewart nach Washington gegangen und hatte all die korrupten Politiker besiegt. Lt. James Stewart würde mit den Nazis kurzen Prozess machen, und jeder, der sich freiwillig meldete, konnte es ihm gleichtun. Stewart überlebte den Krieg und brachte es zum Brigadegeneral in der Air Force Reserve, doch Tausende anderer Piloten erfuhren, dass es im wirklichen Leben anders zugeht als im Film.

Den Krieg zu verkaufen war tatsächlich nicht schwieriger, als einen Film zu verkaufen. Hollywoods Presseleute griffen dabei wie immer auf dieselben

Wie Casablanca gemacht wurde

CARTOON FEATURE PACKS
REÀDER-INTEREST PUNCH

The above is a particularly popular type of news-paper feature. It can be reprinted for a color-in giveaway to the kids or enlarged from the press-book for a 40" x 60" display in your lobby or out front.

Order "Cartoon Mat C 201B" — 30c — from Campaign Plan Editor, 321 W. 44 St., N. Y. C.

Mittel zurück – auf Sex und Abenteuer. Kaufe eine Kriegsanleihe und gewinne einen Kuss von Lana Turner. Melde dich zum Militär und hilf Humphrey Bogart, in *Sahara* ein Nazi-Bataillon gefangen zu nehmen. Von Anfang an unterschied sich Hollywoods Verhältnis zum Krieg von dem jeder anderen Industrie. Wie das übrige Amerika lieferte die Filmindustrie Körper, die dazu bestimmt waren, an den Stränden von Tarawa und in den Wäldern der Ardennen zu sterben. Darüber hinaus stellte sie auch die Männer zur Verfügung, die ihren Tod filmten, die Dokumentarfilme, die erklärten, weshalb sie sterben mussten, die Spielfilme, die ihr Opfer glorifizierten, sowie eine Menge Geld, um den Krieg voranzutreiben.

Als das Finanzministerium die Filmindustrie im September 1942 bat, eine Kampagne zum Kauf von Kriegsanleihen anzuführen, die 775 Millionen Dollar einbringen sollte, war Charles Einfeld dafür zuständig, hundert Schauspieler auf sieben verschiedenen Tourneen durch mehr als 300 Städte zu schleusen und für genügend Pressewirbel zu sorgen, um dem Unternehmen zum Erfolg zu verhelfen. Die Filmindustrie gab beinahe 1 Million Dollar für die Organisation der Kampagne »Stars Over America« aus, die die Zielvorgabe um 55 Millionen Dollar übertraf und der Regierung 838 Millionen Dollar einbrachte.

Drei Tage nach Pearl Harbor wurde das Hollywood Victory Committee (HVC) gegründet. Am Ende des ersten Kriegsjahres hatte es bereits Schauspieler zu 6828 verschiedenen Auftritten bei USO-Camp-Shows im Rahmen der Truppenbetreuung, zu Werbekampagnen für Kriegsanleihen und anderen Veranstaltungen im ganzen Land geschickt. Das HVC setzte sich aus Vertretern aller wichtigen Berufsverbände zusammen, doch die Publicity-Leute waren die Experten, wenn es darum ging, die Werbetrommel zu rühren, effektvolle Shows zu bieten und Stars zum richtigen Zeitpunkt auf die richtige Bühne zu bekommen. Der Krieg war noch keine sieben Monate alt, da hatte Dorothy Lamour eigenhändig schon Kriegsanleihen im Wert von 120 Millionen Dollar verkauft.

Um Geld für Army und Navy zu sammeln, hatte das Victory Committee im April einen ganzen Zug mit 22 Prominenten – darunter Bob Hope, Groucho Marx, Olivia de Havilland, Merle Oberon, Charles Boyer sowie Laurel and Hardy – auf eine Tournee durch 13 Städte geschickt. Der Regierung kamen allerdings irgendwann Bedenken angesichts des massiven Einsatzes von Prominenz, einem kostbaren Gut, das man nicht überstrapazieren durfte. Als *Casa-*

blanca im Mai 1942 in Produktion ging, war Finanzminister Henry Morgenthau jr. beim Verkauf von Kriegsanleihen bereits so sehr auf die Filmstars angewiesen, dass er verlautbaren ließ, um die Einsatzbereitschaft der Schauspieler für einen möglicherweise länger dauernden Krieg zu erhalten, werde man jeweils nur einen Star an einen Ort schicken.

Die Regierung wusste die von Hollywood geschaffenen Illusionen bestens zu nutzen. Man rekrutierte Schauspieler als Vorbilder für ihre amerikanischen Mitbürger. Sie sollten die Tugend der Selbstdisziplin populär machen, normale Bürger dazu bringen, Fahrgemeinschaften zu bilden, ihr eigenes Gemüse anzubauen, auf Nylonstrümpfe und Metallschmuck zu verzichten und – da man die Kaffeelieferungen bereits um 25 Prozent gekürzt hatte – Milch zu trinken. »Wie Sie die Haare tragen, was Sie Ihren Gästen zum Abendessen servieren und wohin Sie mit Ihrem Auto fahren, geht streng genommen nicht mehr nur Sie allein etwas an«, stand in der Zeitschrift der Screen Actors Guild.

Schauspielerinnen wurden höchstpersönlich bei der Hausarbeit gezeigt – den meisten amerikanischen Hausfrauen blieb gar nichts anderes übrig, als wieder selbst anzupacken, da Hausangestellte jetzt in Rüstungsbetrieben viel mehr Geld verdienten. Und die Kinopaläste, die sonst nur Träume verkauften, dienten gleichsam als Gemeindezentren für den Krieg. 1943 sammelten amerikanische Kinos nahezu 1000 Tonnen Schrott, ferner tonnenweise Gummi, Fett und Lumpen. Kriegsanleihe-Premieren, kostenlose Kinotage und der Verkauf von Kriegsanleihen und Briefmarken an Ständen im Foyer brachten über 1 Milliarde Dollar ein. Weitere 12 Millionen Dollar wurden für das Rote Kreuz gesammelt, den Greek War Relief, die USO und ähnliche Organisationen.

Was die Filmindustrie berührt, das adelt sie automatisch durch Glanz und Glamour. Da dieser Glamour dem Kriegseinsatz Legitimation und Geld verschaffte, hatte der Staat allen Grund, Hollywood zu schützen. Schon früh war der *Hollywood Reporter* überzeugt, wegen des moralischen Wertes ihrer Filme und der »saftigen Einkommenssteuern, mit denen sie das Staatssäckel füllten«, werde man prominente männliche Stars nicht einziehen. Die Studiobosse leisteten ihren Beitrag, indem sie 75 Prozent ihres riesigen Einkommens als Steuern abführten. L. B. Mayer hatte 1941, wie üblich, das höchste Einkommen aller Amerikaner – 704 425,60 Dollar. Nach einer Schätzung des *Hollywood Reporter* beliefen sich Mayers Gesamtsteuern auf 528 319 Dollar. (Dank der sorgfältig geregelten Steuergesetzgebung blieben die reichsten Amerikaner –

die Carnegies, Fords, Rockefellers, Du Ponts – von Steuern verschont, da ihr Einkommen nicht aus Gehältern stammte.)

Nachdem Präsident Roosevelt ihn zum Aufseher der Filmindustrie ernannt hatte, bat Lowell Mellett bei seinem ersten Besuch an der Westküste männliche Stars, Produzenten und die besten Regisseure eindringlich, sich nicht zum Militärdienst zu melden. »Ihr wertvollster Kriegsdienst besteht darin, hier bei Ihrem Job in Hollywood zu bleiben und Filme zu machen.« Einige Wochen später verkündete Brigadegeneral Lewis Hershey, der Leiter der Musterungsbehörde, wer für die Filmindustrie unentbehrlich sei, habe Anspruch auf Zurückstellung.

Eines der faszinierendsten Dokumente in den Archiven des Office of War Information ist ein Brief von Darryl Zanuck, der Mellett davor warnt, Clark Gable zum Militär gehen zu lassen. »In unserem eigentümlichen Geschäft bräuchten Sie nur Clark Gable, Spencer Tracy, Robert Taylor, Tyrone Power, Errol Flynn, Gary Cooper und Mickey Rooney einzuziehen, und schon wären wir ruiniert«, schrieb er am 8. Januar 1942. Zanuck, der bereits vor Pearl Harbor Reserveoffizier im Signal Corps gewesen war, beeinflusste Melletts Erklärung von Mitte Januar über den Verbleib von Hollywood-Künstlern an ihren Arbeitsstellen nicht nur inhaltlich, sondern formulierte sie zum Teil auch mit. Außerdem setzte er sich dafür ein, dass die Filmindustrie offiziell als kriegswichtig eingestuft wurde. In einem Brief an Mellett vom 31. Januar heißt es: »Es ist keineswegs übertrieben, wenn wir behaupten, dass die Industrie bei der Spielfilmproduktion nur halb so effektiv arbeiten könnte, wenn 50 Prozent der Beschäftigten, die zum Militär gehen wollen, dort auch tatsächlich einen Posten bekämen.«

Wahrscheinlich hat Gable niemals erfahren, dass er Zanucks wegen nicht zum Signal Corps kam. Wer jedoch unbedingt in einem Krieg mitkämpfen wollte, der weithin als ein gerechter Krieg galt, ließ sich nicht auf Dauer abhalten. Der 41-jährige Clark Gable – der 1941 stolze 357 000 Dollar verdient hatte und damit in der Rangliste der Spitzenverdiener an dritter Stelle hinter Mayer und James Cagney mit 362 000 Dollar lag – trat im Sommer als Gefreiter in das Army Air Corps ein. Im Oktober schloss er die Officer Candidate School ab. Anders als James Stewart verbrachte Gable seinen Kriegsdienst allerdings überwiegend in England am Boden, nahm aber immerhin bei fünf Luftangriffen als Schütze und Bordfotograf teil.

Die Cowboys und Haudegen – ob Schauspieler oder Regisseure – hatten nie etwas ausgelassen und wehrten sich folglich dagegen, als man sie vom Zweiten Weltkrieg ausschließen wollte. Die Screen Actors Guild missachtete General Hersheys Zurückstellungsangebot. Die Guild, so eine Erklärung ihres Vorstands, »ist der Auffassung, dass für Schauspieler wie für alle anderen in der Filmindustrie die gleichen Einberufungsregeln gelten sollten wie für den Rest des Landes«.

* * *

Die meisten Schauspieler, die sich zum Militärdienst meldeten oder eingezogen wurden, taten am Ende genau das Gleiche wie in Friedenszeiten – sie drehten Filme. Der Fall Ronald Reagan ist nicht untypisch. »Reagan war viel zu bekannt, um von uns als Schauspieler eingesetzt zu werden«, so Owen Crump, der mit seiner Einheit bei der Air Force für beinahe 800 Trainingsfilme verantwortlich zeichnete. »Also nahmen wir ihn als Sprecher. Ich ernannte ihn zum Mannschaftsoffizier, und er erledigte seine Sache großartig. Mit Herz.« Bei Kriegsende war Reagan Adjutant in Crumps Einheit. Bill Orr war ebenfalls Crump indirekt unterstellt, und zwar beim Radiosender des Army Air Corps, der wöchentlich vier Sendungen ausstrahlte, um die Moral der Truppe zu stärken.

Auch die Regisseure drehten wieder Filme, jetzt allerdings oft unter Gefechtsbedingungen, wie etwa John Ford, William Wyler und John Huston. Beinahe auf den Tag genau sechs Monate nach Pearl Harbor filmte Navy Commander John Ford die Schlacht von Midway und wurde während dieses ersten amerikanischen Sieges im Pazifik verwundet.

John Huston hatte seine Einberufung zum Signal Corps während der Dreharbeiten zu *Across the Pacific* erhalten. Mit seinem bizarren Humor drehte er noch eine Szene, in der er Humphrey Bogart an einen Stuhl fesselte und japanische Wachen vor jedem Fenster und vor der Tür postierte, so dass Bogart unmöglich entkommen konnte. Dann verschwand er und überließ es seinem Nachfolger Vincent Sherman, einen Weg zu finden, Bogart wieder zu befreien. Ford, Huston, Frank Capra, William Wyler und John Sturges brachten irritierende Fähigkeiten in eine Kriegsmaschinerie ein, deren filmische Interessen sich hauptsächlich auf Themen wie »Prinzipien der Tarnung«, »Verstecken von Biwaks« und »Überqueren von Minenfeldern« beschränkten. Hollywoods erfundene Geschichten mochten den Eindruck erweckt haben, der Krieg sei sauberer, weniger schrecklich und leichter zu gewinnen als in Wirklichkeit, doch das Kriegsministerium hatte kein Interesse an zu großem Realismus. Hustons Dokumentarfilm *The Battle of San Pietro*, eine Studie über die Sinnlosigkeit des Krieges, gelangte nur deshalb gegen die Einwände einiger Generale in die Kinos, weil der Oberkommandierende, General George C. Marshall, dies ausdrücklich befohlen hatte. Ein weiterer Dokumentarfilm Hustons, *Let There Be Light*, beschäftigte sich mit Soldaten, die an ihren Kriegserlebnissen seelisch zerbrochen waren. Das Kriegsministerium war über den Film derart beunruhigt, dass es ihn als streng geheim einstufte und unter Verschluss nahm. Erst 1980 konnte Vizepräsident Walter Mondale seine Freigabe veranlassen.

Oft hielten sich Hollywoods Helden und Märtyrer nicht an das vorgesehene Drehbuch. Während Warners Topstar Errol Flynn zu Hause blieb und in *Objective Burma!* den Krieg im Alleingang gewann, erhielt Wayne Morris, als Schauspieler nicht ganz so herausgehoben, etliche hohe Auszeichnungen für seinen Einsatz als Marineflieger. Das erste Todesopfer unter den Schauspielern war Carole Lombard, die Mitte Januar 1942 bei einem Flugzeugabsturz ums Leben kam, als sie von einer Tournee zurückkehrte, bei der sie Kriegsanleihen verkauft hatte. Und Lew Ayres, der beliebte junge Dr. Kildare in einem halben Dutzend MGM-Filmen, schockierte das Land, indem er den Kriegsdienst verweigerte. »Ich hatte MGM bereits ein Jahr zuvor informiert, und sie reagierten sehr freundlich«, erzählte Ayres. »Sie baten mich, nichts zu sagen, bevor ich nicht eingezogen wurde, und ich sagte: ›In Ordnung.‹ Ich war auf das große Theater vorbereitet.« Als man Ayres in ein Internierungslager steckte, stornierten Kinos sämtliche Buchungen seiner Filme. Doch dann wurde er zum Symbol für Amerikas Toleranz und die Gedankenfreiheit, für die Amerika kämpfte. Ayres weigerte sich, eine Waffe zu tragen oder einen Armeelastwagen zu fahren, aber er hatte sich zum Sanitäter ausbilden lassen. Schließlich zeigten Kinos wieder seine Filme, während er selbst zwei Jahre im Südpazifik verbrachte und als Angehöriger des medizinischen Hilfspersonals an den Invasionen von Leyte und Neuguinea teilnahm. »Ich würde meine Erfahrungen im Nachhinein gegen nichts in der Welt eintauschen«, sagte er.

* * *

Wie Casablanca gemacht wurde

Während sich Tausende von Hollywoods Schauspielern, Regisseuren und Technikern auf die eine oder andere Weise mit den Realitäten des Zweiten Weltkrieges auseinander setzten, schufen die Daheimgebliebenen Hunderte von Fiktionen über den Krieg. Kein anderer Film profitierte so sehr von Schlachtenglück und Blutvergießen wie *Casablanca*. Am 8. November 1942 begann die alliierte Invasion in Nordafrika. Wenige Tage später fiel die Stadt Casablanca. Der Film hatte die Botschaft verkauft, dass das Engagement an der Seite der Alliierten in einem Krieg gegen den Faschismus notwendig sei. Nun verkaufte der Krieg den Film.

Einen Monat zuvor hatte sich Wallis in einem besorgten Memo an Jack Warner erkundigt, ob die Direktoren in New York schon reagiert hätten. Was Benny Kalmenson, Albert Warner und die anderen im Oktober über den Film dachten, ist nicht überliefert, aber auf die Invasion Nordafrikas reagierten sie mit dem Vorschlag, *Casablanca* solle mit dem Sieg der Alliierten über die Nazis enden. Warner beschwor sie, bloß nicht an dem Film herumzudoktern.

> Dieser Film lässt sich unmöglich so verändern, dass die ursprünglich erzählte Story noch Sinn macht. Story über die Landung und alles müsste ein völlig neuer Film werden und würde in den gegenwärtigen Film nicht hineinpassen. Er ist ein großartiger Film, so wie er ist; wäre eine Verfälschung, wenn wir jetzt noch eine kleine Szene dranhingen, wie amerikanische Truppen landen usw., was für sich genommen, wie gesagt, eine völlig neue Geschichte ist ... Gesamte Industrie beneidet uns, dass wir einen Film mit Titel »Casablanca« startbereit haben, und ich finde, wir sollten diesen großen Knüller ausnutzen. Je länger wir mit dem Start warten, desto unwichtiger wird natürlich der Titel.

Was dann geschah, lässt sich nur vermuten, da die Korrespondenz aus New York nicht aktenkundig ist. Doch scheint es, als ob die New Yorker Verkäufer insistierten und Warner nachgab. Jack Warner war der Chef, also legte Wallis eine Nachaufnahme fest. Nach einem Memo von Wallis an Studiomanager Tenny Wright vom 11. November sollten bei der Nachaufnahme Claude Rains, Humphrey Bogart und fünfzig oder sechzig Statisten in Uniformen des Freien Frankreichs dabei sein. Curtiz sollte die in einer nebligen Nacht spielende Sequenz an Deck und im Funkraum eines Frachters filmen.

Die Szene war vielleicht als Kompromissversuch gedacht, den Film zu aktualisieren, ohne zu zeigen, wie Truppen die Strände stürmen. Aus einem Telegramm geht hervor, dass das Studio offenbar auch wieder Roosevelt einbauen wollte, indem Bogart und Rains der Rede des Präsidenten lauschen, mit der dieser die Invasion ankündigt. Doch Rains war auf seine Farm in Pennsylvania zurückgekehrt, und zum Glück für den Film hatte Warner Bros. Mühe, ihm ein Flugticket zu besorgen. Dank der kriegsbedingten Beschränkungen verzögerte sich Rains' Ankunft so lange, dass David O. Selznick Gelegenheit bekam, den Film zu sehen. Welche Schwächen Selznick sonst auch haben mochte, er sah sofort, ob ein Film Qualität hatte. Er plädierte entschieden dafür, das Studio solle die Finger vom Schluss lassen. Am 12. November sandte er von seinem Büro in Culver City aus folgendes Telegramm an Wallis in Burbank:

Lieber Hal: Habe gestern Abend »Casablanca« gesehen. Finde, es ist ein toller Film und rundum gelungen. Habe Jack so eindringlich wie möglich gesagt, ich hielte es für einen schrecklichen Fehler, den Schluss zu verändern. Und auch dass ich finde, der Film sollte schnellstens raus.

Da ich weiß, womit sie angefangen haben, finde ich, dass die Firma Epstein, Epstein und Koch eine professionelle Arbeit abgeliefert hat. Auch wenn Ricks Philosophie zumindest in einem Fall wortwörtlich dieselbe ist wie die von Rhett Butler.

Ich hätte ein paar kleinere Vorschläge, und falls Sie sie hören wollen, teile ich sie Ihnen gerne mit. Andererseits bin ich sicher, dass Sie bei der Preview selbst darauf kommen werden.

Mike Curtiz' Regie war wie immer vorzüglich. Er zählt eindeutig zu den kompetentesten Leuten in der Branche. Ich bin Ihnen und Mike Curtiz äußerst dankbar dafür, wie großartig Sie mit Ingrid umgegangen sind. Dank Ihnen beiden, und natürlich dank Ingrid, wirkt die Rolle viel besser, als sie tatsächlich ist. Und ich glaube, das wird ihr zugute kommen und somit natürlich auch mir.

Ich bin Arthur Edeson, auch in Ingrids Namen, sehr dankbar dafür, wie fabelhaft er Ingrid fotografiert hat. Die Kameraarbeit ist überhaupt hervorragend und in nicht geringem Maße für die Atmosphäre des Films verantwortlich.

BY DIRECT WIRE FROM

WESTERN UNION

R. B. WHITE
PRESIDENT

NEWCOMB CARLTON
CHAIRMAN OF THE BOARD

J. C. WILLEVER
FIRST VICE-PRESIDENT

Class of Service		SIGNS
This is a full-rate Telegram or Cablegram unless its deferred character is indicated by a suitable sign above or preceding the address.		DL = Day Letter NM = Night Message NL = Night Letter LC = Deferred Cable NLT = Cable Night Letter Ship Radiogram

The filing time as shown in the date line on full-rate telegrams and day letters, and the time of receipt at destination as shown on all messages, is STANDARD TIME.

SB112 TWS PAID 5 SHEET=TWO=

ARTHUR ADESON'S SUPERB PHOTOGRAPHY OF INGRID, BUT THEN THE
JOB OF PHOTOGRAPHY ON THE WHOLE PICTURE IS EXCELLENT AND IS
TO NO SMALL EXTENT RESPONSBILE FOR THE PICTURE'S MOOD.
AFTER "FOR WHOM THE BELL TOLLS" INGRID IS OBVIOUSLY GOING
TO BE WHAT I HAVE FOR SO LONG PREDICTED, ONE OF THE GREAT
STARS OF THE WORLD. THE DEMAND FOR HER SERVICES IS OF COURSE
TREMENDOUS. IN DECIDING WHO SHOULD HAVE OUTSIDE PICTURES
WITH HER IN THE FUTURE, AND SHOULD YOU AND MIKE HAVE A
REALLY IMPORTANT VEHICLE FOR HER, THE WAY IN WHICH YOU HAVE
KEPT YOUR PROMISES IN REGARD TO HER IS GOING TO BRING YOU
THE DIVIDEND OF SPECIAL CONSIDERATION.

CORDIALLY AND SINCERELY YOURS=

DAVID O SELZNICK.

719P.

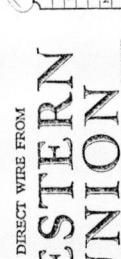

BY DIRECT WIRE FROM

WESTERN UNION

R. B. WHITE
PRESIDENT

NEWCOMB CARLTON
CHAIRMAN OF THE BOARD

J. C. WILLEVER
FIRST VICE-PRESIDENT

Class of Service		SIGNS
This is a full-rate Telegram or Cablegram unless its deferred character is indicated by a suitable sign above or preceding the address.		DL = Day Letter NM = Night Message NL = Night Letter LC = Deferred Cable NLT = Cable Night Letter Ship Radiogram

The filing time as shown in the date line on full-rate telegrams and day letters, and the time of receipt at destination as shown on all messages, is STANDARD TIME.

SB112 TWS PAID 5=CULVERCITY CALIF NOV 12 1942 657P

MR HAL WALLIS=

WARNER BROS PICTURES CORP=

DEAR HAL: SAW "CASABLANCA" LAST NIGHT. THINK IT IS A SWELL
MOVIE AND AN ALL-AROUND FINE JOB OF PICTURE MAKING. TOLD JACK
AS FORCIBLY AS I COULD THAT I THOUGHT IT WOULD BE A TERRIBLE
MISTAKE TO CHANGE THE ENDING, AND ALSO THAT I THOUGHT THE
PICTURE OUGHT TO BE RUSHED OUT.

KNOWING WHAT THEY STARTED WITH, I THINK THE FIRM OF
EPSTEIN, EPSTEIN AND KOCH DID AN EXPERT PIECE OF WRITING, EVEN
THOUGH RICK'S PHILOSOPHY IS IN AT LEAST ONE INSTANCE WORD FOR
WORD THAT OF RHETT BUTLER.

I HAVE A FEW MINOR SUGGESTIONS TO MAKE, AND IF BY ANY
CHANCE YOU WOULD CARE TO HAVE THEM I WILL BE GLAD TO PASS THEM
ALONG, ALTHOUGH I AM SURE THAT YOU WILL FIND OUT THESE THINGS
FOR YOURSELF AT PREVIEW.

MIKE CURTIZ'S DIRECTION WAS, AS ALWAYS, SPLENDID. HE IS
CLEARLY ONE OF THE MOST COMPETENT MEN IN THE BUSINESS. I AM MOST
GRATEFUL TO YOU AND TO MIKE CURTIZ FOR THE SUPERB HANDLING OF
INGRID. THANKS TO YOU TWO, AND OF COURSE TO INGRID, THE PART
SEEMS MUCH BETTER THAN IT ACTUALLY IS; AND I THINK IT WILL BE
OF BENEFIT TO HER, AND THEREFORE OF COURSE TO ME.

I AM ALSO GRATEFUL, ON INGRID'S BEHALF AND MY OWN, FOR

Nach »For Whom the Bell Tolls« wird Ingrid offensichtlich genau das sein, was ich schon so lange vorausgesagt habe, nämlich ein Weltstar. Sie ist natürlich enorm gefragt. Wenn es künftig darum geht, welches andere Studio Filme mit ihr machen darf, haben Sie sich mit der Art, wie Sie Ihr Versprechen gehalten haben, den Anspruch auf besondere Berücksichtigung erworben, sollten Sie und Mike wirklich mal einen guten Stoff für sie haben.

Zwei Wochen später, am Thanksgiving Day, fand die Premiere von *Casablanca* – in unveränderter Form – im Hollywood Theater in New York statt. Natürlich nutzten die Presseleute von Warner Bros. das Geschenk, das die United States Army ihnen gemacht hatte. Ein Artikel begann mit den Worten: »Ehe gestern eine schlagkräftige Streitmacht von United States Rangers, Fliegern und Infanterie in Casablanca, Französisch-Marokko, landete, hatten wenige Amerikaner diese interessante Stadt besucht.« Die einzigen Amerikaner, die die Stadt kannten, erklärte das Studio, seien die Leute, die an *Casablanca* mitgewirkt hätten. Eine weitere Pressemitteilung behauptete gleich zu Anfang: »Seit amerikanische Truppen gegen die Achsenmächte vorrücken und *Casablanca* neue Kassenrekorde aufstellt, hat die Beliebtheit von Filmen über Nordafrika die Leihgebühr für Kamele von 15 auf 25 Dollar am Tag steigen lassen.« Dieser Mitteilung zufolge bestellte das Studio bereits Kamele für *Brazzaville*, die Fortsetzung von *Casablanca*, die nie zu Stande kam.

Ob es einen Kamelmangel in Hollywood gab, sei dahingestellt, aber es steht außer Zweifel, dass der Film ein Kassenerfolg war. Ein weiteres Geschenk seitens der US-Regierung war dabei hilfreich. Der landesweite Filmstart war am 23. Januar 1943, demselben Tag, an dem auch Universals *Mug Town* mit den Dead End Kids und RKO Radios *Cinderella Swings It* mit Guy Kibbee in die Kinos kam. In jener Woche fand ein Geheimtreffen zwischen Roosevelt und Winston Churchill in Casablanca statt. Bis zum Abschluss des Treffens hatte man eine Nachrichtensperre verhängt, so dass die entsprechende Schlagzeile mit dem Filmstart von *Casablanca* zeitlich zusammenfiel.

Casablanca lief zehn Wochen im Hollywood Theater und spielte dort insgesamt 225 827,21 Dollar ein. In einer internen Mitteilung aus New York vom 8. Februar 1943 hieß es: »Der Gesamtbetrag, den das Unternehmen für Verleih,

Wie Casablanca gemacht wurde

Kartenverkauf und Kinovermietung erzielte, beträgt 158 208 Dollar.« Aus den Unterlagen William Schaefers, der über vierzig Jahre lang Jack Warners Sekretär war, geht hervor, dass *Casablanca* 1 039 000 Dollar gekostet und dem Studio während seiner ersten Laufzeit in den Vereinigten Staaten Einnahmen von 3 015 000 Dollar beschert hat. Bis 1955, dem letzten Jahr, für das Warner Bros. Vergleichszahlen über seine Filme aus der Kriegszeit besaß, betrugen die Bruttoeinnahmen, einschließlich des Kartenverkaufs im Ausland, erstaunliche 6 819 000 Dollar. Von allen Filmen, die Warners während des Krieges drehte, wurde *Casablanca*, was die Einnahmen betrifft, nur noch von *Shine On, Harvest Moon* (8,2 Millionen Dollar) und *This Is the Army* (10,4 Millionen Dollar) übertroffen. Der einzige andere Film, der an *Casablanca* heranreichte, war *Yankee Doodle Dandy* mit 6,5 Millionen Dollar. Es ist interessant, aber keineswegs überraschend, dass bei allen diesen Filmen, bis auf *Shine On, Harvest Moon*, Hal Wallis der Produzent war und Mike Curtiz Regie führte.

Casablanca wäre wahrscheinlich auch ohne den Schub aktueller politischer Ereignisse ein Erfolg geworden. In den Monaten der Produktion hatte es viele militärische Niederlagen gegeben, aber nun gelangte der Film in einem optimistischeren Klima in die Kinos. In rascher Folge rückten Amerikaner und Briten im November in Nordafrika vor, die US-Navy versenkte 23 japanische Schiffe bei den Salomoninseln, und die Russen stoppten die Deutschen bei Stalingrad. Jetzt, da die Kriegsmeldungen weniger düster waren, konnte das Publikum bittersüße Liebesgeschichten genießen, und Rick war der Archetyp des individualistischen, isolationistischen Amerikaners – »Ich halte für niemanden den Kopf hin« –, der sich zum Fürsprecher einer Intervention entwickelt.

Im Dezember lancierte Warner Bros. zwei Meldungen. General Charles de Gaulle, der Führer der Streitkräfte des Freien Frankreichs, habe darum gebeten, dass *Casablanca* seinem Stab in London vorgeführt werde. Und eine Kopie des Films werde auf schnellstem Wege zu den amerikanischen Truppen in Nordafrika geschickt.

De Gaulles Leute bekamen den Film vielleicht zu sehen, nicht jedoch die amerikanischen Truppen. Das wusste das Office of War Information zu verhindern.

Raymond Massey und Humphrey Bogart in Action in the North Atlantic

17.

Wie Hollywood kontrolliert wurde

Es war Robert Riskin, der verhinderte, dass *Casablanca* nach Nordafrika kam. Riskin, Drehbuchautor von Frank Capras *It Happened One Night, Mr. Deeds Goes to Town* und *Meet John Doe*, leitete in der Auslandsabteilung des Office of War Information den Bereich Film. Er war einer von zwei Dutzend wichtigen Drehbuchautoren, die Zivilisten blieben, während des Krieges aber als Produzenten, Verwaltungsleute, Propagandisten und Zensoren für das OWI und andere staatliche Behörden arbeiteten.

Als *Casablanca* am 26. November 1942 im Hollywood Theater in New York City Premiere hatte, sorgte Warner Bros. dafür, dass der Bezug zum Nordafrika-Feldzug nicht zu übersehen war. Am Ende des Films machten sich Humphrey Bogart und Claude Rains auf den Weg zur Freien Französischen Garnison in Brazzaville. Zum Auftakt der Premiere veranstalteten Anhänger der Freien Französischen Verbände General de Gaulles auf der Fifth Avenue eine Parade, die damit endete, dass man im Kinosaal die »Marseillaise« sang und die Fahne des Freien Frankreich entrollte. »Das Ereignis wirkte mehr wie eine patriotische Kundgebung als wie die Premiere eines aktuellen Films«, berichtete der *Hollywood Reporter.*

Symbolisch für die Probleme, die das OWI mit *Casablanca* hatte, war die Szene, in der Claude Rains seine Flasche Vichy-Wasser in den Papierkorb wirft, um sich dann de Gaulle anzuschließen. Die Vereinigten Staaten unterhielten nach wie vor diplomatische Beziehungen zu Frankreichs quasi-unabhängiger Vichy-Regierung. Mit Zustimmung Hitlers regierte Vichy unter der Führung Marschall Pétains, des französischen Helden aus dem Ersten Weltkrieg, in Südfrankreich, während die Deutschen den Norden des Landes besetzt hielten. »Ich drehe mich nach dem Wind. Und der vorherrschende Wind weht nun mal aus Vichy«, erklärt Captain Renault gegenüber Major Strasser. Vichy kontrol-

lierte Nordafrika. Selbst nachdem die Alliierten Casablanca und Algier einge-
nommen hatten, standen viele Franzosen in Nordafrika loyal zu Pétain. Und de
Gaulle war weiterhin ein heißes Eisen. Churchill und Roosevelt konnten ihn
nicht leiden und fanden den Umgang mit ihm schwierig.

»Ich habe *Casablanca* gesehen, und obwohl der Film eigentlich nichts enthält, was dem allgemeinen Vertrieb in Übersee entgegenstünde, werde ich den
Versand nach Nordafrika nicht genehmigen, und zwar auf den Rat einiger
Franzosen in unserer Organisation, die der Ansicht sind, der Film werde die
Einheimischen verärgern«, schrieb Riskin einem anderen OWI-Beamten im Januar 1943. »Zu Ihrer Information: Wir haben die Situation in Nordafrika vollständig unter Kontrolle, in dem Sinne, dass die Filmgesellschaften ohne unsere Unterstützung nichts in diese Region verschicken können.«

Als Riskin von seinen Befugnissen als Zensor Gebrauch machte, um *Casablanca* von Nordafrika fernzuhalten, hatte das OWI bereits festgestellt, dass es
nicht leicht sein würde, Hollywood zu kontrollieren. Das OWI und eine
Schwesterorganisation, das Office of Censorship, konnten verhindern, dass
Filme ins Ausland geschickt wurden – ein beachtliches Drohpotenzial –, aber
das OWI hatte keinerlei Handhabe, Hollywood davon abzuhalten, die Filme
zu machen, die es machen wollte. Und mochte das OWI auch gehofft haben,
Hollywood werde sich in seinen Produktionen auf den Sinn des Krieges konzentrieren, bevorzugte die Industrie immer noch Filme, in denen der Krieg
lediglich als Kulisse für die schon seit Jahren gängigen Heldengeschichten
diente. In *Tarzan Triumphs* kämpften sogar die Dschungeltiere gegen die Nazis.
Aus der ersten OWI-Liste der Kriegsfilme geht hervor, dass zwischen dem
15. April und dem 15. September 1942 insgesamt 28 Filme über Saboteure, Spione und Agenten der fünften Kolonne in die Kinos gekommen waren und man
bereits 19 weitere Spionagefilme fertig gestellt hatte, wohingegen sich nur
zwei Filme mit der politischen Bedeutung des Krieges auseinander setzten.

Das Office of War Information war Amerikas wichtigste Propagandabehör-
de während des Zweiten Weltkrieges. Es hatte die Aufgabe, dem amerikanischen Volk und seinen Verbündeten den Krieg begreifbar zu machen, ihren
Siegeswillen zu unterstützen und als Verbindungsglied zwischen den staatlichen Behörden einerseits und Radio, Film und Presse andererseits zu dienen.
Im Laufe der Zeit übte das OWI, das in Hollywood über das eigens eingerichtete Bureau of Motion Pictures tätig wurde, zunehmend größeren Druck auf

die Filmindustrie aus. Die Verantwortlichen des OWI versuchten, die Filme im Sinne ihrer eigenen liberalen politischen Vorstellungen zu beeinflussen, wie sie im Konzept des New Deal und der Idee der »Einen Welt« zum Ausdruck kamen. Was ihnen bei Warner Bros. gelang, war bei Paramount zum Scheitern verurteilt. Bis zum Ende des Krieges las man beim OWI über 1500 Drehbücher und beeinflusste den Inhalt Hunderter von Filmen.[*] Die Produzenten, deren Filme in Boston, Chicago und Memphis einst regelmäßig verboten worden waren und die sich freiwillig den Beschränkungen ihres konservativen Production Code unterworfen hatten, arrangierten sich schnell mit der liberalen Tendenz der OWI-Zensur. Das Bureau of Motion Pictures wiederum verstand nie ganz, was die Studios über Jahrzehnte gelernt hatten – nämlich dass unauffällige Propaganda in der Regel die wirksamste ist.

* * *

Während des Sommers 1942, als *Casablanca* in Produktion war, gab es eine Zeit der Annäherung zwischen patriotisch eingestellten Studiobossen, die aufrichtig wissen wollten, welchen Beitrag zum Krieg sie leisten könnten, und dem neu eröffneten Bureau of Motion Pictures. Das Bureau verschickte einen Leitfaden an die Studios, in dem man den Filmemachern nahe legte, sie sollten sich vor einem neuen Film sieben Fragen stellen.

1. Wird dieser Film helfen, den Krieg zu gewinnen?
2. Welches Problem bei der Information über den Krieg versucht er zu klären, zu dramatisieren oder zu interpretieren?
3. Wenn es ein »eskapistischer« Film ist – wird er unseren Kriegsanstrengungen schaden, indem er ein falsches Bild von Amerika, seinen Alliierten oder der Welt, in der wir leben, vermittelt?
4. Benutzt er den Krieg lediglich als Grundlage für einen gewinnbringenden Film, der nichts von wirklicher Bedeutung zum Krieg beiträgt und womöglich die Wirkung anderer, wichtigerer Filme mindert?

[*] Kongressabgeordnete, die Roosevelt und das OWI kritisierten, kürzten im Juli 1943 die Finanzmittel der Behörde. Lowell Mellett schied aus, und das Bureau of Motion Pictures wurde aufgelöst, die Auslandsabteilung des OWI, deren Hauptbüro sich im selben Gebäude befand, übernahm jedoch seine Aufgaben.

5. Trägt er etwas Neues zu unserem Verständnis des Weltkonflikts und der diversen daran beteiligten Kräfte bei, oder wurde das Thema bereits ausreichend behandelt?
6. Wird der Film, wenn er seine maximale Verbreitung in den Kinos erreicht, die Bedingungen so widerspiegeln, wie sie dann sind, und ein bestehendes Bedürfnis erfüllen, oder wird er veraltet sein?
7. Erzählt der Film die Wahrheit, oder werden die jungen Leute von heute Anlass haben zu sagen, Propaganda habe sie in die Irre geführt?

In ihrem Buch *Hollywood Goes to War*, einer richtungsweisenden Studie über die Einflussnahme des OWI auf die Hollywood-Filme während des Zweiten Weltkrieges, betonen Clayton Koppes und Gregory Black, dass dieser Leitfaden jene Weltsicht verkündete, die Vizepräsident Henry Wallace in seiner programmatischen Rede über »Das Jahrhundert des einfachen Mannes« dargelegt hatte. Vereint gegen die Mächte des Satans kämpfe man Seite an Seite mit den dreißig Alliierten einen Volkskrieg für weltweite Demokratie, und wenn auch einige Verbündete – darunter Tschiang Kai-scheks China, Trujillos Dominikanische Republik und Somozas Nicaragua – alles andere als demokratisch seien, so solle man diese Tatsache am besten übergehen. Die giftige Doktrin des Hasses sei der Feind, nicht das gesamte deutsche oder japanische Volk. Wenngleich die amerikanische Demokratie noch nicht vollkommen sei, sollten die Filme trotzdem Zivilisten aller Klassen, Glaubensrichtungen und Hautfarben zeigen, die mit Freuden zusammen für das Gemeinwohl arbeiteten und Opfer brächten, während die Truppenverbände, deren Soldaten häufig »Namen ausländischer Herkunft« trügen und in denen sich gelegentlich sogar ein schwarzer Offizier befinde, den Eindruck nationaler Einheit vermittelten.

Der Leitfaden teilte die Kategorie »Kriegsfilme« in sechs Themenbereiche:

1. DIE ZIELE – Wofür wir kämpfen.
    Was für ein Frieden wird auf den Sieg folgen.
2. DER FEIND – Gegen wen wir kämpfen. Das Wesen unseres Gegners.
3. DIE VEREINTEN NATIONEN UND VÖLKER –
    Wer unsere Verbündeten sind. Unsere Waffenbrüder.
4. ARBEIT UND PRODUKTION – Wie jeder von uns kämpfen kann.
    Der Krieg zu Hause.

5. DIE HEIMATFRONT – Was wir tun müssen.
    Worauf wir verzichten müssen, um den Kampf zu gewinnen.
6. DIE KÄMPFENDEN VERBÄNDE –
    Die Aufgabe des kämpfenden Mannes an der Front.

Es liegt im Wesen der Bürokratie, sich auszubreiten. Jedes der Themen wurde weiter unterteilt, und das Bureau of Motion Pictures verschickte ständig Ergänzungen. So war etwa das Fact Sheet Nr. 7 eine achtseitige Warnung vor den Übeln der Inflation und sollte in Abschnitt V eingefügt werden. Die Filmleute wurden aufgefordert, spezielle Themen zu bearbeiten, etwa die Frage, wie John Jones, der Durchschnittsamerikaner, »sich selbst, seine Familie und die Sicherheit seines Landes schützen kann, indem er sich gemeinsam mit seinen amerikanischen Landsleuten für die Ausführung des Sieben-Punkte-Programms des Präsidenten zur Inflationsbekämpfung einsetzt«.

Wie jedem vom Bureau of Motion Pictures überprüften Film wurde auch *Casablanca* ein Thema zugeordnet. Das Hauptthema, konstatierte der Prüfer, sei III B (Vereinte Nationen – Besiegte Nationen) und das untergeordnete Thema II C 3 (Feind – Militär). Am 26. Oktober 1942 sahen sich vier Angehörige des Bureau den Film an, also noch vor der Invasion Nordafrikas und vor der ganzen Aufregung um die Änderung des Schlusses. »Vom Standpunkt des OWI-Programms« aus beurteilt, erhielt der Film eine begeisterte Bewertung. *Casablanca* zeige, »dass persönliche Bedürfnisse hinter der Aufgabe, den Faschismus zu besiegen, zurückstehen müssen«, und habe »anschaulich das Chaos und das Elend dargestellt, das Faschismus und Krieg herbeigeführt haben«. Ferner erscheine Amerika als »rettender Hafen für die Unterdrückten und Heimatlosen«. Indem er auf Ricks Vergangenheit als Kämpfer gegen den Faschismus in Äthiopien und Spanien verweise, helfe der Film dem Publikum »zu verstehen, dass unser Krieg nicht erst mit Pearl Harbor begonnen hat, sondern dass die Wurzeln der Aggression weit zurückreichen«.

Das OWI betrachtete die zu bewertenden Filme oft durch eine verzerrte und humorlose Brille. An *Sherlock Holmes and the Voice of Terror* kritisierte man, dass ein Supersaboteur der Nazis zu viel Schaden anrichte und England somit als schutzlos gegen Nazi-Sabotage dargestellt werde, während *London Blackout Murders* den Kriegsanstrengungen schade, indem er die Beunruhigung der Öffentlichkeit über die Verdunkelung schüre.

Der Prüfer der Paramount-Komödie *The Palm Beach Story* von Preston Sturges war entsetzt, weil »Amerikas innere Moral als unglaublich billig dargestellt wird. Die Tochter einer der vornehmsten Familien Amerikas (im Film sympathisch dargestellt) hat fünf Hochzeiten, drei Scheidungen und zwei Annullierungen hinter sich.« Beinahe noch schlimmer sei es, dass die Personen »in Kriegszeiten als enorm extravagant und verantwortungslos« gezeichnet würden. Auf diese Weise bestätige der Film die Propaganda der Achsenmächte, alle demokratischen Völker seien dekadent. Paramounts *Lucky Jordan*, einer der überaus zahlreichen Filme mit dem Motiv des Gangsters, der sich in einen Patrioten verwandelt, bestätige eine weitere These feindlicher Propaganda – dass nämlich die amerikanischen Streitkräfte schwach, undiszipliniert und kampfunwillig seien –, indem Alan Ladd als ein widerwilliger Rekrut erscheine und sein Sergeant als jemand, der auf brutale Weise versucht, ihn zurechtzustutzen.

An *Watch on the Rhine*, der die meisten Kritikerauszeichnungen des Jahres 1943 einheimste, bemängelte man, er sei seit zwei Jahren überholt und gänzlich überflüssig, da Amerika im Jahre 1940, in dem der Film spielt, noch ein selbstgefälliges und apathisches Land gewesen sei, inzwischen aber aufgewacht sei und sich im Krieg befinde. Demgegenüber hielt Ulric Bell von der Auslandsabteilung des OWI den Universal-Film *Pittsburgh* für »in jeder Hinsicht 1 A«. *Pittsburgh*, mit John Wayne und Marlene Dietrich in den Hauptrollen, übernahm viele Formulierungen im Dialog direkt aus dem Leitfaden des OWI, etwa die, dass Arbeitgeber und Arbeitnehmer in den Stahlwerken an einem Strang ziehen müssten. Ein weiterer Film, der OWI-Propaganda wiederkäute, war MGMs *Keeper of the Flame*, der schwächste Film, in dem Katharine Hepburn und Spencer Tracy jemals zusammen vor der Kamera standen. Das OWI war indessen entzückt, denn der Film zeige einen amerikanischen Fabrikanten, der einen faschistischen Coup plant, und werfe damit die Frage nach dem Faschismus im eigenen Land auf. Republikanische Kongressabgeordnete waren weniger begeistert, denn sie machten sich Sorgen über Filme, die allem Anschein nach dem Ziel dienten, Roosevelt zu seiner Wiederwahl im Jahre 1944 zu verhelfen. Sie beschwerten sich bei Will Hays, dem Leiter des Production Code, über die liberale Propaganda in *Keeper of the Flame, This Is the Army* und *Mission to Moscow*.

RKOs *Tender Comrade* macht überzeugend deutlich, wie problematisch die

Wie Casablanca gemacht wurde

Verquickung von Film und Propaganda sein kann. Ginger Rogers und drei weitere Schauspielerinnen spielen Ehefrauen, deren Männer in den Krieg gezogen sind. Sie wohnen alle unter einem Dach und arbeiten in derselben Flugzeugfabrik. Ginger Rogers hält nicht nur einer ihrer Mitbewohnerinnen eine Standpauke, weil diese Lippenstifte gehortet hat, sie erklärt ihrem kleinen Sohn auch die vier Grundrechte. Der Kritiker James Agee klagte, Rogers' Vortrag habe »nach meiner Uhr 24 Stunden und 5 Minuten gedauert«. Auch dem Publikum war die plumpe Propaganda zuwider. »Schluss war grässlich. ZU VIEL PROPAGANDA«, stand als Kommentar auf einer Preview-Karte. Eine andere Zuschauerin sagte, anstatt einen Film zu sehen, habe sie das Gefühl gehabt, in einem Vortrag über »Warum wir diesen Krieg führen« zu sitzen. Die Inlandsabteilung des OWI fand Gefallen an *Tender Comrade*. Die Auslandsabteilung wollte ihn dennoch den befreiten Gebieten vorenthalten: Der Lebensstandard der Frauen sei zu hoch, und ihr Streit über die Schinkenrationen verletze die Gefühle von Menschen, die seit Jahren keinen Schinken mehr gegessen hätten.

Wie viele der Warners-Filme aus den Kriegsjahren stammten *Keeper of the Flame* und *Tender Comrade* aus der Feder von Kommunisten – *Flame* von dem Oberschicht-Kommunisten Donald Ogden Stewart und *Comrade* von Dalton Trumbo, einem der Hollywood Ten. Bei *Comrade* führte mit Edward Dmytryk ein weiteres Mitglied der Ten Regie. Aber während des Krieges, mit Russland als Verbündeten, unterschieden sich die Ansichten eines amerikanischen Kommunisten kaum von denen eines amerikanischen Liberalen. Beide predigten Gleichheit und schwenkten begeistert die amerikanische Fahne. Frauen blieben allerdings zumeist von dem Gleichheitsprinzip ausgeschlossen. In *Tender Comrade* bekamen sie zwar die Chance, an Stelle der Männer die großen Reden darüber zu schwingen, »wofür wir kämpfen«, doch wie Koppes und Black in ihrem Buch betonen, schrieb Trumbo in seinem Drehbuch ansonsten den üblichen Hollywood-Quatsch. Demnach wurden Frauen immer noch von den Männern definiert, lebten durch sie und waren bereit, sogleich »in die Küche zurückzuschlurfen«, sobald die Männer heimkehrten.

In den meisten Heimatfrontfilmen warteten die zurückgelassenen Ehefrauen darauf, dass ihre Männer wieder einen ganzen Menschen aus ihnen machten. Sicherlich, nur wenige Filme waren so schlimm wie *Blondie for Victory*, der sich darüber lustig macht, wie Frauen sich als Freiwillige versuchen, und damit endet, wie Blondie einsieht, dass die Frau ihren Platz im Hause hat. Dennoch stellten die meisten dieser Filme klar, dass keine Frau so kompetent, fleißig und selbstlos war wie ein Mann. Zeitungs- und Zeitschriftenartikel stießen in dasselbe Horn. *Variety* beklagte »die seltsamen Marotten weiblicher Psychologie, die sich ungünstig auf den Kartenverkauf auswirken«. Obwohl sie gutes Geld in den Rüstungsbetrieben verdienten, weigerten sich Frauen, davon ins Kino zu gehen. Wo Männer mit Geld um sich würfen, kapitulierten Frauen vor müden Muskeln und Erschöpfung. »Wankelmut, dein Name ist Weib.«

Collier's hielt den Frauen einen regelrechten Vortrag darüber, wie sie sich auf einen Luftangriff vorbereiten sollten. »Angenommen, Sie legen sich mit einer dicken Schicht Nachtcreme im Gesicht schlafen – Sie würden all den anderen ausgebombten Menschen im Bunker doch nur einen Schreck einjagen. Am besten gehen Sie leicht geschminkt zu Bett. Dann legen Sie ein warmes – aber attraktives – Kleidungsstück neben das Bett ... und halten Lippenstift und Rouge auf dem Nachttisch bereit.« Selbst das Hollywood Victory Committee machte sich über die in der Filmindustrie beschäftigten Frauen lustig. Trotz guter Absichten, so eine Pressemitteilung, sei es von den »Mädchen«, die in Bundles for Bluejackets und im Volunteer Army Canteen Service mitarbeiteten, töricht und naiv, »sich vom Glanz einer Uniform blenden zu lassen, in der sie doch nur eine zweitrangige Tätigkeit ausüben«, und viele machten nur deshalb mit, »weil sie denken, es sei besonders schick«.

Pauline Kael sagte dazu: »Der Krieg veränderte auch das Leben der Frauen. Die Filme, die man sich in den Kinos ansah, waren oft überladen mit patriotischen Sprüchen oder verniedlichend und richtig abstoßend. Dabei hatten Frauen, die vorher nicht berufstätig waren, jetzt zum ersten Mal Arbeit oder sie bekamen bessere Jobs. Als junge Frau war man auf jeden Fall stark betroffen, denn Männer in Uniform setzen einen stark unter Druck. Ich meine den sexuellen Druck, ihre Bedürfnisse zu befriedigen. Wenn sie in Uniform waren, glaubten sie oft, man sei verpflichtet, etwas für sie zu tun.«

* * *

Der Staat zwang Hollywood seinen Willen nicht auf. Die Schauspielerin Fay Wray, Robert Riskins Witwe, sagte: »Alle waren zutiefst davon überzeugt, dass es sich dabei um eine wichtige Aufgabe handelte, der sich jeder stellen musste, der irgendwie mit Filmemachen zu tun hatte. Der Krieg war ein gerechter Krieg. Alles nur Erdenkliche sollte getan werden, um das deutlich zu machen und der Welt eine Vorstellung davon zu vermitteln, was Demokratie war und was Amerika war.«

Die Filmindustrie brauchte natürlich ihre Auslandsmärkte, doch die größte Waffe des OWI bestand in dem ausdrücklichen Wunsch der Moguln, dabei mitzuhelfen, den Krieg zu gewinnen. Ein Film nach dem anderen enthielt patriotische Ansprachen, da die Studiochefs mit dem OWI darin übereinstimmten, dass der Film ein machtvolles Werkzeug sein konnte, um die Kampfmoral zu stärken, während diejenigen, die ihre Filme schrieben, in der Regel die Liberalsten unter ihren Angestellten waren. Im April 1942 hatte Warner Bros. auf eine Bitte von Major Frank Capra mit einem Brief reagiert, der aus heutiger Sicht erstaunlich wirkt. »Offen gestanden«, schrieb darin Charles Einfeld, »betrachten wir bei Warner Bros. unsere ganze Firma als eine Art Regierungsbehörde, und meiner Meinung nach sollten sich alle Unternehmen genauso verstehen.«

Es überrascht nicht, dass Nelson Poynter, der Leiter des Bureau of Motion Pictures, Harry und Jack Warner wissen ließ, er baue auf sie als seine Vorkämpfer in Hollywood. Harry Warner hatte einige Monate zuvor Lowell Mellett seine Unterstützung zugesagt, dem Mann, den Präsident Roosevelt zum Aufseher über die Filmindustrie ernannt hatte: »Nach den jüngsten Ereignissen sind jetzt Filme gefragt, die die Moral stärken und erhalten. Für diese Sache werde ich mich nach Kräften einsetzen, und ich verspreche Ihnen unsere vollste Unterstützung und Zusammenarbeit.« Letztere ging im Falle von *Princess O'Rourke* sogar so weit, dass Warners den Filmstart um ein Jahr verschob. Hal Wallis' Film war eine gut gemachte romantische Komödie über die Prinzessin (Olivia de Havilland) eines Fantasielandes in Europa, die sich in einen ganz normalen Amerikaner (Robert Cummings) verliebt. Der Film trug Norman Krasna einen Oscar für das beste Originaldrehbuch ein, aber das OWI befürchtete, man könne aus dem Film schließen, die Vereinigten Staaten seien »erpicht darauf, Monarchen, die ein sorgloses Leben in Saus und Braus geführt haben, während ihr Volk gekämpft hat und unter den Nazi-Besatzern leiden musste, wieder einzusetzen und das Regiment von nutzlosen, extravaganten Parasiten zu verewigen«.

Warner Bros. verfasste für alle seine Filme Rechtfertigungen und bezog sich darin auf Themen aus dem OWI-Leitfaden. Natürlich sah das Studio *Princess O'Rourke* ganz anders als das OWI. In der Kategorie »Die amerikanische Lebensweise, amerikanische Jugend« schrieb das Studio: Robert Cummings, ein einfacher Mann aus dem Volk, »erkennt, dass es eine Ehre ist, ein ganz normaler amerikanischer Bürger zu sein, und weigert sich, seine amerikanische Staatsbürgerschaft aufzugeben, um Ehemann einer europäischen Prinzessin zu werden«.

Obwohl Hollywood durchaus eine gewisse Sensibilität für die Belange des OWI entwickelte und dessen Bürokraten viele Schlachten gewinnen ließ, kam es dennoch nicht zur bedingungslosen Kapitulation einer Industrie, deren oberstes Gebot lautete, sich das Wohlwollen des Publikums zu erhalten. Wenn die Studios sich dazu entschieden, dem OWI Paroli zu bieten, standen ihnen drei Waffen zur Verfügung. Dank Hollywoods langjähriger Beziehung zu den Streitkräften – seine Filme hatten Army und Navy schon seit Jahren glorifiziert – konnten sich die Studios die erforderlichen Genehmigungen auch hinter dem Rücken des OWI beschaffen. Das Office of Censorship, das den Export in neutrale und befreundete Länder überwachte, war in der Regel bereit, Filme wie *Palm Beach Story*, die in den Augen des OWI politisch unkorrekt waren, durchgehen zu lassen, solange sie keine militärischen Geheimnisse enthielten. Noch wichtiger aber war, dass die OWI-Propaganda oft zu langweiligen, schwer verkäuflichen Filmen führte.

Anfangs versuchte das OWI, Hollywood dazu zu bringen, die ernsthaften Aspekte des Krieges zu thematisieren, den Ausstoß von Spionage- und Action-Filmen zu verringern sowie Japaner nicht bloß als Zähne fletschende, abstoßende und verschlagene Untermenschen darzustellen, die es zu vernichten galt.[*] Es gibt jedoch ein Virus, mit dem sich beinahe jeder infiziert, der mit Hollywood in Kontakt kommt, und die Männer und Frauen, die das Bureau of Motion Pictures leiteten, bildeten da keine Ausnahme: Anstatt es bei der Vorgabe von Richtlinien zu belassen, versuchten sie zu kontrollieren und unmittelbar in den Schaffensprozess einzugreifen.[**]

---

[*] Deutschland erfuhr eine andere Behandlung. Obwohl Nazis in Hollywoods Kriegsfilmen grausam und arrogant auftraten, stempelte man die Deutschen nicht in Bausch und Bogen als unverbesserliche Barbaren ab. Dass demgegenüber vor dem Krieg in Amerika die Angst vor der »gelben Gefahr« durchaus schon ausgeprägt war, hat zweifellos vor allem rassistische Gründe.

[**] Das OWI durchschaute nie die Mechanismen der Industrie. Nachdem Frank Capra *Prelude to War* beendet hatte, den ersten seiner aus sieben Filmen bestehenden Serie

Wie Casablanca gemacht wurde

Nelson Poynter, der 39-jährige Herausgeber der *Times* von St. Petersburg, Florida, war von seinem Freund Lowell Mellett zum Leiter des Bureau of Motion Pictures ernannt worden, hatte aber nicht viel für Filme übrig. Er sah in ihnen keine Kunst, sondern ein Mittel, um Inhalte zu transportieren. »Einer der nützlichsten Filme, die bis dato gemacht wurden«, lobte er Jack Warner für *Action in the North Atlantic*. Im Januar 1943 appellierte Poynter in einem Brief an alle großen Studios, sie sollten einen Film über den philippinischen Präsidenten Manuel Quezon drehen. Er könnte von »Quezons Besuch in den Vereinigten Staaten handeln, bei dem er ein wunderbares Land entdeckt und ein aufgeklärtes, nicht-imperialistisches Volk kennen lernt«.

Poynter versuchte sich auch als Drehbuchschreiber. Über *The Desert Song* war er entsetzt, weil der französische Imperialismus in Nordafrika zu sehr im Vordergrund stehe, und er schlug neue Dialoge vor, die klar stellen sollten, dass nicht Frankreich, sondern nur ein böser Kolonialoffizier die Eingeborenen misshandelt habe. Warner Bros. erklärte sich bereit, einige Szenen nachzudrehen, und Poynter bemühte sich, den neuen Text des Helden noch pointierter zu formulieren. Paramount zeigte sich weitaus weniger entgegenkommend, als Poynter vorschlug, in *So Proudly We Hail* solle ein Militärpfarrer über das Thema »Demokratie auf dem Vormarsch« reden. Es handelte sich um einen der wenigen Filme über Frauen an der Front. Eine Gruppe von Krankenschwestern der Army wird 1942 auf den Philippinen vor den Japanern gerettet, indem eine von ihnen (Veronica Lake) ihr Leben opfert. Poynter schlug vor, der Geistliche solle in seiner Weihnachtspredigt den Kampf der Alliierten als Gottes Wille präsentieren. »Die ganze Vorstellung von Militarismus – die Doktrin der Ge-

»Why We Fight«, erlaubte das OWI nicht, dass der Film Mitgliedern der Academy of Motion Picture Arts and Sciences gezeigt wurde. Mellett telegrafierte der Academy: »Anerkenne Wunsch von Col. Capras Freunden bei der Academy, möchte aber aufrichtig und mit allem Nachdruck empfehlen, davon Abstand zu nehmen, ihn und andere fähige Regisseure, die zum Militär gegangen sind, in Verlegenheit zu bringen, indem sie ihre gegenwärtige Arbeit mit ihren früheren Bemühungen verwechseln.« Capra beschwerte sich bei seinem Vorgesetzten, General Frederick H. Osborn. Wenn man es der Industrie verwehre, ein Produkt zu sehen, zu dem sie selbst beigetragen habe, »besteht die Gefahr, dass man sich die Bereitschaft der Studios zur Zusammenarbeit verscherzt«. Osborn schickte eine zornige Beschwerde an Mellett. *Prelude to War* wurde der Academy vorgeführt und gewann 1942 einen Oscar.

walt, die der Faschismus darstellt – verstößt gegen das christliche Ideal.« Er schrieb einen Dialog, in dem der Geistliche von der »Würde des Menschen« spricht, »auf die ein chinesischer Kuli ebenso Anspruch hat wie ein philippinischer Bauer oder ein malaiischer Kokospflücker«. Während Warner Bros. alle seine Drehbücher dem OWI vorlegte, war *So Proudly We Hail* eines der wenigen Paramount-Drehbücher, die das Bureau zu sehen bekam. Y. Frank Freeman, der konservative Kinobesitzer aus Georgia, der Paramount leitete, reagierte erbost, als er erfuhr, dass Poynter die unsichtbare Grenze überschritten und tatsächlich Dialoge für den Militärpfarrer verfasst hatte.

Sowohl Dennis Morgans Text in *The Desert Song* wie auch die Predigt des Militärpfarrers in *So Proudly We Hail* sind voll von jenen drögen Phrasen, wie sie das OWI in etlichen Filmen unterbringen konnte. Besonders erfolgreich war die Behörde in ihrem Bemühen, Filme mit Material zum Thema »Was der Krieg bedeutet« und »Wie wir helfen können, den Krieg zu gewinnen« zu versehen und anstößige Textstellen und Charaktere zu streichen. Mäßigen Erfolg hatte sie dagegen bei den Versuchen, die Studios von Filmen abzuhalten, die womöglich die Gefühle der Alliierten verletzen oder die politischen Anstrengungen beeinträchtigen könnten. Schon zu Beginn seiner Tätigkeit konnte Poynter MGM dazu überreden, die geplante Filmversion von Rudyard Kiplings *Kim* zu verschieben. Und nach der Befreiung Nordafrikas warnte man die Studios vor Filmen über die heikle militärische oder politische Lage in Frankreich. Daraufhin ließ Warners *The Life of Charles de Gaulle* fallen, und Fox sagte *The Life Story of General Henri Giraud* ab.

»Als *Casablanca* herauskam, war es ein sehr politischer Film«, berichtete der Kameramann Haskell Wexler. »Ich war einer der ersten Amerikaner in Nordafrika. Ich war 19 und ein tüchtiger Matrose in der Handelsmarine. Wir fuhren damals nach Oran, das voller Franzosen war, die mit den Deutschen kollaboriert hatten und mit Marschall Pétain sympathisierten. Unsere Regierung befürchtete, lokale Unruhen könnten die Region destabilisieren. Sie wollten, dass Nordafrika ein Kolonialreich blieb. Das ist ja nun schon ziemlich lange her, also kann ich es jetzt ruhig sagen. Damals habe ich für eine antifaschistische Gruppe gearbeitet. In Oran gab es ein großes Kontingent spanischer Revolutionäre, die aus Francos Spanien entkommen waren. Ich habe ihnen Unterlagen über die Minenfelder rund um Gibraltar verschafft.«

* * *

Wie Casablanca gemacht wurde

Bogart und Peter Lorre in All Through the Night.

Am wenigsten richtete das OWI bei seinem Versuch aus, die Art zu beeinflussen, mit der Hollywood ein Thema üblicherweise anging. Als sich dann doch etwas veränderte, lag das unter anderem daran, dass sich in Amerika das Bewusstsein vom Krieg gewandelt hatte. Wie Hollywood mit dem Zweiten Weltkrieg umzugehen suchte und wie sich das zwischen 1942 und 1945 änderte, lässt sich einigermaßen deutlich an Humphrey Bogarts Karriere als Kriegsheld nachvollziehen.

In *All Through the Night* spielte Bogart Gloves Donohue, einen Glücksspieler und Exgangster, der zufällig auf ein Nest von Nazi-Spionen mit Conrad Veidt als Anführer stößt und ihr Vorhaben vereitelt, ein Schiff im New Yorker Hafen in die Luft zu sprengen. *All Through the Night*, im Herbst 1941 entstanden und einen Monat nach Pearl Harbor in den Verleih gekommen, war typisch für ein gutes Dutzend anderer früher Kriegsfilme, in denen Hollywood seinen klassischen Helden, den Gangstern und Spielern, einfach altmodischen Amerikanismus überstülpte. In *Mr. Lucky* verkörperte Cary Grant einen windigen Spieler und Drückeberger, der am Schluss Geld für die Kriegshilfe sammelt. In *Lucky Jordan* spielte Alan Ladd einen Schwindler und Drückeberger, der die Übel des Nazismus erkennt, als eine mit ihm befreundete alte Dame von Nazi-Agenten zusammengeschlagen wird. Nach Ansicht des OWI arbeiteten diese Filme dem Feind in die Hände, indem sie die Propaganda der Achsenmächte bestätigten, wonach Amerika ein Land voller Krimineller sei.

Anfang 1943, als sich die Filme allmählich mit dem wirklichen Krieg beschäftigten, verschwanden der Gangster als Patriot und seine Feinde als Spione, fünfte Kolonnen und Saboteure. Außerdem setzte Warners Bogart nicht mehr nur als Ersatz für George Raft ein. *All Through the Night* war der letzte Film, bei dem Bogart eine Rolle erbte, die Raft abgelehnt hatte. Nachdem sein Agent, Sam Jaffe, Bogart überredet hatte, die Rolle anzunehmen, bat er das Studio in respektvollem Ton, wenigstens eine Story vorzubereiten, für die sie von Anfang an Bogart im Sinn hatten.

In *Across the Pacific**, der im März 1942 entstand, verkörperte Bogart den anderen allgegenwärtigen Heldentyp des frühen Kriegsfilms – den Geheimagenten. Der Schauplatz hatte sich bereits verlagert. Der Feind kam jetzt nicht mehr von innen, sondern von außen. Als Passagier auf einem japanischen Schiff ergeht sich Bogart in schlagfertigen Dialogen mit Mary Astor und vereitelt einen Plan von Sydney Greenstreet, den Panama-Kanal in die Luft zu sprengen. (In der ersten Drehbuchfassung hatte es Greenstreet noch auf Pearl Harbor abgesehen, doch das wirkliche Leben war ihm zuvorgekommen und erzwang die Änderung.) Der freundliche, blödelnde, in Amerika geborene japanische Junge in *Across the Pacific* ist, bezeichnend für die Filme von 1942, ein Verräter.

Danach kam *Casablanca*. Das Echo darauf war einzigartig. 1943 gab es freilich über ein Dutzend Filme mit dem gleichen OWI-Etikett: »IIIB Vereinte

---

* Zwischen *All Through the Night* und *Across the Pacific* drehte Bogart *The Big Shot*, seinen Abschied von den B-Movies. Abermals ist er ein Gangster, der aus dem Gefängnis ausgebrochen ist und getötet wird.

Wie Casablanca gemacht wurde

Bogart und Mary Astor in Across the Pacific. *Als* The Maltese Falcon *überraschend ein Erfolg wurde, trommelte Warner Bros. Schauspieler und Regisseur rasch noch einmal für diesen neuen Film zusammen.*

Nationen – Besiegte Nationen«. Wie *Casablanca* befassten sich die meisten mit dem Widerstand in den von den Nazis besetzten Ländern – von *Assignment in Brittany, Joan of Paris* und *The Cross of Lorraine*, zum Thema Résistance, über *The Moon is Down* und *Edge of Darkness*, mit Schauplätzen in Norwegen, bis hin zu Fritz Langs *Hangmen Also Die*, der in der Tschechoslowakei, und Jean Renoirs *This Land Is Mine*, der »irgendwo in Europa« spielte. Filme über Japaner waren fast immer richtige Kriegsfilme, so genannte *Combat Pictures*, was vielleicht daran lag, dass man die Japaner als Ungeheuer betrachtete oder dass Amerika im ersten Kriegsjahr im Pazifik kämpfte. Nur tote Japaner waren gute

Japaner, wohingegen 1943 die meisten dieser Melodramen sowohl schlechte als auch gute Deutsche zeigten. In einer achtseitigen, eng beschriebenen Rechtfertigung von *Casablanca* versicherte Warners, der Film fördere die internationale Verständigung, da Carl, der von Szöke Szakall dargestellte Kellner, ein deutscher Nazi-Gegner sei.

Auch in seiner Betonung der Opferbereitschaft war *Casablanca* typisch. Die Gangster- und Spionagemelodramen hatten stets damit geendet, dass die feindlichen Agenten unschädlich gemacht wurden, der Held blieb unversehrt und Amerika siegreich. Im Mittelpunkt der Melodramen von 1943 standen nun Korruption und Chaos unter der Knechtschaft oder im Schatten der Nazis. Der Lehrer, die Witwe oder das gesamte Dorf leistet Widerstand, auch wenn Widerstand Tod bedeutet. Einige der Filme blickten zurück auf die Schlachten der Vorkriegsjahre. In einer verwässerten Leinwandversion von Ernest Hemingways Roman über den Spanischen Bürgerkrieg, *For Whom the Bell Tolls*, kämpft der amerikanische Held, Gary Cooper, für die Republikaner gegen Franco und die Faschisten. Indem er sein Leben opfert, ermöglicht er seiner kleinen Gruppe von Guerillakämpfern die Flucht. In *Watch on the Rhine* muss der deutsche Held die Behaglichkeit und Sicherheit Amerikas hinter sich lassen und nach Deutschland zurückkehren, wo er als Untergrundkämpfer mit dem Tod rechnen muss.

In seinen beiden nächsten Filmen, *Action in the North Atlantic*, der im Juni 1943 anlief, und *Sahara*, dessen Start einen Monat später erfolgte, griff Bogart endlich ins Kampfgeschehen ein. Alles andere wäre seltsam gewesen, denn der Kriegsfilm hatte 1943 Konjunktur. Aus dem vertraulichen OWI-Verzeichnis vom 15. Dezember 1942 geht hervor, dass im Herbst 1942 nur sechs solcher Filme herauskamen, während sich noch 14 in Produktion befanden oder gerade fertig waren und Drehbücher für weitere zwei Dutzend geschrieben wurden.

Sowohl bei *Action in the North Atlantic*, dessen Drehbuch von John Howard Lawson stammte, einem der Hollywood Ten, der später wegen Missachtung des Kongresses ins Gefängnis gehen musste, wie auch bei *Sahara*, wo Lawson Koautor war, hatte das OWI in beträchtlichem Maße mitgemischt. Mellett hatte einen Film über die Handelsmarine vorgeschlagen, und Warner Bros. griff die Idee auf. Bogart spielte Joe Rossi, den ersten Maat, und Raymond Massey war sein Kapitän. Ihr erstes Schiff wurde von einem deutschen U-Boot versenkt. Ihr neues Liberty-Schiff rettete einen Konvoi, indem es dasselbe U-Boot rammte und versenkte. Warner Bros. versah den Film mit einem Originalzitat aus einer Roosevelt-Rede: »Wir werden eine Brücke aus Schiffen zu unseren Alliierten bauen, über die das Kriegsgerät rollt.«

Das Bureau of Motion Pictures hatte mehrere Einwände gegen Lawsons erste Drehbuchfassung, darunter gegen eine Szene, in der ein schwarzer Küchensteward fragt, warum er eigentlich kämpfen soll. Lawsons symbolische Lösung bestand darin, dass dann ein weißer Matrose dem schwarzen Steward das Leben rettete, doch das löste nicht das grundsätzliche Problem, das das Bureau mit der Figur hatte. Der Schwarze war immer noch nicht gleichberechtigt, ein Küchensteward, der den Weißen Kaffee servieren musste. Warners kam dem Bureau entgegen, indem man auf die Figur ganz verzichtete – eine Rolle weniger für einen schwarzen Schauspieler.

Als *Action in the North Atlantic* geschrieben wurde, unternahm das OWI einen vergeblichen Versuch, sich als Hollywoods alleinige Verbindungsstelle zur Regierung zu etablieren. Falls Hollywood gezwungen wäre, seine Anträge auf Verwendung von Panzern und Aufnahmen von Luftkämpfen ausschließlich über das Bureau zu stellen, könnte das OWI die Herstellung der betreffenden Filme besser kontrollieren. Warners erklärte sich damit einverstanden, dass Poynter als Mittelsmann zur Navy fungierte, doch als es ihm nicht gelang, die vom Studio benötigten Materialien und Genehmigungen zu beschaffen, kehrte man zum alten System zurück und schickte das Drehbuch direkt an die Navy zur Freigabe.

Action in the North Atlantic entsprach nahezu vollkommen den Idealvorstellungen des OWI. Zur Mannschaft gehörten Figuren mit Namen wie Pulaski, Goldberg und O'Hara. Die standhafte Ehefrau, die daheim auf Raymond Massey wartete, versuchte stets, ihre Tränen vor ihm zu verbergen. Der Konvoi umfasste Schiffe der Sowjetunion, des Freien Frankreichs und Hollands. Das OWI lehnte Filme ab, in denen eine Hand voll Amerikaner mühelos Horden von Nazis oder Japanern besiegte, und so wirkten die Seeleute an Bord des Nazi-U-Boots – die auf eine unheimliche und effektvolle Weise Deutsch sprachen – effizient und unerbittlich. Doch am Ende konnten die Amerikaner den Feind schlagen, und sie taten dies mit der Unterstützung ihrer Alliierten. Das OWI brachte Hollywood nie dazu, auf die nassforschen und großspurigen amerikanischen Helden zu verzichten, die ihm so gegen den Strich gingen, aber zumindest fügten die Studios Szenen ein, die die Stärke und Leistungen der edlen Alliierten ausdrücklich anerkannten. Auf dem Höhepunkt von *Action in the North Atlantic* stoßen russische Flugzeuge durch die Wolken, um die Amerikaner nach Murmansk zu eskortieren, wo sich Russen und Amerikaner als Kameraden begrüßen.

Die Kampfszenen sind immer noch packend und die propagandistischen Dialoge gar nicht so schlecht gemacht, bis auf die Szene, wie Dane Clark sich weigert, nach der Versenkung des ersten Schiffes wieder auszulaufen. »Ich möchte meinen kleinen Jungen noch auf meinen Knien reiten lassen«, sagt er, lässt sich aber schließlich doch überreden, nachdem man ihm all die Gründe genannt hat, warum es wichtig sei, zu kämpfen. Das OWI ermutigte Hollywood, die amerikanische Bevölkerung auf die zu erwartenden Verluste vorzubereiten, weshalb in etlichen Filmen Begräbnisszenen vorkommen. In *Action* hält Bogart die Grabrede für einen gefallenen Kadetten der Handelsmarine, während in *Passage to Marseille* Claude Rains an Bogarts Grab spricht.

Action in the North Atlantic, Bogarts erster Film nach *Casablanca*, kostete über 2 Millionen Dollar und war ein Kassenerfolg. Obwohl Kritiker die Propaganda etwas schwerfällig fanden, hätte der Film den New Yorker Premierenrekord von *Yankee Doodle Dandy* gebrochen, hätte Warners nicht pro Aufführung 1000 Freikarten für Matrosen der Handelsmarine reserviert. Für Bogart hatte der Film zwei Konsequenzen. Da man, wie so oft, Star und Rolle verwechselte, entstand das hartnäckige und für ihn peinliche Gerücht, er wolle demnächst in die Handelsmarine eintreten. Und einige Jahre darauf trug man in seine FBI-Akte den Vermerk ein: »Bogart spielte in dem Film Action in the North Atlantic, in dem Russland sehr positiv dargestellt wurde und dessen Drehbuch von John Howard Lawson stammte.«

Der Film *Sahara*, den Bogart als Leih-Star für Columbia drehte, gehörte zu der Untergattung von Filmen über eine kleine Gruppe von Soldaten in aussichtsloser Lage, sei es in einem U-Boot, als versprengter Trupp oder als Außenposten im Dschungel. Darin trat Bogart in der Rolle des Sergeant Joe Gunn auf, der als Kommandant eines Panzers versucht, die britischen Linien zu erreichen. »Humphrey Bogart«, schrieb James Agee in *The Nation*, »und einige weniger gut besoldete, aber nicht weniger begabte Soldaten, die in einer Oase festsitzen, wehren ein gesamtes Nazi-Bataillon zunächst ab und besiegen es schließlich. Wer das glaubhaft rüberbringen kann, weiß, wie man ein gutes Kriegsdrama macht. *Sahara* ist das Beste seit *Bataan*.«

Auch heute noch verleiht Bogarts lakonische Darstellung dem Film, dessen Handlung oft zum Stillstand kommt, um Reden zu schwingen, eine authentische Grobkörnigkeit. Den Matrosen namens O'Hara und Pulaski aus *Action* entsprachen in *Sahara* diverse Alliierte, die der Panzer unterwegs aufgabelte: einige britische Soldaten, einen französischen Résistance-Kämpfer, einen sudanesischen Korporal und seinen italienischen Gefangenen. Gemäß den OWI-Richtlinien behandelte man Italiener in den Filmen über den Zweiten Weltkrieg recht milde, und der Gefangene in *Sahara* war insofern typisch, als er von Mussolini verführt worden war und Hitler und den Faschismus verabscheute.

Nach der Lektüre des Drehbuchs von John Howard Lawson und Zoltan Korda überredete das OWI die Autoren, die Figur des schwarzen Korporals, eines zwar treuen, aber unterwürfigen Untergebenen, so umzuschreiben, dass daraus ein den Weißen ebenbürtiger Soldat wurde. Der Sudanese, gespielt von dem Schauspieler Rex Ingram, verfolgt einen flüchtigen Nazi-Gefangenen und tötet ihn im Kampf. Bei dem Versuch, zur Oase zurückzukehren, kommt er schließlich selbst ums Leben.

Während in *Casablanca* Sam auch ohne Hilfe des Bureau of Motion Pictures als Ricks Freund dargestellt wird, setzte sich das OWI ansonsten sehr dafür ein, das Image der Schwarzen zu verbessern. In einem weiteren Durchhaltefilm, *Bataan*, wie auch in vielen anderen Kriegsfilmen, half das Bureau mit, einen einzelnen Schwarzen in einem Trupp von Getränkeverkäufern, Farmern und Lehrern aus Iowa, Brooklyn und Texas unterzubringen, die einen wahren Volkskrieg führen. Der schwarze Gefreite (Kenneth Spencer) stirbt ebenso tapfer wie der von Robert Walker gespielte junge Matrose und der Sergeant, dargestellt von Robert Taylor, die alle ihr Leben opfern, um die Japaner, wenn auch nur für einige Tage, aufzuhalten. Das OWI erreichte außerdem, dass Hollywood weniger mit den Augen rollenden, Zähne bleckenden schwarzen Stereotypen hantierte. Doch obwohl man daraufhin auf schwarzes Putzpersonal und schwarze Küchenstewards verzichtete, kamen immer noch eine Menge schwarzer Butler vor – sogar in Warners-Filmen. Präsident Roosevelts Butler stand unterwürfig herum, um in *Yankee Doodle Dandy* einen Blick auf George M. Cohan zu erhaschen, während Lucille Watson in *Watch on the Rhine* einen fröhlichen, Besteck polierenden Butler hatte und in *Princess O'Rourke* ein schwarzer Butler im Weißen Haus der Prinzessin Olivia de Havilland die Tür öffnete.

Eine Ende 1944 vom Writers' War Board durchgeführte Studie über hundert Filme mit Schwarzen-Themen oder -Charakteren bewertete 75 davon als »stereotyp und herabsetzend« und nur zwölf als positiv.

Passage to Marseille kam im Frühjahr 1944 heraus und war Bogarts letzter Kriegsfilm. Bereits im Mai 1943 hatten die Studiobosse begonnen, sich vom Krieg zu distanzieren, nachdem Kinoleute berichtet hatten, das Publikum langweile sich zunehmend und verlange nach Komödien und Musicals. Abermals vertrat Harry Warner einen gegensätzlichen Standpunkt. Wie die *New York Times* berichtete, warnte er die Kinobesitzer, sich nicht von »Personen, die unseren Einsatz für den Krieg nicht mit ganzem Herzen unterstützen, einschüchtern oder nötigen« zu lassen. Und seine Produzenten-Kollegen ließ er wissen, sie hätten eine Informationspflicht und würden sich mit eskapistischen Filmen vor ihrer eigentlichen Aufgabe drücken.

Mike Curtiz befürchtete, der Krieg könnte schon vorbei sein, noch ehe *Passage to Marseille* fertig sei und in den Verleih käme. Kurz vor Produktionsbeginn schickte er hinter dem Rücken von Hal Wallis ein vertrauliches Telegramm an Jack Warner, in dem er den Studiochef warnte, bei geschätzten Kosten von 2 Millionen Dollar könnte *Passage to Marseille* ein schlechtes Geschäft werden. Am Ende war *Passage to Marseille* zwar ein schlechter Film, aber kein sonderlich schlechtes Geschäft. Die Kosten von 2,3 Millionen Dollar spielte er im Inland nicht ganz ein, doch dafür verschaffte er dem Studio einen hübschen Gewinn von 1,6 Millionen Dollar außerhalb der Vereinigten Staaten. Die Auslandseinkünfte kamen mit Unterstützung der US-Regierung zu Stande. Schon seit Beginn des Krieges hatte sie Hollywood bereitwillig beim Vertrieb im Ausland geholfen, denn die Filme sollten der deutschen Propaganda entgegenwirken. Wenige Tage nach der Befreiung Nordafrikas flogen US-Bomber amerikanische Filme mit französischen Untertiteln ein, um in den 220 Kinos in Algerien und Französisch-Marokko die deutschen, italienischen und die Vichy-Filme zu ersetzen.

Aus der Warners-Akte zu *Passage to Marseille* geht hervor, dass das Studio einige OWI-Lektionen gelernt hatte. »Es erscheint mir nicht ratsam«, lautete eine Studionotiz zum Drehbuch, »die Hautfarbe der Neger in irgendeinem abschätzigen Sinne zu benutzen, vor allem angesichts der japanischen faschistischen Propaganda, die die Neger davon überzeugen möchte, dies sei ein Krieg der farbigen Rassen gegen die weiße.« Obwohl der Film eine Lobeshymne auf

Diese Bilder verdeutlichen, dass Warner Bros. mit Bogart und Michèle Morgan in Passage to Marseille *den gleichen verkaufsträchtigen Zauber erzeugen wollte wie mit Bogart und Bergman in* Casablanca.

Claude Rains hält die Rede an Bogarts Grab in Passage to Marseille.
V. l. n. r.: Philip Dorn, George Tobias, Rains, Helmut Dantine

de Gaulles Kämpfer des Freien Frankreichs ist (de Gaulles Aktien waren in den
16 Monaten nach der Befreiung Nordafrikas gestiegen), äußert sich der französische Offizier (Claude Rains), der die komplizierte Geschichte von den zu
Patrioten mutierten Exhäftlingen erzählt, sehr vorsichtig über Vichy: »Ich versuche, mir klar zu machen, dass Marschall Pétain ein alter Mann ist und sich in
den Händen der Barbaren befindet.«

Wie in den meisten Filmen über den Zweiten Weltkrieg verknüpfte man
auch in *Passage to Marseille* den Krieg mit dem üblichen Hollywood-Melo-
dram. Erst kurz vor Kriegsende konnte es ein Film, *The Story of G. I. Joe*, wagen,
ohne Theatralik oder Sentimentalität ein realistisches Bild der kämpfenden

Männer und ihres grausigen Tuns zu zeichnen. *Passage to Marseille* war der wohl überlegte Versuch, den Erfolg von *Casablanca* zu wiederholen, indem man noch einmal Regisseur, Produzenten und die Schauspieler Bogart, Claude Rains, Sydney Greenstreet und Peter Lorre zusammentrommelte. Sogar das Thema – zynischer und desillusionierter Held schließt sich wieder dem gemeinsamen Kampf an – war dasselbe. Erneut gibt es eine Rückblende auf eine idyllische Liebesaffäre, nun zwischen Humphrey Bogart und Michèle Morgan. Diesmal musste Wallis keine Kompromisse eingehen. Philip Dorn, Wallis' erste Wahl für die Rolle, die in *Casablanca* von Paul Henreid gespielt wurde, war der andere Kostar. Casey Robinson verfasste das Drehbuch. James Wong Howe, den Wallis so gern für *Casablanca* gehabt hätte, war der Kameramann. Und Max Steiner durfte endlich seinen eigenen Lovesong schreiben – der bald wieder in Vergessenheit geriet.

Passage to Marseille ist ein grässlicher Film, durch und durch patriotisch und triefend von Sentimentalität. Bogart spielt einen fanatischen französischen Zeitungsredakteur. Zu Unrecht auf Devil's Island eingekerkert, bricht Bogart zusammen mit Peter Lorre, Philip Dorn, George Tobias und Helmut Dantine aus, duelliert sich mit dem Nazi-Sympathisanten Sydney Greenstreet und wird Pilot für das Freie Frankreich. Als Bogart bei einem Luftangriff ums Leben kommt, hören wir als Nachruf einen Brief an seinen fünfjährigen Sohn, der ohne ihn aufwuchs. Seine süßlichen Propagandasentenzen machen noch einmal deutlich, wie sehr es *Casablanca* zugute kam, dass der Film in der Anfangszeit des Krieges entstand, noch ehe das OWI seine Vorstellungen von moralischer, derart symbolbeladener Erbauung durchsetzen konnte.

> Mein lieber Sohn,
> heute wirst Du fünf Jahre alt, und Dein Vater hat Dich nie gesehen. Aber irgendwann wird er Dich sehen, in einer besseren Welt. Ich schreibe Dir von diesem Tag. Wir gehen zusammen Hand in Hand. Wir gehen und wir schauen, und einige der Dinge, die wir sehen, sind wundervoll, und andere sind schrecklich. Auf einem grünen Rasen sind 10 000 Gräber, und Du spürst, wie Hass in deinem Herzen aufsteigt. Das war, aber es wird nie wieder sein. Die Welt ist geheilt, seit Dein Vater diesen tödlichen Abszess an ihrem Körper mit Feuer und Eisen behandelt hat, und da waren Millionen

von Heilern, die mit ihm zusammen arbeiteten und dafür sorgten, dass so etwas nie wieder geschieht. Dieser tödliche Konflikt wurde ausgetragen, um Deine Zukunft zu entscheiden. Deine Freunde haben sich nicht geschont und waren erbarmungslos gegenüber Deinen Feinden. Du bist der Erbe dessen, was Dein Vater und Deine Freunde mit ihrem Blut für Dich errungen haben, und aus ihren Händen hast Du die Fahne des Glücks und der Freiheit empfangen.

Mein Sohn, sei der Fahnenträger eines großen Zeitalters, das sie ermöglicht haben. Es wäre zu tragisch, sollten die Menschen guten Willens jemals nachlassen oder erneut daran scheitern, eine Welt zu bauen, in der die Jugend ohne Angst lieben darf, Eltern mit ihren Kindern alt werden dürfen und Menschen des Vertrauens, das sie ineinander setzen, würdig sind.

Als *Passage to Marseille* herauskam,* hatte Italien kapituliert, die Alliierten standen im Begriff, Frankreich zu befreien, das Ende war unausweichlich, trotz der Tatsache, dass noch ein Jahr blutiger Kämpfe im Pazifik bevorstand und Hollywood und auch das ganze Land den Krieg satt hatten. 1943 ging rund die Hälfte der wichtigen Oscar-Nominierungen an Filme über den Krieg oder die Heimatfront. Dagegen wurde von den 1945 hergestellten Filmen, die irgendeinen Bezug zu dem Konflikt hatten, kein Einziger in den Kategorien bester Film, Schauspieler, Schauspielerin, weibliche Nebenrolle oder Regisseur nominiert. Allein die Nominierungen für die beste Nebenrolle von Robert Mitchum in *The Story of G. I. Joe* und J. Carrol Naish in *A Medal for Benny* nahmen noch Notiz von einem Krieg, der sechs Monate zuvor zu Ende gegangen war.

Bei *To Have and Have Not*, der im Januar 1945 anlief, handelte es sich weniger um einen Kriegsfilm als um ein romantisches Abenteuer, dem der Krieg bloß als Kulisse diente. Wie *Casablanca* spielte *To Have and Have Not* in einer von Vichy kontrollierten französischen Kolonie, kurz nach der Niederlage Frankreichs und vor dem Kriegseintritt Amerikas. Wie schon in *Casablanca*, sah das Drehbuch vor, dass Bogart sich vom politisch neutralen zum engagier-

* Warners verzögerte den Filmstart, in der Hoffnung, es werde sich abermals eine höhere Fügung ereignen und die Alliierten würden beschließen, die Invasion Europas von Marseille aus zu starten. Aber das taten sie nicht.

Wie Casablanca gemacht wurde

Marcel Dalio, Walter Brennan, Bogart und Lauren Bacall in To Have and Have Not

ten Zeitgenossen wandelt und einem Feind des Dritten Reichs zur Flucht ver-
hilft. Dass *To Have and Have Not* als Verfilmung eines Hemingway-Romans
mehr Parallelen zu *Casablanca* als zu seiner eigentlichen Vorlage aufwies, war
kein Zufall. »Ich bin froh, dass Sie auf unserer Seite sind«, sagt der verwunde-
te Résistance-Kämpfer, den Bogart auf seinem Fischkutter nach Martinique gebracht hat. Und in der Hotelbar, die für Rick's Café steht, muss Hoagy Carmi-
chael sogar Klavier spielen. Doch im Jahre 1945 hatte die Geschichte über das
Freie Frankreich und Vichy ihre Aktualität und Dringlichkeit verloren. Es war
eine exotische, vielfach erzählte Geschichte, und Bogart musste weder das
Mädchen noch sein Boot oder seinen Freund opfern.

* * *

Mit Unterstützung des OWI versah Hollywood während des Zweiten Welt-krieges Hunderte von Filmen mit inhaltsschweren Dialogen und Botschaften. Propaganda war den Amerikanern schon immer suspekt, doch Filme sind stets eine machtvolle Propaganda für irgendetwas, und sei es nur für eine neue Haar-mode. 1943 bat das britische Arbeitsministerium darum, in künftigen Holly-woold-Filmen sollten Schauspielerinnen nur kurze Haare tragen. Seit zwei Jah-ren hatte man vergeblich zu erreichen versucht, dass Fabrikarbeiterinnen auf ihre modisch hoch geschwungenen Locken und Pompadours verzichteten, da sie sich allzu leicht in den Maschinen verfingen. Wenn Veronica Lake sich die Haare schneiden ließe und Greer Garson einen jungenhaften Bubikopf trüge, würden die Arbeiterinnen ihre Frisuren binnen einer Woche ändern, so wie 1934 der Verkauf von Unterhemden stagnierte, nachdem Clark Gable in *It Hap-pened One Night* mit entblößtem Oberkörper zu sehen war.

Das OWI wollte den Kinobesuchern unbedingt eine Reihe von Botschaften verkaufen. Man macht sich leicht lustig über die betont ernste Reaktion des OWI auf B-Movies wie *London Blackout Murders* und *The Gorilla Man*, und darüber, wie die Behörde guten politischen Inhalt mit guter Kunst verwechsel-te. Dabei brachte das OWI Hollywood nur mit einem gewissen Druck dazu, einen Weltkonflikt nuancierter und tiefgründiger darzustellen, als es die In-dustrie von sich aus getan hätte. Leider verlangte das OWI auch Unehrlichkeit und wollte ein Zelluloid-Amerika schaffen, das es damals ebenso wenig gab wie heute, ein glückliches Land mit Rassen- und Klassengleichheit. Die expli-ziten Botschaften der Kriegsfilme, die Brüderlichkeit und Einigkeit für eine bessere Welt predigten, wurden von allen halbwegs Erwachsenen als Propa-ganda empfunden – und je nach politischem Standpunkt und persönlichen Kriegserfahrungen angenommen oder abgelehnt. Die zuckersüßen Botschaften in Filmen, die ihren Patriotismus offen zur Schau trugen, lehnten diejenigen am heftigsten ab, die den Krieg aus nächster Nähe erlebt hatten. Im Frühjahr 1943 bezeichnete ein Leitartikel in der Soldatenzeitung *The Stars and Stripes* den Filmpatriotismus als »widerwärtig«.

In keinem anderen Land war die Kluft in der Wahrnehmung des Krieges zwischen den Männern, die ihn ausfochten, und den Männern und Frauen, die ihn durch das Objektiv der Filmindustrie betrachteten, so groß wie in Ameri-ka. Es befand sich schon seit fast zwei Jahren im Krieg, als James Agee darüber klagte, die meisten Amerikaner seien aus geographischen Gründen »unberührt und jungfräulich geblieben, während jedes andere bedeutende Volk der Erde erwachsen wird«. Der Großteil Amerikas, so Agee, »wird aus dem Krieg wieder so hervorgehen, als hätte dieser gar nicht stattgefunden. Daran werden auch sämtliche Lippenbekenntnisse zum Internationalismus nichts ändern.« Und da weder der Staat noch die Filmemacher den Menschen vertrauten, bekomme das Publikum nicht einmal aus zweiter Hand ein ehrliches Bild des Krieges zu sehen. Die besten Filme – interne Dokumentarfilme der Army wie Capras *The Battle of Britain* und *The Battle of Russia* – würden selten Zivilisten gezeigt, weil man befürchte, die harte Sprache und die schlimmen Bilder könnten sie irritieren. Agee verglich *The Battle of Russia* mit Goldwyns *The North Star*, der fiktiven Geschichte eines russischen Dorfes, die regelrecht überzuckert sei mit »romantischem Sirup und der die Leugnung jeglicher Realität aus allen Poren dringt«. Demgegenüber lobte Agee die nüchternen und realistischen Dokumentarfilme, die zur gleichen Zeit in England entstanden, und beschrieb sie als völlig frei von Kommerz.

OWI und Hollywood teilten die Überzeugung, der Krieg müsse verkauft werden. Die anderen staatlichen Zensoren Hollywoods – die Army, die Navy, die Air Force und die Marines – verkauften ebenfalls überzuckerte Realität. Alle amerikanischen Soldaten, Matrosen, alle »Seabees« (wie man die Techniker der Navy nannte) und alle Heckschützen waren tapfer. Alle Offiziere waren kompetent und selbst die ruppigsten Sergeants allein von dem Bedürfnis getrieben, aus den ihnen anvertrauten Soldaten ganze Männer zu machen, die den Krieg überleben konnten. Und jeder, der diente, wie viel Angst er auch immer vor der ersten Schlacht haben mochte, zeigte sich den Anforderungen gewachsen. Natürlich starben einige, aber sie starben sauber und heldenhaft für die Demokratie.

Hätte Hollywood seine Aufgabe nicht darin gesehen, die Moral der Zivilbevölkerung hochzuhalten (und gleichzeitig volle Kinos zu gewährleisten), indem es unangenehmen Themen aus dem Weg ging, wären die Filme sicherlich realistischer ausgefallen, im Eifer des Gefechts hätte es ihnen aber trotzdem an Vielschichtigkeit gefehlt. Erst nach dem Krieg begannen Romane wie *Catch 22*, *The Naked and the Dead* und *From Here to Eternity* sowie die entsprechenden Verfilmungen Fragen über den Krieg zu stellen. Doch abgesehen von den Dialogen und gezielt lancierten Ideen steckten Filme immer schon voller unausgesprochener Botschaften, viele von ihnen in machtvollen Bildern ausgedrückt. Und einige der impliziten Botschaften in Hollywoods Kriegsfilmen hatten wahrscheinlich eine größere Wirkung als die lautstarken, expliziten, tatsächlich beabsichtigten Botschaften.

In *Sahara* bewies Bogarts verbissene Kompetenz, dass auch ein gemeiner Soldat in der Lage war, das Kommando zu übernehmen. Und halb verdurstete Männer überließen einem Schwarzen die mühevolle Aufgabe, die letzten Wassertropfen aufzufangen, die von den Steinen eines ausgetrockneten Brunnens rinnen. Zu einer Zeit, als Lena Horne nach eigener Aussage im Film keinen Weißen berühren durfte, weil man Szenen mit schwarzen Darstellern aus den Musicals herausschnitt, ehe man die Kopien in die Südstaaten schickte, sah das Kinopublikum zu, wie Rex Ingram das Wasser mit den Händen auffing, es in Becher schüttete, aus denen weiße Männer trinken sollten, die feuchten Handflächen ableckte, um dann die nächsten Tropfen aufzufangen.

Mit Hilfe des OWI-Leitfadens verfasste Warner Bros. eine umständliche Rechtfertigung von *Casablanca*, in der es hieß, der Film stelle die Taktik des Feindes dar, indem er den Einfluss der Nazis in Französisch-Nordafrika dramatisiere, und fördere die internationale Verständigung, denn er bringe dem Publikum Menschen verschiedener Nationalitäten nahe: Victor Laszlo (Tschechoslowake), Annina und Jan Brandel (Bulgaren), Ricks Barkeeper (Russe), Mr. und Mrs. Leuchtag (Deutsche), Widerstandskämpfer Berger und Ilsa Lund (Norweger), eine Anzahl von »charmanten und ungestümen« französischen Charakteren, »die ein tief empfundenes Gefühl der Loyalität gegenüber ihrer Heimat haben«, und mehrere Marokkaner, die »in zahlreichen Szenen im Hintergrund zu sehen sind«.

Die meisten Rollen entsprachen den gängigen Stereotypen des Melodrams, und das Kinopublikum des Jahres 1942 hatte wohl kaum den Eindruck, als fördere *Casablanca* die internationale Verständigung. Dagegen blieb beim Zuschauer vermutlich ein ungutes Gefühl in puncto Vichy-Frankreich zurück, was der amerikanischen Regierung, die sich Vichy gerade anbiederte, mit Sicherheit nicht gefallen konnte. Wir verstehen diese Botschaft, aber sie hat für uns keine Bedeutung mehr. Wir freuen uns einfach über die Ironie, wenn Claude Rains die Flasche mit dem Vichy-Wasser in den Papierkorb wirft, ehe er mit Humphrey Bogart davonschlendert. Die Zeit diktiert, welche Botschaften wir wahrnehmen. Die regenerierende Kraft von Opfer und Verzicht ist im Film geblieben, und sie ist immer noch stark. Die deutlichste politische Metapher, die uns heute auffällt, war für das Publikum des Jahres 1942 nichts als ein Scherz.

»Ich bin entsetzt! Schockiert! Ich musste feststellen, dass hier Glücksspiele stattfinden!«, sagt Claude Rains, während er seinen Gewinn einsteckt. Wir, die wir in einer zynischeren und entfremdeteren Welt leben, entdecken eine neue Aktualität in Captain Renaults Worten. In den Jahren 1990 und 1991 fanden sich auf den Seiten der *New Republic*, von *Newsday*, der *Washington Post* und der *Daily Variety*, auf den Wirtschafts- und Sportseiten der *Los Angeles Times* sowie in den Leitartikeln der *New York Times* an die hundert Textstellen, die die Gestalt des Captain Renault als Sinnbild für eine grassierende Verlogenheit verwenden.

Kein Film kann überdauern, wenn er nichts Neues findet, das er späteren Generationen erzählen kann. Captain Renault – die einzige graue Figur in einer ansonsten schwarz-weißen Zeit – hätte das jedenfalls amüsiert.

*Jack Warner und seine Trophäen, darunter der Oscar für den besten Film
für* Casablanca

18.

Die Oscars

Im echten Casablanca gab es zwar kein Rick's Café Americain, doch dafür war die Stadt voller amerikanischer Soldaten, als Humphrey Bogart im Dezember 1943 nach Nordafrika kam. Ende 1943 sah die Welt schon etwas besser aus, und den Tanks folgten die Stars. Das Hollywood Victory Committee sandte 1943 insgesamt 56 Schauspieler nach Übersee, im Jahr davor waren es nur zwölf gewesen. Im Dezember ging Bogart nach Marokko und Algier, und Ingrid Bergman besuchte Stützpunkte und Krankenhäuser der Army in Alaska.

Für Bogart und Bergman blieb *Casablanca* der einzige gemeinsame Auftritt vor der Kamera, doch besaßen ihre weiteren Karrieren und ihr Privatleben einige Parallelen. Beide waren durch *Casablanca* zu bedeutenden Stars geworden. Beide sollten bald zum ersten Mal für einen Oscar nominiert werden. Und beide hatten Eheprobleme.

Bergman blieb mit Petter Lindstrom verheiratet, bis sie fünf Jahre später Roberto Rossellini kennen lernte, empfand die Ehe aber schon als einengend und bedrückend. Sie arbeitete so viel wie möglich. Kaum hatte sie einen Film beendet, zog sie los, um in Indianapolis oder Pittsburgh Kriegsanleihen zu verkaufen. Als *Gaslight* Mitte Dezember abgedreht war, flog sie nach Alaska. Der militärische Nachrichtendienst des Kriegsministeriums vermerkte, Bergman gehöre der Screen Actors Guild an, einer Organisation, die »man angeblich als eine Gruppierung der Kommunistischen Partei in der Hollywooder Filmkolonie identifiziert hat«, aber man ließ sie trotzdem gehen.

Mayo Methot war kein Petter Lindstrom. Falls Bogart nach Nordafrika gehen wollte, bliebe sie an seiner Seite, um alle anderen Frauen von ihm fernzuhalten. Das Methot-Bild, dem man in Bogart-Biografien begegnet, ist das einer eifersüchtigen Alkoholikerin, einer schwierigen Frau, die boshaft und verbittert wurde, als ihr Stern verblasste und der seine aufging. Später erzählte Bo-

Bogart und Mayo Methot bei der Oscar-Verleihung 1943

gart seiner nächsten Ehefrau, Lauren Bacall, er habe es nur mit viel Alkohol bei
Mayo ausgehalten. Etliche Abende endeten damit, dass Methot mit Geschirr
oder Lampen um sich warf, und einmal stach sie ihm sogar mit dem Küchen-
messer in den Rücken. Während der Tournee in Übersee kam es nach ihrer Ankunft in Italien zu unappetitlichen Alkoholexzessen, woraufhin man beide in
die Vereinigten Staaten zurückverfrachtete.

Auf dem Rückweg nach Hollywood erhielt Bogart ein Telegramm vom Studio. Ob er bei Warner Bros. vorbeikommen könne, bevor er nach Hause fuhr?
Regisseur Howard Hawks müsse mit ihm über den neuen Film sprechen, den
sie beide zwei Wochen später beginnen sollten. Am ersten Drehtag von *To
Have and Have Not* kam Methot ins Studio, um die neue Filmpartnerin ihres

Wie Casablanca gemacht wurde

Mannes in Augenschein zu nehmen. Ob sie wohl erkannte, dass ihr die schlaksige 19-jährige Lauren Bacall zum Verhängnis werden würde?

»Mayo hatte alle Phantomkonkurrentinnen wie eine Tigerin abgewehrt«, schrieb Bogarts Freund Nathaniel Benchley in seinen Erinnerungen an den Schauspieler. »Jetzt aber, da die wahre Konkurrentin gekommen war, schien es fast, als spürte sie, dass es zwecklos war, noch länger zu kämpfen.« Nachdem Bogart und Bacall geheiratet hatten, rief Methot häufig mitten in der Nacht betrunken bei einer seiner Freundinnen an und bat sie, Bogart dazu zu bringen, sich zu melden. Er tat es nie. Eines Nachts sagte sie am Telefon, sie liege im Sterben und wolle Bogart ein letztes Mal sprechen. Auch diesmal rief er nicht zurück, und am nächsten Tag war sie tot.

* * *

Während sich Bogart und Bergman im Dezember 1943 für ihre Reisen nach Übersee rüsteten, schickte Jack Warner ein Telegramm an seinen Publicity-Direktor Charles Einfeld: »Jetzt Oscar-Werbung starten.« Einfeld solle seine Aktionen auf Mike Curtiz als besten Regisseur und auf *Watch on the Rhine* als besten Film konzentrieren.

Als Bogart und Methot im Februar 1944 aus Italien zurückkamen, war er schon als bester Schauspieler für den Oscar nominiert worden. Außerdem kam er 1943 zum ersten Mal auf der von Kinobesitzern aufgestellten Quigley-Rangliste der Top-Stars und Kassenmagneten auf Platz 7. Bogart hielt sich bis 1949 auf der Liste, aber fast immer auf dem sechsten oder siebten Platz, während in diesem Jahren Bing Crosby, Abbott and Costello und Bob Hope dominierten.

Bogart war für *Casablanca* nominiert worden, Bergman für *For Whom the Bell Tolls.* Einen Film, den Bergman für das Office of War Information gemacht hatte, *Swedes in America*, hatte man in der Kategorie kurzer Dokumentarfilm nominiert. Sowohl *The Song of Bernadette* wie auch *For Whom the Bell Tolls* hätten eine Chance, die Oscars zu kassieren, sagte *Variety* voraus, wenngleich es äußerst wahrscheinlich sei, dass *Bernadette* die Preise für den besten Film, die beste Schauspielerin und das beste Drehbuch gewinne. Paramounts *For Whom the Bell Tolls* und *Bernadette* von Twentieth Century-Fox besaßen ideale Ausgangspositionen, Warners *Casablanca* dagegen war schon seit fast einem Jahr wieder aus den Kinos verschwunden. Damals wie heute erinnerte man sich zum Zeitpunkt, da über die Oscars entschieden wurde, kaum noch an Filme aus dem Frühjahr. *The Song of Bernadette* mit zwölf und *For Whom the Bell Tolls* mit neun Nominierungen waren relativ spät im Jahr gestartet, und *Bernadette* lief noch immer in Dutzenden von Kinos. Darüber hinaus waren moralisch erbauliche Geschichten wie die des Bauernmädchens Bernadette mit seinen Marienerscheinungen bei der Academy besonders beliebt. (Im Jahr darauf gewann *Going My Way*, die Geschichte eines katholischen Priesters, den Oscar für den besten Film.) Twentieth Century-Fox unterstrich die Bedeutung seines Films mit einer vierseitigen Anzeige in den Branchenblättern. Sie trug die Überschrift »Die Geschichte eines Meisterwerkes«, war auf speziellem Hochglanzpapier gedruckt und zeigte ein von Norman Rockwell gemaltes Porträt von Jennifer Jones als Bernadette.

Variety, die mit ihren Voraussagen für gewöhnlich richtig lag, tippte beim Oscar für den besten Schauspieler auf Paul Lukas für seine Rolle in *Watch on the Rhine*, hielt es allerdings für möglich, dass Bergman Jennifer Jones ausstechen könnte.

Nach Bergmans Rückkehr aus Alaska waren die Lindstroms endlich nach Hollywood gezogen, wo Petter als Neurochirurg im Los Angeles County General Hospital arbeitete. Nun, da sie quasi zum ersten Mal seit ihrer Heirat als ganz normales Ehepaar im selben Haus in derselben Stadt lebten, empfand Bergman die Ehe noch belastender als vorher und flüchtete sich, wie immer, in ihre Arbeit. Pia war elf Jahre alt, als ihre Mutter endgültig fortging, aber, so schrieb sie, auch schon in den Jahren davor habe ihre Mutter so viel gearbeitet, »daß wir nur für Minuten zusammen waren«.

Abends war Bergman oft in der Hollywood Canteen und verteilte Sandwiches und Zigaretten an einige der 1 580 000 jungen Soldaten und Matrosen, die diese Einrichtung während der ersten zwei Jahre ihrer Existenz besuchten. Bette Davis hatte die Hollywood Canteen gemeinsam mit John Garfield, einem anderen liberalen Warner-Star, ins Leben gerufen. Das Ganze wurde von 42 Berufsverbänden gesponsert, darunter dem Ortsverband 47 der weißen Musikergewerkschaft und dem Ortsverband 767 der schwarzen Musiker. Letzterer hatte von den anderen Verbänden die Zusicherung erhalten, es werde keine Diskriminierung geben. Es sei nicht erforderlich, dass Hostessen mit Soldaten der jeweils anderen Hautfarbe tanzten, sie sollten eventuelle Aufforderungen zum Tanz jedoch unbedingt höflich ablehnen. Als dann doch einige der weißen Hostessen mit Schwarzen und weiße Soldaten mit schwarzen Mädchen

        Wie Casablanca gemacht wurde

tanzten, wollten die feinen Damen im Vorstand »gemischtes« Tanzen verbieten. Ihr Versuch scheiterte jedoch, als Davis und Garfield damit drohten, den Vorstand zu verlassen und die Unterstützung der Screen Actors Guild einzustellen. Eine ganze Reihe von Hollywood-Stars arbeitete an ein oder zwei Abenden die Woche in der Canteen. Kurz bevor sie für ein drittes Jahr zur Präsidentin gewählt wurde, platzierte Bette Davis eine Dankesanzeige in *Variety*, in der auch Bergman als eine von 75 ständigen prominenten Mitarbeitern Erwähnung fand.

Im Studio war Bergman stets herzlich und mütterlich. »Bevor jeder an seine Arbeit ging, trafen wir uns zum Morgenkaffee in Ingrids Garderobe, und sie führte den Vorsitz«, erinnerte sich Dorothy Jeakins, deren Kostüme für *Joan of Arc* den ersten Oscar gewannen, der jemals für Kostüm-Design vergeben wurde. »Ich stand erst am Anfang. Ich war ein Niemand, doch sie akzeptierte mich viel mehr als andere Schauspielerinnen. Wir haben sogar unsere Kleider getauscht.« Als Bergman für *Joan of Arc* nominiert wurde, bat sie Jeakins, ihr Abendkleid für die Zeremonie zu entwerfen. »Ich besuchte sie mit einem Schneider zu Hause«, berichtete Jeakins. »Ihre Tochter spähte kurz durch den Türspalt, um ihre Mutter zu sehen, nur ganz kurz. ›Verschwinde!‹, sagte Ingrid in einem herrischen Ton. In diesem Moment hatte sie etwas sehr Überhebliches und Kaltes.«

Mit 26 Jahren beschrieb Pia die Verwirrung, die sie als Kind empfand, das immer nur am Rande dabei sein durfte. »›Das ist Ingrid Bergmans Tochter‹, so hieß es immer, in der Schule und auf Partys.« Und: »In der Mitte von alldem stand Mama, eine Insel in einem dunklen Meer. Ich war getrennt von ihr – und von der Welt. Kinder – und ich bildete da keine Ausnahme – wollen nicht anders sein. Ich sehnte mich so sehr danach, ›normal‹ zu sein wie jede andere.«

Noch ein weiterer Schauspieler von *Casablanca* war für einen Oscar nominiert worden und weilte während des Frühjahrs 1944 in Hollywood. Claude Rains spielte gerade die Titelrolle in *Mr. Skeffington*, die Paul Henreid abgelehnt hatte. Nach dem Erfolg in *Casablanca* und in *Now, Voyager*, so Henreid, »dachte ich, es würde meine Karriere zerstören, wenn ich plötzlich zum gehörnten Ehemann von Bette Davis würde«.

Jack Warner hatte Julius und Philip Epstein für ihr *Casablanca*-Drehbuch belohnt, indem er sie zu Produzenten machte. Ihr erster Auftrag bestand darin, ihr Drehbuch für *Mr. Skeffington* zu produzieren. Von der ersten Drehbuchfassung an bekam der Film Ärger mit dem OWI. Das Bureau of Motion Pictures bezeichnete die Manuskripte als »überaus schädlich für das OWI-Programm«. Mr. Skeffington war ein jüdischer Broker an der Wall Street. Die Probleme begannen damit, dass Mr. Skeffington seiner Religion wegen von den Oberschicht-Freunden seiner eitlen und untreuen Frau (Bette Davis) diskriminiert wird:

> Die jüdische Frage wird auf eine Art präsentiert, dass die Behauptung der Nazis glaubhaft wird, die Diskriminierung, die die Amerikaner den Faschisten ankreiden, sei ein integraler Bestandteil der amerikanischen Demokratie. Außerdem leistet die Charakterisierung von Skeffington, einem Juden, als dem reichsten und mächtigsten Mann der Wall Street, der Nazi-Propaganda Vorschub, Juden kontrollierten die Finanzmärkte in allen Ländern. Amerikaner und die Werte der amerikanischen Lebensweise werden verzerrt dargestellt. Ihre Charakterisierung als Personen, denen es hauptsächlich um Geld geht, ist eine weitere Bestätigung der weltweiten Nazi-Propaganda über Amerika. Und der einzige Kongressabgeordnete in der Geschichte wirkt vollkommen unfähig.

Kein Mensch weiß, ob das Publikum die in Amerika existierenden gesellschaftlichen Vorurteile gegen Juden mit der Beschlagnahmung jüdischen Besitzes und dem institutionalisierten Mord an Juden in Deutschland verwechselt hätte. Seit Jahren hatten die Warner-Brüder bei der Behandlung jüdischer Themen mehr Mut als die anderen Moguln bewiesen, obgleich auch sie dabei sehr vorsichtig zu Werke gingen. *Disraeli* und *Dr. Ehrlich's Magic Bullet* hatten jüdische Helden. *The Life of Emile Zola*, der in der 15-jährigen Geschichte der Academy Awards Warner Bros. den einzigen Oscar für den besten Film eingebracht hatte, war die Verfilmung der Dreyfus-Affäre. In der Geschichte über Alfred Dreyfus, einen jüdischen Hauptmann der französischen Armee, den man zu Unrecht des Verrats beschuldigte, um die Schuld eines nicht-jüdischen Offiziers zu vertuschen, kam freilich das Wort »Jude« kein einziges Mal vor. Der jüdische Hauptdarsteller Muni Weisenfreund hatte sich in Paul Muni umbenennen müssen, und auch der Star von *Dr. Ehrlich's Magic Bullet* musste sich statt Emmanuel Goldenberg nun Edward G. Robinson nennen.

Das OWI schlug Warner Bros. vor, kurzerhand alle Stellen herauszunehmen, die auf Skeffingtons Judentum hinwiesen. Warner verlagerte den Hauptakzent der Geschichte so weit, dass das OWI schließlich seine Zustimmung erteilte, während Claude Rains nach wie vor einen würdevollen und sympathischen Juden spielte – und das nicht zum ersten Mal. In *Sons of Liberty*, einem Lieblingsprojekt von Harry Warner, hatte er Haym Salomon gespielt, einen Juden, der der amerikanischen Revolution Geld geliehen hatte. Der Kurzfilm entstand noch vor dem Krieg, als Hitler sich auf dem Höhepunkt seiner Macht befand, und laut Rains hatten drei Schauspieler die Rolle abgelehnt, weil sie Juden waren. Da er kein Jude sei, habe er kein Problem damit gehabt, die Rolle anzunehmen.

Rains, so seine Frau Frances Rains Feder, habe leidenschaftlich gerne vor der Kamera agiert, es aber gehasst, sich selbst auf der Leinwand zu betrachten. Auch *Casablanca* habe er nie gesehen, nicht einmal, als man ihn für die beste Nebenrolle nominierte.

Die Oscar-Verleihung für die Filme des Jahrgangs 1943 fand am 2. März 1944 statt, zwei Tage nachdem Bogart mit den Dreharbeiten für *To Have and Have Not* begonnen hatte. 1942 hatte die Zeremonie nur wenige Monate nach dem Angriff auf Pearl Harbor stattgefunden, und Bette Davis, die als erste Frau der Academy of Motion Picture Arts and Sciences vorstand, hatte damals angeregt, die Academy solle wegen des Krieges ihre übliche Gala absagen und die Zeremonie stattdessen in einem Kino abhalten, um Geld für den British War Relief zu sammeln. »Man hätte meinen können, ich hätte eine heilige Kuh geschlachtet«, sagte Davis über die Reaktion der Academy.[*] Im Verlauf von zwei Kriegsjahren hatten sich allerdings die Einstellungen gewandelt. Im März 1944 befanden sich 6496 der insgesamt 30 000 Angestellten der Filmindustrie in den Streitkräften, die Preisverleihung, jetzt weniger glamourös als in der Vorkriegszeit, veranstaltete man im Grauman's Chinese Theater, und das Publikum zahlte 10 Dollar Eintritt. »All der Glanz früherer Oscar-Zeremonien, die sonst immer in Hotels stattgefunden haben, war dahin«, klagte *Variety* am Tag darauf.

In dem vollen Kino roch es nach feuchtem Pelz. Seit zehn Tagen hatte es

---

[*] Davis, die im Oktober 1941 zur Präsidentin gewählt worden war, trat im Dezember wegen der Auseinandersetzung zurück. Erst im Juli 1979 bekam die Academy ihre zweite Präsidentin, die Drehbuchautorin Fay Kanin.

Links: Howard Koch empfängt den Oscar für das beste Drehbuch.
Rechts: Mike Curtiz, der beste Regisseur

pausenlos geregnet, große Teile des San Fernando Valley waren überflutet, und die Nerzmäntel und Jacken, die gerade Mode waren, trieften vor Nässe, weil die Academy schlicht übersehen hatte, dass das Kino über keine Parkmöglichkeiten verfügte.

Casablanca war für acht Oscars nominiert worden, doch Max Steiners Partitur verlor schon bald gegen *The Song of Bernadette*, Arthur Edesons Kamera zog gegen *The Song of Bernadette* den Kürzeren, und der Cutter Owen Marks scheiterte an *Air Force*. Dann folgten die Drehbuch-Oscars. *Variety* hatte auf *The Song of Bernadette* getippt, doch diesmal gewann *Casablanca*. Howard Koch stand allein auf der Bühne, groß und dürr wie eine Vogelscheuche und über ein Mikrofon gebeugt, das viel zu niedrig für ihn war. Die Epsteins, die gerade in New York an einem Bühnenstück schrieben, erfuhren erst knapp 24 Stunden

Wie Casablanca gemacht wurde

Ingrid Bergman und David O. Selznick vor der Oscar-
Verleihung. Sie trägt den Persianer, den er ihr schenkte,
um sich Peinlichkeiten zu ersparen.

später, dass sie gewonnen hatten. Julie erzählte: »Eine Agentur hatte irrtümlich berichtet, *The Song of Bernadette* habe gewonnen. Er hatte ja sonst alles gewonnen.« Sofort schickten die beiden Brüder ein Glückwunschtelegramm an George Seaton.

Dann war Mike Curtiz an der Reihe. Wallis zufolge nahm er die Auszeichnung mit den Worten entgegen, er sei immer eine Brautjungfer und nie eine Mutter gewesen. Doch weder der *Hollywood Reporter* noch *Variety* erwähnten derlei Curtizismen. Curtiz war 1938 für *Angels With Dirty Faces* nominiert worden und 1942 für *Yankee Doodle Dandy*, der stets sein Lieblingsfilm blieb. Aufrichtig überrascht und zurückhaltender als sonst sagte er, er habe schon zweimal eine Rede vorbereitet, sich diesmal aber nicht die Mühe gemacht.

Als Nächstes folgte die Auszeichnung für den besten Film. Heutzutage ist das der wichtigste Oscar – derjenige, der gewöhnlich die Kasseneinnahmen um viele Millionen Dollar steigen lässt –, und er wird als Letzter vergeben. In den vierziger Jahren bildeten dagegen die vier Schauspieler-Oscars den abschließenden Höhepunkt der Feier.

Claude Rains musste also fast bis zum Ende der Preisverleihung warten, um zu erfahren, dass sein Captain Renault den Oscar an Charles Coburns Rolle in *The More the Merrier* verloren hatte. Rains wurde insgesamt viermal nominiert und verlor jedes Mal. Im Jahr darauf hatte sein Mr. Skeffington das Pech, gegen Barry Fitzgeralds alternden Priester in *Going My Way* antreten zu müssen, und zwei Jahre später konkurrierte seine brillante Darstellung als Ingrid Bergmans Ehemann in *Notorious* mit einem armlosen Veteranen, dem Laiendarsteller Harold Russell in *The Best Years of Our Life*. Damals wie heute ist der Gewinn eines Oscars eine Mischung aus Glück, Timing und Heiligsprechung für eine lange Karriere oder Belohnung für eine Leistung, die man im Jahr zuvor übergangen hatte. Nicht dass herausragende Qualität nicht zählen würde, aber eine großartige schauspielerische Leistung allein reicht eben selten aus.

Auch Humphrey Bogart verlor erwartungsgemäß gegen Paul Lukas in *Watch on the Rhine*. Mayo Methot trug einen Nerzmantel, der ihr bis zu den Füßen reichte. Ingrid Bergman, die von David O. Selznick begleitet wurde, trug einen Persianer. In ihren Memoiren schreibt sie, Selznick sei sprachlos gewesen, als er erfuhr, dass sie keinen Pelzmantel besaß. Er schickte sofort seinen Assistenten los, der mit ihr einen Nerz kaufen sollte – wenngleich man von ihr erwartete, dass sie den Mantel selbst bezahlte. »Die Tatsache, daß man aufgrund des wunderbaren Klimas nie einen benötigen würde, wurde völlig ignoriert«, schreibt sie. »Wenn man zu einer Party kam, war es Sitte, seinen Nerz auf das Bett der Gastgeberin zu werfen. Das Bett ächzte geradezu unter Nerzmänteln.« Als Bergman zu ihrer nächsten Party ging und ihren Nerz auf das Bett warf, sah sie, dass er es mit den anderen Mänteln nicht aufnehmen konnte, denn sie war zu geizig gewesen, einen wirklich teuren Mantel zu kaufen. Also verkaufte sie ihn wieder. »David aber meinte, ich hätte noch immer nicht das richtige Auftreten, das einem amerikanischen Filmstar gebührte, und so schenkte er mir zu Weihnachten einen Persianer. Ich mochte den Mantel sehr und hatte zu guter Letzt endlich einen Pelz, konnte David also keine Schande mehr machen.« Bergman verlor den Oscar an Selznicks anderen Star, Jennifer Jones, tat aber so, als freue sie sich über deren Sieg.

Dass *Casablanca* den Oscar für den besten Film gewann, sollte zum endgültigen Bruch zwischen Jack Warner und Hal Wallis führen. Als der Titel des Films verkündet wurde, erhoben sich gleichzeitig Warner und Wallis. In seinen Memoiren schreibt Wallis: »Ich lief den Mittelgang nach vorn, um meinen Oscar entgegenzunehmen. Zu meiner Überraschung sprang Warner auf, eilte zur Bühne und nahm ihn vor mir in Empfang. Nach fast vierzig Jahren habe ich mich immer noch nicht von dem Schock erholt.«

Es stimmt, dass Jack Warner zur Bühne eilte und sich den Oscar schnappte. Dass er sich den Oscar unrechtmäßig aneignete, lässt sich dagegen nicht so eindeutig behaupten. Die Academy war 1927 von den großen Studios – mit Louis B. Mayer als dem eigentlichen Architekten – gegründet worden, um als eine Betriebsgewerkschaft der Bildung richtiger Gewerkschaften zuvorzukommen. Die Schauspieler, Autoren und Regisseure bekamen trotzdem ihre eigenen Gewerkschaften, und 1944 war die Academy dann eine geachtete Institution, die die gesamte Filmindustrie repräsentierte. Ihre Statuten, die sich jedes Jahr änderten, begünstigten allerdings fast immer die Studios vor Einzelpersonen. So ging beispielsweise bis 1938 der Oscar für die beste Filmmusik an die Musikabteilung eines Studios, nicht an den Komponisten selbst. Da Max Steiner seit 1935 die Musikabteilung bei RKO leitete, konnte er seinen Oscar für die Musik zu *The Informer* behalten. Erich Wolfgang Korngold hatte nicht so viel Glück, als seine Musik für *Anthony Adverse* im Jahr darauf gewann. Der Oscar für den besten Ton ging sogar noch bis 1969 an das Studio.

Bei dem Oscar für den besten Film gab es keine festen Regeln, doch gewöhnlich nahm der Chef des Studios die Auszeichnung entgegen, eine Praxis, die sich erst 1948 änderte. Während der dreißiger Jahre hatten Harry Cohn, L. B. Mayer und 1937 auch Jack Warner triumphierend auf der Bühne des Festsaals gestanden. Der Oscar ging nur dann an einen Produzenten, wenn dieser wie David O. Selznick, Irving Thalberg und Darryl F. Zanuck auch ein Studio leitete.

Wallis blieb nichts anderes übrig, als zu seinem Sitz zurückzugehen und zuzuschauen, wie Warner mit Jack Benny scherzte, dem Zeremonienmeister des Abends. Ein Reporter berichtete, Warner habe gleichsam im Abgehen Wallis und den Filmstars gedankt, ohne wirklich alle Namen im Kopf zu haben.

Nachdem Warner die Bühne verlassen hatte, kam für Wallis der große Moment. Zum zweiten Mal wurde ihm der Thalberg Award verliehen, »für den Produzenten, der in seinen von ihm persönlich produzierten Filmen des vorangegangenen Jahres am beständigsten hohe Qualität geliefert hat«. Heute wird der Thalberg Award für ein Lebenswerk verliehen und im Voraus bekannt gegeben. 1944 war die Vergabe noch eine Überraschung, obwohl nie mehr als drei oder vier Produzenten im Rennen lagen.

Nicht einmal das kalte Metall des Thalberg Award vermochte Wallis' Zorn zu kühlen. Warner Bros. hatte insgesamt acht Oscars gewonnen. Sieben davon gingen auf das Konto von Wallis-Filmen: Der Oscar für das beste Originaldrehbuch wurde *Princess O'Rourke* zuerkannt, der für den besten Schnitt ging an *Air Force*, der für die beste Vertonung eines Musicals an *This Is the Army*, Paul Lukas bekam den Oscar für den besten Schauspieler für *Watch on the Rhine*, und die drei wichtigsten Auszeichnungen fielen an *Casablanca*. Den achten Preis für Warner Bros., den Thalberg Award, erhielt Wallis persönlich. Alle Wallis-Filme, die 1943 herauskamen, hatten jeweils mindestens einen Oscar gewonnen, und Wallis war es im Alleingang gelungen, dass Warners bei der Zahl der gewonnenen Oscars mit Twentieth Century-Fox gleichgezogen hatte. Dennoch reklamierte Jack Warner die Lorbeeren für sich.

Noch ehe der Abend vorüber war, schickte Wallis seine Sekretärin zu Warners Sekretär, Bill Schaefer, um den Oscar einzufordern. Daraufhin untersagte das Studio sogar, dass sich Wallis mit der Statuette fotografieren ließ. Entgegen dem Studioreglement hatte Wallis einen eigenen Presseagenten, und tags darauf konnte Jack Warner in der *Los Angeles Times* diese Schlagzeile lesen:

»RIVALITÄT« WARNER-WALLIS
SORGT FÜR AUFSEHEN BEI FILMGALA

Die von Edwin Schallert, dem Theater- und Filmkritiker der Zeitung, verfasste Kolumne begann mit den Worten:

> In Hollywood wird heftig die Frage diskutiert, ob bei der großen Veranstaltung der Academy J. L. Warner oder Hal B. Wallis die Auszeichnung hätte entgegennehmen sollen, die »Casablanca« als herausragender Produktion zuerkannt wurde.

Letztes Jahr war es Sidney Franklin, der tatsächliche Produzent von »Mrs. Miniver«, der die Ehrung förmlich entgegennahm. Manchmal übernimmt das auch der Chef des Studios.

Wallis hatte ein Feuer entfacht, und binnen einer Stunde war die Publicity-Abteilung des Studios damit beschäftigt, die Flammen zu ersticken. Charlie Einfeld hatte schon seit über zehn Jahren solch brenzlige Situationen gemeistert. So hatte er 1935, als *Black Fury*, einer der sozialkritischen Filme des Studios, von regionaler Zensur in Chicago bedroht war, die Situation dadurch entschärfen können, dass er John L. Lewis, den Führer der Bergarbeitergewerkschaft, zu der Erklärung bewog, der Film sei zahm im Vergleich zu den wirklichen Kämpfen zwischen Bergleuten und Polizei, und außerdem den Autor der Story, einen geachteten Richter aus Pennsylvania, nach Chicago einfliegen ließ.

Einfeld diktierte sofort ein Telegramm für Walter Wanger, den Präsidenten der Academy, das dieser an Schallert schicken sollte, mit der Aufforderung, die Meldung zurückzuziehen. Dann entwarfen Einfeld und sein Assistent, Alex Evelove, ein Telegramm, das Wallis an Schallert richten sollte, was Wallis jedoch ablehnte. Er habe Schallert die Story nicht gesteckt und wolle sich auch nicht weiter dazu äußern. »Die Zeitung von heute ist das Klopapier von morgen«, sagte er zu Evelove. »Je weniger dazu gesagt wird, desto besser.« Wenn jemand eine Erklärung abgeben müsse, dann Jack Warner. Wallis konnte es sich allerdings nicht verkneifen hinzuzufügen: »J. L. war nicht der Executive Producer dieses Films. Das war ich.«

Wallis behauptete zwar hartnäckig, Sidney Franklin habe die Auszeichnung für *Mrs. Miniver* persönlich entgegengenommen, und vermutlich hatte auch die *Times* diese Information von ihm, doch in diesem Punkt irrte er. Es war L. B. Mayer. Schließlich gab Wallis klein bei und schickte das Telegramm ab, das Einfeld und Evelove aufgesetzt hatten:

Ich bin seit zwanzig Jahren bei Warner Bros., und während dieser Zeit war es hier wie anderswo Brauch, dass der Studiochef die Oscar-Auszeichnung für den besten Film in Empfang nimmt. Natürlich habe ich mich gefreut mitzuerleben, wie Jack Warner die diesjährige Auszeichnung für »Casablanca«

entgegennahm, so wie er es bei ›The Life of Emile Zola‹ getan hat. Im Übrigen bin ich froh, dass ich meinen Beitrag zur Entstehung des Films leisten konnte. Ihre Bemerkung über Rivalität bei Warner Bros. in der heutigen Ausgabe Ihrer Kolumne ist vollkommen ungerechtfertigt. Ich wäre Ihnen dankbar, wenn Sie den dadurch verursachten irreführenden Eindruck korrigieren würden, wie auch den Eindruck, wir wären vorab über die Vergabe informiert gewesen.

In seiner Montagskolumne druckte Schallert Wangers Richtigstellung ab, wonach »die Statuette für außergewöhnliche Produktionen immer dem Chef des Studios überreicht wird«.

Der Bruch zwischen Wallis und Warner war nun endgültig. Einen Monat später, am 4. April, annullierte Warner Bros. Wallis' Vertrag wegen einer Formsache. Wallis war verpflichtet, Warners vier Filme pro Jahr zu liefern. Zwar hatte er während seines ersten Vertragsjahres sechs Filme gemacht, doch im zweiten Jahr waren nur zwei Filme fertig geworden.

Warner hatte das Studio wieder für sich allein, war aber viel zu wütend, um sich auch nur den Anschein von Großmut zu geben. So veröffentlichte Warner Bros. eine Pressemitteilung, in der man Wallis beschuldigte, mit anderen Studios verhandelt zu haben – was zweifellos zutraf –, und seinen Erfolg größtenteils der Tatsache zuschrieb, dass man ihm die »ausgewähltesten Aufträge, darunter zahlreiche Bestseller und Broadway-Hits« übertragen habe. Und so äußerte sich das Studio über Wallis' Karriere:

Wallis' Weggang von Warner Bros. beendet eine Zusammenarbeit, die vor 21 Jahren begann, als Jack L. Warner, der für die Produktion zuständige Vizepräsident, einen ehrgeizigen jungen Platzanweiser unter seine Fittiche nahm und ihm den ersten Studiojob gab. Wallis fing bei Warner Bros. mit einem Wochengehalt von 18 Dollar an und galt zuletzt als einer der zehn Spitzenverdiener in der Filmindustrie. Sein Aufstieg vom Platzanweiser zum Pressemitarbeiter und schließlich zum Produzenten unter Jack Warners Führung ist eine der ganz großen Erfolgsgeschichten Hollywoods.

Anschließend berechnete ihm das Studio 7000 Dollar für die Vorführapparatur, die man ihm vor Jahren in seinem Haus installiert hatte.

Wallis gewann nie wieder einen Oscar für den besten Film, und Warner Bros. den nächsten erst 21 Jahre später. Als *My Fair Lady* im Jahre 1964 den Sieg davontrug, waren Harry Cohn und L. B. Mayer bereits gestorben, die Studios nur noch Fassaden, und Produzenten hatten schon fast zwei Jahrzehnte lang die goldene Statuette selbst entgegengenommen. Zufälligerweise hatte Jack L. Warner *My Fair Lady* persönlich produziert. Als er seinen Oscar in Empfang nahm, brauchte er nicht an Wallis vorbeizueilen. Er ging langsamen Schrittes, während Wallis, dessen *Becket* gerade gegen *My Fair Lady* verloren hatte, auf seinem Platz sitzen blieb.

Jack Warner erhält von General Hap Arnold die Verdienstmedaille.

19.

As Time Went By – So vergeht die Zeit

*D*er Einfluss der Studios schwand langsam, aber unvermeidlich. Lee Katz, der Regieassistent von *Casablanca*, kehrte nach dem Krieg gar nicht erst zu Warner Bros. zurück, obwohl Mike Curtiz ihm anbot, die Nummer zwei in seinem Filmteam zu werden. Ein neues Zeitalter war angebrochen, und Katz wurde einer der ersten freien Produktionsleiter, zog von einem Studio zum anderen und fand sich schließlich 1956 in Europa wieder, als Hollywood das Fernsehen dadurch zu schlagen suchte, dass es seine Kameras auf ferne Landschaften richtete, die für das Fernsehen noch unerreichbar waren. Der Krieg hatte die Einführung des Fernsehens verzögert und den Filmstudios somit noch ein halbes Dutzend üppiger Jahre beschert. Wahrscheinlich hätte das Studiosystem trotz vereinzelter Rebellionen führender Stars und Regisseure überleben und das Fernsehen integrieren können. Doch 1948 sorgte der Supreme Court für ein Ende der Praxis, nach der Filme nur im Paket zu buchen waren, und verlangte, dass sich die Studios von ihren Kinos trennten. Während ehemals gefügige Stars und Regisseure ihre eigenen Produktionsgesellschaften gründeten, das Fernsehen von Jahr zu Jahr ausgereifter und die Unterhaltskosten für die riesigen, unausgelasteten Studiogelände immer drückender wurden, büßten die Studios allmählich ihre schöpferischen Funktionen ein. Als Lee Katz 1966 nach Hollywood zurückkam, war er inzwischen Chef der Produktion bei United Artists, einem Unternehmen, das kein eigenes Studio besaß und als Vertriebsfirma für Produzenten tätig war.

Während seiner zwölf Auslandsjahre arbeitete Lee Katz ein weiteres Mal mit Ingrid Bergman zusammen, und zwar bei dem Film *Aimez-vous Brahms?*. Inzwischen war sie mit ihrem dritten Ehemann, Lars Schmidt, verheiratet. »Jeder scheint zu denken: ›Was für ein Glückspilz, dass der bei *Casablanca* mitmachen konnte‹«, sagte Katz. »Ich habe das jedenfalls nie so wichtig genommen. Ich glaube, jeder hielt *Casablanca* für einen guten Film. Aber niemand dachte, dass er so denkwürdig war.«

Für die Techniker ging von *Casablanca* kein besonderer Zauber aus, und für viele verlor nach einer Weile auch die Filmindustrie insgesamt ihren Reiz. Als Captain Francis Scheid aus dem Krieg zurückkehrte, nahm er bei Warners wieder seine Arbeit in der Tonabteilung auf. »1972 nahm ich Urlaub und sagte, ich würde nicht wiederkommen«, erzählte Scheid. »Die hatten sich jetzt Leute mit langen Haaren und schmutzigen Fingernägeln geholt, die alle Pot geraucht haben. Als man mich fragte, ob ich wegen der Torte und der goldenen Uhr wiederkäme, habe ich geantwortet: ›Zum Teufel mit der Uhr.‹«

Das war fünf Jahre nachdem Jack Warner seine Warner-Bros.-Aktien für 32 Millionen Dollar an Seven Arts verkauft hatte, und 25 Jahre nach dem erhebenden Augenblick, als Warners Identifizierung mit der Firma und den Helden seiner Filme vollkommen war. Am 14. März 1947 erhielt Warner den Verdienstorden in Anerkennung dessen, was er zwischen September 1939 und September 1945 für das Kriegsministerium geleistet hatte. Nicht einmal 200 Amerikaner hatten diesen Orden bekommen, seit George Washington ihn im Jahre 1782 gestiftet hatte, und Warner war der erste Träger aus der Filmindustrie. Der Orden wurde ihm von General Arnold in March Field verliehen, dort, wo einst Lieutenant James Stewart eingeflogen war, um *Winning Your Wings* zu drehen. Die Zeremonie endete mit einer Flugschau, an der P-80-Maschinen teilnahmen, die neuesten Flugzeuge der Army Air Force. In der Verleihungsurkunde hieß es, Warner Bros. habe nicht nur über hundert Lehr- und Rekrutierungsfilme produziert, sondern auch ohne jegliches persönliches Gewinnstreben erhebliche Geldbeträge beigesteuert und somit den Streitkräften enorme finanzielle Einsparungen ermöglicht.

Als Warner 1967 sein Studio verkaufte, war er bereits ein Dinosaurier. Alle noch lebenden Studiobosse der Gründergeneration verwandelten sich in Dinosaurier, die einer Kultur hinterherhinkten, die längst über sie hinweggegangen war. Warner Bros. wurde zu Seven Arts, und Seven Arts wiederum zu Kinney, einem Mischkonzern, der Parkplätze und Bestattungsunternehmen betrieb und seinen Namen in Warner Communications änderte. Das Studiogelände in Burbank hieß nun »The Burbank Studios«, aus Kostengründen teilte man sich die Tonateliers und Vorführräume mit Columbia Pictures, und auf dem Wasserturm standen jetzt die Buchstaben TBS.

Warner überlebte alle anderen Moguln und starb 1978 nach mehreren Schlaganfällen im Alter von 86 Jahren. 1990 prangte sein Name wieder auf dem Wasserturm. Warner Bros., inzwischen Teil von Time Warner, Inc., veranstaltete eine 4,5 Millionen Dollar teure Party, um den Rückkauf seines Studios von Columbia zu feiern, das seinerseits an Sony verkauft worden und in die alten Studios von MGM in Culver City gezogen war. Das Diner für Steven Spielberg, Clint Eastwood, Steve Martin, Ruby Keeler, Ronald Reagan und 995 andere Gäste fand im Atelier 18 statt, das man wie Rick's Café Americain dekoriert hatte. Die Kellner trugen einen roten Fez, und »As Time Goes By« wurde gleich zweimal gespielt, von Hank Mancini und von Quincy Jones.

* * *

Die Zeit vergeht in der Tat unaufhaltsam und ohne große Rücksicht auf Gerechtigkeit. Die Drehbuchautoren hatten bei *Casablanca* das für Hollywood typische Happy End abgelehnt, und auch ihr eigenes Leben hielt einen bittersüßen Schluss für sie bereit. Julius und Philip Epstein wurden zwar im Anschluss an *Casablanca* von Jack Warner zu Produzenten befördert, wechselten aber trotzdem einige Jahre später zu Paramount. Autoren mussten am meisten um ihren Einfluss kämpfen – im alten Hollywood wie auch im heutigen –, doch die Zwillinge erhielten einen Vertrag, der es ihnen erlaubte, zu schreiben, zu produzieren und Regie zu führen. Als sie 1951 geeignete Schauplätze für *Forever Female* suchten, zog sich Phil eine schwere Vergiftung zu. Er wurde mit einem damals neuen Medikament behandelt, mit flüssigem Kortison. »Er musste riesige Mengen von Kortison trinken, ganze Flaschen«, berichtete seine Witwe, Lilian Gelsey. Die Familie glaubt, das Kortison habe irgendwie eine akute Krebserkrankung ausgelöst. Phil starb im Februar 1952, wenige Wochen nachdem der Krebs diagnostiziert worden war.

»Mein Bruder und ich …«, sagte Julie später immer. Er begann seine Sätze mit »wir« und versuchte auf diese Weise, den Bruder lebendig zu halten. Als die Boston Public Library vor einigen Jahren einen Julius-J.-Epstein-Preis stiften wollte, bestand Julie darauf, den Preis offiziell in »Philip G. and Julius J. Epstein Screenwriting Award« umzubenennen. »Stets begann der eine einen Dialogsatz, und der andere führte ihn zu Ende«, erinnerte sich Julie. »Von Anfang an war das so.« Um sich zu trösten, erzählte Julie all die alten Geschichten, lachte über die Scherze, die sein Bruder einst gemacht hatte. Seine Stimme versagte ihm jedoch, wenn man Phils Tod erwähnte. Phil war erst 42, als er starb. Vierzig Jahre später war Julies Schmerz immer noch zu spüren. Er lernte es, allein zu schreiben, und erhielt Oscar-Nominierungen für *Pete 'n' Tillie* (1972) und *Reuben, Reuben* (1983). Diese und ein weiteres Dutzend Drehbücher stammen aus der Feder von Julius J. Epstein, doch Philip G. Epstein hat unsichtbar an ihnen mitgeschrieben.

Howard Koch kehrte schließlich aus dem Exil zurück, allerdings nicht nach Hollywood. Nach mehr als zehn verlorenen Jahren ließ er sich jetzt dort nieder, wo er aufgewachsen war, im Norden des Staates New York. »Zu Roosevelts Zeiten dachten wir wirklich, wir könnten die Welt verändern«, erzählte er. »Heute lebt man sein eigenes Leben und hofft einfach, dass die Politik nicht allzu schlimm wird. Man schreibt Briefe an die *Times*, von denen vielleicht jeder sechste abgedruckt wird, und versucht, die humanistischen Werte zu leben, für die *Casablanca* eingetreten war.« Während der Reagan-Jahre protestierte Koch in Leserbriefen an die *New York Times* gegen die amerikanische Hilfe für El Salvador, und er verfasste ein Theaterstück, *The Trial of Richard Nixon*, das im Kopf des früheren Präsidenten spielt, in der Zeit zwischen seinem Rücktritt und seiner Amnestie durch Präsident Gerald Ford.

Nach dem Erfolg von *Casablanca* holte man Murray Burnett und Joan Alison nach Hollywood. Gleich nach dem Filmstart engagierte sie Paramount für je 1000 Dollar die Woche. »Mehr Geld, als ich mir je erträumt hatte«, erinnerte sich Burnett. »Und in der Kantine unter all den Stars zu sitzen, das war die Erfüllung meiner kühnsten Träume.« Doch Hollywood stellte Anforderungen an Burnett und Alison, denen sie nicht gewachsen waren. So sollten sie etwa eine Komödie für Bob Hope schreiben. »Ich sagte: ›Wissen Sie denn nicht, wer wir sind? Wir wollen ein Melodram machen‹«, berichtete Burnett. »Mein Agent empfahl mir, ein paar Monate lang an der Story zu arbeiten und ihnen dann zu sagen, dass wir es nicht machen könnten. Wahrscheinlich war es ein guter Rat, aber ich habe ihn nicht befolgt.« Alison sagte 1990 dazu: ›Vergessen Sie nicht, wir waren keine Drehbuchautoren. Sie wollten, dass wir ihre alten Drehbücher für Remakes überarbeiten. Ich mach doch keine Plagiate. Anderer Leute Ideen zu benutzen, das könnte ich nicht.‹

Hollywood brachte die beiden schließlich auseinander. »Murray hasste Hollywood«, betonte Alison. »Ich blieb etwas länger.« Burnett schrieb weitere Bühnenstücke, von denen eines sogar für einige Wochen am Broadway lief.

Schließlich fand er seine Nische beim Radio, entwickelte *Café Istanbul* für Marlene Dietrich – »Sie war ein weiblicher Rick, keine Frage«, sagte Burnett – und schrieb und produzierte zehn Jahre lang *True Detective Mysteries*, bei denen er auch Regie führte. Burnett verlor den Prozess um die Rechte an seinen Figuren, doch die Zeit und das Copyright-Gesetz von 1976 arbeiteten für ihn. Burnett und Alison hatten sich 1941 das Copyright auf *Everybody Comes to Rick's* gesichert und dann 1969 erneuert. 1987 ließen sie Warner Bros. wissen, sie wollten ihre Vereinbarung 1997 beenden, wenn das Copyright zur letzten Erneuerung anstehe. Um zu verhindern, dass Burnett die Charaktere aus *Casablanca* anderweitig benutzte, zahlte Warner Bros. Burnett und Alison jeweils 100 000 Dollar und gab Burnett das, was er immer haben wollte – das Recht, *Everybody Comes to Rick's* produzieren zu lassen. Das Stück kam im April 1991 in London auf die Bühne. »Ich rate jedem, der nostalgische Gefühle für *Casablanca* hegt, sich einfach den Film in der nächsten Videothek auszuleihen«, schrieb der *Daily Telegraph. Everybody Comes to Rick's* konnte nie für sich allein bestehen. Die meisten Kritiken waren schlecht, und das Stück wurde nach nicht einmal einem Monat abgesetzt.

* * *

Hal Wallis überlebte Jack Warner. Als die Macht von den Studios auf unabhängige Produzenten und Regisseure überging, verhalf er in den fünfziger Jahren Burt Lancaster und Elvis Presley zu ihren Filmkarrieren. Er behauptete oft, er habe die Filme mit Dean Martin und Jerry Lewis nur gemacht, um seine Prestige-Projekte zu finanzieren, dabei waren auch diese Filme – *The Rose Tattoo, Come Back, Little Sheba* und *Becket* – kommerzielle Erfolge. Er heiratete eine junge Schauspielerin, Martha Hyer, sammelte Kunst und verabschiedete sich 1975 mit *Rooster Cogburn* aus dem Filmgeschäft, verließ Los Angeles und zog in die Wüste, wo der Himmel noch blau war. Wallis lebte lange genug, um als Relikt des goldenen Zeitalters verehrt und dekoriert zu werden – mit dem Orden des Commander of the British Empire, einem Ehrendoktor der Northwestern University sowie mit Retrospektiven seiner Werke in New York, London und Paris. Stets bat er die Festivalorganisatoren, *Casablanca* zu zeigen, und sagte dann jedes Mal: »Ein Produzent, der diesen Namen verdient, muss ein Schöpfer sein.«

Mit 88 Jahren starb Harold Brent Wallis 1986 im Schlaf. Bei einer *Casa-*

blanca-Gala im Rahmen einer Wallis-Retrospektive in Palm Springs gegen Ende seines Lebens sagte er zu seiner Frau: »Wenn wir heutzutage doch nur einen
Michael Curtiz hätten.« In seinen späten Jahren wiederholte er diesen Satz immer wieder. »Wenn wir heutzutage doch nur einen Michael Curtiz hätten.«

Curtiz hatte seine eigene zynische Grabinschrift immer wieder zum Besten
gegeben. »It doesn't exist friendship here«, sagte er oft. »Du machst fünfzig
gute Filme und dann zwei schlechte, und du bist erledigt.« Oder: »Die grau-
samste Stadt der Welt. Man schätzt dich, solange du Knete lieferst. Am nächsten Tag schmeißen sie dich in den Gully.« Die Ära des Regisseurs brach an,
doch Curtiz war außer Stande, einen Film ganz allein zu erschaffen, und er
konnte leider nicht mehr jene Zeit erleben, da es an jeder Universität Film-
kurse und die Seminare und Retrospektiven gab, die den großen alten Hal
Wallis noch mit neunzig Jahren auf Trab hielten. Curtiz war zu produktiv gewesen und hatte seine besten Filme bereits viele Jahre vor seinem Tod gemacht. Als Arbeitstier abgestempelt, wurde er zum Inbegriff des Studioregis-
seurs à la Hollywood.

Manche behaupten, Curtiz sei im Alter sanfter geworden. Samuel Goldwyn jr., der zwei der letzten fünf Curtiz-Filme produzierte, *The Proud Rebel*
(1958) und *The Adventures of Huckleberry Finn* (1960), war da anderer Ansicht.
»Er hielt es ohne Arbeit nicht aus. Arbeit war sein Ein und Alles. Wenn er am
Samstag ging, wartete er ungeduldig darauf, am Montag weiterzumachen. Als
wir an *The Proud Rebel* arbeiteten, rief mich Olivia de Havilland einmal mitten
in der Nacht an. Sie war wütend und sagte: »Er war ein Dreckskerl, als ich 17
war, und er ist immer noch ein Dreckskerl.«

* * *

Claude Rains war einer von Curtiz' Lieblingsschauspielern. Im Grunde war er
jedermanns Lieblingsschauspieler, ließ sich aber zu schwer einordnen und war
zu klein, um ein richtiger Star zu sein. »Was gedenken Sie, gegen Ihr Zwer-
gentum zu unternehmen?«, fragte ihn Hitchcock, als er ihn für *Notorious* besetzte. »Sie werden erhöhte Schuhe brauchen.« Rains' Stolz war verletzt, aber
er kaufte die Schuhe. Je älter er wurde, desto größer war seine Angst, »wenn er
sich vorstellte, nie wieder arbeiten zu können«, erzählte seine Tochter. »Wenn
wir auf der Farm waren, wartete er die ganze Zeit darauf, dass das Telefon klin-
gelte.«

Als er 1951, damals 62, nach 17 Jahren Hollywood wieder zur Bühne zurückkehrte, konnte Rains kaum geahnt haben, was ihn erwartete. Nach seiner ersten Vorstellung in *Darkness at Noon* als der kommunistische Führer, der sich für die gute Sache opfert, stand er allein auf der Bühne und weinte. »Die Leute wollten mich nicht gehen lassen«, erinnerte er sich. »Sie hielten mich auf der Bühne, und ich musste mich immer wieder verbeugen. Ich weinte, weil ich so etwas nicht erwartet hatte. Großer Gott, es war einer der wunderbarsten Abende, die je ein Schauspieler im Theater erlebt hat.« Rains bekam überschwängliche Kritiken und gewann alle wichtigen Schauspielerpreise am Broadway.

Zehn Jahre später, nach einer Leberoperation, entwarf er seine eigene Grabinschrift:

CLAUDE RAINS
1889–1967
Alles, was es einmal gab
Gibt es ewig.
Die Seele, die einmal lebte,
Lebt ewig.

Während Claude Rains in seinen späteren Jahren Triumphe feierte, verblasste Paul Henreids Stern zusehends. Henreid war ein anständiger Mensch und ein guter Schauspieler, aber der richtige Durchbruch wollte ihm nie gelingen. Während des Krieges war er Hollywoods heldenhafter Europäer, in etlichen Filmen Anführer des Widerstands. Doch in gewisser Weise fiel er demselben Schicksal zum Opfer wie die aus Europa geflohenen Chargen in *Casablanca*. Henreid war ein fester Bestandteil der Hollywood-Version von den Übeln des Faschismus. An Dutzenden von Filmen über die Nazis waren nicht nur emigrierte Schauspieler beteiligt, sondern auch Exilautoren und -regisseure wie Bertolt Brecht und Fritz Lang *(Hangmen Also Die)*, Billy Wilder *(Five Graves to Cairo)*, Jean Renoir *(This Land Is Mine)*, Otto Preminger *(Margin for Error)*, Michael Curtiz *(Casablanca, Mission to Moscow, Passage to Marseille)*, Douglas Sirk *(Hitler's Madman)* und Fritz Kortner *(The Strange Death of Adolf Hitler, The Hitler Gang)*. Nach dem Krieg stiegen viele von ihnen mühelos auf spezifisch amerikanische Themen um. Doch selbst die Stars unter den Schauspielern, die durch ihren Akzent und ihre »ausländische« Art benachteiligt waren, hatten es nun beträchtlich schwerer.

»Ich gehörte nicht zur Americana, zur Literatur dieses Landes«, sagte Henreid 1977 in einem Interview. »Ich war kein Gary Cooper, der vielleicht 15 Drehbücher auf einmal zur Auswahl hatte. Ich hatte drei, oder zwei, oder eines – und alle waren irgendwie zusammengeschustert.« Anfang der fünfziger Jahre kam Henreid auf die graue Liste der großen Studios, was seiner Karriere hinderlich war. Er inszenierte eine Reihe von unbedeutenden Filmen, darunter *Dead Ringer* mit Bette Davis, war bei ebenso unbedeutenden Filmen als Produzent tätig und zog sich am Ende auf ein würdiges Altenteil zurück. »Ich bereue es nicht, dass ich die Rolle angenommen habe«, sagte er gegen Ende seines Lebens über *Casablanca* – freilich mit wenig Begeisterung in der Stimme.

»Pauls größter Wunsch war es, an der Oscar-Zeremonie teilnehmen zu dürfen«, erzählte Charles Champlin, ein ehemaliger Feuilletonredakteur der *Los Angeles Times*. »Ich dachte, es wäre wunderbar, wenn er da in diesem weißen Anzug auftritt. Er wollte gerne Moderator sein und anerkannt werden.« Mehrmals schlug ihn Champlin der Academy vor, aber es kam nie ein entsprechendes Angebot.

* * *

Als Humphrey Bogart zwölf Jahre nach *Casablanca* den Film *Beat the Devil* in Italien drehte, traf er auch Ingrid Bergman wieder. Damals hatten die Studios bereits keine Stars mehr, die sie verleihen konnten. Bette Davis, Errol Flynn und Bogart hatten alle Warner Bros. verlassen, und *Beat the Devil* wurde von Bogarts eigener Firma produziert. Bergman erzählte bei verschiedenen Gelegenheiten die Geschichte ihrer Wiederbegegnung, jeweils in leicht abweichenden Versionen. Ob sie es nicht bereue, ihre Karriere ruiniert zu haben, soll Bogart sie gefragt haben. Bergman war damals mit Roberto Rossellini verheiratet und drehte erfolglose Filme in Italien. Sie habe geantwortet: »Ich bin eine sehr glückliche Frau, und das ist vielleicht genauso wichtig, wie ein Kassenstar in Amerika zu sein.«

Man hört den Puritaner in Bogart heraus, der Bergman mit seiner Frage provoziert, und andererseits die Romantikerin in Bergman, die mit großer Geste antwortet. Alle ihre Filme seien große Gesten gewesen, meinte Alfred Hitchcock. »Sie wollte nur Meisterwerke drehen, aber wer kann vorher wissen, ob

Lauren Bacall, Bogart und ihr gemeinsamer Sohn Stephen

ein Film ein Meisterwerk wird? Wenn sie mit einem Film zufrieden war, sagte sie hinterher: ›Was kann ich danach wohl machen?‹ Nichts war ihr großartig genug, außer *Joan of Arc* natürlich, und der war nun wirklich albern.«

Bergman spielte die Johanna von Orleans übrigens drei Mal – 1948 für Victor Fleming, 1954 für Rossellini und 1946 am Broadway in Maxwell Andersons *Joan of Lorraine*. Sie war dreimal verheiratet, hatte vier Kinder und so viele Liebhaber, wie sie wollte. Sie gewann drei Oscars und die höchsten Ehrungen in einem Dutzend anderer Länder. Sie arbeitete mit den großen Regisseuren, darunter Renoir, Rossellini und Bergman, und beendete ihre Filmkarriere mit einer ihrer besten Leistungen, der Konzertpianistin in Ingmar Bergmans *Herbstsonate*, die ihre Karriere über das Wohl der eigenen Tochter stellt. Selbst die schwedischen Kritiker, zumeist von besonderer Schärfe ihr gegenüber, lobten ihre Darstellung.

Mit seinen Parallelen zu ihrem eigenen Leben ist *Herbstsonate* Pia Lindstroms Lieblingsfilm mit ihrer Mutter Ingrid Bergman. »Als sie Filme in Hollywood drehte, hast du sie nur angesehen, und dir stockte der Atem«, so Lindstrom. »Meiner Meinung nach kam das Potenzial meiner Mutter erst richtig zur Geltung, als ihre außergewöhnliche Schönheit nicht mehr im Mittelpunkt stand. Bei *Herbstsonate* hatte sie bereits Krebs. Wäre sie gesund geblieben, hätte sie noch wunderbare Filme gemacht.«

Wenn es für irgendeinen der Schauspieler von *Casablanca* ein Happy End gab, dann für Humphrey Bogart. »Es gibt keinen sentimentaleren Film als diesen, stimmt's?«, sagte Lauren Bacall. Nach seiner Heirat mit der jungen Schauspielerin, die in *To Have and Have Not* die weibliche Hauptrolle spielte, verlief Bogarts Leben bis zum Schluss in glücklichen Bahnen. Er wurde noch Vater eines Sohnes und einer Tochter, bekam den Oscar für *The African Queen* und für einen unvergesslichen Schurken in *The Treasure of the Sierra Madre*, konnte mit seiner Produktionsgesellschaft Santana wie auch am Steuer seiner Segeljolle *Santana* weitgehend sein eigener Herr sein, zumal er nicht mehr so unter dem Zwang stand, die Welt herausfordern zu müssen. Am Ende forderten die Jahre des übermäßigen Alkohol- und Zigarettenkonsums ihren Tribut, und er erkrankte an Speiseröhrenkrebs. Doch letztlich zahlt jeder.

Richard,

I cannot go with you or ever see you again. You must not ask why. Just believe that I love you. Go my darling, and God bless you

20.
Die ersten sechzig Jahre

*C*asablanca überlebte. Als Warner Bros. eine Fortsetzung mit dem Titel *Brazzaville* ankündigte, mit Humphrey Bogart, Sydney Greenstreet sowie Geraldine Fitzgerald als Rotkreuzschwester, wollte das Studio einfach einen erfolgreichen Film ausschlachten, indem es den größten Teil der Besetzung noch einmal versammelte und eine neue Geschichte erfand, die am selben Schauplatz mit denselben Figuren spielte. Der Film ließ freilich keine Fortsetzung zu, wie er sich später auch einer Bearbeitung als Fernsehserie, Theaterstück oder Musical widersetzte. Von *To Have and Have Not* bis zu dem 1990 produzierten Film *Havana* von Sydney Pollack und Robert Redford hat Hollywood die Elemente aus *Casablanca* wiederverwendet, doch genauso wenig wie Fische an Land konnten die Figuren außerhalb des ursprünglichen Films überleben.

In *Havana* verliebt sich ein professioneller Pokerspieler, der nach Kuba kommt, um ein großes Spiel zu machen, in eine verheiratete Schwedin. Wie Ilsa unterstützt Roberta (Lena Olin) die edle Sache ihres Ehemannes, der im Untergrund aktiv ist. Während der letzten Tage des Batista-Regimes lässt sich Jack, wie Rick, widerstrebend für die Sache der Freiheit gewinnen. Trotz einer vorzüglichen schauspielerischen Leistung des alternden Robert Redford als Jack war *Havana* bei den Kritikern wie auch an den Kinokassen ein Riesenflop.

»So sehr man sich anstrengt, es funktioniert nicht, denn die Leute haben immer nur Bogart und Bergman im Kopf«, sagte Julius Epstein. »Die neuen Schauspieler sind vielleicht besser, aber sie sind nicht Bogart und Bergman.«

Mehr Erfolg hatte eine Parodie von *Casablanca*. 1946 nahmen die Marx Brothers den Film mit ihrer Farce *A Night in Casablanca* auf die Schippe. Im Hotel Casablanca, wo drei Hotelmanager auf mysteriöse Weise vergiftet wurden, spielt Harpo auf Sams Klavier und sprengt die Bank des Hotel-Casinos, während im Supper Club des Hotels eine aufreizende Sängerin mit den Gästen »Who's Sorry Now« singt (anstatt »Knock on Wood«). Eine Etage höher versteckt sich ein Nazi unter einem Toupet mit dem Etikett »Hergestellt für Heinrich Stupel in Berlin«. Weil die Marx Brothers das Toupet mit dem Staubsauger wegsaugen, kann der Nazi das Zimmer nicht mehr verlassen, denn eine unübersehbare Narbe ziert seinen Schädel. In einer Hommage an das Original wird Dan Seymour, der in *Casablanca* den Türsteher Abdul spielt, zum Polizeipräfekten befördert.

1951 und ein zweites Mal im Jahre 1967 versuchte Julius Epstein, aus dem Film ein Broadway-Musical zu machen. Murray Burnett, der die Figur des Rick Blaine erfand, sagte dazu: »Wenn deine Hauptfigur jemand wie Rick ist, hast du ein großes Problem. Er würde niemals auf die Idee kommen, von seiner Liebe zu Lois zu singen.«

Schon 1943, bei dem ersten ernst zu nehmenden Versuch einer Fortsetzung, war Rick nicht mehr dieselbe Figur, obwohl die von Frederick Stephani verfasste Story ohne Titel in dem Moment einsetzte, da Renault seine Polizisten anwies, die üblichen Verdächtigen zu verhaften. Laut Manuskript griffen noch in derselben Nacht – und ein Jahr zu früh – amerikanische Truppen Casablanca an, und es stellte sich heraus, dass sowohl Rick als auch Renault heimlich für die alliierte Sache gearbeitet hatten. Hal Wallis bat Frederick Faust, einen Vertragsautor von Warners, der unter dem Namen Max Brand Westernromane schrieb, Stephanis Story zu beurteilen. »Sobald Rick, wie bei Stephani, zum Agenten der Geheimpolizei wird, verliert man weitgehend das Interesse an seiner Situation und seiner Person«, schrieb Faust. »Mit anderen Worten, Rick hält ein gutes Blatt in der Hand, wohingegen er in *Casablanca* fast die ganze Zeit einen Drahtseilakt vollführt.« Stephanis Story wurde abgelehnt. Auch sonst kam niemand, der sich an einer Fortsetzung versuchte, wesentlich weiter, nicht einmal Howard Koch. 1988 schlug er eine Fortsetzung vor, in der der gemeinsame Sohn von Rick und Ilsa – sie muss während jener Abblende in Ricks Apartment schwanger geworden sein – nach Marokko zurückkehrt, um herauszufinden, was aus seinem Vater geworden ist.

55 Jahre nach dem Film veröffentlichte Warner Books den Roman *As Time Goes By*, der die Geschichte von Rick und Ilsa fortschreibt. Synergie war 1998 die Devise bei Time Warner. (Das Imperium von Time Magazine hatte 1990 mit Warner Communications fusioniert.) Das von Michael Walsh verfasste Buch

sollte ein Warner-Film werden, der vielleicht weitere Fortsetzungen hervorbringen würde, die wiederum von Warner auf Video vertrieben und in Warners Kabelnetz eingespeist werden könnten.

As Time Goes By beginnt zwar mit Ilsa und Laszlo im Flugzeug nach Lissabon, doch der Autor entschied sich dafür, den Film zu unterbieten und billiger zu machen, anstatt ihn zu bereichern. Die neue Geschichte drehte sich um die Ermordung Reinhard Heydrichs, des Nazi-Statthalters in der Tschechoslowakei. Zu diesem Zweck wurden die Figuren radikal verändert. Laszlo ist jetzt ein Feigling, Rick dagegen ein jüdischer Gangster, der Amerika nach einem Gemetzel in der Unterwelt verlassen musste. Die bittersüße Liebesgeschichte löst sich vollends in Luft auf, als Rick Ilsa nach London folgt und damit seinen Verzicht am Schluss des Films entwertet. Und Laszlo wird praktischerweise getötet, so dass Ilsa auf Seite 404 Mrs. Blaine werden kann. Bis heute hat der Roman nicht einmal zu einem Fernsehfilm geführt.

Für ein Musical *Casablanca* gab es mehrere Ansätze, sogar einen australischen, die aber allesamt nicht realisiert wurden. 1951/52 arbeitete ein Produzentenpaar zunächst mit den Epsteins, dann mit Alan Jay Lerner und Frederick Loewe zusammen – jeweils ohne Erfolg. Danach wies Warner Bros. die meisten Produzenten ab, die die Rechte kaufen wollten. Als Julius Epstein 1967 zusammen mit dem Komponisten Arthur Schwartz und dem Liedtexter Leo Robin ein Musical schrieb, hatte Jack Warner sein Studio bereits an Seven Arts verkauft. Obwohl Epsteins Libretto einem Memo von Seven Arts zufolge dem Film »bis ins Detail entsprach«, fand man die Songs lächerlich. In einer Chor-Nummer stellten Flüchtlinge, die für das Flugzeug nach Lissabon anstanden, die Frage, ob es sich wirklich lohne, nach Amerika zu gehen, und das, obwohl sie zuvor wie schon im Film ihren Schmuck und ihre Körper verkauft hatten – für die Ausreisevisa. Ein weiterer Song, vor dem Seven Arts zurückschreckte, war ein seichtes Duett von Rick und Sam. Seven Arts weigerte sich zu investieren, und das Musical setzte Staub an.

War es schon nicht möglich, Rick seine zynische Raubeinigkeit zu nehmen, so funktionierte es auch nicht, ihn Woche für Woche in einer Radio-Serie als einen nordafrikanischen Mr. Fix-it zu präsentieren. 1955/56 lief *Casablanca* sieben Monate lang als eine einstündige Fernsehserie, mit Charles McGraw als Rick, Marcel Dalio, der vom Croupier zu Captain Renault (jetzt Renaud geschrieben) befördert worden war, und Clarence Muse, der jetzt endlich die

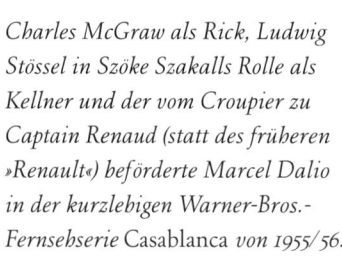

*Charles McGraw als Rick, Ludwig
Stössel in Szöke Szakalls Rolle als
Kellner und der vom Croupier zu
Captain Renaud (statt des früheren
»Renault«) beförderte Marcel Dalio
in der kurzlebigen Warner-Bros.-
Fernsehserie* Casablanca *von 1955/56.*

Chance bekam, den Sam zu spielen. Ludwig Stössel übernahm Szöke Szakalls Rolle als Chefkellner, während Dan Seymour – der laut Warner Bros. der gewichtigste Schauspieler Hollywoods war, als er 1942 die Tür zu Ricks Spielsalon bewachte – Sydney Greenstreets Rolle erbte. Die schlichten und etwas zu gemütvollen Fernsehstorys haben den Film unweigerlich trivialisiert. In einer Folge beschützte Rick ein arabisches Waisenkind. In einer anderen bewahrte er ein junges Mädchen davor zu erfahren, dass ihr Vater ein Verbrecher war. In einer dritten half er einem älteren Engländer herauszufinden, wer seinen Sohn verraten hatte, einen britischen Geheimdienstagenten, der während des Krieges von der Gestapo getötet wurde.

Die einstündige Abenteuerserie gehörte zu Warner Bros. ersten tastenden Schritten im neuen Medium Fernsehen. »Mr. Warner dachte, das Fernsehen sei ein vorübergehendes Phänomen«, erzählte sein Cutter Rudi Fehr. »Er hat sich was vorgemacht.« Jack Warner, den seine vorausschauenden oder pragmatischen New Yorker Direktoren zum Einstieg ins Fernsehgeschäft drängten, genehmigte eine einzige Stunde bei ABC, *Warner Brothers Presents*. Zwei Serien, die auf alten Filmen basierten, *Casablanca* und *Kings Row*, und eine eigens für das Fernsehen entwickelte Westernserie, *Cheyenne*, wechselten sich Dienstagabends ab. Jack Warner vermochte die Technologie nicht aufzuhalten, die das Imperium, das er und seine Brüder geschaffen hatten, völlig umkrempelte, doch er wehrte sich – auch symbolisch: In keinem Warner-Film durfte ein Wohnzimmer mit einem Fernsehgerät gezeigt werden.

»Jack sagte immer: ›Wie kann sich jemand einen großen Film in so einem kleinen Kasten ansehen?‹«, erinnerte sich Bill Orr, der von Jack Warners Assistenten zum Vizepräsidenten der Fernsehproduktion aufgestiegen war.

Kings Row war gleich ein Flop, *Cheyenne* dagegen, das Clint Walker zum Star machte, gleich ein Hit. »Ich ärgere mich heute noch«, so Orr. »*Casablanca* hatte gar nicht so schlecht abgeschnitten, allenfalls im Vergleich zu *Cheyenne*. Aber uns kam nie die Idee, wir könnten mehr als eine Sendung machen, also haben wir *Casablanca* wieder abgesetzt.«

Im Verlauf von drei Jahren hatte Warner Bros. großen Erfolg mit Western-Serien wie *Maverick, Sugarfoot* und *Colt 45*. Trotzdem schwächte das Fernsehen Warners Kontrolle über sein Studio. Noch einmal Orr: »Ich informierte Jack, als die erste Folge von *Casablanca* zur Vorführung bereit war, und er sagte: ›Wir sehen sie uns im Vorführraum 2 an, vor dem Mittagessen.‹ Nun, vor dem

Mittagessen kam etwas dazwischen, und dann hatte er wieder anderes zu tun. Etwa vier Tage später sagte er: ›Okay, Bill, jetzt kann ich's mir ansehen.‹ Ich antwortete: ›Chef, wenn Sie die Sendung sehen wollen, dann schauen Sie sich's im Fernsehen an. Sie läuft heute Abend.‹ Darauf er: ›Es war aber abgesprochen, dass ich sie vorher sehe.‹ Und ich entgegnete: ›Chef, das Fernsehen wartet auf niemanden, auch nicht auf Sie.‹«

Für Warner, damals schon über sechzig, verkörperte das Fernsehen all das, was es ihm jetzt verleidete, ein Studio zu besitzen. Anfang der fünfziger Jahre hatte Warner Bros. auf unterschiedliche Weise – mit Hilfe von 3-D, Cinema-Scope oder selbst Abbott and Costello – erfolglos versucht, die Kinogänger aufzuhalten, die scharenweise zum Fernsehen abwanderten. Gegen den Wunsch seines Bruders Harry verkaufte Jack Warner 1956 *Casablanca* und sämtliche anderen Filme von Warner Bros. aus der Zeit vor 1948 für 21 Millionen Dollar an United Artists.

Die Filme gelangten schließlich in den Besitz des Fernsehmagnaten Ted Turner, der sie kolorieren ließ. »Es hieß, koloriert würde *Casablanca* mehr Menschen erreichen. Als wäre Farbe das Gleiche wie Schwarzweiß«, beklagte sich Stephen Bogart, Humphrey Bogarts Sohn. Nur »widerwillig« besuchte er die Jubiläumsfeier anlässlich von fünfzig Jahren *Casablanca*, die Turner im April 1992 im New Yorker Museum of Modern Art ausrichtete. »Ich ging hin, um die Familie zu vertreten«, erklärte Bogart. »Wenn man aber *Casablanca* koloriert, warum dann nicht auch der Venus von Milo wieder neue Arme ansetzen? Am Ende des Abends sagte ein Vertreter des Königs von Marokko – unter dem Beifall der Claqueure von Ted Turner und Jane Fonda: ›Wäre es nicht wunderbar, wenn wir eine Fortsetzung machen könnten?‹ *Casablanca 2*.«

1956 hatte Warner noch den Wasserturm, auf dem sein Name stand, und seinen privaten Friseur am Ende des Korridors, doch Bogart und Flynn, Cagney und Edward G. Robinson, Bette Davis und Ann Sheridan, John Huston und Howard Hawks waren gegangen, und nun musste er über jeden einzelnen Film mit Schauspielern und Regisseuren verhandeln. »Nachdem er das Studio verkauft hatte«, erzählte Orr, »fragte ich ihn einmal: ›Warum wollten Sie das Studio verkaufen?‹ Er antwortete: ›Zu anstrengend.‹ Einst habe er sich jeden Nachmittag rasieren lassen. ›Früher habe ich von diesem Friseursessel aus die Besetzung für einen Film erledigt. Jetzt muss man alles über Agenten machen.‹«

* * *

Wie Casablanca gemacht wurde

Bei dem zweiten Versuch, eine Fernsehserie aus *Casablanca* zu machen, spielte David Soul die Rolle des Rick. Die Sendung startete im April 1983 auf NBC und hielt sich drei Wochen. 1955 war *Casablanca* bloß noch ein alter Film wie jeder andere. 1983 war er einer von drei, vier Filmen, die immer genannt wurden, wenn von Hollywoods goldenen Jahren die Rede war. Keine Fernsehserie hätte da ein Chance gehabt. Als man 1974 wegen eines Remake von *Casablanca* an François Truffaut herantrat, meinte er, der Gedanke sollte ihn eigentlich nicht sonderlich schrecken, da *Casablanca* nicht sein liebster Bogart-Film sei. *The Big Sleep* und *To Have and Have Not* schätze er mehr. »Allerdings weiß ich, daß die amerikanischen Studenten diesen Film leidenschaftlich lieben und die meisten Dialogstellen auswendig kennen«, schrieb Truffaut. »Das Gleiche einschüchternde Phänomen würde natürlich auch bei den Schauspielern zum Tragen kommen, und ich kann mir nicht vorstellen, daß Jean-Paul Belmondo oder Catherine Deneuve gern in Humphrey Bogarts und Ingrid Bergmans Fußstapfen treten möchten.«

Humphrey Bogart starb im Januar 1957. Der Kult um *Casablanca* begann drei Monate später. Wenn Cyrus Harvey jr. nicht der Vater des Phänomens war, dann mit Sicherheit seine Hebamme. 1953 hatten Harvey und Bryant Haliday das Brattle Theatre gegenüber der Harvard University in ein Art Cinema verwandelt. Harvey hatte mit einem Fulbright-Stipendium ein Jahr in Paris studiert und die meiste Zeit damit zugebracht, sich in Henri Langlois' Cinémathèque Française Filme anzusehen. Nun zeigte er im Brattle europäische Klassiker sowie die frühen Filme von Fellini, Antonioni, Truffaut und Ingmar Bergman, für die er und Haliday den amerikanischen Verleih übernahmen.

»Irgendwann dachten wir, wir sollten einige der amerikanischen Filme bringen, die nicht so oft zu sehen waren«, berichtete Harvey. »Mein Partner und ich hielten die Bogart-Filme für stark unterschätzt. Ich glaube, *Casablanca* war der allererste Film, den wir gezeigt haben. Meiner Meinung nach war Bogart wahrscheinlich der beste amerikanische Schauspieler, den es je gab. Der Film kam sehr schnell an. Als wir ihn das erste Mal zeigten, war die Reaktion wunderbar. Beim zweiten, dritten, vierten und fünften Mal ging es dann richtig los. Das Publikum fing an, die Dialoge im Chor mitzusprechen. Es war mehr, als bloß ins Kino gehen. Es war, als würde man an einem Ritual teilnehmen.«

Casablanca lief im Brattle zum ersten Mal am 21. April 1957. Bei den Harvard-Studenten war der Film so beliebt, dass er für eine zweite Woche verlängert wurde. Dann begannen die Bogart-Festivals; jedes Semester liefen während der Prüfungswochen sechs oder acht seiner Filme. Den Höhepunkt bildete stets *Casablanca*. In Harvard wurde deutlich, dass *Casablanca* für eine Generation ohne Bezug zum Zweiten Weltkrieg eine ganz eigene Bedeutung besaß.

»Ich bin Jahrgang 1943«, sagt Todd Gitlin, ein Soziologieprofessor an der University of California in Berkeley. »Trotzdem spielte der Film in meinem Leben eine sehr wichtige Rolle. In meinen vier Harvard-Jahren habe ich ihn zwei- bis viermal im Jahr gesehen. Als ich mich politisch engagierte, nach meinem zweiten Studienjahr, erkannte ich in *Casablanca* mein persönliches Melodram. Wenn ich den Film sah, war das wie ein Ritual, dann betrachtete ich die symbolische Darstellung meines eigenen Initiationsritus. Unsere ganze kleine Clique setzte sich in den oberen Rang, und wenn Victor Laszlo sagte: ›Sie haben in Spanien gegen die Faschisten gekämpft‹, haben wir gejubelt. Wir waren eine Friedensgruppe – gegen die Atombombe, gegen den Kalten Krieg – und glaubten, *Casablanca* enthalte einen besonderen Code für uns. Neulich war ich in Palo Alto und sah dort eine lange Schlange von Stanford-Studenten, die für den Film anstanden, und da dachte ich, es gibt doch noch Hoffnung für die Welt. Ich finde, die Jugend ist heute so zynisch. *Casablanca* verlangt Überzeugung, den Glauben an etwas.«

Man fragt sich, was Bogart von der Mystifizierung gehalten hätte, die in jenem April am Harvard Square begann und ihn bis heute umgibt. Der Regisseur Vincent Sherman glaubte es zu wissen. »Bogie war stets ein Skeptiker. Sein Lieblingssatz war ›*Let's cut the crap*‹ – ›Scheiß drauf‹. Wenn man ihn gefragt hätte, was er von dem Kult hält, der sich um ihn herum entwickelt hat, hätte ihn das vermutlich gefreut. Aber er hätte auch gesagt: ›*Cut the crap, fellows.*‹«

Bogarts Skepsis, sein Zynismus und seine kaum verhüllte Verbitterung nähren den Bogart-Kult förmlich. Wenn er die Rolle des zynischen und gefährlichen Duke Mantee lebte, wie es Nunnally Johnson vermutet hat, war sie wie ein Mantel, der ihm ohne große Änderungen passte. Bogart war nicht der Hemingway-Held, den er in *To Have and Have Not* spielte, nicht der Hammett-Detektiv, der sich im *The Maltese Falcon* an einer Grenze entlang bewegt, die zu überqueren er sich weigert. Doch selbst wenn er sich unbeobachtet wähnte, behielt er ihre Haltungen und Sprachmuster bei, und man kann sich gut vorstellen, dass er laut aus *Der alte Mann und das Meer* vorlas und sagte: »So fühle ich mich.« Im Frühjahr 1943 weigerte sich Bogart zunächst, den Film *Conflict* zu machen, ein zweitrangiges Werk, in dem er einen Ehemann spielte, der seine Frau umbringt und schließlich von Sydney Greenstreet überführt wird. Als Jack Warner Bogart anrief, um ihn zu der Rolle zu überreden, war ein Stenograf dabei, der das Gespräch aufzeichnete. In diesem Telefonduell war es Warner, der Worte wie »herkulisch« verwendete, während Bogart lakonisch antwortete:

»Tut mir Leid, Jack, ich kann's einfach nicht tun. Mein Magen macht da nicht mit. Ich bin ein ehrlicher Mann und muss in dieser Sache ehrlich zu mir selbst sein ... Wenn Sie mich hart rannehmen wollen, dann können Sie das tun, und ich weiß, wie hart Sie werden können. Wenn Sie aber hart werden und tun, was Sie angekündigt haben, dann werde ich mir vorkommen, als hätte ich einen Freund verloren.«

Mit den von ihm verkörperten Figuren von Hemingway, Hammett und Raymond Chandler teilte Bogart zudem die Überzeugung, dass Härte und Männlichkeit einen gewissen Moralkodex erforderten. Wie Rick erscheinen diese Charaktere häufig zunächst amoralisch, weil ihre Moral nicht unbedingt jener Allerweltsmoral entspricht, die die Gesellschaft vorschreibt, sondern auf einer oft eigenwilligen persönlichen Integrität basiert. Bogart wirkt in diesem Telefonat mit Warner verzweifelt, denn indem er sich nicht an sein Versprechen hält, wird er sich selbst untreu. »Ich bedaure sehr, Ihnen jemals mein Wort gegeben zu haben, dass ich es tun würde«, sagte er zu Warner. »Denn hätte ich auch nur eine Minute lang nachgedacht, hätte ich mich nie bereit erklärt, diesen Film zu machen.«

Bogart, sagte Lauren Bacall, verlieh Rick Blaine seinen Zynismus, doch was ihn und die Figur, die er in *Casablanca* spielte, eigentlich verbinde, sei Integrität. »Er ließ sich von niemandem kaufen. Bogie war sein eigener Herr. Er nahm die Dinge, wie sie waren, aber er konnte seine eigene Überzeugung nicht verraten. In dem Sinne glichen sich Rick und Bogie.«

Selbst nachdem er ein Star geworden war, blieb Bogart in seiner Aufrichtigkeit verletzlich. Die Studios wussten, er würde eher seine Honorarforderung zurückschrauben, als sich eine gute Rolle entgehen zu lassen. »Er war nie in der Position, auf gut Glück viel Geld zu verlangen«, erzählte Bacall, »weil er gute Sachen machen wollte und ihm Qualität am Herzen lag.« Nachdem er sechs Wochen lang mit Warner Bros. über *Conflict* gestritten hatte, gab Bogart nach, weil es ihm auf *Passage to Marseille* ankam. Jack Warner hätte sonst die Produktion dieses Films auf unbestimmte Zeit verschoben oder ihn mit Bogarts französischem Pendant, Jean Gabin, besetzt, falls sich Bogart weigerte, zuerst *Conflict* zu drehen.

Andere Zeiten verlangen andere Helden, und deshalb ist es umso erstaunlicher, dass der Bogart-Kult sich schon so lange gehalten hat. Wer interessiert sich noch für die Filme seiner Zeitgenossen – Tyrone Power, Robert Taylor oder selbst Bing Crosby, der fünf Jahre hintereinander Platz 1 auf der Quigley-Liste hielt? Nur Marilyn Monroe und James Dean, deren ungeklärter Tod immer noch wie eine symbolische Botschaft empfunden wird, üben heute noch eine vergleichbare psychologische Faszination wie Bogart aus.

Das *Warum* ist stets schwerer zu klären als das *Wer*. »Bogart strahlt Kompetenz aus«, sagte Billy Wilder. »Man hatte das Gefühl, wenn in dem großen Kino, in dem man sich gerade *Casablanca* ansah, ein Feuer ausbräche, würde Bogart einen retten. Gable besaß die gleiche Kompetenz, und heute hat sie Mr. Clint Eastwood.« Gable ist freilich zu heroisch für eine desillusionierte Welt. Jahrzehnte nach seinem Tod wirkt Bogart noch immer modern. »Er trug keine rosafarbene Brille«, schrieb Mary Astor. »Da war irgendetwas, das ihn bitter und abweisend machte. Er ging mit Menschen um, als trügen sie keine Kleider – und auch keine Haut.«

Der Filmkritiker Stanley Kauffmann ist Jahrgang 1916 und hat sechs Generationen von Filmhelden erlebt. »Meinen amerikanischen Lieblingsschauspieler, Fredric March, sieht sich heutzutage kein Mensch mehr an«, meint er bedauernd. »Bogart verkörpert eine vertretbare Form von Romantik. In dieser desillusionierten, ernüchterten Welt gab es also einen romantischen Helden, den wir akzeptieren konnten. Meiner Meinung nach setzte diese Ernüchterung mit dem Ersten Weltkrieg ein, mit dem Aufkommen der Hemingway-Generation, wie man sie nennen könnte, die sich nichts mehr vormacht. Dieser Abscheu vor den Liebesgeschichten und Lügen des 19. und 20. Jahrhunderts hat sich, glaube ich, gehalten. Es gab zahlreiche Vertreter der wunderschön bukolischen Seite amerikanischen Lebens auf der Leinwand. Bogart war ein Stadtmensch – in gewissem Sinne kantiger und rauer als Cagney –, der den Eindruck vermittelte, er würde leiden. Cagney war ein Siegertyp. Bogart war hart, aber zugleich sensibel. Der Inbegriff all dessen, wofür er stand, war sicherlich *Casablanca*. ›Man hat mich falsch unterrichtet.‹ Das ist das 20. Jahrhundert.«

Der Bogart-Kult breitete sich von Harvard auf andere Universitäten aus, um anschließend die Welt jenseits des Campus zu erobern. *Casablanca* diente gleichsam als Speerspitze. Der Club Casablanca im Untergeschoss des Brattle Theatre war nur der erste von Dutzenden von Klubs und Restaurants, die sich nach dem Film benannten. Um 1977 war *Casablanca* der am häufigsten gezeigte Film im Fernsehen. Die Leser der Zeitschrift *TV Guide* erklärten ihn außerdem zum beliebtesten Film, der im Fernsehen zu sehen war, während die Mitglieder des American Film Institute ihn zum drittbesten amerikanischen Film aller Zeiten kürten, nach *Gone With the Wind* und *Citizen Kane.* Das British Film Institute ging noch weiter. 1983 bezeichnete es *Casablanca* als den besten Film, der je gedreht wurde. Fünf Jahre später wurde Sams Klavier – das, auf dem er in Paris spielte, nicht das teurere Klavier in Rick's Café – bei Sotheby's für 154 000 Dollar an einen anonymen japanischen Sammler versteigert. Und Bogart als Rick war zum Inbegriff des gesetzlosen amerikanischen Helden geworden, den man parodieren und dem man nacheifern konnte.

In der Fernsehserie *Miami Vice* versuchte ein Ganove, den von Don Johnson gespielten Detektiv mit Schmuggelware zu bestechen, die er »Transitvisa« nannte; und ein echter Mafiaboss kaufte mit dem Geld, das er einem Hotel und Restaurant der Gewerkschaft abpresste, eine Villa, die er »Casablanca-South« nannte, sowie ein Kajütboot, das er »Usual Suspects« taufte.

Zu Beginn von Woody Allens Film *Play It Again, Sam* aus dem Jahre 1972 sieht sich der hoffnungslos unfähige Allen die Schluss-Szene von *Casablanca* an. In dem Film – und in dem Theaterstück, das ihm zu Grunde liegt – findet Allen mit Humphrey Bogarts Hilfe zu seiner eigenen, etwas schrägen Männlichkeit. Im Interview zeigte sich Woody Allen immer noch überrascht, dass *Casablanca* zum Unterbau seines Stückes werden konnte. Er hege »keine besonderen Gefühle« für *Casablanca* und habe sich »nie viel Gedanken darüber gemacht. Das ist einfach einer von Tausenden Filmen, die ich gesehen habe, und dass Humphrey Bogart in meinem Bühnenstück vorkommt, war rein zufällig und willkürlich. Zweifellos habe ich mich von einem der beliebten Bogart-Poster anregen lassen, die es damals überall zu kaufen gab, und außerdem von der Tatsache, dass er beispielhaft den Typus des macho-romantischen Filmstars verkörperte.«

Allen ist vielleicht einer der wenigen Menschen, die sich einreden, es sei Zufall gewesen, dass seine Wahl ausgerechnet auf *Casablanca* fiel. Die Freudianer, Jungianer, Soziologen, Dekonstruktivisten, die Lacanschen psycho-analytischen Theoretiker, die feministischen Filmkritikerinnen und Semiolo-gen, die *Casablanca* bis ins Detail untersucht haben, sind sich uneins über die Bedeutung des Films, teilen aber die Überzeugung, dass er eine Bedeutung besitzt, die weit über das hinausgeht, dessen sich Julius und Philip Epstein, Howard Koch, Hal Wallis und Jack Warner bewusst waren.

Der Film wurde als eine Allegorie für Amerikas Wandel von der Neutra-lität zur aktiven Teilnahme am Zweiten Weltkrieg interpretiert, wobei der Ti-tel »casa blanca« – auf Spanisch weißes Haus – das Weiße Haus bezeichnete und Rick für einen widerstrebenden Präsidenten Roosevelt stand, der schließlich Amerika in den Krieg führt. Der Filmkritiker Richard Corliss sieht Rick und Renault in Jungschen Kategorien, wobei Rick der Animus ist und der »strah-lend korrupte« Renault die Anima. »Rick«, meint Corliss, »kann Renault ein Gefühl für Werte vermitteln, und Renault seinerseits vermittelt Rick Augen-maß ... Oder, mit anderen Worten, die zwei sind füreinander geschaffen.« Manche haben die Beziehung zwischen Rick und Renault auch als offen oder latent homosexuell verstanden. Wie Renault Rick gegenüber Ilsa beschreibt – »Er ist der Typ Mann, in den – wenn ich eine Frau wäre und es mich nicht gä-be – ich mich verlieben würde« –, beschäftigt immer noch die Drehbuchauto-ren, da Rick der heterosexuellen Liebe den Rücken kehrt und sich stattdessen für Kameradschaft unter Männern entscheidet, »ein typischer Fall von unter-drückter Homosexualität, wie sie die meisten amerikanischen Abenteuerge-schichten durchzieht«, behauptet William Donelley in seinem Aufsatz »Love and Death in *Casablanca*«.

»Die Unterstellung, Rick sei von Anfang an eine verkappte Tunte gewesen, ist hirnrissig«, bemerkt dazu der Psychoanalytiker Harvey Greenberg. Wie die meisten psychoanalytischen Deutungen des Films geht Greenbergs *Casablan-ca*-Interpretation vom zentralen ödipalen Konflikt aus. Renault äußert die Ver-mutung, Rick könne nicht mehr heimkehren, weil er mit der Kirchenkasse oder der Frau eines Senators durchgebrannt sei oder gar jemanden umgebracht habe. Rick entgegnet, es handle sich um eine Kombination von allen dreien. Für Greenberg ist Ricks Exil symbolisch, »der sakrosankte gestohlene Schatz [ist] die Ehefrau eines bedeutenden älteren Mannes. Ihr Mann ist es auch, der ermordet wurde, und zwar von dem Liebesdieb. Im Zentrum dieser ›Kombi-nation‹ von Übertretungen steht somit der ursprüngliche Wunsch des Kindes,

Wie Casablanca gemacht wurde

den Vater zu töten und die Mutter zu besitzen.« Als Rick am Ende des Films Ilsa ihrem Mann überlässt, identifiziert er sich endgültig mit dem Vater und gibt seine inzestuösen Ansprüche auf die Mutter auf.

Dass Rick Major Strasser tötet, ist auf zweierlei Weise interpretiert worden. Greenberg betrachtet den Mord als eine »akzeptable Verlagerung« von Ricks ödipaler Wut auf einen schlechten Vater. Die Literaturprofessorin Krin Gabbard und der Psychiater Glen O. Gabbard bieten eine Alternative an: »Rick tötet den Hauptfeind seines Vaterersatzes und wird dadurch selber zum Mann.« Die Gabbards liefern darüber hinaus eine psychoanalytische Analyse von *Casablanca*, die den Gedanken Jacques Lacans folgt und von Ricks Trinkspruch »*Here's looking at you, kid*« ausgeht. Rick ist demnach der Stellvertreter des Publikums. Das Publikum betrachtet Ilsa mit Ricks Augen. »Die Möglichkeit, dass jemand oder etwas Rick ansieht, bringt die Möglichkeit von Andersartigkeit ins Spiel und die Möglichkeiten von Kastration … Als Ricks Toast in der Rückblende von den Lautsprechern der Gestapo unterbrochen wird, warnt Sam (Dooley Wilson) Rick bezeichnenderweise, dass die Deutschen bald in Paris sein werden, ›*and they'll come lookin' for ya*‹. Die Nazi-Invasoren stehen nicht nur für den kastrierenden Vater, sondern auch für den kastrierenden Blick des Anderen. Das zeitliche Zusammentreffen der Ankunft der Nazis und des überraschenden Verschwindens von Ilsa macht Rick zu einem Objekt in der Geschichte eines anderen, und sein zuvor allwissender Blick reduziert sich auf eine beschränkte Sicht. Auf ähnliche Weise stellt die ödipale Verwandlung, die Rick zur Versöhnung mit Laszlo und zur Beseitigung von Strasser führt, in ihm ein Gefühl von Ursprung und Identität her, die durch den Vater gestiftet wird. Rick tritt Ilsa erst dann an Laszlo ab, nachdem er die Kontrolle über die Handlung vollständig wiedererlangt hat …«, und somit hat er wieder das Recht zu sagen: »Ich schau dir in die Augen, Kleines.«

Die semiotische Deutung beginnt mit Umberto Ecos Essay »*Casablanca*: Cult Movies and Intertextual Collage«. Darin bezeichnet der italienische Kritiker den Film als »Mischmasch aus sensationellen Szenen, die wenig plausibel aneinander gereiht werden«, als einen Film, der »auf glorreiche Weise inkohärent« und so voller Archetypen ist, dass »wir homerische Tiefen erreichen«. Selbst Eco-Anhänger empört es, dass er den Film als Mischmasch bezeichnet. J. P. Telotte erklärt, der Ausdruck trivialisiere *Casablanca*, einen Film mit vielfältigen Themen, darunter dem Wunsch nach Freiheit sowie »der Verlockung und dem Irrweg des Isolationismus als persönlicher und nationaler Politik«. Telotte befasst sich mit dem Bild und dem Wesen von Diebstahl in dem Film – dem Diebstahl Europas durch die Nazis, Rick Blaines gestohlener Liebe, den gestohlenen Transitvisen, den gestohlenen Brieftaschen und der gestohlenen Würde sowie, am Ende, Ricks Diebstahl dessen, was die Nazis am dringendsten haben wollen: Victor Laszlo. So vermittle der Film dem Publikum »die beruhigende Vorstellung, dass das Gestohlene letztlich wieder zurückgestohlen werden kann, dass Diebstahl – Korruption, Ungerechtigkeit oder einfach Unterdrückung – selbst die Bedingungen schafft, die ihn wieder überwinden.« Ein weiterer Semiologe, der Literaturprofessor Larry Vonalt, geht dem doppelten Spiel und dem Verrat der meisten Figuren in *Casablanca* nach, indem er den doppelten und widersprüchlichen visuellen Stil des Films, das Nebeneinander von Kunstvoll-Glamourös und Film noir untersucht.

Fast sechzig Jahre nach der Entstehung von *Casablanca* wird der Film auf Hunderten von Internet-Seiten verehrt, interpretiert oder diskutiert. Im Sommer 2000 ergab eine Website-Suche mit dem Begriff »Casablanca movie« 9752 Treffer.

Der Film erfährt laufend neue Interpretationen. Im *Georgetown Immigration Law Journal* vom Dezember 1993 heißt es etwa in dem Artikel »Refuge and Resistance: Casablanca's Lessons for Refugee Law« von Daniel J. Steinbock, dass der Film die nach dem Zweiten Weltkrieg entwickelte Gesetzgebung zu Flüchtlingsfragen beeinflusst haben könnte.

Dass *Casablanca* diese und ein Dutzend weitere Interpretationen erträgt – von der stimmlosen Frau (»Du wirst für uns beide denken müssen«), die feministische Filmkritikerinnen im patriarchalischen Kino Hollywoods erkennen, bis zu Victor Laszlo als einem Vertreter des patriarchalischen europäischen Vaters, gegen den die amerikanischen Kolonien rebellierten –, spricht für den Reichtum des Films.

Billy Wilder drückte es etwas anders aus: »Das hier ist der wunderbarste Nonsens, der jemals auf die Leinwand gebracht wurde. Nonsens, den man einfach nicht mehr vergessen kann. Der Set war mies. Mein Gott, ich habe Mr. Greenstreet in fünfzig Filmen vorher und nachher im selben Korbstuhl sitzen sehen, und ich kannte sogar die Papageien. Aber es hat funktioniert. Es hat absolut göttlich funktioniert. Wie anspruchsvoll man auch ist, wenn's im Fernsehen läuft und man es schon 500 Mal gesehen hat – man schaltet ein.«

»*Casablanca* dramatisiert Archetypen«, behauptet der Soziologe Gitlin. »An erster Stelle steht der moralische Imperativ, sich von Gleichgültigkeit und Zynismus hin zum Engagement zu entwickeln. Die Frage ist, warum *Casablanca* dies besser gelingt als anderen Filmen. Verschiedene andere Bogart-Filme aus derselben Zeit – *Passage to Marseille, To Have and Have Not, Key Largo* – zeigen genau dieselbe Bekehrung. Doch die Rick-Figur wandelt sich nicht einfach vom Gleichgültigen zum Engagierten, sie bewegt sich von einer verbitterten, trotzigen Ablehnung ihrer Vergangenheit hin zu dem Punkt, wo sie die Vergangenheit erneut als für sich immer noch gültig akzeptiert. Und das ist sehr bewegend, unter anderem auch weil es mit dem ödipalen Drama zusammenhängt. Doch es gibt noch einen dritten mythischen Erzählstrang, eine Geschichte, in der es darum geht, sich mit der Vergangenheit abzufinden. Rick hatte diese wundervolle Romanze und eine Zeit leidenschaftlichen Engagements erlebt. Beides scheint für immer verloren. Aber man kann es wieder zurückholen. Das ist eine sehr starke mythische Geschichte, denn jeder hat irgendetwas verloren, und die Vergangenheit ist per definitionem etwas, das die Menschen verloren haben. Dieser Film gestattet einem das Gefühl, dass man die Vergangenheit gerettet und zurückgeholt hat, und zwar ohne Nostalgie. Rick wünscht sich nicht nach Paris zurück. Und der Plot ist so brillant konstruiert, dass diese drei Mythen nicht drei getrennte Geschichten ergeben, sondern eine Geschichte, bei der sich drei Mythen in derselben Spur bewegen.«

In seinem Buch *Love and Death in the American Novel* weist Leslie Fiedler auf eine überraschende Verwandtschaft zwischen Rick und manchen Helden in der amerikanischen Literatur hin. Wie Huckleberry Finn und die Helden aus *Moby Dick* und den Romanen von Hemingway und James Fenimore Cooper flüchtet Rick aus der Gesellschaft an einen Ort, wohin Mütter nicht folgen können, in Begleitung eines männlichen Gefährten, »der mehr oder weniger zweideutig als Helfer und Bedrohung dargestellt wird«. David O. Selznick bemerkte zu Recht Ricks Ähnlichkeit mit Rhett Butler, der seine zynische Haltung gegenüber dem amerikanischen Bürgerkrieg aufgibt, sich für die hoffnungslose Sache des Südens einsetzt und am Schluss von Scarlett O'Hara abwendet. Rick weist aber auch Verbindungen zu Jay Gatsby auf, und in *Casablanca* selbst finden sich Anklänge an F. Scott Fitzgeralds *The Great Gatsby*. Beide Male gibt es etwa nach der Hälfte einen Abschnitt der Ruhe und des Träumens, gewissermaßen eine Rückblende in eine utopische Zeit. In beiden

Fällen ist Liebe von Gewalt umgeben, und Rick wie auch Gatsby hoffen irrtümlich, im Hier und Jetzt das Glück erlangen zu können, das sie in der Vergangenheit beinahe besessen hatten.

Amerikaner mögen vor allem Romane und Filme über das Erwachsenwerden und Geschichten, in denen erwachsene Protagonisten voller jugendlicher Sensibilität sind. Nach Ansicht des Filmkritikers Richard Schickel ergibt sich die Bedeutung von *Casablanca* für jede neue Generation unter anderem daraus, dass der Film sorgsam verschlüsselte Botschaften über den Abschied von der Kindheit enthält. Schickel sieht in dem Rick von Rick's Café den fast erwachsenen jungen Mann, der entdeckt hat, dass die Kindheit (die Idylle in Paris), »jene bunte Mischung aus verantwortungslosem Vergnügen und beschützender Obhut, für immer verloren ist«. Vor lauter Nostalgie will er noch nicht erwachsen sein, die Pflicht akzeptiert er erst am Ende des Films.

In dem Fernsehmagazin *60 Minutes* beschrieb Harry Reasoner *Casablanca* einmal schlicht mit den Worten: »Junge trifft Mädchen. Junge verliert Mädchen. Junge bekommt Mädchen wieder. Junge gibt Mädchen um der Menschheit willen auf.« Der heutige Widerhall und die bleibende Kraft von *Casablanca* sind mit Sicherheit vor allem auf die beiden Stränge des Films zurückzuführen, auf Liebe und Politik, die wie zwei Perlenketten ineinander verschlungen sind. Vor bald sechzig Jahren war Howard Koch der Ansicht, eine Rückblende zu Ricks und Ilsas Idylle in Paris werde die Spannung in Rick's Café zerstören, während der Drehbuchautor Casey Robinson argumentierte, die Vermischung von Liebesgeschichte und politischem Melodram in Rick's Café werde für ein Durcheinander sorgen. Sie irrten beide. Die Rückblende machte klar, dass Rick aus dem Paradies vertrieben worden war, und indem man das Politische und das Romantische vermischte, konnten sich beide Geschichten gegenseitig kommentieren, und Ricks Weg aus der Isolation hin zum Engagement wurde so zu einer doppelten Reise.

Kochs Absicht war es gewesen, die Notwendigkeit zum Engagement zu dramatisieren, die Notwendigkeit, das Privatleben für das Allgemeinwohl zu opfern. Der Mythos des Opfers, der Selbstaufopferung für eine edle Sache, ist heute eine ebenso faszinierende Vorstellung, wie sie es im Zweiten Weltkrieg war. Die Epsteins konnten nicht ahnen, dass die Beziehung zwischen Claude Rains' »armem, korruptem Beamten« und Humphrey Bogarts Isolationisten (»Ich halte für niemanden den Kopf hin«) von dem Kritiker Stanley Kauffmann einmal wie folgt verstanden würde: »Rains ist Europa und Bogart ist Amerika, und sie verstehen sich, ohne viele Worte zu machen, und sie mögen sich, ohne es zuzugeben.« Oder dass Pauline Kael, der *The Maltese Falcon* viel besser gefällt, über das Drehbuch sagen würde: »Es war die typische Warners-Mischung. Warner Bros. hatte schon seit Jahren damit gearbeitet, und diesmal schienen sie es einfach richtig hingekriegt zu haben.«[*]

Hollywood-Filme waren immer schon reich an Archetypen, und ungeachtet der Schätze, die sich aus dem Subtext von *Casablanca* heben lassen, sind es doch die Schauspieler, die eindringliche Musik und die Genugtuung bereitende Dramatik von Engagement und Verzicht, die auch heute noch unsere Gefühle ansprechen. Von seinem ersten Auftritt an, als eine körperlose Hand, die »OK. Rick« auf einen Schuldschein kritzelt, ist Bogarts Rick ein faszinierend doppelbödiger und ambivalenter Held. Sind sein Zynismus und sein Isolationismus echt, eine Fassade oder ein Schutzschild? Ist der wirkliche Rick Yvonnes kaltherziger Geliebter, Anninas Beschützer oder der Pragmatiker, der Ugarte fortwischt wie eine lästige Fliege? Das erste Wunder des Films besteht darin, dass Bogart stark genug ist, der im Publikum aufgebauten Erwartungshaltung gegenüber dem geheimnisvollen Rick zu entsprechen. Falls Rick eine Metapher ist für Amerikas Ambivalenz gegenüber dem Krieg in Europa, die sich am Schluss des Films auflöst, brachte Bogart zweifellos auch seine Wut über seine gescheiterte Ehe in *Casablanca* ein und war laut Michael Wood in seinem betrunkenen Selbstmitleid »ein Beispiel dafür, wie Isolation von ihrer besten Seite aussieht: stolz, verbittert, wehleidig und ungeheuer attraktiv«. Durch Bogart, dessen Held förmlich den Duft der Freiheit verströmt – Freiheit von emotionalen Verstrickungen, Freiheit, einem anderen Trommler zu folgen –, wirkt Ricks Verzicht auf Ilsa traurig und erhebend zugleich. Der Filmkritiker Andrew Sarris glaubt, dass das Publikum tatsächlich erleichtert ist, wenn Bogart auf Bergman verzichtet: »Das Einzige, was sie ihm anbieten kann, ist eine ideale, verzehrende, sich letztlich erschöpfende Leidenschaft.«

Wenngleich Bogarts »wunderbare Freundschaft« mit Claude Rains in keiner

---

[*] Diese Warners-Mischung spielt keine Rolle für das Studio, das heute den Namen Warner Bros. trägt. Ein hauseigener Stil existiert nicht mehr, wo Studios sich nur dadurch unterscheiden, wie viel Geld sie für dieselben Drehbücher und dieselben Schauspieler auszugeben bereit sind.

Weise homosexuell ist, so ist es zumindest die Liebesbeziehung zweier ebenbürtiger Charaktere. Wie Sidney Rosenzweig in seinem Buch über die Filme von Michael Curtiz ausführt, ähnelt die Beziehung von Rick und Renault dem Muster des streitbaren Helden und seiner Heldin, das sich in einer Reihe von Curtiz-Filmen wiederfindet, darunter in *Captain Blood* und *The Adventures of Robin Hood.* Rick und Renault werden gut miteinander auskommen. Renault ist Ricks gleichermaßen doppelbödiges Double, das mit etwas Verzögerung den Wandel vom spöttischen Unbeteiligten zum Engagierten vollzieht. Im Übrigen hat Renault die meisten guten Sprüche, die von Claude Rains genüsslich serviert werden, während seine Mundwinkel ein Hauch von Korruption umspielt. Der Film ist auch deswegen noch so populär, weil die komischen Sätze noch immer komisch sind. Und der Pintereske Wortwechsel zwischen Yvonne und Rick – »Wo warst du gestern Nacht?« – »Das ist so lange her, ich erinnere mich nicht mehr.« – »Sehen wir uns heute Nacht?« – »Ich plane nie so weit im Voraus« – ist immer noch Existenzialismus en miniature.

Ingrid Bergman brachte in den Film ebenfalls eine Zweideutigkeit ein, die es mit Bogarts aufnahm – womöglich gerade weil der Regisseur und die Drehbuchautoren ihr nicht sagen konnten, was sie empfinden sollte. Ilsa ist – in einem gängigen Hollywoodschen Sinne – eine Schurkin: Sie täuscht und betrügt beide Männer. Bergmans Kombination von Sexualität und Unberührtheit füllte die vorgesehene Rolle aus, doch bleibt Ilsa undurchschaubar. Vor einiger Zeit waren in einer nächtlichen Diskussionsrunde zwei von sechs Beteiligten der Meinung, Bergman liebe eigentlich Paul Henreid und mache Bogart nur etwas vor, um von ihm die Transitvisa zu bekommen. Und einer meinte, Rick habe am Schluss des Films seine leidenschaftliche Liebe überwunden. Mehrere Theoretiker stimmen dem zu, darunter der Film- und Englischprofessor Leo Braudy, der glaubt, dass Rick Ilsa an Laszlo abtritt, weil »er ihre emotionale Hingabe an Laszlo und die gemeinsame Sache erkennt«, womit sein Interesse an ihr erlischt. Larry Vonalt geht noch einen Schritt weiter: Rick räche sich an Ilsa, weil sie ihn einst verlassen habe. »Er weist sie ab, genau wie sie ihn seiner Überzeugung nach abgewiesen hatte.«

Während des Krieges besuchte ich die Grundschule. Ich leistete meinen Beitrag zum Krieg, indem ich Alufolie und Gummibänder zu Kugeln rollte, die ich dann Samstagmorgens zum Warners Beverly Theater trug. Inzwischen hat der Zweite Weltkrieg mit all seinen Gewissheiten und moralischen Imperativen sich zurückgezogen und ein schlammiges Watt zurückgelassen. Die Welt ist heute nur noch voller Grautöne. Heute wie damals glaube ich an die romantische Interpretation von *Casablanca* – Verzicht auf die Liebe zum Wohle der Welt. Doch gerade durch seine Doppeldeutigkeit bleibt der Film aktuell. Unter anderem ist es die Ungewissheit darüber, was der Film ihnen am Schluss sagen wird, die Kinobesucher immer wieder in den Film lockt. Die einzige Figur in *Casablanca*, die heute überholt und wenig anziehend wirkt, ist auch die einzige Hauptfigur, der es an Ambivalenz mangelt: Victor Laszlo. Obwohl Laszlo all das symbolisierte, was in einer unvollkommenen Welt heroisch und edel ist, wollte Paul Henreid die Rolle ablehnen, weil er instinktiv spürte, dass Vollkommenheit erdrückend sein kann und kein Rezept für Langlebigkeit ist.

Das Einzige, was Hollywood-Filmen – abgesehen von gelegentlichen Horrorfilmen – heute fehlt, ist Doppelbödigkeit. Ihre Storys mögen verwirrend sein, aber die Karten liegen von Anfang an offen auf dem Tisch. Das Publikum wusste nicht, wie es auf Bogart oder Rains reagieren sollte, die beide ebenso oft Helden wie Schurken gespielt hatten, doch heute liefert schon der Vorspann die Antwort, wenn der Star Mel Gibson, Clint Eastwood oder Arnold Schwarzenegger heißt. Wenn Gibson und Danny Glover sich in den Buddyfilmen à la *Lethal Weapon* verbrüdern, entspricht die ödipale Botschaft genau der Botschaft am Schluss von *Casablanca*. Doch *Lethal Weapon* und Dutzende ähnlicher Filme illustrieren nur oberflächlich das Ende des ödipalen Konflikts, während das Dreieck in *Casablanca* ihn förmlich durcharbeitet.

Casablanca ist nicht Stephen Bogarts Lieblingsfilm mit seinem Vater. Würde man seinen Lieblingsfilm, *Treasure of the Sierra Madre*, heutzutage drehen, bemerkt er scharfsinnig, »käme dabei ein *Indiana Jones* heraus«.

Die effektvolle Mischung aus Liebesgeschichte und Idealismus von *Casablanca* – ein bisschen Schmalz, Musik dazu und der gute reine Opferschmerz, versetzt mit einem doppelten Schluck Melodramatik – ist im Videoladen an der Ecke erhältlich. Aber *Casablanca* könnte heute so nicht mehr entstehen, denn es wird zu viel geredet, und es gibt zu wenig Action. Zu viele Figuren drängen sich, und die Handlung verläuft in Schwindel erregenden Spiralen, anstatt sich geradlinig zu entwickeln. Es gibt keinen Humphrey Bogart mehr, der dem Publikum eine Liebesgeschichte vorspielt, auf die es sich einlassen kann, ohne sich allzu sentimental vorzukommen. Und das Studio würde dafür sorgen, dass in der zweiten Fassung des Drehbuchs alles Doppeldeutige gestrichen wird.

Nachwort: Casablanca auf Deutsch

Wer das Filmmuseum Berlin besucht, im Filmhaus am Potsdamer Platz, begegnet im Exil-Raum einem Foto, das nur wenige Augenblicke vor dem Bild auf Seite 244 dieses Buches entstand. Dort ist der erhebende Moment soeben vorbei; auf dem Museumsfoto findet er gerade statt, die Hände sind zum Schwur erhoben. Beide Fotos wurden am 13. Dezember 1946 aufgenommen. Sie zeigen zwei überglückliche Immigranten vor einer Fahne ihres Gastlandes bei der Einbürgerungszeremonie im District Court von Los Angeles: Szöke Szakall, den liebenswürdig verschusselten, ungarisch-jüdischen Komiker, den Ober Carl aus *Casablanca*, bekannt aus zahlreichen deutschen und amerikanischen Tonfilmen, und seine Frau Elisabeth, Bozsi genannt. Er im dunklen Anzug mit Kavalierstuch und Fliege; sie im Nerzcape, die blonden Haare geflochten und zum Kranz hoch gesteckt. Neben dem Museumsfoto hängen die Einwanderungspapiere. Viele Jahre lagen sie im Haus ihrer Besitzer in Beverly Hills auf dem Kaminsims. Zur Erinnerung an den Tag, an dem die Szakalls endgültig Amerikaner wurden.

Dass diese Dokumente nach Berlin gelangten, um Zeugnis abzulegen von Leben und Werk der aus Nazideutschland vertriebenen Filmleute, hat direkt mit der Vorbereitung des im Herbst 2000 neu eröffneten Filmmuseums Berlin zu tun.

Casablanca gehört zu jenem halben Dutzend von Hollywood-Filmen, in denen der Mythos vom »Land of the Free« seinen überzeugendsten Ausdruck fand, neben *Birth of a Nation*, *Gone With the Wind*, *Citizen Kane* und noch *High Noon* vielleicht … (Über die anderen Titel mag man streiten, die Bewertungen ändern sich – as time goes by.) *Casablanca* ist zugleich einer der wichtigsten Emigrantenfilme. Wenn man das schmerzlichste Kapitel der deutschen Filmgeschichte dokumentieren will, kommt man an dem grandiosen antifaschistischen Melodram nicht vorbei.

Für ihre filmhistorische Ausstellung fahndeten Mitarbeiter des Filmmuseums in Amerika nach überzeugenden Exponaten des Exils. Ganz oben auf ihrer Wunschliste: Material zu *Casablanca*. Bei den Recherchen stießen sie auf das Buch von Aljean Harmetz. Die ehemalige Hollywood-Korrespondentin der *New York Times* hat Anfang der neunziger Jahre alle damals noch lebenden Zeitzeugen nach ihren Erinnerungen zu *Casablanca* befragt, zudem die Witwen, Söhne, Töchter und Freunde der einst Beteiligten; sie hat die einschlägigen Memoiren studiert und sämtliche verfügbaren Akten der Produktionsfirma Warner Bros. sowie der im Zweiten Weltkrieg involvierten Regierungsstellen. *Round Up the Usual Suspects* ist ein erstaunlicher Beitrag zur Film- und Exilgeschichte, eine aus unzähligen Mosaiksteinen akribisch montierte Chronik von der Entstehung dieses magischen Meisterwerks.

Die Museumsmacher verabredeten sich zu einem Gespräch mit der Autorin. Ob sie wisse, wer von den im Vorspann Genannten noch am Leben sei? Wer noch etwas besitzen könnte, was sich ausstellen ließe? Aljean Harmetz gab bereitwillig Auskunft. Sie wies unter anderem den Weg zu Lenke Kardos[1], der aus Ungarn stammenden, hochbetagten Schwester des einstigen Hollywood-Produzenten Joe Pasternak und Schwägerin von Boszi Szakall. In ihrer Garage in Beverly Hills lag, unberührt noch, Szakalls Nachlass, die Einbürgerungsfotos eingeschlossen, und harrte eines Archivs, das ihn für die Nachwelt hütet und für die Wissenschaft erschließt. Das geschieht nun im Filmmuseum am Potsdamer Platz.

Die Begegnung mit Aljean Harmetz hatte noch ein anderes erfreuliches Ergebnis. Warum war eigentlich diese brillante Arbeit in Deutschland bislang übersehen worden? So viele Bücher über *Casablanca* sind hier schon erschienen, aber dieses, das Beste von allen, nicht. Dem Berlin Verlag gebührt Respekt und Dank, dass er der Anregung folgte und *Verhaften Sie die üblichen Verdächtigen* jetzt auch den deutschen Cineasten zugänglich macht.

In der Bundesrepublik unter Adenauer wurde *Casablanca* am 26. August 1952 zum ersten Mal in einer verstümmelten Synchronfassung herausgebracht, die den Film förmlich massakrierte. Ein Skandalon, das zwar gelegentlich beklagt, aber in seiner paradigmatischen Dimension nie mit der gebotenen Deutlichkeit thematisiert wurde.

Angesichts von mehr als 20 fehlenden Filmminuten waren die damaligen Rezensenten sichtlich verwirrt. Von einem »beklemmend edelmütig ausgetragenem Dreieckskonflikt« sprach *Der Spiegel*, »nicht ohne Spannung so kunstreich kompliziert, dass alle drei am Leben bleiben«, kurz gesagt: »Bessere

Wie Casablanca gemacht wurde

Hollywood-Konfektion.«² Und das *Film-Echo*, Fachorgan der Kinobesitzer, brachte den Plot kurios auf den Punkt: »Ein geheimnisvoller Mordfall bildet den Kern der Handlung.«³

Als sich ein Journalist erkundigte, was es mit möglichen Kürzungen auf sich habe, antwortete ihm die deutsche Filiale der Warner Bros., Inc., in aller Unschuld: »Der Film wurde im Jahr 1942 gedreht, und da er in seiner Originalfassung nicht mehr zeitgemäß [!] und nicht zur Vorführung in Deutschland geeignet war, haben wir bei der Synchronisation des Filmes verschiedene Schnitte bzw. Änderungen vorgenommen, bevor der Film der Freiwilligen Selbstkontrolle vorgelegt wurde.« Da *Casablanca* einer der eindrucksvollsten Bergman-Filme sei, habe man ihn dem deutschen Publikum nicht vorenthalten wollen und sich zu dieser »deutschen Neufassung« entschlossen.⁴

Casablanca war nicht der einzige Film, der von den Deutschland-Filialen amerikanischer Verleiher in Anpassung an den mehrheitlich restaurativen Grundkonsens der bundesdeutschen Nachkriegsgesellschaft »bearbeitet« wurde. So gespenstisch es heute klingt: Die Freiwillige Selbstkontrolle der Filmwirtschaft, oberste westdeutsche Zensurinstanz, war einverstanden damit, und manchmal verlangte sie sogar, die so genannten »hässlichen Deutschen« aus Hollywood-Filmen herauszuschneiden oder zu schönen. Nach der heimlichen Devise: Wir sind wieder wer – Kritik von den »Siegern« verbitten wir uns …

Ein Jahrzehnt nach dem verlorenen Krieg reagierte das lädierte Nationalbewusstsein nach wie vor höchst empfindlich. Die Fangfrage: »Glauben Sie, dass wir tüchtiger und begabter sind als andere Völker« bejahten 1955 und 1956 im westlichen Teil Deutschlands noch 58 Prozent der Bevölkerung.⁵

1951 wurden in der Bundesrepublik und West-Berlin 555 Millionen Kinokarten verkauft, 1956, auf dem Höhepunkt des Booms, sogar 817 Millionen. Für die amerikanischen Verleiher ging es also um einen riesigen Markt. Dies mag ihren Opportunismus erklären. Was als »deutschfeindlich« misszuverstehen war, tilgten oder minimierten sie, ohne Rücksicht auf die Intentionen der jeweiligen Originalversion. Ihnen kam es darauf an, dass die Wirtschaftswunder-Deutschen so oft wie möglich ins Kino gehen und zufrieden wieder herauskommen. Sie waren ja außerdem die wiederbewaffneten Bundesgenossen im Kalten Krieg. Warum hätte man sie durch authentische Fassungen einiger Filme verärgern sollen, die ansonsten Gewinn versprachen?

Joseph Garncarz hat in einer gründlich recherchierten Dissertation die markantesten Fälle zusammengetragen und als Bausteine für eine von ihm formulierte Theorie »signifikanter Filmvariation« genutzt.[6]

So wurde beispielsweise in Howard Hawks' *I Was a Male War Bride* (Ich war eine männliche Kriegsbraut; deutsche Erstaufführung: 8. April 1950) aus einem Linsenschleifer, der offenbar seiner jüdischen Herkunft wegen auch nach dem Ende des Naziregimes keine ehrliche Arbeit findet und sich auf dem Schwarzen Markt durchschlagen muss, ein französischer Wissenschaftler, der im Krieg mit den Deutschen kollaborierte und nun in seine Heimat zurückkehren darf.

Die erste Synchronfassung von Alfred Hitchcocks *Notorious* (Weißes Gift/Berüchtigt; 21. September 1951) machte aus den nach Brasilien geflüchteten Nazis, die im Weinkeller Uranerz horten, um eine Atombombe zu basteln, Rauschgiftschmuggler. In *I Confess* (Ich beichte/Zum Schweigen verurteilt; 7. Juli 1953), ebenfalls von Hitchcock, stammte der Mörder, »ein Flüchtling ohne Hoffnung«, aus Deutschland, was der Synchrondialog verschweigt. Wilhelminische Kolonial-Brutalitäten wurden in John Hustons *The African Queen* (African Queen; 28. August 1958) in Wort und Bild gemildert oder weggelassen. Dass der synchronisierte Dr. Einstein, der verrückte Chirurg in Frank Capras *Arsenic and Old Lace* (Arsen und Spitzenhäuchen; 12. Mai 1952) ein Deutscher ist, blieb ebenfalls im Ungewissen.

Was indes mit *Casablanca* geschah, übertrifft die angeführten Beispiele bei weitem.

In der »deutschen Neufassung« hat sich der von Paul Henreid gespielte tschechoslowakische Widerstandsführer Victor Laszlo in einen norwegischen Physiker namens Viktor Larsen verwandelt. Er ist keineswegs aus einem KZ, sondern lediglich aus einem Gefängnis geflohen. Da er nicht zulassen will, dass die von ihm entdeckten »Delta-Strahlen« als Kriegswaffe missbraucht werden, wird er von Monsieur Laporte »von der internationalen Polizei« [!] gejagt, einem Phantomkommissar, den man nie zu Gesicht bekommt.

»Major Strasser vom Dritten Reich« ist nie in Casablanca gelandet. Der Name Conrad Veidt steht zwar noch im Vorspann, aber die Figur hat sich in Luft aufgelöst. Ein einziges Mal sieht man Veidt für den Bruchteil einer Sekunde. Er sitzt in Rick's Café mit Claude Rains am Tisch, dem Polizeipräfekten, der ihm etwas ins Ohr flüstert. Da unter der Einstellung ein Song liegt, konnte man sie beim besten Willen nicht eliminieren. Veidt existiert einfach nicht, und deshalb kann er am Ende des Films auch nicht eingreifen, als Henreid und Ingrid Bergman das Flugzeug nach Lissabon besteigen wollen, und Bogart muss ihn nicht erschießen.

Genauso fehlen die Nazi-Offiziere aus Strassers Entourage, die in einer Schlüsselszene »Die Wacht am Rhein« grölen und in ohnmächtiger Wut hinnehmen müssen, dass ihnen Henreid, Gäste und Personal mit dem flammenden Gesang der »Marseillaise« antworten. Vergeblich hält man nach Madeleine LeBeau Ausschau, Bogarts Geliebter, die am Arm des Nazi-Offiziers Hans Heinz von Twardowski in die Bar kommt; im Original war sie für einen kurzen, verbitterten Moment »zum Feind übergelaufen«, hatte aber dann mit feuchten Augen in die »Marseillaise« eingestimmt und »Vive la France!« gerufen. Auch die Wochenschaubilder vom Vormarsch der deutschen Truppen auf Paris wurden entfernt. Dooley Wilson, der schwarze Sänger mit der rauen Stimme, singt seine Songs nicht, er klimpert sie nur auf dem Klavier. So ist auch der beziehungsreiche Text von »As Time Goes By« nicht mehr zu hören. Allein Szöke Szakall hat seine Szenen behalten, wenn auch der Text leicht verändert wurde.

Was *Casablanca* den Drive, die niemals erlahmende Spannung, das ironisch gebrochene Pathos verleiht, das uns im Kino fast sechzig Jahre nach der New Yorker Premiere immer noch unter die Haut geht, der kategorische Imperativ des Films, der besagt, dass das persönliche Glück zurückzustehen hat, wenn es gilt, die Welt vor den Nazis zu retten – das alles war in der skandalösen deutschen Erstfassung dahin. Ein Jahrhundertfilm schrumpfte zum privaten Liebesdramolett.

Und die herrliche Schlusssequenz auf dem Flugplatz? Das war nur noch irgendein Abschied, wie man ihn aus tausend Filmen kannte. Bogart und Bergman nur noch irgendein Paar, trivial die Rollen und ohne Tiefe. Was verschlägt es da noch, dass auch die raffinierte Filmmusik Max Steiners willkürlich zerhackt war; dass die abrupten Schnitte den Bildfluss unterbrachen und den sorgfältig austarierten Rhythmus gänzlich zerstörten.

Es klingt wie eine Geschichte aus fernen Tagen. Filmkunstkinos, die Retrospektiven von Filmarchiven und Festivals und nicht zuletzt das Fernsehen haben dazu beigetragen, dass sich seitdem eine Filmkultur herausbilden konnte. Mit ähnlichen Entgleisungen ist wohl nicht mehr zu rechnen. Die deutsche

Fassung von *The African Queen* wurde von der ARD inzwischen zum Teil korrigiert[7], das ZDF synchronisierte *Notorious* neu und korrekt. Was *Casablanca* anbelangt, so hat die ARD 1975 eine vollständige Synchronisation hergestellt, die nun auch den unterkühlten Ton des Originals trifft.

In Amerika sind die Dialoge aus *Casablanca* längst im kollektiven Gedächtnis des Landes angekommen. »I stick my neck out for nobody«, »We'll always have Paris«, »Round up the usual suspects«, »Here's looking at you, kid«, »Louis, I think this is the beginning of a beautiful friendship« und noch viele Zeilen mehr kennen die Alten, lernen die Jungen.

Dass allerdings auch im deutschen Sprachraum das Gleiche passierte, wenn auch nur mit den letzten drei Sentenzen, ist ein einzigartiges Phänomen in der Rezeptionsgeschichte des Kinos. Die »üblichen Verdächtigen« und der »Beginn einer wunderbaren Freundschaft« sind zu Redensarten geworden und bis in die Leitartikel und die Fernsehkommentare vorgedrungen, als allzeit brauchbare Floskeln, wenn Ironie oder Süffisanz gefragt ist.

In diesem Zusammenhang muss von dem Mann die Rede sein, dem das Verdienst zukommt, dass uns auch in Deutschland die *Casablanca*-Zitate im Alltag begleiten. 36 Jahre lang wirkte Wolfgang Schick († 15. Januar 1997) als Synchronregisseur im Dunkel der Tonstudios des Leo Kirch in München-Unterföhring. Hunderte von ausländischen Filmen hat er stilsicher mit deutschem Dialog versehen, und keiner hat ihn je gerühmt. Mit einem einzigen Satz aus dem Dialog von *Casablanca* hat er sich für immer einen Stern in der deutschen Filmgeschichte der Nachkriegszeit verdient. Den eigentlich unübersetzbaren Trinkspruch »Here's looking at you, kid« übersetzte er sehr frei aus dem Stand.[8] Joachim Kemmer, die sonore Stimme Bogarts, sprach den Satz ins Synchron-Mikrofon: »Ich seh dir in die Augen, Kleines!« Im Laufe der Zeit ist daraus etwas ungenau »Ich schau dir in die Augen, Kleines« geworden, und so wird es tausendfach und in immer neuen Abwandlungen zitiert. Es erschien sogar ein Rezeptbuch aus der Filmperspektive mit dem adaptierten Zitat; die Autoren nannten es: Ich schau dir in den Kochtopf, Kleines![9]

Niemals zuvor und niemals danach sind hierzulande Worte aus einem Filmdialog so populär geworden.

Gero Gandert

Wie Casablanca gemacht wurde

1 Lenke Kardos starb im September 2000 in Beverly Hills.
2 *Film-Echo*, 30. August 1952.
3 *Der Spiegel*, 24. September 1952.
4 Kurt Joachim Fischer zitierte das Schreiben der Warner Bros. Continental Films, Inc., Frankfurt am Main, in einem Leserbrief. *Neue Zeit*, 24./25. Januar 1953.
5 Jahrbuch der öffentlichen Meinung, hrsg. von Elisabeth Noelle und Erich Peter Neumann, Allensbach 1967, S. 154.
6 Joseph Garncarz: *Filmfassungen*. Frankfurt am Main u. a. 1992 (= Studien zum Theater, Film und Fernsehen, Band 16.).
7 *The African Queen* wurde zunächst am 27. März 1952 von der FSK verboten und am 3. Februar 1955 unter Schnittauflagen freigegeben. Heute wird der Film auch weltweit in einer Fassung gezeigt, welche die Einwände der deutschen Zensur berücksichtigt. Zu den Einzelheiten der deutschen TV-Versionen siehe Garncarz, a. a. O.
8 Unter der Überschrift »Schampus im Sinn« untersuchte Martin Wiegers in einer amüsanten Betrachtung den Ursprung dieser Formulierung bis in die letzten semantischen Verästelungen. *Die Zeit*, 3. April 1992.
9 Harald Keller, Vera Geisler, Reinhard Westendorf: *Ich schau dir in den Kochtopf, Kleines! Filmreif kochen – Rezepte, Anekdoten und Hintergründiges aus über 50 Kinohits*, Hamburg 2000.

Danksagung

Mit meinen Nachforschungen über *Casablanca* begann ich 46 Jahre nach Entstehung des Films. Im Verlauf von beinahe fünf Jahrzehnten war aus Hollywood mehr verschwunden als nur der blaue Himmel. Die meisten Männer und Frauen, die an *Casablanca* mitgewirkt hatten, waren inzwischen gestorben. Und auch das Studiosystem, das den Film geprägt hatte, war gestorben. Aber Dokumente sind erhalten geblieben. Die Geschichte der Warner Bros. ist in Kartons voller Memos, Briefe, Verträge, Produktionsberichte und Drehbücher aufgehoben, die sich im Archiv der Warner Bros. und der Jack Warner Collection an der University of Southern California befinden. Subtileres bewahren die Erinnerungen derjenigen, die 1942 dabei waren. Zutiefst zu Dank verpflichtet bin ich folgenden Personen, die mir ihre Erinnerungen an *Casablanca*, an Warner Bros. oder an das Studiosystem während der ersten Kriegsjahre anvertraut haben:

Joan Alison	Curt Bois	Katherine Dunham
Lew Ayres	Richard Brooks	Amanda Dunne
Solly Baiano	Murray Burnett	Philip Dunne
Sonia Biberman	Meta Carpenter	Julius J. Epstein
John Beckman	Meta Cordy	Rudi Fehr
Robert Blees	Owen Crump	Geraldine Fitzgerald
Bill Hendricks	Mort Likter	Dan Seymour
Paul Henreid	Sam Marx	Vincent Sherman
Irene Heymann	Dennis Morgan	Arthur Silver
Lena Horne	William T. Orr	Paul Stader
Lee Katz	Gilbert Perkins	Carl Stucke
Leonid Kinskey	Vincent Price	Arthur Wilde
Howard Koch	Tom Pryor	Billy Wilder
Lupita Kohner	Bill Schaefer	Bob William
Ring Lardner jr.	Carl Schaefer	Frances Williams
Irene Lee	Francis Scheid	Fray Wray

Auch die Ehefrauen, Kinder und Verwandten jener Männer und Frauen, die bei der Produktion von *Casablanca* irgendeine Rolle spielten, ließen mich an ihren Erinnerungen teilhaben. Für die Zeit, die sie mir gewidmet haben, für ihre Geduld und Freundlichkeit möchte ich folgenden Personen danken:

Lauren Bacall, Nicola Dantine Bautzer, Dorothy Robinson Blees, Stephen Bogart, Leslie Epstein, Frances Feder, Lilian Gelsey, Lenke Kardos, Pia Lindstrom, John Meredyth Lucas, Frances MacKenzie, Saul Nirenberg, Gregory Orr, Bill Rader, Harold G. Rader, Jessica Rains, Jack Warner jr. und Margaret Scannell Wooley.

Das meiste Material in diesem Buch stammt aus Primärquellen. Die verwendeten Sekundärquellen umfassten Hollywooder Fachblätter und Zeitschriften sowie Autobiografien, mündlich überlieferte Berichte und Erinnerungen, die so rigoros wie möglich anhand konkret belegter Fakten überprüft wurden. Eine Liste der wichtigsten Archive, die ich benutzt habe, und der dort vorhandenen Materialien findet sich zu Beginn der Anmerkungen. Bei meinen Recherchen wurde ich von den folgenden Personen intensiv unterstützt:

Howard Gotlieb (Boston University); Ronald J. Grele (Columbia University); Jan-Christopher Horak (George Eastman House); Cornelius Schnauber (Max Kade Institute); Marta Mierendorff, die mir ihr Privatarchiv zur Verfügung stellte; Mary Ann Jensen und Andros Thompson (Princeton University); Charles Bell und Mary Mallory (Selznick Archives); David S. Zeidberg (University of California, Los Angeles); Jeanine Basinger (Wesleyan University), die mir Türen öffnete, die ich allein nie hätte öffnen können; Joan Michaels (Burbank Public Library); Mark Locher und Harry Medved (Screen Actors Guild); Chuck Warn (Directors Guild of America); Patrick (Stockstill Academy of Motion Picture Arts and Sciences).

Zu besonderem Dank bin ich Daniel Selznick verpflichtet, der mir den Zugang zu Material aus den Selznick Archives ermöglichte; Isabella Rossellini, die mir erlaubte, Material aus der Ingrid-Bergman-Sammlung einzusehen; und Jessica Rains, die dafür sorgte, dass es immer genug Kaffee und genug zu lachen gab, und die mir die noch nicht transkribierten Tonbandaufnahmen ihres Vaters Claude Rains – insgesamt dreißig Stunden – zur Verfügung stellte, die in den letzten Jahren seines Lebens gemacht wurden.

Unschätzbare Hilfe erhielt ich während der vier oder fünf Monate, die ich mich durch die Warner Bros. Archives und die Jack Warner Collection hindurcharbeitete. Leith Adams von den Archives und Ned Comstock von der Cinema-Television Library der University of Southern California scheuten weder Zeit noch Mühe, mir beizustehen. Darüber hinaus möchte ich Anne Schlosser, Stuart Ng und Steve Hanson danken.

Verhaften Sie die üblichen Verdächtigen ist der Versuch, aus den verschiedenen Perspektiven des Jahres 1942 und des Jahres 1992 Aussagen über das Studiosystem und die darin arbeitenden Menschen zu treffen. Ich schulde den Kritikern und Fachleuten Dank, die mir geholfen haben, die Vorgänge von beiden Seiten zu betrachten, oder dazu beigetragen haben, dass ich mein Wissen über die damaligen Akteure vertiefen konnte:

Forest Ackerman	Gary Essert	Stanley Kaufmann
Woody Allen	Todd Gitlin	Miles Kreuger
Peter Almond	Samuel Goldwyn jr.	Robby Lantz
Sam Arkoff	Cyrus Harvey jr.	Laurence Mark
Pat Wilkes Battle	Ronald Haver	Gerald Marks
Rudy Behlmer	Anthony Heilbut	Daniel Melnick
Al Bender	Charles Higham	Leonard Nimoy
Jack Brodsky	Joe Hyams	David Raksin
Art Buchwald	Dorothy Jeakins	Roger Richman
Larry Ceplair	Pauline Kael	David Thomson
Charles Champlin	Kathryn Kalinak	Haskell Wexler

sowie den Yale-Musikstudenten Daniel Jack Becker, Arthur Bloom, Ed Harsh, Lee Heuermann, John Rogers und Joe Rubenstein.

Besonders dankbar bin ich Ronald Haver, dem ich es hoch anrechne, dass er mir das Material, das er für sein eigenes *Casablanca*-Projekt gesammelt hat, zur Verfügung stellte.

Warner Bros. residiert immer noch am selben Ort in Burbank, Kalifornien, auch wenn die Firma jetzt Warner Brothers heißt. Ich möchte ihrem Vorsitzenden, Robert A. Daly, danken, der mir gestattete, auf meiner Suche nach der Firma Warner Bros. des Jahres 1942 Kellerräume, Lager und alte Akten zu durchforsten; desgleichen Justitiar John Schulman, der ein ebenso begeisterter Schatzsucher ist wie ich, sowie Dee Somers, dem Leiter des Büro-Service, der mir immer die richtige Richtung wies. Dank auch an Jess Garcia und Carl Samrock für ihre Hilfe.

Ich bin *Casablancas* gegenwärtigem Eigentümer, Turner Broadcasting System, Inc., dankbar dafür, dass ich Standfotos aus dem Film verwenden durfte. Mein ganz besonderer Dank gilt Roger Mayer, dem Präsidenten der Turner Entertainment Co.

Ich habe noch weitere Dankesschuld abzutragen: bei Robert Miller und Tom Miller vom Verlag Hyperion; bei David Freeman und meinem Mann, Richard Harmetz, die diverse Fassungen des Manuskripts lasen; und bei Hildegard D. Augustson, die mir bis zu ihrem Tod am 20. Februar 1991 – sie kam bei einem Flugzeugabsturz ums Leben – bei meinen Recherchen assistierte.

Mein letzter und tiefster Dank gilt meinem Sohn, Anthony Harmetz, der mir die Arbeit abnahm, meterhohe Stapel von Interviews und Unterlagen zu sortieren, und mithalf, die Anmerkungen und Quellen am Ende des Buches zu erstellen. Die Mängel in *Verhaften Sie die üblichen Verdächtigen* habe allein ich zu verantworten, doch wäre dies ein wesentlich schlechteres Buch geworden, hätte Anthony sich ihm nicht mit seinem ganzen redaktionellen Geschick gewidmet und hätte er nicht darauf bestanden, weiter an dem Manuskript zu feilen, als ich schon längst aufgeben wollte.

Ich erhebe mein Champagnerglas und trinke auf Euch alle.

Anmerkungen

In den Anmerkungen sind Bücher und Aufsätze nur mit Autor und Titel genannt, vollständige Angaben finden sich im Literaturverzeichnis.
Das Siglenverzeichnis befindet sich auf Seite 454.

Kapitel 1

11 Die Dreharbeiten zu *Casablanca* endeten ... – *Casablanca*, täglicher Produktionsbericht, WBA.

12 »Du bist die Maria« – Ingrid Bergmans Schauspieltagebuch, im Original schwedisch, übers. von Harriet Alvord, S. 75 rechts, IBC. Dieses Buch ist kein normales Tagebuch, die Einträge wurden schubweise geschrieben und decken jeweils gleich mehrere Monate ab. Es lässt sich nicht nachvollziehen, wie lange nach den Dreharbeiten zu *Casablanca* Bergman über den Film schrieb.

12 »der einer Tigerin ...« – Paul Henreid, *Ladies Man*, S. 131.

13 Die Endkosten von ... – »Comparison of Negative Costs und Gross Incomes on productions released from 9/1/41 to 8/31/46«, William Schaefer Collection, JWC.

14 »Aber im Brattle zu sein ...« – Cyrus Harvey jr., Interview Harmetz.

15 »Das war grandios erzählt ...« – Philip Dunne, Interview Harmetz.

15 »Es gibt absolut keinen Grund ...« – Memo von Wallis an Curtiz, 31. März 1942, CSF/WBA.

16 »Sie war überrascht ...« – Pia Lindstrom, Interview Harmetz.

16 »Bogey sagte immer ...« – Lauren Bacall, Interview Harmetz.

17 Ein Produzent bei MGM ... – Sam Marx, Interview Harmetz.

18 Bis zum 22. Juli ... – *Los Angeles Times*, 22. Juli 1942, Teil I, S. 1.

18 »Weil es, als die Lage ...« – *Warner Club News*, Mai 1943, S. 4, JWC. 1942 weigerten sich die Gewerkschaften ... – *Variety*, 8. und 9. Oktober 1942.

19 Hal Wallis schrieb den Text selbst – Julius Epstein und Howard Koch, Interview Harmetz. Siehe auch Casey Robinson im Interview mit Joel Greenberg, abgedruckt in Pat McGilligan (Hrsg.), *Backstory*, S. 308. Wallis beansprucht die Autorschaft an dieser Zeile, und niemand, der etwas mit dem Film zu tun hatte, hat das jemals bestritten.

21 war schlicht *der* Kassenschlager ... – *Variety*, 5. Januar 1944. *For Whom the Bell*

Tolls und *The Song of Bernadette* kamen beide erst spät im Jahr in die Kinos, so dass die Angaben über die Zuschauerzahlen in *Variety* auf Schätzungen beruhen.

22 »einen Film, bei dem ...« – Brosley Crowther, *New York Times*, 27. November 1942, S. 27.

22 »Großartige Propaganda gegen ...« – *Variety*, 2. Dezember 1942.

22 »einen aufregenden Film ...« – John T. McManus, *PM*, 27. November 1942, S. 22.

22 Umfrage unter 439 Kritikern ... – *Film Daily Yearbook*, 1944, S. 105.

22 »In anderen Filmen ...« – Manny Farber, *The New Republic*, 4. Dezember 1942, S. 793.

22 »ganz passabel« – David Lardner, *The New Yorker*, 28. November 1942, S. 77.

22 »Es hat den Anschein ...« – James Agee, *The Nation*, 20. Februar 1943. (Agees Filmkritiken sind abgedruckt in: *Agee on Film.*)

22 »Ich glaube nach wie vor ...« – Ebd., 25. Dezember 1943, S. 796.

23 »Ich habe ein geradezu ...« – Howard Koch, Interview Harmetz.

Kapitel 2

25 »Lehen – kleine Machtbereiche ...« – Billy Wilder, Interview Harmetz.

25 »von einem 35-jährigen Lektor ...« – Stephen Karnot Vertragsunterlagen, WBA.

26 »Vorzügliches Melodram ...« – Stephen Karnot Synopsis, 11. Dezember 1941, CSF/WBA.

26 »Aber eigentlich gebührt Irene Lee ...« – Julius Epstein, Interview Harmetz.

26 »unveröffentlichten Memoiren ...« – Johnny O'Steen, *Were These »Golden Years«?*, S. 110 f., unveröff. Manuskript in der Theater Arts Library, URL/UCLA.

26 »Als *Casablanca* herauskam ...« – Irene Lee Diamond, Interview Harmetz.

27 Mit einem 30-seitigen Vertrag ... – Hal Wallis Vertragsunterlagen, WBA.

29 »Bis die meinen Schreibtisch ...« – Neal Gabler, *An Empire of Their Own*, S. 152.

30 1937 bezeichnete ... – *Fortune*, Dezember 1937, S. 111.

30 »Mein Onkel war ...« – Jack Warner jr., Interview Harmetz.

30 »Harry war ein solider Bursche ...« – Lee Katz, Interview Harmetz.

31 »Ich habe die Unterlagen ...« – Memo von Jack Warner an Henry Blake und alle Produzenten, 9. Januar 1942, JWC.

31 Bei Dreharbeiten im Griffith Park ... – Carlisle Jones in einer undatierten Pressemitteilung des Studios, JWC. Auch Doc Solomon erwähnte die Geschichte im Laufe der Jahre immer wieder.

32 »Meine Garderobe …« – Brief von Errol Flynn an T. C. Wright,
    12. August 1944, JWC.

32 »Bogart wird einfach …« – Telegramm von Jack Warner an Steve Trilling,
    17. Mai 1943, JWC.

32 »Ich bin ein böser Junge« – Telegramm von Warner an Trilling,
    9. Januar 1943, JWC.

33 »durch die Befehlskette …« – Bill Orr, Interview Harmetz.

33 »Sein Job bestand …« – Richard Brooks, Interview Harmetz.

33 »ermunterte MGM einen …« – Ring Lardner jr., Interview Harmetz.

35 Sein Enkel, Gregory Orr … – Gregory Orr, Interview Harmetz.

36 »Ich habe niemals …« – Jack Warner mit Dean Jennings, *My First Hundred
    Years in Hollywood*, S. 114.

36 »Ein Psychiater könnte …« – Jack Warner jr., Interview Harmetz.

36 »Er hatte Angst vor …« – Geraldine Fitzgerald, Interview Harmetz.

36 »Er wirkte immer …« – Lauren Bacall, Interview Harmetz.

36 »Abdul war wie …« – Bill Schaefer, Interview Harmetz.

37 »Er war schrecklich aufgewühlt …« – Jack Warner jr., Interview Harmetz.

38 »Ich kann nicht verstehen …« – Memo von Warner an Curtiz, 15. Juli 1942,
    CSF/WBA.

38 Seine Regisseure im Griff … – Telegramm von Warner an Trilling,
    4. Dezember 1943, JWC.

38 Hal Wallis' Sekretär … – Memo von Paul Nathan an Jack Warner,
    4. Februar 1942, CSF/WBA.

38 »Mindestens zwei Mal in der Woche …« – Rudi Fehr, Interview Harmetz.

39 »Einen guten Film …« – Owen Crump, Interview Harmetz.

39 »Wenn man ihm eine Idee …« – Henry Blanke, S. 63, OH, 1969,
    DSC/URL/UCLA.

39 »hier keinen Film mehr gemacht …« – Memo von Wallis an Jack Warner,
    13. April 1942, CSF/WBA, Antwort auf Warners Memo vom 4. April 1942.

40 »Heutzutage hängt die ganze Industrie …« – Daniel Melnick, Interview
    Harmetz.

40 »Heutzutage drücken wir uns …« – Laurence Mark, Interview Harmetz.

40 »Ich habe letzte Nacht …« – Memo von Wallis an Curtiz, 9. Juli 1942,
    CSF/WBA.

41 »eine ganz offensichtliche Imitation …« – Memo von Robert Lord an Irene Lee,
    23. Dezember 1941, CSF/WBA.

41 »Diese Geschichte wäre …« – Memo von Jerry Wald an Irene Lee,
    23. Dezember 1941, CSF/WBA.

41 eine entscheidende Voraussetzung … – *Fortune*, Dezember 1937.

42 »Es gibt keinen einzigen Produzenten …« – Tom Pryor, Interview Harmetz.

42 »Hal war extrem diszipliniert ...« – Charles Higham, Interview Harmetz.

42 Die Botenjungen bei Warner ... – Stuart Jerome, *Those Crazy Wonderful Years*, S. 260 f.

42 »Wallis gab es zwei Mal ...« – Julius Epstein, Interview Harmetz.

43 »Er war ein sehr kühler Mensch ...« – Dennis Morgan, Interview Harmetz.

43 »Hätten wir da hübsche Miezen ...« – Owen Crump, Interview Harmetz.

44 »Ich verdiente etwa ...« – Irene Lee Diamond, Interview Harmetz.

Kapitel 3

Die in diesem Kapitel zitierten und erwähnten Drehbücher und Drehbuch-materialien befinden sich in den *Casablanca*-Akten der Warner-Bros.-Archives der University of Southern California.

1. *Everybody Comes to Rick's*, das Bühnenstück von Murray Burnett und Joan Alison, worauf *Casablanca* basiert.
2. Das »PART I TEMP«-Skript vom 2. April 1942 von Julius und Philip Epstein.
3. Ein vollständiges Manuskript mit der Bezeichnung »FINAL PART I« vom 11. Mai 1942.
4. Ein »FINAL REVISED SCRIPT« vom 1. Juni 1942, das keineswegs endgültig war.

Darüber hinaus enthalten die Drehbuchfassungen vom 2. April, 11. Mai und 1. Juni viele datierte und überarbeitete Seiten, die später geschrieben wurden.

Die von Howard Koch verfassten 19 Seiten »Vorschläge für eine überarbeitete Story«, auf die in diesem Kapitel Bezug genommen wird, sind im Besitz der Autorin. Weitere Manuskripte und Drehbuchmaterialien werden vor den Anmerkungen zu den Kapiteln 9 und 13 genannt.

47 »Aber es ist nicht leicht ...« – Murray Burnett, Interview Harmetz.

48 »Das Bühnenstück lieferte ...« – Howard Koch, ›The Making of America's Favorite Movie‹, S. 74.

48 »Koch hat alles ...« – Murray Burnett, Interview Harmetz.

48 »Nachdem ich kürzlich ...« – Howard Koch, *Los Angeles Times*, 1. Juni 1991, F, 2.

48 Tatsächlich hatte sich Koch ... – Howard Koch, Interview Harmetz.

49 »Ich habe nur die Arbeit ...« – Ebd.

49 »Ich ging die ansehnliche Kollektion ...« – Howard Koch, *Casablanca*, S. 21.

51 Die Suche nach einem geeigneten ... – Memo von Paul Nathan an Hal Wallis, 30. Dezember 1941, CSF/WBA.

51 »Ich glaube weder der Geschichte ...« – Memo von Robert Bruckner

an Hal Wallis, 6. Januar 1942, CSF/WBA.

51 »Das gegenwärtige Material …« – Brief von Joseph Breen an Jack Warner,
18. Juni 1942, CSF/WBA.

52 »die Möglichkeit für ein …« – Memo von Aeneas MacKenzie an Paul Nathan,
3. Januar 1942, CSF/WBA.

53 »Ich bin der Julian Blumberg …« – Julius Epstein, Interview Harmetz.

53 »Eines Tages kam ein völlig …« – Budd Schulberg, *Lauf, Sammy!*, S. 40.

53 Cagney wollte die Hauptrolle … – James Cagney, *Cagney by Cagney*, S. 105.

53 »Die Epstein-Boys …« – Memo von Raoul Walsh, 13. Februar 1942, *Desperate
Journey* Story File, WBA.

54 Wettstreit um die besten Witze … – Alvah Bessie, *Inquisition in Eden*, S. 36.

54 »Unsere Publicity-Abteilung …« – Julius Epstein, Interview Harmetz.

55 »Eines Tages …« – Ebd.

55 »Der Film bedeutet Julie …« – Leslie Epstein, Interview Harmetz.

56 Darin schrieb Koch … – Howard Koch, *Casablanca*, S. 19.

56 »Wir haben mit ihm niemals …« – Julius Epstein, Interview Harmetz.

56 1985 schickte Koch Epstein … – Brief von Howard Koch an Julius Epstein,
1. April 1985, mit frdl. Genehm. von Julius Epstein.

57 schlug Warner vor … – Memo von Jack Warner an Roy Obringer,
24. Februar 1942, CSF/WBA.

58 »Beiliegend meine Kopie …« – Memo von Hal Wallis an Mike Curtiz,
30. März 1942, CSF/WBA.

58 »Hier geht man von der …« – Daniel Melnick, Interview Harmetz.

58 »Dieser erste Teil …« – Julius Epstein, Interview Harmetz.

59 »Sobald klar war …« – Ebd.

59 und er bat um weitere … – Trilling an Wallis, 4. Mai 1942, JWC.

59 »einen Schauspieler wie Bogart …« – Laurence Mark, Interview Harmetz.

60 »gerade in eine russische …« – Casey Robinson 1974 im Gespräch mit
Joel Greenberg für eine Oral History des American Film Institute, teilweise
abgedruckt in Pat McGilligan (Hrsg.), *Backstory*, S. 307.

60 »Während wir hier versuchen …« – Brief von Julius und Philip Epstein
an Hal Wallis, Anfang März 1942, CSF/WBA.

62 »Mein Bruder und ich …« – Julius Epstein, Interview Harmetz.

63 »Den Hauptteil der Arbeit …« – Howard Koch, Interview Harmetz.

66 In ihrer maßgeblichen Studie … – Larry Ceplair und Steven Englund,
The Inquisition in Hollywood, S. 437 f.

66 »Meine Vettern und ich …« – Leslie Epstein, Interview Harmetz.

67 doch eine Doktorarbeit … – Christine Ann Colgan, »Warner Bros.’ Crusade
Against the Third Reich: A Study of Anti-Nazi-Activism and Film Produc-
tion, 1933–1941«, Dissertation, Doheny Library, University of Southern
California.

Kapitel 4

82 »Als ich 1936 zum Studio kam …« – Rudi Fehr, Interview Harmetz.

83 »diesen tapferen unglücklichen Ländern …« – Telegramm von Harry und Jack Warner an Franklin D. Roosevelt, 20. Mai 1940, JWC.

83 Nach einer Kundgebung des Ku-Klux-Klan – *Variety*, 22. Oktober 1941.

83 »Vereint überleben wir …« – 5. Juni 1940, Box 56, Folder 18, JWC.

83 »Amerikanismus ist meine Parole …« – *Warner Club News*, Oktober 1940, S. 3, JWC.

83 »Dank des Weitblicks …« – *Warner Club News*, November 1940, S. 8, JWC.

84 eine Aufgabe, die ihnen Harry Warner … – Johnny O'Steen, *Were These »Golden Years?«*, S. 163.

84 Nach einer im Februar 1942 … – U. S. Bureau of Intelligence, Office of Facts and Figures, »Pacific Coast Attitudes toward the Japanese Problem«, 28. Februar 1942.

85 wie wenig Japaner sie beschäftigten … – *Variety*, 3. Dezember 1941.

85 »Konnte man sie mit etwas Entrüstung …« – Mary Astor, *A Life on Film*, S. 168.

85 Betty Grable sei als erster Star … – *New York Times*, 15. Februar 1942, VIII, 5.

85 »Oh, es war ein großer Erfolg …« – *Fortune*, April 1942, S. 95.

86 »auf den Holzbänken …« – *Hackensack* (N. J.) *Record*, 3. Januar 1942.

87 Anlässlich der ersten Verdunkelung … – »Hollywood Blackout«, undatierte Pressemitteilung des Studios, WB Studio War Effort Box, Box 59, Folder 2, JWC.

88 »Ich war mit F 4 eingestuft …« – Arthur Wilde, Interview Harmetz.

88 »Vor dem Zweiten Weltkrieg …« – C. E. Carle, S. 39, OH, 1969, DSC/URL/UCLA.

89 »Wenn beispielsweise …« – Arthur Wilde, Interview Harmetz.

90 »Die heutigen Presseagenten …« – Jack Brodsky, Interview Harmetz.

90 Reagan hatte nie … – Reagans Stellung während dieser sechs Monate lässt sich anhand seiner Vertragsakte und der Produktionsunterlagen zu *Desperate Journey* nachvollziehen, beide in WBA.

90 eine weitere Mitteilung – *Hollywood Reporter*, 8. Januar 1942.

91 »Mr. Wallis wäre Ihnen dankbar …« – Memos von Paul Nathan, 5. Januar 1942, CSF/WBA.

91 »Ich fand, es war …« – Vincent Sherman, Interview Harmetz.

92 »den glücklichsten aller glücklichen Zufälle …« – Andrew Sarris, *The American Cinema*, S. 176.

92 »Wenn etwas geglückt war …« – Julius Epstein, Interview Harmetz.

93 »Für eine solche Schlüsselposition …« – Daniel Melnick, Interview Harmetz.

93 »Sets und alle sonstigen Dinge …« – Memo von Wright an Weyl, 14. Mai 1942, CSF/WBA.

Kapitel 5

105 »Soll das ein Witz sein? …« – Memo von Bogart an Trilling, 17. März 1941,
zitiert in: Rudy Behlmer (Hrsg.), *Inside Warner Bros.*, S. 143.

105 Einige Jahre davor hatte Bogart … – Geraldine Fitzgerald, Interview Harmetz.

106 »Es war ein miserables Skript …« – Dennis Morgan, Interview Harmetz.

106 »ein besonders schlechtes Gewissen …« – Lee Katz, Interview Harmetz.

106 »es kein wichtiger Film ist« – Brief von George Raft an Warner, 6. Juni 1941,
Maltese Falcon Story File, WBA.

107 »Bitte Sie dringend …« – Memo von Wallis an Steve Trilling, 14. Februar 1942,
CSF/WBA.

107 Sechs Wochen später … – Memo von Warner an Wallis, 2. April 1942,
CSF/WBA.

108 »Sie dachten, ein Schauspieler …« – Geraldine Fitzgerald, Interview Harmetz.

108 »Wir machen keine Stars …« – Telegramm von Warner an Trilling,
21. November 1943, JWC.

108 »Vermietung Humphrey Bogarts« – 26. November 1937, Bogart Vertragsunterlagen, WBA.

108 »Jack sagte, sie würden verdorben …« – Bill Orr, Interview Harmetz.

108 »Seht zu, ob ihr Dana Andrews˙…« – Telegramm von Warner an Trilling,
Glazer, 6. Januar 1943, JWC.

109 »das wirkt überhaupt nicht wie Schauspielerei …« – Graham Greene,
The Spectator, Januar 1940, S. 108.

109 »Ich wurde für mein Spiel gelobt …« – Ingrid Bergmans Schauspieltagebuch,
S. 75 links, Mai bis August 1942, IBC.

109 »Ingrid hatte etwas Einmaliges …« – Fay Wray, Interview Harmetz.

109 »Ich habe zu tun …« – Brief von Ingrid Bergman an Ruth Roberts,
12. Januar 1942, zitiert in Bergman und Burgess, *Ingrid Bergman –
Mein Leben,* S. 111.

110 Zu ihren wichtigsten Erinnerungen … – Bergman und Burgess, *Ingrid
Bergman – Mein Leben*, S. 116; auch John Kobal, *People Will Talk*, S. 464.

110 »Erfolg«, notierte sie … – Ingrid Bergmans Schauspieltagebuch, S. 74 links,
August 1941, IBC.

111 »Ich habe genug von Rochester …« – Bergman und Burgess, *Ingrid Bergman –
Mein Leben*, S. 112.

111 »ideal, könnte sie doch nur …« – Memo von Wallis an Trilling, 30. März 1942,
CSF/WBA.

112 als Wallis Selznick in einem Telefonat … – »Vehicles suggested for Miss
Bergman«, SA. Siehe auch Memo von Wallis an Curtiz, 1. April 1942,
CSF/WBA.

112 »denn weil er wusste …« – Hal Wallis und Charles Higham, *Starmaker*, S. 86.

112 »Wallis sagte zu uns …« – Julius Epstein, Interview Harmetz.

112 »Wenn sich das bewahrheiten ...« – Vertrauliches Memo von David O. Selznick an Dan O'Shea, 17. März 1942, SA.

113 eine Rede von Goebbels ... – Laurence Leamer, *Ingrid Bergman – Die Biografie*, S. 48.

113 »im Grunde seines Herzens ...« – Hal Wallis und Charles Higham, *Starmaker*, S. 86.

113 »wurde David praktisch ...« – David Thomson, Interview Harmetz.

113 Zwischen Januar und April 1942 ... – »Vehicles suggested for Miss Bergman«, SA.

114 »wirkt sehr begierig« – Memo an Dan O'Shea, 4. April 1942, SA.

114 »Ich denke, wir sollten ...« – Memo von Selznick an O'Shea, 6. April 1942, SA.

114 »Damals war Selznick sehr arrogant ...« – David Thomson, Interview Harmetz.

114 »Rochester so satt« – Telegramm von Kay Brown an O'Shea, 22. April 1942, SA.

114 »Mir war warm und kalt zugleich ...« – Brief von Bergman an Roberts, zitiert in: Bergman und Burgess, *Ingrid Bergman – Mein Leben*, S. 115 f.

115 Wallis' Wahl für ... – Memo von Wallis an Steve Trilling, 26. März 1942, *Watch on the Rhine* Story File, WBA; siehe auch Memos von Trilling an Wallis, 14. April 1942, und von Wallis an Curtiz, 22. April 1942, CSF/WBA.

116 »Ich las das Drehbuch ...« – Paul Henreid, Interview Harmetz.

116 »Bogart gradlinig war ...« – Ingrid Bergmans Schauspieltagebuch, S. 75, Mai bis August 1942, IBC.

116 »etwas Schmierenkomödiantisches« – Memo von Steve Trilling an Wallis, 1. Mai 1942, CSF/WBA.

116 »Mr. Bogie war ein Niemand« – Paul Henreid, Interview Harmetz.

117 Seiner Autobiografie zufolge ... – Paul Henreid, *Ladies Man*, S. 38–41.

118 »Die Rolle wird mit ...« – Brooks Atkinson, *New York Times*, 31. Dezember 1940, S. 19.

119 Er erinnerte sich ... – Paul Henreid, Interview Harmetz.

119 »Mit *Casablanca* war Paul Henreid ...« – Pauline Kael, Interview Harmetz.

119 »Selbstverherrlichung« – Irving Rapper, interviewt von Charles Higham, OH, 3. Januar 1972, OHRO/CU.

120 Er beschwerte sich ... – Paul Henreid Vertragsunterlagen, WBA.

120 1972 kämpfte er immer noch ... – P. D. Knecht an Jenny T. Christopher, 7. Januar 1972, Paul Henreid Vertragsunterlagen, WBA.

120 »Ich werde immer das Mädchen kriegen ...« – Paul Henreid, Interview Harmetz.

120 Eine derartige Klausel ... – Paul Henreid Vertragsunterlagen, WBA.

120 »Im nächsten Jahr wird er ...« – Louella Parsons, *Los Angeles Examiner*, 25. Dezember 1942, I, 19.

Kapitel 6

123 Im Januar 1942 … – Memo von Paul Nathan an Wallis, 13. Januar 1942,
Watch on the Rhine Story File, WBA.

123 Bei Henreid und Charles Boyer … – *Watch on the Rhine* Story File, WBA.

125 Anfang Mai instruierte Wallis … – Memo von Wallis an Curtiz, 8. Mai 1942,
CSF/WBA.

125 Der Vorschlag des brancheneigenen … – *Hollywood Reporter*, 14. Mai, 12. Juni
und 13. Juli 1942.

127 »Wir haben in zwei verschiedenen …« – John Beckman, Interview Harmetz.

128 »einen Betrieb im Stil von Henry Ford« – Studiomitteilung, Juni 1942, Box 56,
Folder 6, JWC.

129 »Er hatte neben seinem Schreibtisch …« – Ring Lardner jr., Interview
Harmetz.

129 Angesichts der zahlreichen Abgänge … – *Hollywood Reporter*, 23. März 1942.

130 Laut *Los Angeles Times* … – *Los Angeles Times*, 30. März 1942, Teil II, S. 1.

130 »Als ich den Job aufgab …« – Irene Lee Diamond, Interview Harmetz.

130 Perücken, zum Beispiel … – Memos von T. C. Wright an alle Produzenten,
Produktionsleiter und Regisseure, 18. Mai und 2. August 1943, JWC.

130 Warner Bros., sparsam wie immer … – Memo von T. C. Wright an Fred
Messinger, 17. September 1943, JWC.

131 »Sättigungspunkt ist erreicht« – *Hollywood Reporter*, 25. Juni 1942.

131 »Negative sind heute …« – Brief von Jack Warner an Max Milder,
14. Oktober 1942, JWC.

131 »Jack nahm mich mit …« – Owen Crump, Interview Harmetz.

132 »Zu Ihrer Information …« – Undatierter Brief von Jack Warner an Max Milder
vom Juni 1942, JWC.

132 Jack dachte, das sei … – Owen Crump, Interview Harmetz.

133 »Ich habe mich mit …« – Brief von Hal Wallis an Jack Warner, 2. August 1942,
JWC.

133 »Ich fand, das war …« – Bill Schaefer, Interview Harmetz.

134 Während der Dreharbeiten … – Warner Bros. Studio War Effort Box, JWC.

134 »erste wichtige Film dieses Kriegsjahrgangs …« – Unidentifiziertes Blatt aus
der *Casablanca*-Presseakte, WBA.

134 »in strenger Beachtung …« – Wöchentlich von der Publicity-Abteilung
verschickte Hollywood-Nachrichten, Vol. V, Nr. 28, 18.–25. Januar,
Casablanca-Presseakte, WBA.

135 »Ich besserte mein Gehalt auf …« – Bob William, Interview Harmetz.

135 »Wir fotografierten ihn …« – Arthur Wilde, Interview Harmetz.

135 »dazu angetan, das Vertrauen …« – *Hollywood Reporter*, 17. Dezember 1941.

135   »Arbeiter-, Klassen- oder sonstige Agitation ...« – Stellungnahme des Chief Postal Censor des Office of Censorship vom 4. Juni 1942, JWC.

135   »sämtliche Szenen zu entfernen ...« – *Hollywood Reporter*, 16. Juni 1942.

136   »Der amerikanische Film ...« – Offener Brief von Roosevelt an alle Presseorgane, gedruckt am 24. Dezember 1941.

136   »Erstens vollständige Indoktrinierung ...« – Bruce Catton, *The War Lords of Washington*, S. 64.

138   »Wird er dazu beitragen ...« – OWI-Handbuch, Sommer 1942, OWI.

138   Das Studio sagte, *The Gorilla Man* ... – Files im NSB/WBS.

Kapitel 7

Die in diesem und den folgenden Kapiteln gemachten Angaben über die Änderungen des Drehplans für *Casablanca*, darüber, welche Szenen an welchem Tag gedreht wurden, welche Schauspieler am Set waren und welche Ateliers am meisten benutzt wurden, basieren auf den täglichen Produktionsunterlagen und den täglichen Kameraberichten. Gelegentlich stammen die Informationen aus Memos und anderem Material aus dem *Casablanca* Story File. Sämtliches Material befindet sich in den Warner Bros. Archives.

141   seine Frau arbeite am besten ... – Laurence Leamer, *Ingrid Bergman – Die Biografie*, S. 108.

141   »In meinem ganzen Leben ...« – James Bacon, *Made in Hollywood*, S. 60.

142   »Stellen Sie sich die Geliebte ...« – Bosley Crowther, *New York Times*, 21. Januar 1940, IX, 5.

142   »Als sie diesen ganzen Ärger ...« – Art Buchwald, Interview Harmetz.

142   Als er Lauren Bacall heiratete ... – Lauren Bacall, *Mein Leben – Autobiografie*, S. 120 f.

143   »Ich habe nie gesehen ...« – Meta Carpenter, Interview Harmetz.

143   »Im Umgang mit Frauen ...« – Ezra Goodman, *Humphrey Bogart*, S. 119. Das Buch basiert auf ausführlichen Interviews aus den Jahren 1953/54; sie waren für eine *Time*-Titelstory über Bogart gedacht, in der allerdings wenig von Goodmans Material Verwendung fand.

144   »*Er gibt sich sarkastisch ...*« – Final Shooting Script.

144   »Ich war dabei ...« – Geraldine Fitzgerald, Interview Harmetz.

144   »Es herrschte Distanz zwischen ihnen ...« – Dan Seymour, Interview Harmetz.

144   »Sonst ging kaum jemand ...« – Lee Katz, Interview Harmetz.

145   war Bogart nur ein einziges Mal zu betrunken ... – T. C. Wright an Obringer, 26. Dezember 1944; Erich Stacey an Wright, 26. Dezember 1944; siehe auch Bogart Legal Files, WBA.

145 »Mehrmals erschien er morgens …« – Vincent Sherman, Interview Harmetz.

145 »Bogie war sehr unglücklich …« – Francis Scheid, Interview Harmetz.

145 »Gewiß, ich habe Humphrey geküßt, aber – Es gibt verschiedene Versionen dieses Zitats. Eine findet sich in Richard J. Anobile (Hrsg.), *Casablanca*, S. 6, eine andere in: Bergman und Burgess, *Ingrid Bergman – Mein Leben*, S. 117.

146 »Er verschwand immer irgendwo …« – Lee Katz, Interview Harmetz.

146 einen unehelichen Sohn zurückließ – Originale Vaterschaftserklärung und Unterhaltsvereinbarung, Bezirksgericht Landstraße, 1. Bezirk, Wien, 30. Oktober 1923.

146 einen herzzerreißenden Brief … – Brief von Mathilda Foerester an Jack Warner, 15. Juli 1933, Curtiz Folder, W B A.

146 »Als sie heirateten …« – John Meredyth Lucas, Interview Harmetz.

147 »Bogart fragte etwa …« – Francis Scheid, Interview Harmetz.

147 »Wenn er auf dem Set …« – Paul Stader, Interview Harmetz.

147 »Wenn wir eine Story-Konferenz …« – Julius Epstein, Interview Harmetz.

148 »Er sprach fünf Sprachen …« – John Meredyth Lucas, Interview Harmetz.

148 »Next time I send …« – Vincent Price, Interview Harmetz.

148 »In seinem Gehirn …« – Pete Martin, *Saturday Evening Post*, 2. August 1947, S. 23.

148 »annäherungsweise, wie Gertrude Stein« – In einem Artikel von Mary Morris, *PM*, 17. September 1944, M 13.

149 nannte ihn einen Tyrannen … – Philip Dunne, Interview Harmetz.

149 »Fast in jeder Szene …« – Memo von Wallis an Curtiz, 27. März, 1940, Rudy Behlmer (Hrsg.), *Inside Warner Bros.*, S. 112.

149 »Er rief immerzu …« – Fay Wray, Interview Harmetz.

149 eine Rolle in *Mildred Pierce* … – Whitney Stine, »*I'd Love to Kiss You …*«, S. 211.

150 »Mike hat sie immer wieder …« – John Meredyth Lucas, Interview Harmetz.

150 »Ich glaube, er hatte was …« – Lauren Bacall, Interview Harmetz.

150 »Mike Curtiz, der mir …« – Ingrid Bergmans Schauspieltagebuch, S. 75, I B C.

150 »Bei Bergman versprühte er …« – Francis Scheid, Interview Harmetz.

154 »Er war nicht ordinär …« – Fay Wray, Interview Harmetz.

154 »Der Hauptteil unserer …« – Memo von Hal Wallis an George Groves, 26. Mai 1942, C S F/W B A.

154 »Wieso hat der Cutter …« – Francis Scheid, Interview Harmetz.

155 »Mit einem Highball …« – *Warner Club News*, März 1942, S. 8, J W C.

155 »keinen einzigen Dollar Gewinn« – Protokoll des Treffens vom 23. Dezember 1942, J W C.

156 »Das Mittelregister ihrer Stimme …« – Francis Scheid, Interview Harmetz.

156 »Ihr Gesicht ist wirklich …« – Pauline Kael, Interview Harmetz.

157 »damit ich nicht so ...« – Richard J. Anobile (Hrsg.), *Casablanca*, S. 6.

157 »Bis jetzt hab ich mich ...« – Undatierter Zeitungsausschnitt von Alice Pardoe West, *Stanford-Examiner* (Mass.), Bette Davis Scrapbooks.

157 gemeinsamer Freund, Mel Baker ... – Nathaniel Benchley, *Humphrey Bogart*, S. 104 f.

157 »Vielleicht habe ich deshalb ...« – Ezra Goodman, *Humphrey Bogart*, S. 45.

157 »Meiner Meinung nach ...« – Whitney Stine, *»I'd Love to Kiss You ...«*, S. 134, 136.

157 »Ich kann es wirklich nicht ...« – Pauline Kael, Interview Harmetz.

158 »Sie war wie eine Rose ...« – Stanley Kauffman, Interview Harmetz.

158 »Ich habe wochenlang probiert ...« – Arthur Edeson im Interview mit George Pratt, 15. April 1958, DF/IMP/GEH.

159 »Arthur Edesons Fotografie ...« – Kevin Brownlow, *The Parade's Gone By*, S. 256.

159 »Die wichtigsten Faktoren ...« – Edeson im Interview mit George Pratt.

159 »Edesons Fotografie bestätigt ...« – Haskell Wexler, Interview Harmetz.

160 »so vorzüglich« – Telegramm von Selznick an Wallis, 12. November 1942, CSF/WBA.

160 »Wie ich erfahren habe ...« – Memo von Wallis an Edeson, 26. Mai 1942, CSF/WBA.

160 »eine Andeutung von Modellierung ...« – Edeson im Interview mit George Pratt, 15. April 1958, DF/IMP/GEH. Edeson diskutiert seine Beleuchtungstechniken auch in einer Oral History für die American Society of Cinematographers.

162 »Ich wünsche dringend ...« – Memo von Wallis an Edeson, 2. Juni 1942.

162 »Sie wollten es irgendwie ...« – Francis Scheid, Interview Harmetz.

162 »Er hat geweint« – Lee Katz, Interview Harmetz.

162 »Wallis' Memo vom 2. Juli ...« – Haskell Wexler, Interview Harmetz.

162 »Unser erster Tag ...« – Wallis an Groves, 26. Mai 1942, CSF/WBA.

162 »Sämtliche Filme, an denen ...« – Francis Scheid, Interview Harmetz.

Kapitel 8

166 »per Luftpost« – Warner an Wilk, 2. Februar 1942, Box 59, Folder 17, JWC.

166 »Bevor Sie irgendwelchen ...« – Warner an Phil Friedman, 12. März 1943, JWC.

166 Er beschloss, aus Sam ... – Memos von Wallis an Trilling, 5. und 9. Februar 1942; Memo von Trilling an Wallis, 7. Februar 1942, CSF/WBA.

166 »durch ihr mustergültiges Verhalten ...« – *The Negro Actor*, 15. Juli 1939, SCRBC.

166 »Mein Vater sagte …« – Lena Horne, Interview Harmetz.

169 »unvermeidliche farbige Diener …« – Theodore Strauss, *New York Times*, 2. Juli 1942, S. 25.

169 »Lieber Mike …« – Memo von Wallis an Curtiz, 22. April 1942, CSF/JWA.

169 Curtiz fand Carpenter ungeeignet … – *Casablanca* Production File Tests, 20. April 1942.

170 »Clarence Muse hätte …« – Katherine Dunham, Interview Harmetz.

171 »Ich war völlig neu …« – Ebd.

171 »eine Show, die …« – *Daily Worker*, 31. Oktober 1940.

172 »süß« und »lieb« – Lena Horne, Interview Harmetz..

172 war die Roosevelt-Administration … – *New York Times*, 7. Februar 1943, II, S. 3.

172 Im Mai 1942 lieh … – Dooley Wilson Vertragsunterlagen, WBA.

172 Laut Vertrag sollte Claude … – Die Informationen in diesem Absatz stammen aus den Vertragsunterlagen der jeweiligen Schauspieler, WBA.

175 Bette Davis war stets … – Whitney Stine, *Mother Goddam*, S. 167; siehe auch ein unveröffentlichtes Interview mit Davis für eine Rains-Biografie.

175 »Du Dreckskerl …« – Claude Rains in dreißig Stunden unveröffentlichter Interviews im Besitz von Jessica Rains.

175 »Diese Stimme war eine …« – Stanley Kauffmann, Interview Harmetz.

175 »Er besuchte die Schule …« – Jessica Rains, Interview Harmetz.

176 Theaterkritiker zu den »zwanzig Hoffnungsträgern« – S. R. Littlewood, *The Referee*, undatierter Zeitungsausschnitt.

176 »Für meinen Lieblingsschauspieler« – Rains' Exemplare von Shaws Stücken befinden sich in den TCA.

177 »Die Frauen bemutterten ihn …« – Paul Henreid im Interview mit Charles Higham, OH, 1972, OHRO/CU.

177 »Wir haben Wallis und Curtiz gesagt …« – Julius Epstein, Interview Harmetz.

178 »kahl, kalt und braun« – Unveröffentlichte Rains-Interviews.

178 80 Tonnen Heu … – Claude Rains' Einkommenssteuerbescheid 1941.

178 »Wenn er über seine Farm …« – Leonid Kinsky, Interview Harmetz.

178 »Wir verbringen einen …« – Hedda Hopper, *Los Angeles Times*, 28. September 1948, Teil III, S. 1.

179 »Man kann seine ganze …« – Unveröffentlichte Rains-Interviews.

180 »Ich finde, Veidt …« – Memo von Shumlin an Wallis, 13. April 1942, *Whatch on the Rhine* Story File, WBA.

180 »Veidt wäre nie …« – Patricia Battle, Interview Harmetz.

181 »Connie muss wohl …« – Robby Lantz, Interview Harmetz.

181 Ende Mai lieh sich … – Conrad Veidt Vertragsunterlagen, WBA.

181 »geradezu einer Bündelung …« – *Hollywood Reporter*, 25. Mai 1942.

181 1500 (oder 5 Prozent) … – *Hollywood Reporter*, 17. März 1942; *Variety*, 23. Februar 1944.

182 Am 29. April, einen Monat … – Vorläufige Besetzungsliste, 29. April 1942, CSF/WBA.

184 war aber bereit, J. Edward Bromberg … – Memo von Wallis an Trilling, 15. Mai 1942, CSF/WBA.

184 »Für manchen Hollywood-Beobachter …« – Stanley Kauffmann, Interview Harmetz.

185 Er selbst erzählte … – Brooklyn *Daily Eagle*, 16. Oktober 1932.

185 »Vielleicht sollte jemand …« – John Anderson, New York *Evening Post*, 6. Januar 1927.

186 »Greenstreet bestand aus …« – Pauline Kael, Interview Harmetz.

186 »Das hier ist eine absolut …« – Stanley Kauffmann, Interview Harmetz.

186 »Ich bin ein junger Mann …« – Pressemitteilung von Columbia, 25. Juli 1934.

187 »Peter Lorres amerikanisches Filmdebüt …« – Andre Sennwald, *New York Times*, 31. März 1935.

187 »Wir nennen sie lieber ›Gothic Tales‹ …« – Vincent Price, Interview Harmetz.

187 »Ja, das stimmt …« – Sam Arkoff, Interview Harmetz.

189 »Selbst als Mr. Moto …« – Billy Wilder, Interview Harmetz.

189 »Einmal brachte jemand …« – Amanda Dunne, Interview Harmetz.

189 »Peter«, so Sherman … – Victor Sherman, Interview Harmetz.

Kapitel 9

Ein Großteil des Drehbuchmaterials, auf das in diesem Kapitel Bezug genommen wird, ist vor den Anmerkungen zu Kapitel 3 aufgeführt. Ergänzend werden in diesem Kapitel vor allem Casey Robinsons »Notizen zum Drehbuch *Casablanca*« vom 20. Mai 1942 herangezogen, die sich im *Casablanca* Story File in den Warner Bros. Archives befinden.

193 Joe Breen hatte … – Brief von Breen an Warner, 19. Mai 1942; Kopien in den Production Code Administration Files, MHL/AMPAS und CSF/WBA.

193 Er war 1930 … – Die Urheber des Codes waren Daniel A. Lord, SJ, und Martin Quigley, der Herausgeber des *Motion Picture Herald.*

194 »Insbesondere können wir nicht …« – Brief von Breen an Warner, 21. Mai 1942, Kopien in PCA und CSF/WBA.

194 Einen Monat später … – Brief von Breen an Warner, 18. Juni 1942; Kopien in PCA und CSF/WBA.

194 »die Heiligkeit der Institution …« – Der Motion Picture Production Code wurde offiziell im März 1930 beschlossen, PCA.

195 Nach einem Treffen … – Brief von Breen an Warner, 5. Juni 1942, PCA und CSF/WBA.

195 »ein eindeutiger Hinweis …« – Ebd.

195 Production Code Certificate … – PCA.

198 Leiter der Auslandsreklame … – Memo von Schaefer an Warner, 22. Mai 1942, CSF/WBA.

198 »Wir wollten niemanden kränken …« – Carl Schaefer, Interview Harmetz.

198 »Allah-Allah-Zeugs …« – Memo von Wallis an Curtiz, 25. Mai 1942, CSF/WBA.

198 »Hal war ein großartiger …« – Irene Lee Diamond, Interview Harmetz.

199 »wie hingetupften, interessanten …« – Wallis an Curtiz, 15. Juni 1942, CSF/WBA.

199 »Die allgemeine Beleuchtung …« – Wallis an Curtiz, 12. Juni 1942, CSF/WBA.

199 »nur mit den Kleidern …« – Memo von Wallis an Curtiz, 21. Mai 1942, CSF/WBA.

199 »Sein Beitrag …« – Whitney Stine, *Mother Goddam*, S. 181 f.

200 Wallis suchte zu verhindern … – Virginia Olds an Selznick, 28. Mai 1942, SA.

200 »Sie muss nicht wie eine …« – Selznicks Bemerkungen über Bergmans Kostümproben, 27. Mai 1942, SA.

201 Und Bergman selbst versicherte … – Durch Virginia Olds, 28. Mai 1942, SA.

201 »Widerstandsführer auf der Flucht …« – Paul Henreid, *Ladies Man*, S. 121.

201 Lee Katz schrieb Wallis … – Memo von Katz an Wallis, 27. Mai 1942, CSF/WBA.

201 »Wenn wir ganz korrekt …« – Memo von Wallis an Curtiz, 27. Mai 1942, CSF/WBA.

202 »Malerisches Nordafrika« – General Research Record, *Casablanca* Files, WBA.

202 Die »Bibel« … – WBRC/BPL.

202 »Ich weiß durchaus …« – Wallis an Curtiz, 4. Juni 1942, CSF/WBA.

204 »Wir haben immer bei Misha …« – Leonid Kinskey, Interview Harmetz.

205 *Casablanca* war sein Paradebeispiel … – Trilling an alle Produzenten, 11. Februar 1943, JWC.

207 »war er nicht bereit …« – Casey Robinson in einer Oral History zu Joel Greenberg, abgedruckt in Pat McGilligan (Hrsg.), *Backstory*, S. 295.

208 hatte Wallis den Autor gebeten … – Memo von Robinson an Wallis, 5. Mai 1942*, Now, Voyager* Story File, WBA.

210 »Vergessen Sie nicht …« – Robert Blees, Interview Harmetz.

211 »einen Gimmick enthielt …« – Casey Robinson, in: Pat McGilligan (Hrsg.), *Backstory*, S. 307.

211 Wallis schickte Curtiz … – Wallis an Curtiz, 16. April 1942, CSF/WBA.

211 »Es blieb nur noch ein Satz …« – Julius Epstein, Interview Harmetz.

212 »Ich habe mich geirrt« – Howard Koch, Interview Harmetz.

Kapitel 10

215 »For the Love of Mike« – Undatierte Anzeigen in *Variety* und *Hollywood Reporter.*

215 »Wenn sich in Europa …« – Pete Martin, *Saturday Evening Post,* 2. August 1947, S. 66.

215 »Seine Kameraführung …« – Lee Katz, Interview Harmetz.

216 »Mike hatte einen untrüglichen Instinkt …« – John Meredyth Lucas, Interview Harmetz.

216 Hal Wallis erzählte … – Charles Higham, Interview Harmetz.

216 »Ich glaube, jeder Regisseur …« – Billy Wilder, Interview Harmetz.

217 »Ich begreife nicht …« – Memo von Wallis an Curtiz, 28. August 1935, *Captain Blood* Story File, WBA.

217 »Er [Curtiz] hat immer nur …« – Memo von Warner an Wallis, 10. März 1936, *Charge of the Light Brigade* Story File, WBA.

217 obwohl die Idee … – Das Material in diesem Absatz stammt aus einer Analyse der verfügbaren Drehbuchfassungen.

217 »Curtiz war natürlich …« – Leonid Kinskey, Interview Harmetz.

218 »Einmal«, erzählte Lee Katz … – Lee Katz, Interview Harmetz.

218 tat Curtiz das mit der Bemerkung ab … – Howard Koch, Interview Harmetz.

218 Curtiz, formulierte Peter Lorre … – Ezra Goodman, *Humphrey Bogart,* S. 120.

218 Mike, berichtet Lucas … – John Meredyth Lucas, Interview Harmetz.

218 erzählte Curtiz Hedda Hopper … – Hedda Hopper, *Los Angeles Times,* 7. Juli 1942, Part I, S. 9.

219 »Alex war ein leidenschaftlicher …« – John Meredyth Lucas, Interview Harmetz.

219 »Es macht keinen Sinn …« – Memo von Wallis an Curtiz, 25. Mai 1942, CSF/WBA.

220 Wallis genehmigte schließlich … – Szakall und *Casablanca* Vertragsunterlagen; auch Memos von Wallis an Katz, 27. Mai 1942, von Wright an Wallis, 28. Mai 1942, und von Kumin an Wallis, 2. Juni 1942, CSF/WBA.

220 »Der Übergang von …« – Memo von Wallis an Curtiz, 28. Mai 1942, CSF/WBA.

220 Am Nachmittag des 3. Juli … – *Casablanca,* täglicher Produktionsbericht, WBA/USC.

221 »Wir waren in New York …« – John Meredyth Lucas, Interview Harmetz.

221 Claude Rains brachte … – Unveröffentlichte Rains-Interviews.

221 »schrecklich angespannt« – Ebd.

221 »großen, großen Gourmet« – Geraldine Fitzgerald, Interview Harmetz.

222 »Er war einer der glücklichsten …« – Leonid Kinskey, Interview Harmetz.

222 »Der Hund hat sie Tausende ...« – Lenke Kardos, Interview Harmetz.

223 »sehr lieb und freundlich ...« – Richard J. Anobile (Hrsg.), *Casablanca*, S. 6.

223 »Eine überaus sensible ...« – Interview mit Mary Morris, *PM*,
17. September 1944, M 12.

223 Curtiz behandelte auch ... – Lee Katz und Frances Scheid, Interview Harmetz.

224 schickte Warner ihretwegen ... – Warner an Wallis, Curtiz und Trilling,
25. Mai 1942, CSF/WBA.

224 »was man nicht vor der Kamera ...« – Unveröffentlichte Rains-Interviews.

224 »Mein Vater sagte ...« – Jessica Rains, Interview Harmetz.

224 »Wie Curtiz die Kamera ...« – Lauren Bacall, Interview Harmetz.

224 »Sie waren erbost ...« – Lee Katz, Interview Harmetz.

225 »ist zu fünfzig Prozent ...« – Pete Martin, *Saturday Evening Post*,
2. August 1947, S. 63.

226 Warners behauptete ... – Gewinn- und Verlustaufstellung, 31. August 1953,
Curtiz Folder, WBA.

226 »Ich hätte mir nie träumen lassen ...« – Curtiz an Warner, 15. Januar 1954,
Curtiz Folder, WBA.

227 »Ich dachte, diese elf Filme ...« – Ebd.

227 »Mike kam dahinter ...« – John Meredyth Lucas, Interview Harmetz.

Kapitel 11

229 »Ich muss sagen ...« – Lee Katz, Interview Harmetz.

229 »Bei Warner Brothers ...« – Ingrid Bergmans Schauspieltagebuch, S. 75, IBC.

230 »Ihr Leuchten kommt ...« – Howard Koch, Interview Harmetz.

230 »Sie sah immer so ...« – Jean Burt, OH, 1962, DSC/URL/UCLA.

231 »Sie war wie ein Soldat ...« – Leonard Nimoy, Interview Harmetz.

231 »Und das in einer Zeit ...« – Jean Burt, OH, 1962, DSC/URL/UCLA.

231 »Ich habe das Studio nie besucht ...« – Petter Lindstrom in einem
Telefoninterview mit Harmetz.

232 »ausgesprochen bösartig« – Ezra Goodman, *Humphrey Bogart*, S. 89. Dieses
Buch basiert auf ausführlichen Interviews, die Goodman 1953/54 für eine
Time-Titelstory führte, für die er aber wenig von dem Material verwendete.

232 »Er war ein echter Kerl ...« – Tom Pryor, Interview Harmetz.

232 »Die ganze Angelegenheit ...« – Ezra Goodman, *Humphrey Bogart*, S. 51.

232 »Bogart konnte Hedda Hopper ...« – Richard Brooks, Interview Harmetz.

233 »Leute veralbern ...« – Ezra Goodman, *Humphrey Bogart*, S. 121.

233 »Wenn er wollte ...« – Philip Dunne, Interview Harmetz.

233 »Ihre Haltung ist uns ...« – Brief von Roy Obringer an Bogart, 7. Juni 1952,
JWC.

233 »Ich sollte ihn ...« – Arthur Wilde, Interview Harmetz.

234 »Ich war sehr häufig ...« – Richard Brooks, Interview Harmetz.

234 John Huston sagte einmal ... – John Huston, *An Open Book*, S. 114.

234 »Steve Taggart brauchte nicht viel ...« – Richard Brooks, *The Producer*, S. 184, 206, 211 f.

235 »Bogart habe das ...« – Richard Brooks, Interview Harmetz.

235 »Verschieben wir's ...« – Ebd.

235 In ihrer Autobiografie ... – Lauren Bacall, *By Myself*, S. 227–260.

236 »gab es auf dem Set ...« – Pia Lindstrom, Interview Harmetz.

236 »Elliot und Frau ...« – Frances Williams, Interview Harmetz.

236 »Mit dem Hauskauf ...« – Ken Whitmores Notizen zu *Casablanca*.

237 In seiner Autobiografie ... – Paul Henreid, *Ladies Man*, S. 126 f.

238 »Als sie jünger war ...« – Gregory Orr, Interview Harmetz.

239 »lieb« und fürsorglich ... – Joy Page, die schon viele Jahre zurückgezogen lebt, wurde von ihrem Sohn Gregory Orr interviewt; auch Bill Orr, Interview Harmetz.

239 Lorre erzählte Ezra Goodman ... – Ezra Goodman, *Humphrey Bogart*, S. 118 f.

239 »Ich konnte nicht mithalten ...« – James Wong Howe, im Interview mit Charles Higham, OH, 11. Juni 1971, OHRO/CU.

239 Ermuntert von John Huston ... – Mary Astor, *A Life on Film*, S. 162 f.

241 Sein Freund Nathaniel Benchley ... – Nathaniel Benchley, *Humphrey Bogart*, S. 53.

241 »Er hätte nicht einmal ...« – Ezra Goodman, *Humphrey Bogart*, S. 81.

241 »wussten wir, dass ...« – Richard Brooks, Interview Harmetz.

242 »Schach macht mir Spaß ...« – Ezra Goodman, *Humphrey Bogart*, S. 36.

242 die Postkarte, auf der ... – Die Postkarte war Teil einer Sammlung des Autogrammhändlers Joseph M. Maddalena, Beverly Hills, Kalifornien.

242 »Mein Vater liebte Humphrey Bogart ...« – Jessica Rains, Interview Harmetz.

242 »Bogart verpasste niemals ...« – Meta Carpenter, Interview Harmetz.

242 »Er war durch und durch ...« – Lee Katz, Interview Harmetz.

242 »die echten Profis ...« – Jean Burt, OH, 1962, DSC/URL/UCLA.

Kapitel 12

245 »Nackt in vier Ländern« – Paul Henreid, Interview Harmetz.

245 »So kam die Geschichte ...« – Lotte Palfi Andor, *Die fremden Jahre*, S. 83.

248 1943 erzählte er ... – Dantine File, MHL/AMPAS.

248 mit einem *flyttfagel* ... – Laurence Leamer, *Ingrid Bergman – Die Biografie*, S. 61.

249 »Angenommen, einheimische Schauspieler …« – Pauline Kael, Interview Harmetz.

250 »Volk der Dichter und Denker …« – Lotte Palfi Andor, *Die fremden Jahre*, S. 62.

251 »Wir haben diesen schrecklichen …« – Warner-Bros.-Pressemitteilung, von Alex Evelove, Hollywood-Nachrichten, Bd. V, Nr. 21, *Casablanca* File 683, WBA.

251 »Ich hatte eine ganz kleine Rolle …« – Curt Bois, Interview Harmetz.

251 »Auch dann noch …« – Billy Wilder, Interview Harmetz.

253 »Denn, so sagte ich mir …« – Lotte Palfi Andor, *Die fremden Jahre*, S. 90.

253 Jack Warner nannte Szakall … – Lenke Kardos, Interview Harmetz; auch Telegramm von Warner an Obringer, 24. Oktober 1944, JWC.

253 »auf die andere Straßenseite …« – Lenke Kardos, Interview Harmetz.

253 »Seitdem dieser vorzügliche …« – *New York Times*, 5. Oktober 1936.

253 »keine Massen anzieht …« – Szoke Sakall, *The Story of Cuddles*, S. 192.

254 »Und es geschah genau so …« – Ebd., S. 198.

254 »Er hat in so vielen Ländern …« – Lenke Kardos, Interview Harmetz.

255 »Ich hab kein Kleingeld« – Leonid Kinskey, Interview Harmetz.

255 »an Michelangelos berühmtes Gemälde …« – Ebd.

255 »Dieser dient für die Unbemittelten …« – Bertolt Brecht, »Hollywood Elegien«, in: *Werke*, Bd. 15.

255 Als Ingrid Bergman … – Laurence Leamer, *Ingrid Bergman – Die Biografie*, S. 125 f.

255 »Ich begreife nicht …« – Marta Feuchtwanger in einer vierbändigen Oral History von 1976, Bd. 3, S. 1328, DSC/URL/UCLA.

256 »wir von heute auf morgen …« – Meta Cordy, Interview Harmetz.

256 »Es sind verzweifelte …« – Brief von C. Dieterle, 15. August 1938, MMA.

256 »Wir versicherten mit …« – Julius Epstein, Interview Harmetz.

257 »Ich war dabei, als …« – Lupita Tovar, Interview Harmetz.

257 bat Kohner Ernst Lubitsch … – Frederick Kohner, *Der Zauberer vom Sunset Boulevard*, S. 189 ff.

258 Nach Recherchen des … – Das Deutsche Filmmuseum zitierte diese Zahlen in der Ausstellung »Von Babelsberg nach Hollywood«. Dem widersprechen die Zahlen im Anhang der Dissertation »Fluchtpunkt Hollywood – Eine Dokumentation zur Filmemigration nach 1933« von Jan Christopher Horak.

258 Michael Curtiz, Szöke Szakall … – Charlotte Dieterles Liste des European Film Fund von 1942, MMA.

258 »Man blieb«, so Zilzer … – Zilzer, im Interview mit Gero Gandert, veröffentlicht in: *Wolfgang Zilzer*, Stiftung Deutsche Kinemathek, 1983, S. 16.

259 »doch 1950 war ein schlechtes Jahr …« – Ilka Grünings Formular, MMA.

259 »Aber wissen Sie ...« – Curt Bois, Interview Harmetz.

259 »An den Schauspieler P. L. ...« – Bertolt Brecht, »An den Schauspieler P. L. im Exil«, in: *Werke*, Bd. 15.

260 Um Lorre dazu zu bringen ... – Brief von Steve Trilling an Jack Warner, 24. Juli 1945, JWC.

260 »Lorres sorgfältig kontrollierte ...« – Vincent Canby, *New York Times*, 1. August 1984, III, 21.

260 »Das machte das Zusammenleben ...« – Nicola Bautzer, Interview Harmetz.

262 »Auch in *Casablanca* ...« – Zilzer, Interview Gandert, S. 17.

262 Als Zilzer 1983 ... – Ebd., S. 19 f.

262 »Ich stelle keine Menschen dar ...« – Dantine File, MHL/AMPAS.

262 »Zwar bekam ich ...« – Lotte Palfi Andor, *Die fremden Jahre*, S. 90.

263 »Lotte wusste, sie könnte ...« – Peter Almond, Interview Harmetz.

263 »Ich war nicht dabei ...« – Billy Wilder, Interview Harmetz.

263 »Vergessen Sie nicht ...« – Pauline Kael, Interview Harmetz.

263 »Sicherlich ist die ...« – Anthony Heilbut, Interview Harmetz.

Kapitel 13

Die vollständigen Nennungen der folgenden Drehbuchmaterialien finden sich am Anfang der Anmerkungen zu Kapitel 3: *Everybody Comes to Rick's*, Howard Kochs »Vorschläge für eine überarbeitete Story« und das Drehbuch PART 1 REV. FINAL vom 1. Juni. Dieses Kapitel bezieht sich zudem auf das Drehbuch PART 2 TO END TEMP. vom 21. Mai, eine revidierte Fassung des letzten Drittels des Films, sowie auf das Drehbuch des Cutters, die sich beide in den *Casablanca* Script Files der Warner Bros. Archives befinden, ferner auf Lenore Coffees sechsseitige »Vorschläge für eine Storyline« sowie eine dreiseitige Zusammenfassung des dritten Aktes der Epsteins, die sich im Besitz der Autorin befinden. Der Verlauf der verschiedenen Fassungen von Dialogen, Szenen und Schlüssen wurde durch eine Analyse des bestehenden Materials ermittelt.

265 »eine außergewöhnliche Portion ...« – *Los Angeles Times*, 27. Juni 1942, Teil I, S. 2.

265 »Die Seiten waren farbig ...« – Carl Stucke, Interview Harmetz.

266 »Aber so oft war ...« – Lee Katz, Interview Harmetz.

266 »die einzige dramatische ...« – Memo von Wally Kline an Wallis, 5. Januar 1942, CSF/WBA.

267 Koch und Epstein ... – Howard Koch und Julius Epstein, Interview Harmetz.

267 »DIVERSE ANMERKUNGEN …« – Robinsons »Notizen zum Drehbuch *Casablanca*«, 20. Mai 1942, S. 6. Diese Bemerkungen werden ausführlich in Kapitel 9 behandelt.

268 »Der eine erzählte …« – Leslie Epstein, Interview Harmetz.

271 »irgendetwas dazwischen spielen« – Bergman und Burgess, *Ingrid Bergman – Mein Leben*, S. 117.

271 »gegenüber einem Mann …« – Richard J. Anobile (Hrsg.), *Casablanca*, S. 6.

271 »wagte ich es nicht …« – Bergman und Burgess, *Ingrid Bergman – Mein Leben*, S. 117.

271 »Wir hatten niemals Streit …« – Howard Koch, Interview Harmetz.

271 Als man am 25. Juni … – Al Alleborn an T. C. Wright, 26. Juni 1942, Daily Production Files, WBA.

272 »Lieber Mike …« – Memo von Wallis an Curtiz, 6. Juli 1942, CSF/WBA.

272 »Wallis war kein …« – Charles Higham, Interview Harmetz.

274 »Im Verlauf des Tages …« – Alleborn an T. C. Wright, 18. Juli 1942, Daily Production Files, WBA.

274 »Er war nur an der Wahrheit …« – Geraldine Fitzgerald, Interview Harmetz.

274 »Es war ihm egal …« – James Wong Howe, im Interview mit Charles Higham, OH, 11. Juni 1971, OHRO/CU.

274 Bei *Sabrina*, so Wilder … – Ezra Goodman, *Humphrey Bogart*, S. 89.

275 diskutierte Bogart endlos … – Richard Brooks, Interview Harmetz.

276 Bergman hat von einem alternativen … – Richard J. Anobile (Hrsg.), *Casablanca*, S. 6.

276 Aus den Drehberichten … – Eine gesonderte Akte mit Kameraberichten im WBA belegt, dass beide Versionen von Bogarts »Geständnis« gegenüber Laszlo am Morgen des 18. Juli gedreht wurden.

276 »Wir durften das Studiogelände …« – Lee Katz, Interview Harmetz.

277 »gut zusammenschneiden lassen …« – Memo von Wallis an Curtiz, 22. Juli 1942, CSF/WBA.

Kapitel 14

Die meisten Informationen in diesem Kapitel sind durch den Freedom of Information Act (FOIA) zugänglich gemacht worden. Die Regierung führte Akten über Peter Lorre, Humphrey Bogart, Ingrid Bergman und Conrad Veidt sowie über Tausende anderer Amerikaner. Diese Informationen wurden größtenteils vom FBI gesammelt.

282 »rassistische Äußerung« – Memo von Bessie an Jerry Wald, 2. Dezember 1944, JWC.

282 »Ich hatte drei Filme hintereinander …« – Howard Koch, Interview Harmetz.

283 »es spricht alles dafür …« – Telegramm von Jack Warner an Botschafter Davies, 15. Januar 1943, JWC.

284 »Ich wusste überhaupt nichts …« – Lena Horne, Interview Harmetz.

285 »Wir sind nach Washington gegangen …« – Bogart in einer Radiosendung, Sender WIP, Philadelphia, 29. Oktober 1947, 22.00 Uhr.

285 »Ich bin nach Washington …« – *News Chronicle* (London), 15. Dezember 1947.

286 »Auch wenn sich das Drehbuch …« – Brief von Breen an Warner, 30. Dezember 1938, PCA, und *Confessions of a Nazi Spy* Story File, WBA.

286 »Hitler und seine Regierung …« – Karl Lishka, PCA.

286 »Vor allem Harry Warner …« – Donald Odgen Stewart, *By a Stroke of Luck*, S. 231.

287 »Jack und Harry …« – Sonja Biberman, Interview Harmetz.

287 »Harry nicht mit jüdischen …« – Brief von Joseph Hazan an Jack Warner, 27. Januar 1939, JWC.

287 »Heiligenverehrung« – James Agee, *The Nation*, 22. Mai 1943, S. 749.

287 »ständige öffentliche Anbiederung …« – *Time*, 16. August 1943, S. 94.

288 Warner erklärte vor dem Ausschuss … – Vorbereitete Stellungnahme von Harry M. Warner vor dem Unterausschuss des Senatsausschusses zum zwischenstaatlichen Handel, 25. September 1941, Harry M. Warner Speeches and Interview Folder, JWC.

288 Das Office of Strategic Services … – CIA-Dokument 100-304299-8, FOIA, freigegeben März 1992.

288 Ausschussmitglied J. Parnell … – Bergman FBI File, FOIA.

288 Henreids Autobiografie zufolge … – Paul Henreid, *Ladies Man*, S. 191–194.

289 »Wenn man ein eingebürgerter …« – Philip Dunne, Interview Harmetz.

289 »meine sieben Zwerge« – Briefe von Capra an Lucille Capra, Februar 1942, Frank Capra Collection, Wesleyan Cinema Archives, Wesleyan University.

289 »mit kommunistischer Propaganda …« – Frank Capra, *Autobiografie*, S. 622.

289 »Ich war völlig unpolitisch …« – Curt Bois, Interview Harmetz.

290 »Ich hielt ihn hin …« – Unveröffentlichte Rains-Interviews.

Kapitel 15

293 »Er brachte irgendetwas zum Klingen …« – Murray Burnett, Interview Harmetz.

293 »As Time Goes By‹ war der große Hit …« – Ann Sothern, Interview Harmetz.

294 drängte Hal Wallis den Leiter … – Memo von Wallis' Büro an Forbstein, 11. Juli 1942, CSF/WBA.

294 »Zu mir sagte er …« – Al Bender, Interview Harmetz.

294 gestand Steiner in einem Interview … – Max Schubart, *PM*, 2. August 1943 oder 21. August 1943, Datum des Ausschnitts unklar.

294 »sollten wir in der Lage sein …« – Brief von Warner an Forbstein, 16. April 1943, JWC.

295 »Der Song ist ein Hauptdarsteller …« – Die Yale-Doktoranden Arthur Bloom, John Rogers, Ed Harsh, Joe Rubenstein und Lee Heuermann stellten ihre schriftlichen Analysen der Musik zur Verfügung; Daniel Becker wurde interviewt.

296 Hupfeld bemühte sich um einen Vertrag … – Stuart Stewart an Trilling, 22. September 1943, JWC.

296 »Ich fand sein Leben immer …« – Margaret Scannell Wooley, Interview Harmetz.

296 »Seine Mutter, eine Pianistin …« – Brief von Harold G. Rader an Harmetz, 11. September 1990.

297 »Während Rick und Renault …« – Daniel Becker, Interview Harmetz.

297 »Steiner mochte gut sein …« – David Raksin, Interview Harmetz.

297 »1931 ließ seine musikalische …« – Kathryn Kalinak, Interview Harmetz.

298 »Maxie mochte alle möglichen …« – David Raksin, Interview Harmetz.

298 Für Ilsas Erscheinen … – *Casablanca* Music Cue Sheets, WBA.

299 »Großartiges Material …« – David Raksin, Interview Harmetz.

299 Er lobte Mura … – Edwin Schallert, *Los Angeles Times*, 9. Juni 1942, Teil II, S. 8, und 13. Juni 1942, Teil I, S. 8.

299 »Als Maxie im Sterben lag …« – David Raksin, Interview Harmetz.

299 »Wallis gehörte zu den ganz wenigen …« – Kathryn Kalinak, Interview Harmetz.

300 sind nur drei erhalten … – Hal Wallis, Musiknotizen, 2. September 1942, CSF/WBA.

300 »einen Neger zu suchen …« – Memo von Wallis an Forbstein, 3. Juli 1942, CSF/WBA.

300 *Variety* hob ausdrücklich … – *Variety*, 2. Dezember 1942; *Hollywood Reporter*, 8. Dezember 1942.

300 Die *New York Times* bemerkte … – *Two Tickets to London*, 3. Juli 1943; *Stormy Weather*, 22. Juli 1942; *Higher and Higher*, 22. Januar 1944.

312 »diesem Kinoschurken reinsten Wassers« – Ezra Goodman, »Exit the Bogey-Man«, Warner Bros. Publicity, Bd. V, Nr. 11, 21.–28. September 1942, WBA.

313 »Damals veranstalteten wir …« – Arthur Wilde, Interview Harmetz.

314 »Casablanca wirklich großartig …« – Telegramm von Einfeld an Kalmenson, Kalmine, Schneider, Blumenstock, Schless und Hummel, 23. September 1942, JWC.

314 »Als wir den Film …« – Julius Epstein, Interview Harmetz.

314 In dem 22 Seiten starken Presseheft … – Das Presseheft befindet sich in den Warner Bros. Archives.

316 »Kein Wort davon ist wahr …« – Paul Henreid, Interview Harmetz.

318 Drei Tage nach Pearl Harbor … – *Film Daily Yearbook* 1943, S. 157 f.

319 »Wie Sie die Haare tragen …« – *Screen Actor*, eine Publikation der Screen Actors Guild, Juni 1942, S. 7.

319 »saftigen Einkommenssteuern …« – *Hollywood Reporter*, 27. Januar 1942.

320 »Ihr wertvollster Kriegsdienst …« – *Hollywood Reporter*, 15. Januar 1942.

320 »In unserem eigentümlichen Geschäft …« – Brief von Zanuck an Mellet, 8. Januar 1942, Darryl Zanuck File, Box 1443, OWI.

320 »Es ist keineswegs übertrieben …« – Brief von Zanuck an Mellet, 31. Januar 1942, OWI.

321 »ist der Auffassung, dass …« – *Hollywood Reporter*, 10. Februar 1942.

321 »Reagan war viel zu bekannt …« – Owen Crump, Interview Harmetz.

322 »Ich hatte MGM bereits …« – Lew Ayres, Interview Harmetz.

323 Einen Monat zuvor hatte … – Memo von Wallis an Warner, 9. Oktober 1942, JWC.

323 »Dieser Film lässt sich …« – Telegramm von Warner an Kalmenson und andere New Yorker Direktoren, 10. November 1942, CSF/WBA.

323 Nach einem Memo von Wallis … – Memo von Wallis an Wright, 11. Novmber 1942, CSF/WBA.

324 Aus einem Telegramm geht hervor … – Telegramm von Wallis an Jacob Wilk, 11. November 1942, CSF/WBA.

324 »Lieber Hal: Habe gestern Abend …« – Telegramm von Selznick an Wallis, 12. November 1942, CSF/WBA.

326 Ein Artikel begann mit den Worten … – Diese Artikel befinden sich in den *Casablanca* Publicity Files, WBA.

326 »Der Gesamtbetrag, den das Unternehmen …« – Schneider an H. M., Jack und Albert Warner, 8. Februar 1943, JWC.

327 Aus den Unterlagen William Schaefers … – Statistiken zu den Studiofinanzen, The William Schaefer Collection, JWC.

Kapitel 17

329 Zum Auftakt der Premiere ... – *Casablanca* Pressebuch, WBA und *Hollywood Reporter*, 27. November 1942.

329 »Das Ereignis wirkte mehr ...« – *Hollywood Reporter*, 27. November 1942.

330 »Ich habe *Casablanca* gesehen ...« – Robert Riskin an Ulric Bell, 8. Januar 1943, Box 3510, OWI.

330 Aus der ersten OWI-Liste ... – Bericht von Dorothy B. Jones an Nelson Poynter, 22. September 1942, Box 1435, OWI.

331 »1. Wird dieser Film ...« – Government Information Manual for the Motion Picture Industry, Sommer 1942, Box 15, OWI.

332 dieser Leitfaden jene Weltsicht verkündete ... – Koppes und Black, *Hollywood Goes to War*, S. 67 ff.

333 »sich selbst, seine Familie ...« – Fact Sheet Nr. 7, Trilling Files, JWC.

333 »Vom Standpunkt des OWI-Programms« – *Casablanca* Feature Review von Lillan Bergquist, Box 1438, OWI.

333 An *Sherlock Holmes* ... – Box 1438, OWI.

333 *London Blackout Murders* ... – Die Kommentare zu *London Blackout Murders*, *The Palm Beach Story* und *Lucky Jordan* sind in einem Bericht über Filme, die Nazi-Propaganda bestätigen, enthalten, Box 1438, OWI.

334 »Amerikas innere Moral ...« – Kritik von William Roberts, Box 1435, OWI.

334 Paramounts *Lucky Jordan* ... – Ebd.

334 An *Watch on the Rhine* ... – Ebd.

334 »in jeder Hinsicht 1 A« – Ulric Bell an Robert Riskin, 9. Dezember 1942, Box 3510, OWI.

334 Republikanische Kongressabgeordnete ... – *New York Times*, 10. Oktober 1943, S. 40.

335 »nach meiner Uhr 24 Stunden ...« – James Agee, *The Nation*, 6. Mai 1944, S. 549.

335 »Schluss war grässlich ...« – Koppes and Black, *Hollywood Goes to War*, S. 165–169.

336 »die seltsamen Marotten ...« – *Variety*, 1. Oktober 1942.

336 »Angenommen, Sie legen sich ...« – Jim Marshall, *Collier's*, 17. Januar 1942, S. 11.

336 »sich vom Glanz einer Uniform ...« – »Movie War Effort«, Public Relations Committee of the Motion Picture Industry, Box 59, Folder 22, JWC.

336 »Der Krieg veränderte ...« – Pauline Kael, Interview Harmetz.

336 »Alle waren zutiefst davon überzeugt ...« – Fay Wray, Interview Harmetz.

337 »Offen gestanden ...« – Undatierter Brief von Einfeld an Capra als Antwort auf einen Brief von Capra vom 18. April 1942, Frank Capra Collection, Wesleyan Cinema Archives, Wesleyan University.

337 Es überrascht nicht … – Koppes und Black, *Hollywood Goes to War*, S. 70.

337 »Nach den jüngsten Ereignissen …« – Harry Warner an Mellett, 5. Januar 1942, Warner Bros. File Box 1443, OWI.

337 »erpicht darauf, Monarchen …« – Kritik vom 22. September 1943, *Princess O'Rourke* Folder, OWI.

338 »erkennt, dass es eine Ehre ist …« – NSB/WBS.

339 »Einer der nützlichsten Filme …« – Telegramm von Poynter an Jack Warner, 18. Mai 1943, NSB/WBS.

339 »Quezons Besuch …« – Box 1438, OWI.

339 Über *The Desert Song* … – Die Korrespondenz zwischen Warner Bros. und dem OWI bezüglich *The Desert Song* befindet sich in den Trilling Files des JWC – Briefe von Poynter an Trilling vom 24. Dezember 1942 und 2. März 1943, von Robert Bruckner an Poynter vom 3. März 1943 und von Trilling an Poynter vom 27. Februar 1943.

339 »Die ganze Vorstellung von Militarismus …« – 25. November 1942, Box 3511, OWI.

340 Schon zu Beginn seiner Tätigkeit … – Poynters Weekly Logs, 14. September 1942 bis 17. Oktober 1942, Box 3510, OWI.

340 Daraufhin ließ Warners … – *New York Times*, 31. Januar 1943, II, S. 3.

340 »Als *Casablanca* herauskam …« – Haskell Wexler, Interview Harmetz.

342 in denen Hollywood seinen klasssischen Helden … – »Interpretation of Statistics on Feature Length Films«, veröffentlicht von der Motion Picture Industry, 1. Dezember 1941 – 1. Juli 1942, Box 1556, OWI.

342 Nachdem sein Agent … – Sam Jaffe an Trilling, 4. August 1941, zitiert in: Rudy Behlmer (Hrsg.), *Inside Warner Bros.*, S. 156.

344 Aus dem vertraulichen … – »Inventory of Feature-Length Films Directly Related to the War«, 15. Dezember 1942, Box 1435, OWI.

345 Das Bureau of Motion Pictures … – Kritiken von *Torpedo* und *Action in the North Atlantic*, Box 3505, OWI.

346 »Bogart spielte in dem Film …« – Bogart Freedom of Information Act-Files.

346 »Humphrey Bogart«, schrieb James Agee … – James Agee, *The Nation*, 23. Oktober 1943, S. 480.

348 »stereotyp und herabsetzend« – Eine Kopie dieser vom Bureau of Applied Social Research der Columbia University durchgeführten Studie über das Writer's War Board befindet sich in SCRBC.

348 »Personen, die unseren Einsatz …« – *New York Times*, 19. Mai 1943, S. 16.

348 hinter dem Rücken von Hal Wallis … – Curtiz an Warner, 27. Juli 1943, Trilling-Files, JWC.

348 Wenige Tage nach der Befreiung … – *Hollywood Reporter*, 10. November 1942.

348 »Es erscheint mir nicht ratsam …« – *Passage to Marseille* Story File, WBA.

354 1943 bat das britische Arbeitsministerium ... – *New York Times*, 23. Februar 1943, S. 16.

354 »unberührt und jungfräulich ...« – James Agee, *The Nation*, 30. Oktober 1943.

356 »charmanten und ungestümen« – Rechtfertigungen für *Casablanca*, NSB/WBS.

Kapitel 18

358 »man angeblich als Gruppierung ...« – Bergman-Abschnitt des Army File, 30. Dezember 1943, Freedom of Information Act.

359 Später erzählte Bogart ... – Lauren Bacall, *By Myself*, S. 98.

360 erhielt Bogart ein Telegramm ... – Trilling an Bogart, 12. Februar 1944, JWC.

361 »Mayo hatte alle ...« – Nathaniel Benchley, *Humphrey Bogart*, S. 136.

361 »Jetzt Oscar-Werbung ...« – Warner an Einfeld, 1. Dezember 1943, JWC.

361 Sowohl *The Song of Bernadette* ... – *Variety*, 23. Februar 1944.

362 »Die Geschichte eines Meisterwerkes« – *Variety*, 24. Dezember 1943.

362 »daß wir nur für Minuten ...« – Pia Lindstrom, »My Mother, Ingrid Bergman«, in: *Good Housekeeping*, Oktober 1964, S. 83; auch in: Laurence Leamer, *Ingrid Bergman – Die Biografie*, S. 156.

362 Abends war Bergman ... – Ausführliche Informationen über die Hollywood Canteen finden sich im Scrapbook 45, Bette Davis Collection, TCA.

363 »Bevor jeder an seine Arbeit ...« – Dorothy Jeakins, Interview Harmetz.

363 »›Das ist Ingrid Bergmans Tochter‹ ...« – Pia Lindstrom, »My Mother, Ingrid Bergman«, in: *Good Housekeeping,* Oktober 1964, S. 82, siehe auch: Laurence Leamer, *Ingrid Bergman – Die Biografie*, S. 156.

363 »dachte ich, es würde ...« – Paul Henreid, Interview Harmetz.

364 »überaus schädlich ...« – Vertrauliche Drehbuchanalyse, *Mr. Skeffington* File, OWI.

364 Das OWI schlug Warner Bros. vor ... – Warren H. Piece an James J. Geller, 22. Oktober 1943, OWI-Kommentare zu Übersee-Filmen, Box, JWC.

365 laut Rains hatten drei ... – Unveröffentlichte Rains-Interviews.

365 leidenschaftlich gerne ... – Frances Rains Feder, im Interview mit Harmetz über Jessica Rains.

365 »Man hätte meinen können ...« – Whitney Stine, *I'd Love to Kiss You ...*«, S. 197.

365 »All der Glanz ...« – *Variety*, 3. März 1944.

367 »Eine Agentur hatte irrtümlich ...« – Julius Epstein und Lilian Epstein Gelsey, Interview Harmetz.

368 In ihren Memoiren ... – Bergman und Burgess, *Ingrid Bergman – Mein Leben*, S. 139.

369 »Ich lief den Mittelgang ...« – Hal Wallis und Charles Higham, *Starmaker*, S. 92.

369 gleichsam im Abgehen ... – Jimmy Starr, *Los Angeles Herald*, 3. März 1944.

370 Noch ehe der Abend ... – Alex Evelove, 4. März 1944, ihm selbst diktierte Schreibmaschinennotizen über die Ereignisse vom 2.–4. März, WBA.

370 »RIVALITÄT« WARNER-WALLIS ... – *Los Angeles Times*, 4. März 1944, Teil I, S. 7.

371 »Die Zeitung von heute ...« – Alex Evelove, 4. März 1944, ihm selbst diktierte Notizen, WBA.

371 »Ich bin seit zwanzig Jahren ...« – Telegramm von Wallis an Schallert, 6. März 1944, Teil I, S. 10.

372 »die Statuette für außergewöhnliche ...« – *Los Angeles Times*, 6. März 1944, WBA.

372 »ausgewähltesten Aufträge ...« – Pressemitteilung des Studios, 4. April 1944, WBA.

Kapitel 19

375 »Jeder scheint zu denken ...« – Lee Katz, Interview Harmetz.

376 »1972 nahm ich Urlaub ...« – Francis Scheid, Interview Harmetz.

377 »Er musste riesige Mengen ...« – Lilian Gelsey, Interview Harmetz.

377 »Mein Bruder und ich ...« – Julius Epstein, Interview Harmetz.

378 »Zu Roosevelts Zeiten ...« – Howard Koch, Interview Harmetz.

378 »Mehr Geld, als ich mir je ...« – Murray Burnett, Interview Harmetz.

378 »Vergessen Sie nicht ...« – Joan Alison, Interview Harmetz.

379 »Sie war ein weiblicher Rick ...« – Murray Burnett, Interview Harmetz.

379 »Ich rate jedem ...« – *Daily Telegraph* (London), 12. April 1991.

380 »Wenn wir heutzutage ...« – Charles Higham, Interview Harmetz.

380 »It doesn't exist ...« – *New York Mirror*, 12. Mai 1948.

380 »Er hielt es ohne Arbeit ...« – Samuel Goldwyn jr., Interview Harmetz.

380 »Was gedenken Sie, gegen ...« – Unveröffentlichte Rains-Interviews.

380 »Wenn wir auf der Farm waren ...« – Jessica Rains, Interview Harmetz.

381 »Die Leute wollten mich nicht ...« – Unveröffentlichte Rains-Interviews.

382 »Ich gehörte nicht zur Americana ...« – Mary Beth Crain, *Los Angeles Times*, 21. August 1977, Calendar, S. 33.

382 »Pauls größter Wunsch ...« – Charles Champlin, Interview Harmetz.

382 »Ich bin eine sehr glückliche Frau ...« – Richard J. Anobile (Hrsg.), *Casablanca*, S. 7.

382 »Sie wollte nur Meisterwerke …« – François Truffaut, *Mr. Hitchcock*, S. 184.

383 »Als sie Filme in Hollywood …« – Pia Lindstrom, Interview Harmetz.

384 »Es gibt keinen sentimentaleren …« – Lauren Bacall, Interview Harmetz.

Kapitel 20

387 Als Warner Bros. eine Fortsetzung … – Schallert, *Los Angeles Times*, 18. Januar 1943, Teil I, S. 11.

382 »So sehr man sich anstrengt …« – Julius Epstein, Interview Harmetz.

388 »Wenn deine Hauptfigur …« – Murray Burnett, Interview Harmetz.

388 Schon 1943, bei dem ersten … – Synopsis von Frederick Stephanis Originalstory, *Casablanca* Files, WBA.

388 »Sobald Rick, wie bei Stephani …« – Frederick Faust an Hal Wallis, Frühjahr 1943, abgedruckt in: Rudy Behlmer (Hrsg.), *Inside Warner Bros.*, S. 219.

388 1988 schlug er … – Howard Koch Proposal, Jim Bernet an John Schulman, 8. August 1988, Warner Bros. Legal Files, Warner Bros. Studio.

389 »bis ins Detail entsprach« – Howard Price an Kenneth Hyman, undatiert, Untergeschoss, Bühne 15, Warner Bros. Studio.

391 »Mr. Warner dachte …« – Rudi Fehr, Interview Harmetz.

391 »Jack sagte immer …« – Bill Orr, Interview Harmetz.

392 »Es hieß, …« – Stephen Bogart, Interview Harmetz.

392 »Nachdem er das Studio …« – Bill Orr, Interview Harmetz.

393 »Allerdings weiß ich …« – Truffaut an Simon Benzakein, 10. März 1974, François Truffaut, *Briefe 1945–1984*, S. 518.

393 »Irgendwann dachten wir …« – Cyrus Harvey jr., Interview Harmetz.

394 »Ich bin Jahrgang 1943 …« – Todd Gitlin, Interview Harmetz.

394 »Bogie war stets ein Skeptiker …« – Vincent Sherman, Oral History, S. 140 f., AFIL.

395 »Tut mir Leid, Jack …« – Abschrift eines Telefongesprächs zwischen Bogart und Warner vom 6. Mai 1943 zwischen 16:00 und 16:30 Uhr, JWC.

395 Bogart, sagte Lauren Bacall … – Lauren Bacall, Interview Harmetz.

395 »Er war nie in der Position …« – Lauren Bacall, *Mein Leben – Autobiografie*, S. 164.

396 »Bogart strahlt Kompetenz aus …« – Billy Wilder, Interview Harmetz.

396 »Er trug keine rosafarbene Brille …« – Mary Astor, *A Life on Film*, S. 166.

396 »Meinen amerikanischen Lieblingsschauspieler …« – Stanley Kauffmann, Interview Harmetz.

397 und ein echter Mafiaboss ... – Marguerite Del Giudice, »Philip Leonetti: The Mobster Who Could Bring Down the Mob«, *New York Times Magazine*, 3. Juni 1991, S. 36.

397 »keine besonderen Gefühle« – Brief von Woody Allen an Harmetz, 20. August 1990.

398 »Rick«, meint Corliss ... – Richard Corliss, »Analysis of the Film«, S. 188.

398 »ein typischer Fall von ...« – William Donelley, »Love and Death in *Casablanca*«, S. 103.

398 »Die Unterstellung, Rick sei ...« – Harvey Greenberg, *The Movies on Your Mind*, S. 103, 88.

399 »Rick tötet den Hauptfeind ...« – Krin und Glen O. Gabbard, »Play It Again, Sigmund«, S. 7–17.

399 »Mischmasch aus sensationellen ...« – Umberto Eco, »*Casablanca*: Cult Movies and Intertextual Collage«, S. 3–12.

399 »der Verlockung und dem Irrweg ...« – J. P. Telotte, »*Casablanca* and the Larcenous Cult Film«, S. 45.

400 Ein weiterer Semiologe ... – Larry Vonalt, »Looking Both Ways in *Casablanca*«, S. 55–65.

400 »Das hier ist der wunderbarste ...« – Billy Wilder, Interview Harmetz.

401 »*Casablanca* dramatisiert Archetypen ...« – Todd Gitlin, Interview Harmetz.

401 »der mehr oder weniger zweideutig ...« – Leslie Fiedler, *Love and Death in the American Novel*, S. 181.

402 »jene bunte Mischung ...« – Richard Schickel, *Schickel on Film*, S. 217.

402 »Junge trifft Mädchen ...« – »The Greatest Movie Ever Made«, *60 Minutes*, CBS News, 15. November 1981.

403 »Rains ist Europa ...« – Stanley Kauffmann, Interview Harmetz.

403 »Es war die typische ...« – Pauline Kael, Interview Harmetz.

403 »ein Beispiel dafür ...« – Michael Wood, *America in the Movies*, S. 25.

403 »Das Einzige, was sie ...« – Andrew Sarris, *Village Voice*, 8. Januar 1970.

404 Muster des streitbaren Helden ... – Sidney Rosenzweig, Casablanca *and Other Major Films of Michael Curtiz*, S. 80.

404 »er ihre emotionale Hingabe ...« – Leo Braudy, *The World in a Frame*, S. 204.

404 »Er weist sie ab ...« – Larry Vonalt, »Looking Both Ways in *Casablanca*«, S. 64.

405 »käme dabei ein *Indiana Jones* heraus« – Stephen Bogart, Interview Harmetz.

Verzeichnis der konsultierten
Archive und Sammlungen

Warner Bros. Archives, School of Cinema-Television, University of Southern California, Los Angeles, CA 90089-2212; enthält unzählige Informationen zur Produktion einzelner Filme bei Warner Bros. während der Studio-Ära sowie Verträge, Finanzunterlagen und Personalakten.

Jack Warner Collection, Archives of Performing Arts, Cinema-Television Library, Doheny Library, University of Southern California, Los Angeles, CA 90089-0184; enthält eine Fülle von Informationen über die Leitung des Studios, einschließlich Memos, Notizen, Telegrammen und Reden.

Selznick Archives, Harry Ranson Humanities Research Center, University of Texas, Austin, TX 78713-7219; beherbergen David O. Selznicks persönliche Unterlagen, darunter Material zu Ingrid Bergmans Karriere während der Zeit, als sie bei Selznick unter Vertrag war.

Ingrid Bergman Collection und *Frank Capra Collection*, Wesleyan Cinema Archives, Wesleyan University, Middletown, CN 06457; umfassen Dokumente wie beispielsweise Ingrid Bergmans Schauspieltagebuch.

Department of Special Collections, University Research Library, University of California, Los Angeles, CA 90024-1575; verfügt über eine große Sammlung von Oral Histories von Persönlichkeiten der Filmindustrie.

Office of War Information Files, Record Group 208, National Records Center, Suitland, MD; enthält alle Berichte des Bureau of Motion Pictures, einschließlich der Korrespondenz und der Gutachten.

Department of Films, International Museum of Photography, George Eastman House, Rochester, NY 14607; enthält ausführliches Archivmaterial über Kinematografie und Kameraleute.

Schomburg Center for Research in Black Culture, 515 Lennox Avenue, New York, NY 10037; ist Teil des Systems öffentlicher Bibliotheken New Yorks wie auch die Theater Arts Library im Lincoln Center und enthält Bücher und Zeitungsausschnitte über afro-amerikanische Persönlichkeiten und Probleme.

Twentieth Century Archives, Mugar Memorial Library, Boston University, Boston, MA 02215; beherbergt persönliche Unterlagen von Claude Rains, Bette Davis, Don Siegel und anderen Hollywood-Persönlichkeiten.

Oral History Research Office, Butler Library, Columbia University, New York, NY 10025; umfasst Oral Histories unter anderem von Hal Wallis, Irving Rapper, Paul Henreid und Otto Preminger.

William Seymor Theater Collection, Firestone Library, Princeton University, Princeton, NJ 08544-2098; enthielt Finanzunterlagen von Warner Bros., die inzwischen in die USC verlegt worden sind.

Margaret Herrick Library, Academy of Motion Picture Arts and Sciences, 333 South La Cienega Boulevard, Beverly Hills, CA 90213; verfügt über ein umfassendes Pressearchiv, die Berichte der Production Code Administration und die wahrscheinlich umfangreichste Materialsammlung über Hollywood überhaupt.

The American Film Institute Library, 2021 North Western Avenue, Los Angeles, CA 90027; beherbergt eine Auswahl von Oral Histories und Mitschriften von Seminaren mit zeitgenössischen Persönlichkeiten der Filmindustrie.

Martha Mierendorff Archives, Max Kade Institute for Austrian-German-Swiss Studies, University of Southern California, Los Angeles, CA 90089; enthält Unterlagen über Emigranten aus den Bereichen Film und Literatur.

Arts and Communications Archives, Brigham Young University, Provo, UT 84602; besitzt eine Sammlung von Max Steiners Noten und Unterlagen.

Warner Bros. Research Collection, in der Burbank Public Library, 110 North Glen Oaks, Burbank, CA 91502; hat eine Sammlung der Recherchen über Kostüme, Architektur, Kultur und Geschichte, die Warner Bros. für seine Filme anlegte.

Siglenverzeichnis

ACA — Arts and Communications Archives

AFIL — American Film Institute Library

CSF — Casablanca Story File. Enthält sämtliche erhaltenen Memos, Notizen und Telegramme im Zusammenhang mit der Produktion von *Casablanca.*

DF/IMP/UCLA — Department of Films/International Museum of Photography/George Eastman House

DSC/URL/UCLA — Department of Special Collections/University Research Library/University of California, Los Angeles

IBC — Ingrid Bergman Collection

JWC — Jack Warner Collection

MHL/AMPAS — Margaret Herrick Library/Academy of Motion Picture Arts and Sciences

MMA — Martha Mierendorff Archives

NSB/WBS — New Storage Building auf dem Studiogelände von Warner Bros. in Burbank

OH — Oral History

OHRO/CU — Oral History Research Office/Columbia University

OWI — Office of War Information Files

PCA — Production Code Administration Files, Margaret Herrick Library, Academy of Motion Picture Arts and Sciences

SA — Selznick Archives

SC — Special Collections

SCRBC — Schomburg Center for Research in Black Culture

TCA — Twentieth Century Archives

WBA — Warner Bros. Archives

WBRC/BPL — Warner Bros. Research Collection/Burbank Public Library

WSTC — William Seymor Theater Collection

Literaturverzeichnis

Bei dieser Bibliographie handelt es sich um eine Auswahlbibliographie. Sie enthält alle im Text zitierten Bücher, nicht aber das Archivmaterial, die Zeitungsartikel, Regierungsdokumente, Interviews und andere Primärquellen, die in den Anmerkungen und Quellen zitiert sind.

Allerdings sind einige bereits zitierte Artikel aus Zeitschriften sowie einige Bücher, aus denen nicht zitiert wird, aufgenommen, die für den Leser in Bezug auf bestimmte, im Buch angesprochene Themen von besonderem Interesse sein könnten.

Agee, James: *Agee on Film*, New York 1958.

Alicoate, Jack (Hrsg.): *The Film Daily Year Book of Motion Pictures*, Bde. 1942, 1943, 1944 und 1945, New York 1942, 1943, 1944, 1945.

Andor, Lotte: siehe unter Leyens, Erich.

Anobile, Richard J. (Hrsg.): Casablanca: *The Film Classics Library*, New York 1974.

Astor, Mary: *A Life on Film*, New York 1971.

Bacon, James: *Made in Hollywood*, Chicago 1977.

Bacall, Lauren: *Lauren Bacall: Mein Leben – Autobiografie*, München 1992 (gekürzte Übersetzung von *Lauren Bacall by Myself*, New York 1979).

Basinger, Jeanine: *The World War II Combat Film: Anatomy of a Genre*, New York 1986.

Behlmer, Rudy: *America's Favorite Movies: Behind the Scenes*, New York 1982.

Ders. (Hrsg.): *Inside Warner Bros. (1935–1951)*, New York 1985.

Benchley, Nathaniel: *Humphrey Bogart*, Boston 1975.

Bergman, Ingrid und Alan Burgess: *Ingrid Bergman – Mein Leben*, Berlin 1980 (limitierte Sonderauflage 1999).

Bessie, Alvah: *Inquisition in Eden*, New York 1965.

Bogart, Humphrey: »I'm No Communist«, *Photoplay*, März 1948, S. 52 f.

Ders. (im Gespräch mit Kate Holliday): »My mother: I never really loved her«, *McCall's*, Juli 1949.

Braudy, Leo: *The World in a Frame: What We See in Films*, New York 1976.

Brecht, Bertolt: *Werke. Große kommentierte Berliner und Frankfurter Ausgabe*, Suhrkamp Verlag, Frankfurt a. M. 1993.

Brooks, Richard: *The Producer*, New York 1951.

Brownlow, Kevin: *The Parade's Gone By ...*, New York 1968.

Buckley, Gail Lumet: *The Horns: An American Family*, New York 1986.

Cagney, James: *Cagney by Cagney*, New York 1976 (Taschenbuchausgabe 1977).

Capra, Frank: *Autobiografie,* Zürich 1992.

Catton, Bruce: *The War Lords of Washington*, New York 1948.

Ceplair, Larry und Steven Englund: *The Inquisition in Hollywood: Politics in the Film Community, 1920–1960*, Garden City, NY, 1980.

Colgan, Christine Ann: »Warner Bros.' Crusade Against the Third Reich: A Study of Anti-Nazi-Activism and Film Production, 1933–1941«, Dissertation, Doheny Library, University of Southern California.

Corliss, Richard: »Analysis of the Film«, in: Howard Koch (Hrsg.): Casablanca: *Script and Legend*, Woodstock, NY, 1973, S. 182–198.

Cripps, Thomas: *Slow Fade to Black: The Negro in American Film, 1900–1942*, New York 1977.

Deming, Barbara: *Running Away from Myself: A Dream Portrait of America Drawn from the Films of the Forties*, New York 1969.

Donnelly, William: »Love and Death in *Casablanca*«, in: Joseph McBride (Hrsg.): *Persistence of Vision: A Collection of Film Criticism*, Madison, WI, 1968, S. 103–107.

Dunne, Philip: *Take Two: A Life in Movies and Politics*, New York 1980.

Eco, Umberto: »*Casablanca*: Cult Movies and Intertextual Collage«, *Sub-Stance* 47, 1985, S. 3–12.

Erens, Patricia: *The Jew in American Cinema*, Bloomington, IN, 1984.

Fiedler, Leslie: *Love and Death in the American Novel*, überarb. Ausgabe New York 1982 (gekürzte dt. Ausgabe: *Liebe, Sexualität und Tod*, Berlin 1964).

Freedland, Michael: *The Warner Brothers*, London 1983.

Fussell, Paul: *Wartime: Understanding and Behavior in the Second World War*, New York 1989.

Gabbard, Krin und Glen O. Gabbard, M. D.: »Play It Again, Sigmund: Psychoanalysis and the Classical Hollywood Text«, *Journal of Popular Film and Television* 18, Frühjahr 1990, S. 7–17.

Gabler, Neal: *An Empire of Their Own: How the Jews Invented Hollywood*, New York 1988 (dt.: vorauss. Berlin 2001).

Goodman, Ezra: *Humphrey Bogart. Porträt einer Kinolegende*, München 1993.

Ders.: *The Fifty Year Decline and Fall of Hollywood*, New York 1961.

Greenberg, Harvey R. M. D.: *The Movies on Your Mind*, New York 1975.

Heilbut, Anthony: *Kultur ohne Heimat – Deutsche Emigranten in den USA nach 1930*, Weinheim und Berlin 1987.

Henreid, Paul mit Julius Fast: *Ladies Man*, New York 1984.

Hepburn, Katharine: *African Queen oder wie ich mit Bogart, Bacall und Huston nach Afrika fuhr und beinahe den Verstand verlor*, München 1991.

Dies.: *»Ich« – Geschichten meines Lebens*, München 1991.

Horak, Jan Christopher: *Anti-Nazi-Filme der deutschsprachigen Emigration von Hollywood 1939–1945*, Münster 1984.

Ders.: *Fluchtpunkt Hollywood: Eine Dokumentation zur Filmemigration nach 1933*, Münster 1986.

Huston, John: *An Open Book*, New York 1980.

Hyams, Joe: *The Biography of Humphrey Bogart*, New York 1966.

Jerome, Stuart: *Those Crazy Wonderful Years When We Ran Warner Bros.*, Secaucus, NJ, 1983.

Johnson, Nunnally: *The Letters of Nunnally Johnson*, hrsg. von Dorris Johnson und Ellen Leventhal, New York 1981.

Kane, Kathryn: *Visions of War: Hollywood Combat Films of World War II*, Studies in Cinema 9, Ann Arbor 1982.

Katz, Ephraim: *The Film Encyclopedia*, New York 1998.

Kobal, John: *People Will Talk*, New York 1986.

Koch, Howard (Hrsg.): Casablanca: *Script and Legend*, Woodstock, NY, 1973.

Ders.: *»The Making of Americas Favorite Movie: Here's Looking at You, Casablanca«, New York*, 30. April 1973, S. 74–78.

Kohner, Frederick: *Der Zauberer vom Sunset Boulevard*, München und Zürich 1974.

Koppes, Clayton R. und Gregory D. Black: *Hollywood Goes to War: How Politics, Profits and Propaganda Shaped World War II Movies*, New York 1987 und Berkeley 1990.

Lardner, Ring jr.: *The Lardners: My Family Remembered*, New York 1976.

Leab, Daniel J.: *From Sambo to Superspade: The Black Experience in Motion Pictures.* Boston 1975.

Leamer, Laurence: *Ingrid Bergman – Die Biografie,* Hamburg 1987.

Leyens, Erich und Lotte Andor: *Die fremden Jahre – Erinnerungen an Deutschland*, Frankfurt a. M. 1991.

Lindstrom, Pia (im Gespräch mit George Christy): *»My Mother, Ingrid Bergman«, Good Housekeeping*, Oktober 1964, S. 80 ff.

Lingeman, Richard R.: *Don't You Know There's a War On?: The American Home Front, 1941–1945*, New York 1970.

McGilligan, Pat (Hrsg.): *Backstory: Interviews with Screenwriters of Hollywoods Golden Age*, Berkeley 1986.

McQueen, Scott: »Dr. X.: A Technicolor Landmark«, *American Cinematographer*, Juni 1986, S. 34-42.

Mordden, Ethan: *The Hollywood Studios: House Style in the Golden Age of the Movies*, New York 1988.

Mosley, Leonard: Zanuck: *The Rise and Fall of Hollywoods Last Tycoon*, Boston 1984.

Navasky, Victor: *Naming Names*, New York 1980.

Niven, David: *Stars, die nicht vom Himmel fielen. Hollywood und alle meine Freunde*, Reinbek 1979.

Null, Gary: *Black Hollywood: The Negro in Motion Pictures*, Secaucus, NJ, 1975.

O'Steen, Johnny: *Were These »Golden Years«?: 50 Years of Warner Bros., Hollywood and Much More.* Manuskript, Theater Arts Library, University of California, Los Angeles.

Rosenzweig, Sidney: Casablanca *and Other Major Films of Michael Curtiz*, Studies in Cinema 14, Ann Arbor, MI, 1982.

Rosten, Leo C.: *Hollywood: The Movie Colony, The Movie Makers*, New York 1942.

Sakall, Szoke: *The Story of Cuddles*, London 1954.

Sampson, Henry T.: *Blacks in Blackface: A Source Book on Early Black Musical Shows*, Metuchen, NJ, 1980.

Sarris, Andrew: *The American Cinema: Directors and Directions: 1929-1968*, New York 1968.

Schatz, Thomas: *The Genius of the System: Hollywood Filmmaking in the Studio Era*, New York 1988.

Schickel, Richard: *Schickel on Film: Encounters – Critical and Personal – with Movie Immortals*, New York 1989.

Ders.: »Some Nights in *Casablanca*«, in: Philip Nobile (Hrsg.): *Favorite Movies: Critics Choice*, New York 1973, S. 114-125.

Schulberg, Budd: *Lauf, Sammy!*, München 1993.

Schumach, Murray: *The Face on the Cutting Room Floor: The Story of Movie and Television Censorship*, New York 1964.

Schwartz, Nancy Lynn: *The Hollywood Writer's Wars*, fertig gestellt von Sheila Schwartz, New York 1982.

Sennett, Ted: *Warner Bros. Presents: The Most Exciting Years – From* The Jazz Singer *to* White Heat, Memphis, Tenn., 1971.

Silke, James R.: »*Here's Looking at You, Kid*«: *50 Years of Fighting, Working and Dreaming at Warner Bros.*, Boston 1976.

Smith, Jessie Carney: *Images of Blacks in American Culture,* New York 1988.

Steele, Joseph Henry: *Ingrid Bergman: Frau und Künstlerin*, Bern u. a. 1961.

Stewart, Donald Ogden: *By a Stroke of Luck!*, London 1975.

Stine, Whitney: »*I'd Love to Kiss You ...*«: *Conversations With Bette Davis*, New York 1990.

Dies.: *Mother Goddam: The Story of the Career of Bette Davis*, fortlaufend kommentiert von Bette Davis, New York 1974.

Taylor, John Russell: *Fremde im Paradies: Emigranten in Hollywood 1933–1950*, München 1994.

Telotte, J. P.: »*Casablanca* and The Larcenous Cult Film«, in: Ders. (Hrsg.): *The Cult Film Experience: Beyond All Reasons,* Austin 1991.

Thomas, Bob: *Clown Prince of Hollywood: The Antic Life and Times of Jack L. Warner*, New York 1990.

Thomson, David: *A Biographical Dictionary of Film*, New York 1976.

Truffaut, François: *François Truffaut – Briefe 1945–1984*, Köln 1990.

Ders.: *Mr. Hitchcock, wie haben Sie das gemacht?*, München 1973.

Viertel, Salka: *The Kindness of Strangers*, New York 1969.

Vonalt, Larry: »Looking Both Ways in *Casablanca*«, in: J. P. Telotte (Hrsg.): *The Cult Film Experience: Beyond All Reason,* Austin 1991.

Wallis, Hal mit Charles Higham: *Starmaker: The Autobiography of Hal Wallis*, New York 1980.

»Warner Bros.«, *Fortune*, Dezember 1937, S. 110–113.

Warner, Jack mit Dean Jennings: *My First Hundred Years in Hollywood*, New York 1964.

Warner, Jack jr.: *Bijou Dreams, a Novel*, New York 1982 (auch unter dem Titel *The Dream Factory*, London 1985).

Wilson, Arthur (Hrsg.): *The Warner Bros. Golden Anniversary Book*, New York 1973.

White, David Manning und Richard Averson: *The Celluloid Weapon: Social Comment in the American Film*, Boston 1972.

Wood, Michael: *America in the Movies: Or Santa Maria, It Had Slipped My Mind*, New York 1975.

Youngkin, Stephen D., James Bigwood und Raymond G. Cabana: *The Films of Peter Lorre*, Secaucus, NJ, 1982.

Bildnachweis

Verzeichnis der Filmtitel samt
evtl. deutscher Verleih- und Fernsehtitel

Wie Casablanca gemacht wurde

Wie Casablanca gemacht wurde

Personenregister

Feuillére, Edwige 111
Fiedler, Leslie 401
Fields, William C. 104
Fitzgerald, Barry 368
Fitzgerald, F. Scott 401
Fitzgerald, Geraldine 36, 100 f., 105,
    108, 144, 221, 274, 387
Fleming, Victor 383
Flynn, Errol 13, 21, 32, 65, 100 f., 128,
    216 f., 233, 241, 320, 322, 382, 392
Fonda, Henry 34
Fonda, Jane 392
Fontanne, Lynn 185
Forbstein, Leo 300
Ford, Gerald 378
Ford, Henry 128
Ford, John 321
Foy, Bryan 129
Franklin, Sidney 371
Franz Joseph I., Kaiser 116
Freeman, Y. Frank 43, 340
Freud, Sigmund 186
Friedhofer, Hugo 297

G
Gabbard, Glen O. 399
Gabbard, Krin 399
Gabin, Jean 396
Gable, Clark 17, 34, 69, 99 f., 131,
    320, 354, 396
Gardiner, Reginald 174
Garfield, John 34, 100, 216, 362 f.
Garland, Judy 99, 275, 288
Garson, Greer 99, 101, 354
Gaulle, Charles de 327, 330, 350
Gelsey, Lilian 377
Gerö, Jenö siehe Szöke Szakall
Gibson, Mel 405
Gillespie, William 169
Gilpins, Charles 171
Gitlin, Todd 394, 401
Glover, Danny 405

Goddard, Paulette 99
Goebbels, Joseph 113, 136
Goldenberg, Emanuel
    siehe Edward G. Robinson
Goldwyn, Samuel 108, 148, 198, 282
Goldwyn, Samuel jr. 380
Goodman, Ezra 232, 239, 242, 312
Grable, Betty 85
Grant, Cary 34, 87, 175, 282, 342
Granville, Bonita 165
Greenberg, Harvey 398
Greene, Graham 109
Greenstreet, Sydney 19, 71 f., 134,
    165, 173, 182–186, 189 f., 198 f., 217,
    219 ff., 239, 249, 273, 342, 351, 387,
    391, 395, 400
Grüning, Ilka 248, 258 f.
Guillaroff, Sydney 172
Gwenn, Edmund 176

H
Hale, Alan 173
Hale, Creighton 35
Haliday, Bryant 393
Hammett, Dashiell 66, 123, 394 f.
Hardy, Oliver 318
Harrison, Rex 90, 175
Harvey, Cyrus jr. 14, 393
Havilland, Olivia de 87, 100, 108,
    114, 318, 337, 347, 380
Hawks, Howard 224 Fn., 360, 392
Haydn, Franz-Joseph 298
Hays, Will 193, 334
Hayward, Leland 44
Heflin, Van 120
Heilbut, Anthony 254, 263
Hellinger, Mark 234
Hellman, Lillian 13 f., 66, 123
Hemingway, Ernest 12, 102, 344,
    353, 394 f., 401